Manuel 8.6.1987
Marion 1953 ?
S. 209 Why worry?

Herzlichen Glückwunsch zum 80zigsten Geburtstag

Marie Simona

Marion Lehmann

M.E.L. »hoch und runter«

Mein Junge aus Costa Rica

www.tredition.de

© 2021 Marion Lehmann
Umschlag, Illustration: Charlotta Zeiler

Verlag und Druck:
tredition GmbH, Halenreie 40-44, 22359 Hamburg

ISBN
Paperback: 978-3-347-15898-6
Hardcover: 978-3-347-15903-7
e-Book: 978-3-347-15899-3

Das Werk, einschließlich seiner Teile, ist urheberrechtlich geschützt. Jede Verwertung ist ohne Zustimmung des Verlages und des Autors unzulässig. Dies gilt insbesondere für die elektronische oder sonstige Vervielfältigung, Übersetzung, Verbreitung und öffentliche Zugänglichmachung.

Widmung

Dieses Buch ist meinem Sohn Manuel Enrique Lehmann gewidmet. Es hat mir geholfen, mit dem Erlebten fertig zu werden.

Vor neun Jahren musste ich von ihm Abschied nehmen, doch er begleitet mich weiterhin durch mein Leben.

In dankbarer und liebevoller Erinnerung

Teil 1

Eine Libelle schimmernd zart,

verwandelt Schilf, See und Lichtung,

Zick Zack.

»Ein kleines Insekt könnte Libellula fluviatilis genannt werden, da sein Körperbau einem Meeresfisch ähnelt, der Zygaena oder Libella heißt. Er hat die Form einer Wasserwaage, wie sie die Architekten verwenden, und wird in Italien auch Hammerfisch genannt. Jenes Tier ist sehr klein, hat die Form eines ‚T' oder einer Wasserwaage, besitzt aber auf jeder Seite drei Beine. Der Schwanz endet in drei grünen Spitzen, mit deren Hilfe das Tier schwimmt.«

Guillaume Rondelet, deutsche Übersetzung Gerhard Jurzitza, 2000.

Prolog

Mein Zuhause waren 12 kg. Ein paar T-Shirts, Unterhosen, Shorts, Pullover, Zahnbürste, Bücher – das, was in einem Rucksack Platz hatte. Kein Backpacker Rucksack, diese riesigen schwarzen Hightech-Löcher, die gierig alles schlucken und in sich aufnehmen, was man ihnen in den Schlund schmeißt. Bei denen man am Ende schubbt und drückt, um einen zweiten Regenanorak, ein weiteres Paar Funktionsschuhe und drei weitere Akkus reinzupressen – in schierer Verzweiflung, sie könnten lebenswichtig werden. Meine 12 kg enthielten das, was man in einer Box auf einem kleinen Segelboot unterbringen konnte. Nicht mehr und nicht weniger. Für nahezu 10 Jahre meines Lebens. Ein Abschnitt juveniler Flucht, geprägt von 12 kg Gepäck und damit 12 kg Verantwortung. Raus aus der Enge des Reutlinger Elternhauses, aus der Langeweile meines Schulalltags, in die große Weite – vornehmlich an Nordamerikas vorgelagerter Inselwelt an Ost und Westküsten. Es begann mit einer Vorahnung, die ich, 18-jährig, kichernd mit einer Freundin beschloss, einer Vorahnung, die ich ausplauderte aber nicht ernst nahm. Was ich rückblickend gelernt habe? Dass man im Leben immer wieder neu ankommt. Dass der Abschied dabei manchmal leicht und manchmal verdammt schwerfällt.

Ich sitze an der gemütlichen kleinen Eckbank unter dem Dach meines Reihenendhauses in Marquartstein, einem beschaulichen Dorf in den Chiemgauer Alpen. Eine Touristenhochburg, an deren Bundesstraße sich träge die Tiroler Ache durch das Tal windet, bis es sich breit öffnet und sie sich in den Chiemsee ergießt. Jährlich werden an dieser Achse tausende von Urlauber nach Kössen oder Reit im Winkl durchgeschleust. Dennoch hat es sich den Charme eines heimeligen Fleckchens bayerischer Idylle bewahrt, wo neben alpenländischem Charakter und Kunsthandwerk, moderner Baustil und Photovoltaikanlagen die Landschaft prägen. Hier oben, in meinem Ausguck, überblicke ich das grüne Tal zu Füßen des Hochgern, demgegenüber die Hochplatte liegt. Ich habe rundherum alles erwandert, sodass ich von diesem kleinen Zimmer aus das frische, würzige Holz der hochgewachsenen Fichten und Kiefern rieche, den Kuhdung des Fleckviehs auf den Almen, das gleichmäßige Läuten ihrer Glocken und Mahlen ihrer kräftigen, gesunden Kiefer beim Grasen höre, ich spüre die Wurzeln unter den Füßen, wenn ich den Anstieg über die Furten aufnehme. Ich hole die Weite in meine kleine, mit Holz ausgekleidete Dachstube, die mein Arbeitszimmer ist. Ausgestattet mit einer Teeküche, einem Bett unter der Dachschräge, an dessen Ende ein Schreibtisch anschließt und einem kleinen Bad im Vorraum, ist das meine kleine Nussschale, in der ich das Segel setze. Hier setzte ich eine Zeitlang meinen Anker, nachdem ein anderer Anker verloren ging. Von hier aus, und davon, erzählt meine Geschichte. Aber zunächst geht es noch einmal zurück zum Anfang, wo alles begann.

Reutlinger Kindheitsjahre

Laut einer – von vielen – Legenden ist Nikolaus der Patron der Seefahrer. In Seenot geratene Schiffsleute riefen um Hilfe und prompt erschien ein Mann, der die Navigation übernahm, das Segel einholte und sogar den Sturm zum Abflauen veranlasste. Solche Rettungsaktionen wären heute nach menschlichem Ermessen kein Problem mehr, damals gingen die Seeleute davon aus, dieser Mann sei mit Wunderkräften ausgestattet, denn so schnell, wie er kam und wirkte, verschwand er auch wieder. Als die Seeleute in der Kirche von Myra zum Dank für die Rettung beteten, erkannten sie den Heiligen als ihren Retter und ernannten ihn daraufhin zu ihrem Schutzheiligen. Das kopierten einige Legenden, so dass Nikolaus für viele Menschengruppen der Schutzheilige wurde, so auch der Schutzpatronat für die Kinder, woraus sich das heutige Brauchtum ableitet. Das war mir natürlich alles mit knappen drei Jahren nicht bewusst. Ich sah nur den riesigen, roten Mann mit Rauschebart, in dessen Gefolge sich ein dunkler Geselle befand. Sie standen in unserer Wohnküche. Wohnküche deshalb, weil wir grundsätzlich in unseren Wohnungen, der Anzahl der Mitbewohner nach, nur wenig Platz hatten und Dinge, Orte, Menschen zusammenfassen mussten. Diesem riesigen Mann konnte man nicht aus dem Weg gehen, geschweige denn sich verstecken. Während er bis zur Decke wuchs und mit seiner rotgewandeten Gestalt und tiefen Stimme den Raum einnahm, krallte ich mich auf dem Arm meiner Mutter fest. Ein kleines Glühwürmchen, das stillsitzen musste, um nicht gesehen zu werden, aber nicht konnte, weil es das Geschehen mit pochendem Herzen aus großen Augen verfolgte. Mich beschlich das Gefühl, dass die Eltern mit den beiden Gestalten unter einer Decke steckten, denn sie waren guter Dinge und bestätigten beflissen die Worte vom Nikolaus, während Knecht Ruprecht unheilvoll die Rute schüttelte. Meine beiden Tanten, Lotte und Anne, die zu diesem Zeitpunkt selber erst zehn und sieben Jahre alt waren, schlotterten vor Angst. Da sie meine Vorbilder waren, schlotterte ich ergeben mit. Es ist ja im Prinzip nie etwas passiert, aber die Bedrohlichkeit der Situation hat sich bei mir tief verankert.

Vielleicht sollte ich an dieser Stelle etwas zu Lotte und Anne sagen. Meine erste Erinnerung an meine Kindheit, die fest mit Nikolaus verknüpft ist, spielte sich in unserer ersten Wohnung ab, an die ich selber keine Erinnerung mehr habe. Dort wohnten meine Mutter Margrit mit Oma Frida und deren Nachzüglern Lotte, Manne und Anne. Meine Mutter war die Älteste und in kurzen Abständen wurden Ruth, Doris und Rose vor bzw. während der Kriegsjahre zur Welt gebracht. Lotte, ihr Bruder Manne und Anne kamen knapp zehn Jahre später nach dem Krieg zur Welt. Da meine Mutter mich mit neunzehn Jahren bekam, war der Altersunterschied von mir zu ihren jüngeren Geschwistern, meinen Tanten und meinem Onkel nicht groß. Sehr zu meiner Freude. Von Anfang an rückten wir nah zusammen. Das hieß, dass mein Onkel Manne bei seiner Mutter im Bett schlief und wir drei Mädels uns mit meiner Mutter eine Schlafstatt teilten. Das war gemütlich, ich hatte ein wunderbares Nest warmer Körper, die mich hielten, umschlossen, mir ihren Atem ins Ohr pusteten und mich in meine Träume begleiteten. So war das dann auch in der zweiten Wohnung in einem Mehrfamilienhaus in der Wolframstraße. Wir teilten uns drei Zimmer mit Toilette. Ohne Bad. Eine Wohnung ohne Bad war herrlich. Keine Hygienehysterie mit täglichen Duschzeremonien. Am Samstag wurde der Waschzuber in der Küche aufgestellt, das Wasser auf dem Holzkohleherd in einem Aluminiumtopf erwärmt und alle Gören durch die Lauge gezogen. Meine Mutter übernahm das Baden, während Oma Frida nebenher Kuchen buk, schließlich war der Ofen heiß und der Sonntag nahte. Es wurde wechselweise Marmor- oder Apfelkuchen ins Rohr geschoben. Wir plantschten im Zuber und forderten wie kleine Seerobben Naschereien ein. Wenn Mama und Oma sich wuschen, staubten sie uns aus der Küche, wir Kinder durften bei den Erwachsenenritualen nicht mit dabei sein. Im Großen und Ganzen war das eine Zweckgemeinschaft, in der jeder seine Fluchten hatte. Die meiner Mutter waren ihre Tanzveranstaltungen, die sie oft und leidenschaftlich besuchte. Sobald wir im Bett waren, ging meine Mutter aus. Natürlich auch, um einen Mann kennen zu lernen. Oma Frida schimpfte vor sich hin, konnte es aber nicht verhindern. Für sie lauerte die größte Gefahr bei den Männern, von denen sie nicht viel hielt, denn sie machten einem nur Kinder. Das war ihre Sicht der Dinge, kein Wunder, wo sie doch in all den Kriegsjahren die Kinderbrut allein durchzubringen hatte. Leider hatte sie sich davon nie erholt, ihre Kräfte waren bei den Enkelkindern erschöpft. Sie hatte einfach keine Nerven mehr, was man zu spüren bekam. Einzig und allein ich konnte ihr Herz zum Flattern bringen. Manchmal fuhren wir mit dem Bus in die Stadt zum Kaufhaus Merkur, das heute eine Galeria Kaufhof ist. Es hatte seine eigene Kriegsgeschichte, die mich natürlich nicht interessierte. Durch die Übernahme von Helmut Horten in den 60er Jahren trug die Fassade die typischen »Hortenkacheln«, auch Waben genannt. Für mich war es ein schillernder Palast, der mit allerlei Schätzen lockte. Ich durfte nichts anfassen und dennoch wurde jeder Gegenstand, den mein Auge auffing, von ihm gierig abgetastet. Es waren besondere Momente, meine kleine Hand fest in Oma Fridas verankert, in denen ich mit ihr dorthin ging. Dort bin ich zum ersten Mal mit der Rolltreppe gefahren, die uns ins oberste Stockwerk brachte. Oma traute diesem rollenden Ungeheuer nicht, sie wankte und schwankte und klammerte sich an dem Handlauf fest. So fand auch ich kein Vertrauen und fuhr mit pochender Brust auf dem Rücken dieser silbernen Schlange in schwindelerregende Höhe, mit starrem Blick auf den Schlund am Gipfel, der mich mit der letzten Stufe einzusaugen drohte. Und jedes Mal kamen wir davon, bis heute, obwohl ich ihr – der Rolltreppe – immer noch nicht traue. Oben angekommen tauchten wir in einen riesigen Rummel aus Menschen und Geschnatter ein. Wir mussten uns durch lange Tischreihen zwängen, ein enger Gang aus Rücken in Tweet und Flanell. Oma traf dort regelmäßig, ohne feste Vereinbarung, Freundinnen und Nachbarinnen, und es dauerte mitunter, bis wir einen Platz ergattert hatten. Still wartete ich ab, bis meine heiße Schokolade kam. Ich schlürfte das süße, heiße Zeug, das mir die Zunge verbrannte, und ich schleckte gierig die kalte Sahne nach, die beharrlich fest oben aufschwamm. So war mein Bedürfnis nach Bewegung und Raum gesättigt, und wir hielten es gut aus, den Moment zu genießen. Während Mutter zur Arbeit und Lotte, Anne und Manne in der Schule waren.

Lotte, Manne und Anne nahmen mich überall mit hin. Das war gar nicht zwingend ihr Auftrag, sondern ergab sich aus einem natürlichen Verbundsystem, das durch alle Teile gehalten wurde. Wir trappelten von einem Raum in den nächsten, wir trappelten vom oberen Stockwerk unserer Wohnung durchs Treppenhaus, runter und wieder hoch. Die meiste Zeit wuchsen wir auf der Straße auf. Spielten Murmel und Ballspiele mit den Kindern aus der Nachbarschaft, klauten Erdbeeren in den Gärten der Nachbarn, in deren Reihenhäuschen wir leider nicht wohnen konnten und schüttelten mit rotverschmierten Mündern den Kopf, wenn wir nach unserem Diebesgut gefragt wurden, oder rannten vor Aufregung jauchzend unseren Verfolgern davon. Für uns war diese Freiheit selbstverständlich. Wir waren vogelwild, unserer Fantasie waren keine Grenzen gesetzt. Ich fühlte mich beständig beschützt, es gab keine Straßengesetze, ich lernte in der Beobachtung Mensch und Natur einzuschätzen, mich entsprechend anzupassen, durchzusetzen, zu beschäftigen. Mit Manne verbrachte ich Nachmittage in der Spedition Hasenauer, die damals sowohl mit Pferden als auch mit Lastwägen arbeitete. Manne half dabei, die Ställe auszumisten, und ich stand als kleiner Knopf dabei und schaute zu, wie die riesigen Kaltblüter in stoischer Ruhe ihre Arbeit verrichteten. Wir waren einfach immer viele. Ob im Hort oder zuhause – es gab wenige Momente, in denen ich in dieser Zeit allein war. Das änderte sich, als mein künftiger Stiefvater Georg in unser Leben trat. Ich war erst zwei Jahre alt und bekam relativ wenig von Mamas Errungenschaft mit. Erst nach weiteren zwei Jahren heirateten sie und wir zogen in die Mittnachstraße. Zu dritt. In eine kleine Zweizimmerwohnung, in der es natürlich kein Kinderzimmer gab und ich im Bett meiner Mutter und meines Stiefvaters zu schlafen hatte. Ich war nicht direkt unglücklich über die neue Situation, aber dort erlebte ich, was ich war: ein Einzelkind. Da ich das nicht gewohnt war, suchte ich mir relativ schnell ein Ersatznest. Meine Freundin Gabriela aus der Nachbarschaft, mit ihren fünf Geschwistern. Ich nistete mich ein, fiel auch nicht sonderlich auf, und fand es toll. Und erlaubte mir trotzdem, die Geschwister zu nerven, die im Kanon die Augen verdrehten, wenn ich »Sag nichts über Pollock« rief. Das Signal für ein Spiel, das ich liebte. Ein Satz von Gabi, als ich sie nachmittags zum Spielen abholen wollte, hat sich tief in mein Gedächtnis eingegraben. Auf meine Frage, ob wir spielen gehen, antwortete sie mir »ich muss noch Hausaufgaben machen, und du weißt doch – zuerst die Arbeit dann das Spiel«.

Eine wohlige Erinnerung an Anne, Manne und Lotte. Denn mit ihnen war ich gewohnt, verregnete Sonntagvormittage über einem Spielbrett zu verbringen, wahlweise Mensch ärgere Dich nicht oder Elfer raus.

In dieser Zeit gab es versunkene Momente, als ich mich in liebevoller Fürsorge meiner Puppe widmete. Ich wurde mit fünf Jahren an Heiligabend zur Puppenmama und liebte meinen kleinen Schatz heiß und innig. Ich verbrachte Stunden damit, die Kleidchen von ihrem Leib runter zu fummeln. Zum Glück verfügte Püppi – einen Namen habe ich ihr nie gegeben – über ein ausgesprochenes Akrobatiktalent, denn sie konnte sich in alle engen Teile, die kein Elastan besaßen und sich drei Nummern größer stretchen ließen, wieder reinzwängen lassen. Klaglos. Es grenzt an ein Wunder, dass sie sich an anderer Stelle durchaus mal etwas brach und ich mit

Toilettenpapier Verbände legen musste. Ich beruhigte, ich erzählte, ich schimpfte, ich tröstete. Am meisten mich selber, wenn sie abends in meinen Armen lag und wir gemeinsam die Abenteuer des Tages in die Nacht mitnahmen.

In all diesen Jahren kannte ich bereits Bibi, meine Herzensfreundin. Da ich bereits im zarten Alter von sechs Wochen in einen Hort gebracht wurde, waren die dort geschlossenen Freundschaften tief verwurzelte Bänder. Als wir in die Grundschule kamen, wohnte ich ja schon nicht mehr bei Lotte, Manne und Anne, die ihrer Wege gingen. Also schlüpfte ich in ein anderes Verbundsystem. Hier war ich nicht die kleine Nichte, hier war ich die Freundin. Bibi war von uns beiden die antreibende Kraft, ein aufgewecktes, lebendiges Kind mit braunen, langen Haaren, die in der Regel zu Zöpfen geflochten waren. Wie sehr beneidete ich sie darum, denn selber waren mir lange Haare nicht vergönnt. Meine Mutter wehrte mein Bitten und Flehen mit der Begründung ab, meine Haare seien zu dünn, was mir als junges Mädchen partout nicht einleuchtete. Besser dünn und lang als kurz und strubblig. Ich liebte zwar das Abenteuer, doch verglich ich mich nie mit Jungen. Ich war stolz, ein Mädchen zu sein und wollte keinen Jungenhaarschnitt, sondern weiches langes geschmeidiges Haar. Widerwillig begnügte ich mich damals darauf zu warten, bis ich erwachsen werden würde. Von da ab entschied ich selbst, wann mein Haar praktischerweise kurz und wann es lang sein sollte. Zurück zu Bibi. Bibi hatte nicht nur längeres Haar, sie war auch besser in der Schule und musste nie lernen. Sie hatte nur Flausen im Kopf und dennoch blieb das Wissen, dass sie aus der Schule mit nach Hause brachte, bei ihr hängen. Sie kam aus ähnlich ärmlichen Verhältnissen wie ich, wir waren beide früh im Hort, doch ihre Eltern hatten das Potential ihrer Tochter nicht erkannt und sich wenig um das Mädel gekümmert. Da wir uns gegenseitig nie besuchten war unsere gemeinsame Zeit im Hort oder Schule beschränkt. Das zog mit sich, dass wir sie entsprechend sinnvoll nutzen mussten. Und sinnvoll erschien es uns keineswegs, in die Schule zu gehen. Wir kamen grundsätzlich zu spät. Wenn wir nicht sogar den ganzen Vormittag schwänzten. Wenn wir dummerweise auf dem Schulweg irgendetwas Tolles entdeckten und abgelenkt waren, konnte es passieren, dass die Sanduhr etwas schneller lief und »es sich nicht mehr lohnte«, in die Schule zu gehen. Mit welcher Ausrede auch? Also fingierten wir Entschuldigungsschreiben, die leider aufflogen. Wir wurden einzeln zur Rektorin vorgeladen. Als Bibi aus dem Zimmer der Rektorin kam vor dem ich wartete, wollte ich mich mit ihr absprechen, kassierte jedoch eine kräftige Ohrfeige dafür. Bibi war mir das wert, aber bescheuert fand ich es trotzdem. Mit Bibi erlebte ich meine glücklichsten Momente in der Kindheit. Ihr fiel einfach immer wieder herrlicher Blödsinn ein und ich war eine gnädige Mitläuferin. Eines Tages gingen wir durch die Straßen und erbettelten von den Leuten Groschen, indem wir behaupteten, dass wir unser Busgeld verloren hätten. Ich weiß nicht, was in den Köpfen der Leute vor sich ging. Es war so offensichtlich gelogen zu sagen, dass wir beide unser Busgeld verloren hätten. Aber es funktionierte. Entweder, weil wir Mitleid erregten, oder weil man zwei Mädchen etwas so Unverfrorenes nicht zutraute – ich weiß es nicht. Die Groschen, die wir einhamsterten, wanderten auf direktem Weg in die roten Automaten, die bevorzugt an Stellen, an denen Kinder gerne vorbeikamen – wie Kinderspielplätze, Gast-schenken, Dorfläden, auf Augenhöhe an Zäunen oder Häuserecken –, hingen. Durch ein kleines, meist schon schmuddeliges Fenster leuchteten die bunten großen Bollen verheißungsvoll. Wir pfriemelten die 10-Pfennig-Stücke in den Schlitz, dreimal mussten wir den schwarzen Hebel umdrehen und schon schoss eine Kugel durch den Gang und klackte an das silberne Metallplättchen oder direkt in unsere Hände, wenn wir es nicht erwarten konnten und das Plättchen nach oben hielten. Ich liebte die Roten, aber es war natürlich Glückssache, welche Farbe man bekam. Die Kaugummis konnten wir kaum im Mund halten, was uns aber nicht davon abhielt, es auch mal mit zwei oder dreien zu probieren. Am Anfang schmolz die bunte Glasur im Mund, dann kaute man den süßen Glibber, bis man endlich Riesenblasen machen konnte, die wir uns gegenseitig kaputthauten, und sie blieben natürlich in Haaren, Wimpern und Augenbrauen hängen. Wir lachten uns scheckig, bis auch mal was in die Hose ging.

Apropos Busfahren. Das muss ich schnell erzählen. Mama arbeitete ja. Und ich war im Hort unter-gebracht. Meine Mutter hatte nie einen Führerschein, das bedeutete, sich auf ein Leben mit öffentlichen Verkehrsmitteln einzustellen. Möglichst früh. Im Sommer fuhren wir also mit dem Fahrrad. Dabei wurde ich in einen Kindersitz auf dem Gepäckträger geschnallt. Einmal bekam ich meinen Fuß in die Speichen, was fürchterlich weh tat. Nach dem Motto »Wir müssen jetzt schauen, dass wir nach Hause kommen« fuhr meine Mutter weiter und ich flennte vor mich hin. Manchmal gab es Ausnahmen. Freitags. Da konnte es sein, dass Mama mit mir zum Einkaufen fuhr und ich eines der heiß geliebten Pixie Bücher abstaubte, die mir Papa abends vorlas. Dass Papa mir vorlas war schön.

Wenn es regnete oder winterliche Temperaturen einzogen, fuhren wir mit dem Bus. Mama und ich mit einer Linie zusammen bis zum Busbahnhof, dann musste ich wechseln und fuhr alleine weiter bis zum Hort. Da war ich fünf Jahr alt. Ich kannte alle Busfahrer. Da ich die meisten von ihnen mochte, setzte ich mich erst gar nicht in eine Sitzreihe, sondern blieb rechts von ihnen stehen, balancierte geschickt mein Gewicht im Stadtverkehr aus und schwadronierte sie voll. Eigentlich hätte ich das Steuer übernehmen können.

Mein Vater ist mein Papa

Von meinem biologischen Erzeuger Gerhard Bleher erfuhr ich mit vierzehn Jahren. Bis dahin wusste ich nichts von seiner Existenz. Ergo war mein Vater mein Papa. Er trat zwar erst in mein Leben, als ich zwei Jahre alt war, das kam mir allerdings nicht sonderlich komisch vor, denn auch Oma lebte mit ihren Kindern ohne Mann. Das war einfach so. Ich hatte zu Georg – so hieß mein Papa – gleich einen guten Draht. Er war ein durchweg gutartiger und lieber Mensch. Das spürte ich. Es gab seltene innige Mutter-Tochter-Momente, deswegen war sie keine schlechte Mutter, denn meine Kindheit war gut so, wie sie war, und letztendlich führten mich die beengten Verhältnisse zu meinem Weg in die Freiheit. Mit Papa hatte ich etwas hinzubekommen. Irgendwie hatte ich sie ja auch zusammengebracht. Lotte, Anne und Manne waren auch daran beteiligt. Wenn Papa zum Fußballplatz ging, führte sein Weg bei uns vorbei. Da wir ständig draußen vor dem Haus spielten, sahen wir ihn oft, und er wechselte jedes Mal ein paar Worte mit uns. Der Mann von Mamas Freundin Helene spielte ebenfalls im Verein und irgendwann ist Mama dann mal mitgegangen. Von da an nahm alles seinen Lauf, bis Papa eines Tages im Stadtgarten von Reutlingen um ihre Hand anhielt. Selbst Oma Frida konnte ihre Bedenken gegen Männer ein wenig mildern, denn zufälligerweise – wenn es so etwas wie einen Zufall gibt – kamen beide gebürtig aus Bad Säckingen an der Schweizer Grenze und hatten gemeinsame Bekannte, was immer für Unterhaltung sorgte.

Papa liebte meine Mutter aufrichtig und innig, ich glaube mehr als sie ihn. Sie waren für damalige Verhältnisse ein gleichberechtigt lebendes Paar. Sie arbeiteten beide und teilten sich den Haushalt. Sie waren damit beschäftigt, ihr Leben auf die Reihe zu bekommen. Sich um Kinder zu kümmern, so wie man das heute versteht, gab es nicht. Das war auch bei meinen Freunden nicht anders. Die beiden kamen meist gemeinsam von der Arbeit, weil meine Mutter keinen Führerschein hatte und Papa sie abholte. Dann kochten sie zusammen. Mama gab die Kommandos, übernahm die Verantwortung für Auswahl und Zubereitung, Papa machte den Rest. Ich vermute, dass das für ihn nichts Neues war, schließlich war er einige Jahre beim Bund gewesen. Nur dass sein Oberst keine Röcke trug und mit ihm auch nicht das Tanzbein schwang. In Menüform hieß das: Mama machte den Braten,

Papa wahlweise die Kartoffelknödel oder er drückte Spätzle durch den Apparat und machte den Salat. Das Familienleben war zum Großteil reglementiert. Die Sitzordnung am Esstisch lautete: ich neben Mama, Papa mir gegenüber und später, als Marcus, mein Bruder, größer wurde, saß er rechts neben mir, also Mama gegenüber. Meine Tischmanieren habe ich im Kinderhort erlernt, da gab es nicht viel zu meckern, aber klar – eine Mutter findet immer etwas, woran sie etwas aussetzen kann. An die Essen erinnere ich mich dennoch gerne, vor allem wenn es meine Leibspeise Sauerbraten mit Kartoffelknödel gab. Da bin ich ganz ein schwäbisches Mädle. Maultaschen und Linsen gingen auch immer. Überhaupt plätscherten die abendlichen Mahlzeiten wie ein kleiner Gebirgsbach vor sich hin, stetig, ruhig und doch wurde viel geredet. Die Atmosphäre war entspannt, so dass Gespräche stattfinden konnten. Jeder ist zu Wort gekommen. Schulthemen wurden vermieden. Ich hatte kein gesteigertes Interesse daran, und meine Eltern hätten sich dafür interessieren müssen, taten sie aber nicht. Im Wohnzimmer bekam ich einen eigenen Sessel, Mama die Couch und Papa ein Eck davon. Auch die Hausarbeiten wurden aufgeteilt. Samstag war Putztag, an dem ich verdonnert wurde, das Bad und mein eigenes Zimmer zu putzen sowie die Betten zu machen. Mama machte die Wäsche, das durfte Papa nicht, weil er niemals ihren Ansprüchen genügte. Er kümmerte sich ums Auto, putzte aber auch. Ich glaube, auf ihre Art waren sie glücklich miteinander. Sie wussten es nicht besser, waren ziemlich jung und mit sich selbst beschäftigt. Sie wollten so unbedingt eine gute Familie sein. Meine Mutter diktierte das, was sie sich hinsichtlich einer Vorzeigefamilie vorstellte, und Papa machte geduldig mit.

Der Supergau waren unsere Sonntage. Zum Regelwerk einer Vorzeigefamilie zählte der gemeinsame Sonntagsausflug. Komme was wolle. Nach dem Sonntagsbraten verschwand meine Mutter ins Bad, entfernte die Lockenwickler und toupierte sich ihre blonden Haare zu einem Berg wie aus Zuckerwatte. Nur eben, dass dieser nicht durch Zucker gehalten wurde, sondern durch eine Dose Haarspray, die mir die Luft zum Atmen nahm. Ich kann bis heute kein Haarspray riechen. Anschließend stiegen wir in unseren weißen Opel Kadett (nur am Rande: er hatte ein schwarzes Dach! Ein schwarzweißer Opel Kadett, das glaubt kein Mensch. Als wären wir die Figuren auf dem Schachbrett, die in bestimmten Zügen gehen mussten.) und die erste Handlung war nicht, den Gang einzulegen, sondern sich einen Glimmstengel anzuzünden. Da waren sich beide einig. Es dauerte keine dreißig Minuten, da konnte Papa am Wegrand anhalten und ich kotzte wie ein Reiher. So viel zum Thema Sonntagsbraten mit Drei Wetter Taft und Zigarette. Ich hasse die Dose, die im Bad auf der Ablage stand. Allein der Geruch verursachte bei mir einen Würgereiz, daran hat sich bis heute nichts geändert. Ich hielt im Grunde genommen nur durch, weil ich wusste, dass es, nachdem wir es auf einen Parkplatz geschafft hatten und wir ein Stück zu Fuß die Schwäbische Alb hoch spaziert waren, nach dem Mittagessen einen leckeren Kuchen gab. Ich liebte Kuchen. Wenn wir auch mal mal nicht unseren vermaledeiten Ausflug unternahmen, kaufte Papa beim Bäcker Kuchen. Und ich liebte ihn dafür.

Dass ich einen anderen leiblichen Vater als meinen Papa habe, erfuhr ich mehr durch Zufall – den es ja nicht gibt. Mit vierzehn Jahren ist einem mitunter langweilig. So fing ich eines Tages mit jeglichem Desinteresse und ziellos an, in den Schubladen im Wohnzimmer zu kramen. Bis ich Papiere in den Händen hielt, Schreiben von Richtern, dem Jugendamt, mit meinem Namen und Bestimmungen über Bezahlungen, die folgen sollten. Mein Vater hatte bestritten, dass er mein Vater sei, kam aber letztendlich nicht darum herum, zahlen zu müssen. Ich war schockiert. Und schloss dieses Wissen nicht in die Schublade zurück, das ging nicht mehr, sondern vergrub es an einem inneren Schattenplatz. Einzig meiner Schulfreundin Gabi vertraute ich mich an, ohne ein großes Thema daraus zu machen. Wir gingen einen Schicksalsbund ein, denn ihre Mutter lebte mit einer Frau zusammen, von der wir nicht wussten, ob es wirklich eine Frau oder doch eher ein Mann war. Sie wurde Niki genannt. Der leibliche Vater von Gabi war Koch in Äthiopien unter Kaiser Haile Selassie, der 1974 von Mengistu Haile Mariam, einem seiner Offiziere, gestürzt wurde, der mittels eines diktatorischen Regimes einen sozialistischen Staat etablieren wollte. Hörte sich aufregend an, war es für Gabi aber nicht. Denn er war nicht da. Wie meiner. Also alles in allem hatte ich sogar Glück gehabt. Denn ich hatte Papa. Man fragt sich natürlich, wie so eine Geschichte vor mir verheimlicht werden konnte. Lotte, Manne und Anne mussten es gewusst haben, denn sie waren um einige Jahre älter und konnten sich bestimmte Dinge zusammenreimen. Ich weiß bis heute nicht, ob es ein Schweigegelübde oder Schweigegeld gab, denn rückwirkend erinnere ich mich an Szenen, in denen Mutter plötzlich Gespräche abblockte. Irgendwann kam der Tag der Offenbarung. Ich schäme mich heute dafür, weil es so klischeehaft war. Ich war also siebzehn Jahre und wollte in die Disco zum Tanzen. Mama war noch bei der Arbeit, also fragte ich Papa. Beziehungsweise setzte ihn in Kenntnis. Er wollte nicht, dass ich weggehe, bis ich ihm wütend den Satz aller Sätze adoptierter Kinder entgegenwarf »Du hast mir nichts zu sagen. Du bist überhaupt nicht mein Vater!«. Ich hörte den Sand durch die Enge der Sanduhr fließen, während mein Papa in sich zusammenfiel. In diesem verlangsamten Raum der Stille sammelten sich in seinen Augen Tränen, in denen der Schmerz über die Ungerechtigkeit des Lebens konzentriert war und über den Lidrand nach außen drängten. Er flüsterte »Schäm Dich«, und wenn ich mich auch trotzig in die Disco verdrückte, diesen moralischen Bann befolgte ich und tue es bis heute. Er hatte es als Letzter verdient, meinen Zorn zu spüren. Doch auch er trug für seinen Teil der Geschichte die Verantwortung. Das Erstaunliche war, dass trotz alledem in der Familie weiter geschwiegen wurde. Um das Kapitel »Vater«, dem ich hier und heute nicht mehr Aufmerksamkeit zollen möchte, »abzuschließen«, beschloss ich mit 35 Jahren, ihn kennen zu lernen.

Bereits fest in der Seglerszene integriert, war ich beruflich in Hamburg auf einer Messe und beschloss, meinen leiblichen Vater anzurufen und mich mit ihm zu treffen. Für mich war das praktisch, da ich jederzeit gehen konnte, wenn ich es für richtig hielt. Google gab es noch nicht, ich fand seinen Namen ganz banal im Telefonbuch. Ich rief ihn noch von

Benediktbeuern an, wo ich zu dem Zeitpunkt mit Horst und Manuel lebte. Klar war ich etwas aufgeregt, allerdings war ich das Telefonieren gewohnt und in diesem Moment war er so etwas wie ein Kunde für mich, mit dem ich etwas besprechen musste. Das Gespräch verlief kurz. In etwa so: »Hallo?« »Hallo! Kennen Sie eine Margrit Beck?« Mit dieser Frage wollte ich testen, ob er es wirklich war, denn es wäre schon ein arger Zufall gewesen, wenn ein Namensdoppelgänger meine Mutter gekannt hätte. »Ja, bist Du es, Marion?« fragte er zurück und bekannte, dass er mich und meinen Namen kannte. »Ja.« Seine Stimme klang zumindest sympathisch. »Ach weißt Du, ich weiß schon, warum du anrufst. Aber glaube mir, damals war alles so schwierig.« Blablabla – schon hier dieses »hätte, wenn und aber«. Dann kam er relativ bald mit der Frage: »Möchtest Du nicht mal nach Hamburg kommen?« Ich konterte unumwunden mit »Ja, deswegen rufe ich ja an!« und suchte schnell einen Nachmittag-Termin für unsere Verabredung. Mama und Papa wussten übrigens nichts davon, Horst schon, doch war es kein Thema zwischen uns. Ich wollte mit dieser ganzen Geschichte meinen inneren Frieden schließen. Ja, es fühlte sich nicht gut an, wenn jemand kein Interesse an der Weltwerdung seines Kindes hatte. Ja, es fühlte sich nicht gut an, von der Mutter samt Familie jahrelang belogen worden zu sein. Ja, solange man keine Erklärung dafür bekommt oder sie hören möchte, schwankt man auf dem Schiff der Wahrheit zwischen Rechtfertigung und Wut. Aber was half das? Ich hatte gelernt, Dinge zu akzeptieren, Dinge, die nicht lebensnotwenig sind, nicht in mein Gepäck zu stopfen und in Notsituationen mich sogar davon zu trennen und sie über Bord zu werfen.

Meinen Vater hatte ich mir in meiner Fantasie als attraktiven Mann vorgestellt. Künstler, vor allem Musiker, verwegen und sexy. Oder vielleicht eine männliche Sachertorte, die für eine Frau allein zu mächtig ist? Als er öffnete, stand ein Mann um die sechzig mit fettigen Haaren im Jogginganzug im Rahmen der Tür. Hinter ihm tat sich ein schwarzer Schlund auf. Instinktiv wollte ich die Flucht ergreifen. Ich zwang mich über die Schwelle und lief ihm durch einen dunklen Gang in die Küche hinterher. Es roch muffig und war unaufgeräumt. Die Einrichtung war spärlich. In der Küche bot er mir einen Kaffee an, den ich widerwillig annahm und bitter bereute, die Tasse war ungespült und klebrig. Dieser hinkende ungepflegte Mann ging mir bereits nach kurzer Zeit auf die Nerven. Er war ein blöder Typ, der nur über sein Leben jammerte. Über seine Exfrau, die ihn ausgenommen hatte, über Krankheiten, Tod und Teufel. Ein menschlich verbitterter Sozialfall. Ich war hin und hergerissen zwischen Mitleid und Abscheu. Ich erfuhr, dass er geheiratet und ich zwei Halbschwestern hatte, er aber wieder geschieden war. Nach einer Stunde, die sich wie eine halbe Ewigkeit angefühlt hatte, ergriff ich desillusioniert die Flucht.

Ich besuchte ihn zwei weitere Male. Nach zwei Jahren – keine Änderung. Im Jahr 2000 lebten wir in Pinneberg, und ich lud ihn an einem Samstagnachmittag zu uns nach Hause ein. Ich holte ihn sogar in Hamburg ab. Diesmal hatte er sich etwas vorbereitet. Er war besserer Stimmung und gepflegter. Das lag wohl auch daran, dass er zu diesem Zeitpunkt Hausverkäufer für Parfums und Sprays war. Die Unterhaltung war belanglos und die Art unserer Beziehung blieb außen vor. Ich stellte ihm keine unangenehmen Fragen. Ich fragte mich natürlich schon, welche Eigenschaften ich genetisch mitbekommen hatte, welche ich auslebte, ohne es zu wissen. Aber ehrlich: Was ist davon relevant? Ob ich ihm ähnlich sehe? Ich bin zufrieden mit meinem Aussehen, ob meine Nase seiner entspricht oder nicht. Ich habe gelernt, dass die Dinge, die ich an mir gut oder schlecht finde, meine sind, und es in meiner Entscheidung liegt, sie zu integrieren oder zu verändern. Dass das Gefühl, geliebt und angenommen zu sein, ein innerer Ozean ist, den man alleine durchsegelt. Im Großen und Ganzen war es diese Erfahrung, die es mir ermöglichte, die Mutter von Manuel zu werden. Manuel wusste von Anfang an, wer seine Adoptiveltern sind. Wir haben nichts verschwiegen, wir haben den Weg nach Costa Rica gesucht, wir haben aber auch nichts bis in die Tiefen analysiert. Ich hatte gehofft, dass er – wie ich – seinen eigenen Weg durch seine Geschichte geht. Ich glaube, dass er das in vielen Teilen getan hat. Manchmal schneller, als wir mithalten und verstehen konnten. Aber ich greife voraus. Seit dem Nachmittag in Pinneberg bin ich meinem Vater nicht mehr von Angesicht zu Angesicht begegnet. Ich hatte ihn nochmals versucht zu erreichen, da war sein Hamburger Anschluss aber nicht mehr besetzt. Nachdem er von sich aus nicht versucht hatte, den Kontakt zu halten, hatte ich ihn ad acta gelegt.

Um das Wesen von Papa zu beschreiben, möchte ich von meinem Bruder Marcus erzählen. Er kam auf die Welt, als ich elf Jahre alt war. Ein Alter, in dem einen der Brustansatz und gleichaltrige Jungs interessieren, keineswegs zu stillende Babys. Mit zwei Jahren wurde Marcus zu meiner Gürtelschnalle.

Keuschheitsgürtel war noch nicht nötig, aber durchaus in der elterlichen Auslage. Nachmittags nahm ich den kleinen Hosenscheißer überall mit hin, auch zu meinen Freundinnen. Im Urlaub auf dem Campingplatz am Luganer See in Italien hatte ich ihn ebenfalls im Schlepptau. Mama saß den lieben langen Tag im Liegestuhl und fiel über ihre Zeitschriften, über Gretchen und Pletchen und Kochrezepte, die niemals den Weg in unsere Töpfe fanden, fernab des Alltags in eine tiefe Entspannungs-Trance. Die Nähe zum Wasser mied sie in Ermangelung von hinreichender Schwimmpraxis. Für mich unvorstellbar. Noch unvorstellbarer, dass Papa brav daneben saß und sich manchmal dann auch langweilte. Uns Kindern hat er das Schwimmen beigebracht. Zum Glück mögen Italiener Kinder, was meinen Wert mit Marcus als Schatten bei den Jungs in die Höhe trieb. Marcus war als Nachzügler vom Rest der Familie sehr verwöhnt. Papa hatte, glaube ich, fast alles für ihn gemacht. Wo vormals durch meine Mutter ein strenges Regiment an Regeln und Vorschriften herrschte, schaffte es Marcus, die Ordnung durchaus ins Wanken zu bringen. Sogar auf dem Sofa durfte er essen und trinken! Zum Glück war Mama arbeiten. Papas gutes Herz, seine charmante, lustige, joviale Art gepaart mit einer chronischen Harmoniesucht machten ihn manchmal nachgiebig. Wer konnte es ihm übelnehmen. Mein Bruder hat sich zu einem feinen Kerl entwickelt. Nach der Schule machte er eine Metzgerlehre, arbeitete allerdings nur kurze Zeit als in seinem Beruf. Er bekam einen Job als Maschinenführer in einer Buchdruckerei. Dann lernte er die Liebe kennen, und zwar zu einer wunderschönen, lebhaften Griechin, die er heiratete, und mit ihr zog er in diesen herrlichen mediterranen

Teil Südosteuropas. Ich besuchte ihn dort einmal und hatte gehofft, dass er Fuß fasst. Er arbeitete als Maschinenführer in einer Firma, die europäische Münzen herstellte. Leider ging die Ehe nach ein paar Jahren auseinander. Marcus plante, 2012 zurück nach Deutschland zu kommen, um in Manuels Zeitarbeitsfirma in Hamburg zu arbeiten, wozu es leider nie kam. Heute lebt Marcus mit zwei Hunden in meiner Nähe. Als ich mit zwanzig Jahren – da war er neun Jahre alt – nach Amerika ging, hatte er sich sehr verlassen gefühlt. Ich denke, dass ich damals als ältere Schwester in den entscheidenden Jahren ein Lot für ihn war, zwischen einer ängstlich-fürsorglichen Mutter, die sehr bestimmend war, und einem Vater, der vielleicht manchmal seine Träume aus den Augen verloren hatte. Auch wenn ich nicht mehr für ihn verantwortlich bin, bleibe ich seine große Schwester und liebe meinen kleinen Bruder und großen Teddybären aufrichtig und von Herzen. Er ist Papa sehr ähnlich. Vielleicht deswegen.

Reifezeit

Es gibt bekanntlich Erlebnisse, die hinterlassen einen nachhaltigen Eindruck und wirken im Stillen. Die Mondlandung der Apollo 11 im Jahr 1969 – ich war gerade fünfzehn Jahre alt – war ein solches Ereignis. Weniger das politische und wissenschaftliche Kräftemessen der USA mit der Sowjetunion. Die Faszination des ersten bemannten Flugs zum Mond schlug mich in ihren Bann. Das so etwas Großartiges, ein Mensch auf dem Mond, überhaupt eine realistische Vorstellung werden konnte. Das bedeutete unbegrenzte Möglichkeiten, absolute Freiheit. Im Juli 1969. Ich bewunderte den Mut und die Neugierde der drei Astronauten Neil Armstrong, Edwin »Buzz« Aldrin und Michael Collins. Zu dritt den Kräften des Unbekannten ausgeliefert, in einem kleinen Spaceshuttle eingezwängt, auf Gedeih und Verderb aufeinander angewiesen und sich bewusst, ihr Leben für etwas Einzigartiges zu riskieren. Der mediale Held war natürlich Armstrong, der als Erster aus der Mondlandefähre Eagle ausgestiegen war und seinen Fuß auf unseren leuchtenden Erdtrabanten gesetzt hatte. 600 Millionen Menschen verfolgten das Ereignis. Einer davon war ich. Der Hype um dieses Ereignis verebbte, rückwirkend betrachtet gab es mir Kraft und Inspiration. Wenn ich auch nicht zur Astronautin wurde, so führte mich mein Weg in die Enge eines Cockpits auf einem Boot, mit wenigen Menschen, die über Tage und Wochen aufeinander angewiesen waren, auf dem Meer ins Unbekannte mit einem Ziel im Sinn, den Mond als Begleiter am Nachthimmel. Dazu aber später.

Ein paar Jahre vorher, mit etwa zwölf Jahren, war mein Leben relativ übersichtlich und reglementiert gewesen. Mein Bruder Marcus war seit einem Jahr auf der Welt, worüber wir uns alle freuten, auch wenn es für jeden eine Umstellung bedeutete. Meine Mutter war wieder mehr zu Hause, ich ging zur Realschule. Eigentlich hätte ich auf das Gymnasium gekonnt, doch meine praktisch veranlagte Mutter wollte meine Schulkarriere nicht unnötig lange hinauszögern, um am Ende doch als Frau am Herd zu landen. Die Realschule war perfekt, denn damit hatte man den idealen Start für eine gute Ausbildung. Für mich war das okay. Um das Niveau zu halten, musste ich nicht viel machen. In Mathe war ich Klassenbeste, die Hausaufgaben erledigte ich fast jeden Tag mit enormem Stresspotential morgens vor Schulbeginn oder in den Schulpausen. Nachmittage mit Paukerei verbrachte ich selten. Das bedeutete viel Zeit, die gefüllt werden musste, und das nicht unbedingt mit unentgeltlichem Babysitter-Dienst. Es gab eine Zeit, in der ich mich der Welt der Schundromane hingab. Alles, was ich bei Oma Frida an Liebesschnulzen fand, und in meine Hände gelangte, wurde von mir gelesen. Es war herrlich, ich versank in eine Welt voll Romantik und Liebe. Diese einfach gestrickten Beziehungs-Klischees mit einem umwerfend gutaussehenden reichen Helden (in der Regel waren das Ärzte) und der wunderschönen Angebeteten, die über alles an Schönheit, Liebreiz und Klugheit verfügte, und die Romanze förderte das Beste von beiden ans Licht. Meine aufkeimende Weiblichkeit verschlang gierig jedes Wort. Heimlich, denn meine Eltern sollten es nicht erfahren, dass ich diese Hefte las. Sie waren die Hüter meiner Jugend und wollten mich nicht auf dumme Gedanken bringen. So durfte ich auch abends nach acht Uhr nicht mit Fernsehen schauen. Wie sehr beneidete ich meine Freundin Gabi, die Zarah-Leander-Filme schauen durfte und mir jeden Morgen auf dem Schulweg den ganzen Film erzählte. Wahrscheinlich wurde ihr Durst nach romantischer Liebe dadurch gestillt, denn sie war es dann, die mich später inspirierte nicht nur Schundromane zu lesen, sondern auch mal etwas von Stefan Zweig. Irgendwie musste ich mich ja noch emanzipieren! Obwohl ich mir nie Fragen zu Geschlechterrollen gestellt hatte. Es waren die 68er, die die Geschlechterfreiheit als

Gegenzug zum konservativen Frauen- und Männerbild deklamierten, aber bekanntlich auch nicht genau wussten, wo und wie es zwischen Paaren gleichberechtigt funktionieren könnte. Ich war für diese Diskussion noch zu jung. Sie hat für uns Frauen sicher etwas bewegt, allerdings habe ich weniger programmatisch als selbstverständlich danach gelebt.

Neben dieser jungen mädchenhaften Romantik liebte ich es meinen Körper zu spüren, ihn herauszufordern, vor allem in aktiven Sportarten. Wie so viele Mädchen bin ich geritten, d. h. ich ging mit meiner Freundin Ute aus der Nachbarschaft zum Reitunterricht, bei dem wir an der Longe im Kreis ritten. Wahrscheinlich hat das nichts gekostet, denn wir hätten uns teuren Reitunterricht nicht leisten können. Trotzdem fand ich das Zusammenspiel von Mensch und Tier so schön, dass ich mit dem Gedanken spielte, Reitlehrerin zu werden. Ich informierte mich sogar konkret bei dem Haupt- und Landgestüt Marbach, das in seiner fünfhundertjährigen Geschichte eng mit dem Haus Baden-Württemberg und heutigem Ministerium für ländlichen Raum und Verbraucherschutz verbunden war, und eine renommierte Stätte für Zucht, Haltung, Leistungsschauen und Ausbildung war und immer noch ist. Allerdings war die Ausbildung sehr teuer, und das konnten meine Eltern sich nicht leisten. Sportlich landete ich dann beim Handball und Tennis. Handball im Sportunterricht der Schule, Tennis in einer Arbeitsgruppe nachmittags. Als dann zwei Polizisten vom Polizeisportverein in unserer Siedlung eine Handball-Mädchenmannschaft aufbauten, waren meine Schulfreundin Gabi und ich sofort dabei. Handball ist eine harte, schnelle, körperorientierte Sportart. Mit einer Körpergröße von 1,60 m und einem relativ zierlichen, leichten Körperbau war ich flink wie ein Wiesel, und es machte einen Heidenspaß, meine Gegnerinnen auszuspielen. Papa, der selber als ehemaliger Fußballer ein Fan von Teamsportarten war, begleitete mich manchmal zu den Spielen. Das fand ich toll. Zunächst war er mein Chauffeur und am Spielfeldrand ein stiller Beobachter. Er merkte sich jeden meiner Spielzüge, die er anschließend mit mir analysierte. Er gab mir gute Tipps. Aber noch viel wertvoller: Er war stolz auf mich!

Es ist leider extrem hinderlich, dass diese Sportart mit einem hohen Verletzungsrisiko verbunden ist. Nach einer Bänderzerrung drohte meine Mutter, dass ich das Handballspielen aufgeben müsse, wenn das nochmal vorkäme. Später hatte ich dann noch einen Kreuzbandriss, der nie behandelt wurde, sodass ich heimlich an meiner Mutter vorbei humpelte. Aber ich spielte, bis ich in die USA ging.

Ich reifte mehr und mehr zu einer jungen Frau heran, die sich neben dem Sport nicht nur für Männer in Schundromanen, sondern für die realen Vertreter interessierte. Angehimmelt, aber durchaus von mir realistisch eingeschätzt, wurde mein Schwarm Cat Stevens. Was für ein schöner Mann, und was für ein wunderbares Gitarrenspiel. Ich schwelgte in Songs wie Moonshadow oder Morning has broken. Dass er – ob durch einen »Unfall« ausgelöst oder nicht – zum Islam konvertierte, sich von da an Yusuf Islam nannte und scheinbar plötzlich eine sehr konservative Religionsausübung pflegte, befremdete mich etwas, es war für mich aber auch nicht relevant.

Für die Entdeckung der Weiblichkeit gibt es keinen Stichtag, es ist eine Welle, die einen in die wunderbare Welt unentdeckter tiefer Begegnungen reißt. Die unbändige Kraft erzeugt eine leidenschaftliche Freude, eine gefährliche Neugierde, eine unausgesprochene Angst, eine staunende Enttäuschung, die getragen wird von einer Lust an der Entdeckung, bei der man sich in einem Augenblick schwebend und mit dem nächsten Wimpernschlag kräftig rudernd hingibt. In dieser Welt erlebte ich meinen ersten Kuss. Ich war dreizehn Jahre alt und wurde regelmäßig von meinen Eltern zum Zigarettenautomaten geschickt. Dort traf ich einen der Nachbarjungen, der drei Jahre älter war als ich und einen Drachen gebaut hatte, den er in die Lüfte schicken wollte. Er fragte, ob ich ihn begleiten wolle und ich folgte ganz selbstverständlich meiner weiblichen Antwort, indem ich mitkam und ihn bewunderte. Für was? Egal. Für sein handwerklich kreatives Geschick oder viel einfacher, weil in diesem Moment die Welle kam und mich mitnahm. Die Sucht meiner Eltern blieb vorerst im Automaten, die zwei DM für die HB in meiner Hosentasche. Eigentlich hatte er eine Freundin, aber ich wollte ja nicht seine Freundin werden, ich wollte nur das Gefühl genießen, von einem älteren, gutaussehenden Jungen gefragt worden zu sein, in seine Welt einzutauchen. Ich durfte die Schnur halten, ich durfte den Drachen in die Luft schmeißen, ich durfte beharrlich versichern, das sei der tollste Drache der Welt. Auf dem Rückweg schmiss ich dann doch noch die zwei DM in den Automaten, ich wollte mir ja nicht die Chance auf meine kleine Freiheit verderben. Ich brachte also die Zigaretten nach Hause und ging selig ins Bett. Am nächsten Abend waren wir wieder verabredet und ließen zunächst den Drachen steigen. Bis er mich küsste. Das war der schlimmste Absturz des Drachens. Der Kuss war so entsetzlich, dass er mit einer Welle in den Tiefen verschwunden ist. Geblieben war die Hoffnung, dass alles, was danach kommt, nur noch besser werden kann.

Durch verschiedene Umstände kannte ich mehr oder weniger jeden der Familie Wigand. Da war zunächst Martin, ein Klassenkamerad, der zur Achten neu in unsere Klasse kam und mit dem wir öfters zum Schwimmen fuhren. Er war ein ganz netter Junge, aber eben nur ein ganz netter Junge. Sein Bruder war unser Musiklehrer an der Schule. Bei der Frau des Bruders nahm ich Tenorflötenunterricht, er selber war auch mein Chorleiter im Kirchenchor. Das schien mir nicht genug Wigand zu sein. Eines Abends nahm Martin mich auf seinem Moped mit nach Tübingen zu einer Abendveranstaltung ins Tübinger Zimmertheater, einem kleinen zeitgenössischen Theater in der Bursagasse inmitten der Altstadt. Sein Bruder Jochen war dort Ensemblemitglied. Ich weiß nicht mehr, was wir uns dort anschauten, das Zimmertheater hatte eine eigene intime Atmosphäre. In einem der typischen Fachwerkhäuser, die sich aneinandergedrängt gegenseitig stützen, wurde das Theater seit seinem Bestehen von 1958 in seinen Mauern ausgebaut. Erst gab es ein Zimmer, dann wurde das Gewölbe mit genutzt, später sogar das Foyer. Zwischen 60 und 80 Zuschauer fasste das Theater, also waren es immer kleine, spezielle Veranstaltungen. Dort lernte ich Jochen kennen, Martins zweitältesten Bruder. Ich bewunderte ihn. Er studierte Psychologie, war ein total intellektueller Typ und ich hing an seinen Lippen. Im wahrsten Sinne des Wortes. Er sang ab und an in unserem Kirchenchor mit. Als wir eines Tages mit dem Chor in ein Probenwochenende fuhren, um ein Oratorium einzustudieren, war es so weit. Irgendwann knutschten wir rum und er heilte das Trauma von meinem ersten Kuss. Dafür bin ich ihm heute noch dankbar. Nach diesem Wochenende fuhr ich öfters mit dem Zug nach Tübingen und besuchte ihn. Er war sehr nett und ich wohl eher langweilig. Der Altersunterschied machte sich bemerkbar. Nach nicht allzu langer Zeit erhielt ich von ihm einen einfühlsamen Brief (Psychologe!), in dem er mir schrieb, dass er zu alt für mich sei und ich mir doch einen jüngeren Mann suchen solle. Natürlich war ich traurig. Aber ich konnte das akzeptieren, weil ich wusste, dass er mich nach wie vor mochte, und auch ich mit ihm keine Familienträume verband. Es war eine Schwärmerei – eine schöne Schwärmerei.

Gesucht habe ich nicht. Ich war keine Suchende, ich war eher eine »zufällig Begegnende«. Im Sommer 1970 arbeitete ich in den Ferien in einem Altersheim. Als junge Frau wollte ich mir hin und wieder ein schönes Kleidungsstück leisten. Ich arbeitete in der Pflegeabteilung, in der sich ab und zu ein Jüngling mit kräftigen dunkelblonden Locken blicken ließ, um sich angeregt mit unserer Stationsschwester, die, nebenbei gesagt, schon älter war, zu unterhalten. Sie redeten über alles, es gab nichts, was sie nicht ansprachen. Dieser lebenslustige schöne Mann hieß Peter und war Kriegsdienstverweigerer. Also leistete er seinen Zivildienst im Altersheim. Damals noch achtzehn Monate. Die Alten liebten ihn. Vor allem die Frauen. Er brachte eine so selbstverständliche Fröhlichkeit und Umgänglichkeit in ihren Alltag. Er scheute sich nicht, sie anzufassen, er scheute sich nicht, mit ihnen zu reden, er vermied es, sich auf ein »ich bin jung und weiß alles besser, Du bist alt und nutzlos« zurückzuziehen, sondern behandelte sie respektvoll. Er war Kommunist, Pazifist und hielt gerne Vorträge, etwa darüber, warum Karl Marx recht hatte. Zugegeben: Er imponierte mir. Ich wusste das alles nicht und war entsprechend schnell zu beeindrucken. Also fand ich ihn toll. Und zögerte nicht lange, als er mich fragte, ob ich ihn ins Kino begleiten wolle. Mit einem Fiat 500. Ja klar! Kino war damals der Anbandelklassiker. So begann ich eine Affäre mit Peter. Von mehr als einer Affäre kann man nicht sprechen, schon deswegen, weil sie begrenzt war auf seine Zivildienstzeit. Wir beendeten diese Affäre zwar nicht, als er nach Waiblingen zurückging, aber sie verlief schließlich langsam im Sand. Die Freundschaft hielt an. Ich bin kein nachtragender Mensch. Damals spielte es vielleicht eine Rolle, dass ich spürte, dass ich raus wollte. Weg wollte. Mich nicht fest einlassen wollte. Die Dinge kommen und gehen lassen wollte. Diesem Prinzip bin ich ein Leben lang gefolgt. Nur Manuel hat mir da einen ordentlichen Schnitzer reingehauen.

Um meine jugendlichen Abenteuer in Sachen Liebe abzuschließen, sei noch mein Chef erwähnt. 1971 schloss ich im August meine Mittlere Reife ab und begann im September eine Ausbildung zur Industriekauffrau bei der damalig genannten Burkhardt Textilveredlungs GmbH in Pfullingen. Ich war 16 Jahre alt. In meinem Bewerbungsgespräch verkündete ich selbstbestimmt und unglaublich emanzipiert, dass ich nie heiraten werde. Wie weitsichtig! Und was für eine

Einladung! Mein Vorgesetzter, der eigentlich nur der Vertriebsleiter war, war 27 Jahre alt, verheiratet und hatte ein kleines Kind. Also viele Tabus. Altersunterschied, Abhängigkeit als Auszubildende, verheiratet, Vater eines kleinen Kindes – pfui, pfui, pfui. Nun war er aber groß, schlank, dynamisch und ein richtiger Manager Typ. Ich flog von Peters proklamiertem Karl Marx Das Kapital zum Kapital selbst. Wir fuhren mit seinem Ford Capri spazieren, gingen zum Bowlen, und ich genoss es, in eine andere Welt einzutauchen. Es war aufregend, prickelnd und leidenschaftlich – auf engstem Raum. Ich hatte nie gehofft, dass er sich scheiden lassen würde, es war nicht perfekt, aber es war gut so wie es war. Es gab keinen Streit und die Zeit floss dahin. Ich fühlte mich unabhängig, und in mir wuchs eine weitere Seite zu dem »Dinge kommen und gehen lassen« – die Seite des »Nichts anhaben können«. Während der Ausbildung kam es zu dem Vorfall, dass eine unserer Telefonistinnen rausgeschmissen wurde, was ich unglaublich ungerecht fand. Ohne echten Anlass eine Existenz von heute auf morgen plattmachen, löste in mir einen Verteidigungsmechanismus aus. Ich war im Betriebsrat als Jugendvertreterin, und bei einer Betriebsratsversammlung mit 6 feigen Betriebsräten sagte ich dem Firmeninhaber die Meinung, was zur Folge hatte, dass die Telefonistin trotzdem gehen musste, ich nach der Ausbildung nicht übernommen wurde und meine Mutter mich abkanzelte mit den Worten, ob ich nicht mal die Klappe halten könne, ich sei schrecklich widerborstig. Das Verhältnis zu meinem Chef ging munter weiter. Er mischte sich nicht ein, was ich allerdings auch nicht einforderte. Wir sahen uns noch ein weiteres Jahr nach der Ausbildung, als ich bereits zu meinem neuen

Arbeitsgeber, Technical Operation Limited, einem Vertrieb für medizinische Geräte, gewechselt hatte. Es war eine kleine Niederlassung aus England, die von zwei Engländern geführt wurde, die auch ganz »englisch« waren. David, mein Chef, trug Tweet und war mit einer Französin verheiratet. Ja, ja, doch, das geht. Der andere Geschäftsführer hatte ein Verhältnis mit meiner älteren Sachbearbeiter- Kollegin – also alle damals um die 35 Jahre – und war rothaarig und bleich. Dann gab es noch unseren Techniker Martin, der in Köln lebte und nur selten bei uns aufschlug. Es war eine gute Zeit in einer kollegial familiären Umgebung. Wir gingen zusammen ins Kino – ich Küken mit den »Alten« –, und meine Praxis in englischer Sprache stieg exorbitant.

Irgendwann kam der Tag, der kommen musste. Mein Ex-Chef wurde mein Ex-Liebhaber. Er machte Schluss. Das hat mich sehr mitgenommen. Ich war sehr geknickt und heulte in meinem Auto so vor mich hin, als ich im Radio eine Sendung zur Carl Duisberg Gesellschaft hörte. Gibt es Zufälle? Ich beschloss, dass ich diesem Ruf nach New York folgte und damit meinen beiden rettenden Prinzipien.

Am Anfang war: ein kleiner Gedanke

Ich war und bin bis heute kein besonders politischer Mensch. Ich interessierte mich mit fünfzehn Jahren nicht für den Kniefall von Willy Brandt 1970 in Warschau. Wenn er meinte, er müsste das zur Verständigung von Frieden und Vergebung als Geste der Demut für die deutschen Verbrechen im Zweiten Weltkrieg machen, sollte er es tun. Und es hat ja tatsächlich zur Verständigung beigetragen. Meine Eltern waren politisch nicht aktiv, als Arbeiter linksorientiert, was mich mit Sicherheit geprägt hat. Ich bin von klein auf in wechselnden Gruppen gewesen, ich hatte gelernt mich anzupassen, mich unterzuordnen, mich zu trennen und mich wieder auf etwas Neues einzulassen. Ich hatte gelernt, das Beste aus der jeweiligen Situation zu machen. Ich war kritisch, denn vieles hat mir nicht gefallen, ich wusste, dass ich nicht so wie meine Eltern leben wollte, aber ich war so realistisch und duldsam, auf den richtigen Zeitpunkt zu warten. Ich war zutiefst überzeugt, dass das Leben mir immer wieder Chancen bietet und ich sie nur annehmen muss. Ich gab mich der Strömung des Lebens hin in dem Vertrauen, dass sie mich dahin trug, wo es für mich richtig und gut war. Ich hatte eine zutiefst pazifistische Überzeugung – leben und leben lassen. Aus dieser Haltung heraus war es für mich unverständlich, ja sogar unbegreiflich, wie Menschen andere daran durch Gewalt, Unterdrückung, Bevormundung hindern wollten. Pazifismus ist ein großes Wort. Auch ich streite und bin streitbar. Da Menschen keine Götter bzw. keine perfekten Wesen sind, können sie als Menschheit nicht pazifistisch sein (wenn es selbst die Götter nicht sind, wer dann?). Aber Menschen können sich dieser Idee annähern. Mit fünfzehn Jahren nähert man sich durch Widerstand an. Dazu verhalf mir Gabriela K. – sie war eine Strömung, der ich folgte. Gabriela kannte ich seit früher Kindheit aus der Nachbarschaft, allerdings hatten wir uns mit Beginn der Lehrzeit aus den Augen verloren. Dann zog ich mir mal wieder beim Handball eine Bänderzerrung zu und ging in Pfullingen, wo ich meine Lehre machte, zu einem Orthopäden. Und wen traf ich da? Meine Gabriela!

Das war schnell ausgemacht, dass wir uns treffen und den Faden unserer Freundschaft wieder aufnahmen. Gabriela trug mich schließlich zu der Organisation terre des hommes, die sich für Kinder in Not einsetzt. Es sprach nichts dagegen, eine Organisation zu unterstützen, die es sich zum Ziel gesetzt hat, zu einer »Erde der Menschlichkeit« beizutragen. Und es liegt so nahe, den Schwächsten – nämlich den Kindern – zu helfen, die gleichzeitig die Zukunft sind. Ich war ein leiser Helfer, was mir am meisten entsprach, denn ich war noch nie jemand gewesen, den es auf die Bühne drängte oder der eine Ideologie oder Überzeugung laut in die Welt trug. Ich half bei Veranstaltungen aus und dort, wo ich gebraucht wurde. Die Organisation schickt in der Regel keine Helferinnen und Helfer aus Deutschland in die Krisengebiete, sondern unterstützt einheimische Initiativen mit Spenden und durch Beratung. Diese Zeit war wichtig, denn sie wurde zu einer Insel des Respekts gegenüber Menschen und des Mitgefühls für das, was in der Welt passierte. Über den eigenen, schwäbisch sparsamen, aber satten Tellerrand zu schauen und großzügig zu sein.

Ein zentrales Thema der Organisation in diesen Jahren waren die Geschehnisse in Vietnam. Terre des hommes Deutschland wurde 1967 gegründet, um schwer verletzten Kindern aus dem Vietnamkrieg zu helfen. Das hieß, die Kinder vor Sklaverei, Ausbeutung zu schützen, Flüchtlingskindern zu helfen, und sich um die Opfer von Krieg, Gewalt und Missbrauch zu kümmern. Und natürlich für Erziehung und Ausbildung zu sorgen. In Bezug auf Vietnam war das sehr schwierig. Dieser elende Krieg zwischen Nord und Südvietnam, der zwanzig Jahre in und um Vietnam tobte und seine Wurzeln im Indochinakrieg hatte und bis 1954 anhielt, war eine unmenschliche und völlig irrsinnige Hölle. Es mischten sich zu Zeiten des Kalten Kriegs die Großmächte ein und das auf Kosten einer hilflosen, völlig desolaten Bevölkerung. Dem Vietnamkrieg konnte sich keiner hier entziehen, denn er wurde auch medial ausgetragen. Wir haben ihn alle über den Fernseher sozusagen miterlebt. Während wir an unseren nächsten Discobesuch dachten, sahen wir im Fernsehen amerikanische Flieger und zerstörte Dörfer. Das war ein Schock. Gabriela war zu diesem Zeitpunkt bereits mit Andreas zusammen, der ein paar Jahre älter war als sie und Architektur studierte. Er kam aus einer anthroposophischen Familie und war politisch interessiert. Ihm ist die Initiative zu verdanken, dass eine Ortsgruppe von terre des hommes in Reutlingen gegründet wurde, in der ich als Freundin der Beiden Mitglied der ersten Stunde wurde. Unsere Aufgabe war es, auf die Missstände aufmerksam zu machen und im Auftrag der Organisation Spenden zu sammeln. Wir organisierten ein Sommerfest auf dem Marktplatz von Reutlingen, gingen auf Weihnachtsmärkte, und selbst am Volkstrauertag scheuten wir uns nicht, uns bei minus zwanzig Grad vor den Friedhof zu stellen und Kerzen zu verkaufen. Das kam nicht bei allen Leuten gut an und wir ließen uns beschimpfen, wie blöd das wäre. Wir wollten gar nicht auf Kosten der Verstorbenen sammeln, sondern als Band der Hinterbliebenen, das die Menschen in der Trauer um die Verstorbenen verknüpft und ihnen in der Gemeinschaft hilft. Ganz wohl war mir nicht und ich konnte verstehen, dass es in der Trauer für jeden eine Grenze gibt, die empfindsam ist und der man respektvoll begegnen muss.

1975 war der Vietnamkrieg nach zwanzig Jahren beendet. Ich stand an der Schwelle, mein Leben in Deutschland fürs Erste zu verlassen. Vorher geschah noch etwas, was damals in einer mädchenhaften Mischung aus Weltverbesserung, Mütterlichkeit und Naivität entstand, und 15 Jahre später seine Bestimmung fand. Ich war eines Abends zu Besuch bei Gabriela und Andreas, die mittlerweile gemeinsam eine kleine Wohnung teilten. Gabi war zu dieser Zeit bereits Arzthelferin, Andreas studierte noch. Die Wohnung war mit zusammengesuchten Sachen vom Flohmarkt bestückt, sehr gemütlich, und ich fühlte mich jederzeit willkommen und wohl. Im Grunde genommen beneidete ich die beiden um ihr Refugium. Sie teilten sich den kleinen Raum der 2-Zimmer-Wohnung und hatten dennoch beide ihre eigenen kleinen Inseln. Gabrielas Insel war eine alte schwarze Schreibmaschine auf einem großen dunkelbraunen Tisch. Es gab bereits modernere Exemplare, aber Gabi beharrte auf ihre schwarze stolze Lady, auf der sie regelmäßig Briefe an Insassen aus dem Gefängnis schrieb, mit denen sie Brieffreundschaften unterhielt. An einem der vielen Abende saßen wir zusammen auf den unzähligen Matratzen und sprachen zunächst über unsere neueste Diät – wahlweise Kartoffeln mit Quark oder eine Eierdiät – und anschließend über die Situation in Vietnam. Gabriela war mir in vielen Dingen ein Vorbild. Sie hatte und hat auch heute noch ein großes Herz und war damals schon unglaublich hilfsbereit. Daneben war sie sehr bestimmend, was mich manchmal nervte und mir doch zugutekam, weil mit ihr immer etwas vorwärtsging. Eine kleine Anekdote, die so herrlich ihre Menschlichkeit beschreibt, die manchmal so herrlich menschlich widersprüchlich war, ist unser Besuch bei Amnesty International. Es war klar, dass wir da irgendwann mal aufschlugen. Zu jeder Weltverbesserer-Attitüde gehört auch eine Visite bei dieser großen Menschenrechtsorganisation. Also saßen wir da und hörten uns bei der Veranstaltung die Beiträge an, bis der »Dampfkessel Gabriela« Druck ablassen musste und dem ganzen bockig den Rücken zuwendete, begleitet von einer Schimpftirade in dunkelroten Sprechblasen wie »da gehen wir nie wieder hin«, »sind alles Linke«, »alles Radikale«. So war es dann auch für mich erst mal entschieden.

Kommen wir zurück in die Wohnung. An diesem Abend hingen wir den Gedanken nach, dass es ein totaler Schmarrn sei, eigene Kinder in die Welt zu setzen, weil es so viele gäbe, die ein Zuhause bräuchten und es sinnvoller sei, ein Kind zu adoptieren. Während Andreas, dessen Naturell ruhig und besonnen war, sich dazu nicht äußerte, malten wir uns kühn unsere Familienbande mit gemeinsamen Kindern aus Vietnam aus. Ich war damals knappe siebzehn Jahre alt. In diesem Alter hat man Träume, man hat Ideen, man hat Weltverbesserungsvisionen. Ich weiß gar nicht, ob es damals meine waren oder die von Gabriela, die wesentlich reifer schien. Ich weiß nur, dass dieser Abend etwas hinterlassen hat, an das ich lange Zeit nicht mehr gedacht hatte. Wie ein kleiner Samen, der in einen Nährboden gesetzt wurde und zum richtigen Zeitpunkt seinen Weg ins Licht fand.

Heute haben Gabriela und Andreas, denen ich in tiefer Freundschaft verbunden geblieben bin, vier leibliche wunderbare Kinder. Severin, Lupina, deren Patentante ich bin, Christoph und Malvine. Sie haben kein Kind adoptiert, sondern sind auf andere Art und Weise ihrer Bestimmung gefolgt und haben Gutes um sich verbreitet. Gabi ist der Kirche verbunden und nach wie vor ein sehr hilfsbereiter Mensch mit offenen Armen für jeden, der Trost und Hilfe benötigt. Sie ist ein Teil meines Lebens und hat dort Spuren hinterlassen, für die ich sehr dankbar bin.

Abschied

Nach dem Schlusswort meines Ex-Chefs und Ex-Liebhabers saß ich also schniefend im Auto. Mein Radio lief auf Dauerschleife, ich empfand die Musik als tröstenden Klangteppich für meine Trauer. Während die Perlen des Selbstmitleids meine Wangen hinabliefen, berichtete der Moderator der Sendung etwas über die Carl Duisberg Gesellschaft, einem gemeinnützigen Verein zur Förderung der internationalen beruflichen Bildung und Personalentwicklung. Zwischen Schluchzern und benebeltem Sich-Orientieren im Straßenverkehr sickerten die Worte in mein aufgelöstes Ich.

Damals war die Motivation der Informationsbeschaffung noch eine andere. Als Geheimniskrämerin, oder besser gesagt, ich teile ungelegte Gedankeneier bis heute nicht gleich mit, habe ich mir keine Auskünfte bei meinen Eltern eingeholt, sondern rief bei der Telefonauskunft an, die mir die Nummer aus der Düsseldorfer Zentrale der Gesellschaft gab. Da ich nichts zu verlieren hatte, griff ich mir unseren grauen gebogenen Telefonhörer. Das Telefon hatten wir noch nicht lange. Das hielt erst in unseren Haushalt Einzug, als ich siebzehn Jahre alt war. Davor musste ich eine Verabredung bereits beim letzten Treffen verbindlich vereinbaren oder eine der gelben stinkenden Postzellen nutzen. Ich ließ also die runde Scheibe unzählige Male schnalzen, wartete geduldig auf das Freizeichen, bis sich eine unpersönliche Stimme meldete, die mir relativ zügig mitteilte, dass sie mir Unterlagen zuschicken würde. Nach ein paar Wochen erhielt ich Post mit einer Werbebroschüre der Gesellschaft und den Unterlagen zu dem Work & Study-Programm, das mich interessierte. Das Ganze ermöglichte ein zweijähriges Visum für die USA, d. h. man ging ein halbes Jahr zur Schule, lernte die Sprache und wählte Bereiche wie Business English, Marketing oder Academic Preparation, um anschließend anderthalb Jahre die Möglichkeit zu erhalten zu arbeiten. Hörte sich machbar an. Vorher musste ich allerdings einen psychologischen Test absolvieren und 6000 DM überweisen. Das war mein gesamtes Erspartes und mein geliebter orangenfarbiger BMW 1802, den ich erst vor einem halben Jahr für den Fiat 850 eingetauscht hatte, meine Blechbüchse in die Freiheit, obendrauf. Aber was solls. Ich war bereit. Ich hatte mich im Juli gemeldet, im Oktober bekam ich die Zusage. Dann erzählte ich es meinen Eltern, die natürlich besorgt reagierten, wenn die Tochter so mir nichts dir nichts über den großen Ozean in die weite Welt aufbrach. Zwischen Gabriela und mir herrschte damals Funkstille. Eine blöde Geschichte, fast zu lächerlich, um sie zu erzählen, aber dennoch trug unser Zwist mit dazu bei, den Schritt in die USA zu gehen. Gabriela und Andreas fuhren im Winter regelmäßig in eine Hütte in den Bayerischen Wald. Sylvester'75 war ich mit dabei. Da ich quasi Single war, fühlte ich mich zwar nicht als drittes Rad am Wagen, doch es gab Momente, in denen ich merkte, dass ich alleine bin. Wenn die beiden den Morgen zu zweit in den warmen Federn genossen und lange ausdehnten, während draußen die Schneeflocken Schneeflocken waren, saß ich über Stunden am Küchentisch, strickte und wartete. Zwischendurch verließen wir die Hütte, um in einer Gaststätte einzukehren. Bei einem dieser Ausflüge fuhr ich zurück – und Halleluja, was für ein Segen ist es ein eigenes Auto zu besitzen –, nur dass ich leider für einen vorbeihoppelnden Hasen reflexartig und heftig bremste und mir das nachfolgende Auto ins Heck fuhr. Andreas hatte ein Schleudertrauma, das sah ich nicht als lebensbedrohlich an, gleichwohl mussten wir ein paarmal ins Krankenhaus, so dass es noch langweiliger wurde. Und irgendwann entstand auch öfter Streit zwischen uns. Irgendwann reichte es mir mit diesen Spannungen und ich beschloss, vorzeitig nach Hause zu fahren und ließ die beiden in ihrer dämlichen Hütte mit ihren Problemen zurück. Darauf folgte ein halbes Jahr Sendepause, bis ich einknickte und mich wieder bei ihnen meldete. Allerdings um mich bald daraufhin wieder zu verabschieden. So ist es halt.

Was mir leid tat, war die Kündigung meiner Arbeit. Ich fühlte mich wohl mit meinen Kollegen, und wenn man vierzig Stunden in der Woche miteinander verbringt, wächst man enger zusammen als man vermutet. Als ich kündigte, reagierten sie zunächst befremdet, weil es auch in ihren Augen gut gelaufen war, zeigten aber Verständnis für meine Entscheidung.

Ich war also in der Schule – übrigens im Bereich Business School – eingeschrieben, hatte die Zusage im Oktober erhalten und sollte im Januar in Richtung New York starten. Ursprünglich wäre mein Wunsch Texas gewesen, erhielt für die Südstaaten-Schule jedoch keinen Platz. Weiß auch nicht, was mich damals geritten hatte, mich für dieses konservative Cowboy-Land zu bewerben. Vielleicht hatte ich die Hoffnung, dort auf dem Rücken der Pferde romantisch durch die Prärie zu streifen. Bis Dezember arbeitete ich, um meinen Kontostand aufzubessern. Dann packte ich meinen Koffer – »Raus in die Freiheit« –, der für einen zweijährigen Aufenthalt sehr schmal und lediglich mit ein paar Kleidern gefüllt war. Meine Eltern brachten mich nach Stuttgart zum Flughafen, wo ich mich mit Island Air auf meinen ersten Flug begab. Das Lebewohl war unsentimental, und ich dankte meinen Eltern, mir eine Heul-Arie zu ersparen.

New York New York

In der hundertjährigen Geschichte des Fliegens war das Fliegen vor vierzig Jahren für den normalen Passagier, verglichen mit heute, noch etwas Besonderes. Der nationale und internationale Flugverkehr hat sich bis heute rasend entwickelt, befindet man sich in einer Abflughalle, merkt man, dass es der am stärksten wachsende Verkehrssektor ist. Die Flugverkehrsdichte ist gestiegen, der Komfort für den Passagier hat sich vervielfacht. Die Flugpreise sind gesunken, nur damit haben sich auch das Gedrängel um die Flieger, die Sitze, die Gepäckaufgabe und viele nervende Details erhöht. Ein Flugzeug bleibt in der Grundlage ein Flugzeug so wie ein Schiff ein Schiff bleibt. Den Fortschritt der Technik kann man dabei nicht klein reden, vor allem ich nicht, denn ich kenne mich damit zu wenig aus. Vergleiche ich es mit dem Bereich des Segelns, um vorwegzugreifen, habe ich während der letzten Jahrzehnte natürlich ebenfalls Sprünge im Fortschritt – ob GPS Systeme oder der gewachsene Sicherheits-Standard – miterlebt. Das Fliegen ist global gesehen ein unumgängliches Mittel der Mobilität, doch bis heute ist die Reihenfolge meines bevorzugten Fortbewegungsmittels definitiv meine Beine, mein Auto, ein Schiff, der Zug und dann, für längere Strecken, eben das Flugzeug.

Bei meiner ersten Atlantiküberquerung im Flieger erschien es mir als purer Luxus, dass jemand durch die Reihen trollte und uns etwas zu essen und zu trinken anbot. Unabhängig davon, was es war. Darüber hinaus gab es kein TV, keine Handy-Spiele, kein iPod mit Musik, die Übermittlung der aktuellen Positionsdaten oder sonstige Ablenkung. Ich hatte mir schwere Lesekost erspart, so dass ich döste und die Zeit absaß. Das muss man können. Sich mal eine lange Weile mit sich langweilen. Ohne eine Sinnkrise zu bekommen oder anderen auf den Geist zu gehen. Unglaublich hilfreich und hat mir bis heute über so manch öde Stunde – auch hier flicke ich Erinnerungen an stundenlanger Flaute auf offenem Wasser ein – hinweggeholfen.

Nach der Landung auf dem Newark Liberty International Airport, in dem man durch lange Gänge und Zollstationen geschleust wird, holte ich mein Gepäck, lauschte dem amerikanischen Stimmengewirr, bis ich schließlich von einem Herrn mit Schild der Carl Duisburg Gesellschaft in Empfang genommen wurde. Neben drei anderen deutschen Mädchen, die mit demselben Flieger gekommen waren, bis dato allerdings nichts voneinander wussten. Etwas scheu, mit einer kichernden Unsicherheit, waren wir froh, uns auf Deutsch austauschen zu können. Brav folgten vier Küken dem Fahrer Richtung Bus.

Fährt man mit dem Schiff vom Atlantik in den Hafen ein, dessen Gewässer sich mit dem Hudson River, der sich träge durch New York schlängelt, mischt, wird man von Lady Liberty, der imposanten Freiheitsstatue, empfangen. Das blieb mir zunächst vorenthalten. Wir fuhren vom Westen über Jersey City nach Newport und von dort durch den Holland Tunnel unter dem Hudson River nach Lower Manhattan. Wir tauchten in den Großstadtdschungel der Wolkenkratzer ein, durch enge schattige Straßenschluchten, die plötzlich in helle 6-spurige Straßen mündeten, auf denen gelbe Taxis hektisch umherhuschten, das Echo heulender Sirenen hallte und sich viele Menschen in scheinbar einiger Formation bewegten. Eine der Hauptstraßen ist die 34th Street, die sich in Midtown Manhattan befindet und die Insel von West nach Ost durchquert. Dort befand und befindet sich bis heute – übrigens in Nachbarschaft zum Empire State Building – die »Webster Apartments«, unser Domizil für das kommende halbe Jahr. Mitten in Manhattan! Was meinem Lieblingsfortbewegungsmittel sehr zugute kam! Damals nahm das Haus nur Frauen auf. Unsere Zimmer waren winzige enge Schläuche mit einem Bett und einem Schrank bestückt. Mein Nest lag im 11. Stock und hatte die Nummer 1107. Es gab ein Bad auf dem Flur, indem auch ein Telefon hing. Um Letzteres machte ich einen großen Bogen, weil Telefonate zu dem damaligen Zeitpunkt für meine schmale Börse nicht erschwinglich waren. Ich hatte gar kein Bedürfnis, mich meiner Heimat über den Fernsprecher zu vergewissern. Ich hatte mich für diesen Aufenthalt selbst entschieden. Ich wusste, wenn ich wollte, könnte ich telefonieren. Das reichte. Wir bekamen Frühstück und Abendessen, beides ziemlich bescheiden, manchmal verzichteten wir sogar freiwillig und investierten Geld in Burger, Pizzas oder Pasta. Es gab Momente, in denen ich die schwäbische, gehaltvolle und irgendwie eindeutige Kost meiner Mutter zu schätzen lernte. Das alles war aber nicht wirklich relevant. Ich kam in feste Strukturen und musste nicht ins kalte Wasser springen, was mir Sicherheit gab. Denn ich stellte schnell fest, dass mein Englisch miserabel war und ich kein Wort amerikanisch verstand. Ähnlich ging es Brigitte K.

Kaum in New York, wurden wir nach einer Nacht in einen Greyhound Bus gesetzt, um amerikanische Familien zu besuchen und, in den drei Wochen, Erfahrungen mit dem »American Way of Life« zu sammeln. Dabei reisten wir durch

Boston und Connecticut, was weder einen Wow! noch einen Urghhh!-Effekt hatte. Die Familien waren sehr offen, nahmen sich Zeit und gaben sich mit uns durchaus Mühe. Sie engagierten sich ehrenamtlich und ihre Freizeitangebote waren nicht selbstverständlich. Wenn man sich vorstellt, Zwanzigjährigen nicht des Englischen mächtigen deutschen Mädchen etwas zu sagen oder zu zeigen, kann man sich nahezu hilflos fühlen, vor allem, wenn man nicht weiß, für was sie sich überhaupt interessieren. Geschweige denn, wie man Reaktionen des Interesses richtig einschätzt, wenn diejenigen nicht die Sprache können. Bedeuten große staunende Augen und ein schiefes Grinsen: »Ich verstehe nichts und habe schrecklich Angst mich zu blamieren!« oder »Ihr Amis habt alle einen an der Waffel und jetzt lass ich das halt über mich ergehen, weil es im Programm steht«. Eines Abends zogen wir zusammen los zu einem Eishockey-Spiel. Wenn die Amerikaner etwas können, dann ihre Lieblingssportarten zu zelebrieren und zu feiern. Was ich bei diesen Spielen an Engagement, Enthusiasmus und purer Freude erlebte, war klasse. Wäre von dieser Begeisterung ein Fünftel beim Handballspiel in unseren Allzweckhallen rübergekommen, wäre die Motivation auf dem Spielfeld bestimmt nochmal eine andere gewesen. Egal. Wir verfolgten das Spiel, obwohl wir keine Ahnung hatten, und genossen den Abend. Meine Gasteltern wussten auch nach diesem Abend nicht, wie sehr er mir gefallen hat und dass ich selber ein Fan von Teamsportarten war.

Zurück zu Brigitte. Sie konnte eigentlich kein Wort Englisch, sich also überhaupt nicht mit den Familien unterhalten im Gegensatz zu Christa, die mit uns im selben Flugzeug angereist war. Sie war mit 25 Jahren bereits von einem Pakistani geschieden. Ihr Vorteil: sie konnte nahezu perfekt Englisch und war äußerst eloquent, was dazu führte, dass wir uns völlig minder geeignet für dieses Unterfangen fühlten. Brigitte war zudem von schlimmem Heimweh geplagt, weinte viel, wollte eigentlich direkt wieder nach Hause. Ich musste regelmäßig die amerikanische Hebamme spielen, sie trösten, ermutigen und das Leben in New York schmackhaft machen. Eigentlich nicht meine stärkste Gabe, denn hin und wieder nervte das, weil mir Heulerei fremd war und ich mich selbst zurechtfinden musste. Doch irgendwie galt hier das von Alexandre Dumas so wunderbar in seinem Roman Die drei Musketiere proklamierte und in Szene gesetzte Motto »Einer für alle, alle für einen«, das mich mein Leben lang begleiten sollte. Was Brigitte damals noch nicht ahnte und weit von dieser Vorstellung entfernt dachte und fühlte, war, dass sie später lange in New York leben und bei der UN arbeiten würde.

Zurück in New York, ging es übergangslos in den Schulalltag. Wir waren acht deutsche junge Frauen in einer Klasse. Aus den acht deutschen Startern kristallisierten sich vier heraus, die sich gegenseitig stets aushalfen und unterstützten. Birgit mit der ich später in San Francisco zusammenlebte und mit der sich über die Zeit eine bis heute erhaltende wundervolle Beziehung entwickelte; Elfi und Hermine, die zwei anderen im Bunde, zwei unglaublich praktisch veranlagte Persönlichkeiten, von denen ich grundlegende Tipps bekam, wurden mir enge Vertraute und Freundinnen.

Am Anfang waren wir noch von den Regeln beeindruckt, machten uns aber ziemlich bald davon frei. Eine unausgesprochene Pflicht in der Schule war es, Röcke, Westen und Jacken anzuziehen. Ich hatte gar nicht das Geld dazu und trug meine Jeans. Klar, war da auch eine bockige Gegenreaktion im Spiel, als wir uns mit »Scheiß drauf, wir haben schließlich bezahlt und ziehen an was wir wollen!« gut zuredeten. Doch irgendwann kaufte ich mir billigen Stoff und Hermine zeigte mir, wie man mit einfachen Stichen einen Wickelrock nähte. Das war immer noch weit von dem Standard entfernt, aber schon besser. Ich lernte amerikanische Betriebswirtschaftslehre, was mich langweilte. Mein Englisch hingegen wurde besser. In den ersten Wochen benutzte ich die Abendstunden, um zu lernen. Musikalisch wurde ich in diesen Wochen von Leonard Cohen mit Suzanne und James Taylor mit Handy Man begleitet. Sie liefen ständig im Radio, was einer meiner ersten Anschaffungen in New York war.

Anfangs trafen wir uns nach der Schule tagsüber in einem deutschen Café mit deutschem Kuchen und dachten uns, so quasi als richtige Deutsche, dem Café zu mehr Authentizität zu verhelfen. Es dauerte nicht lange, da verfielen wir der amerikanischen Zucker und Butter-Droge und wechselten in einen amerikanischen Coffee Shop, in dem es fette amerikanische Strawberry Cheesecakes gab, die so heftig waren, dass wir stundenlang an einem Stück mümmelten, bis die Bedienung uns entnervt rausschmiss, weil wir nicht für genug Umsatz sorgten.

Birgit war eine leidenschaftliche Fotografin und animierte mich, eine Spiegelreflexkamera zu kaufen. Diese Investition habe ich nie bereut. Das Prozedere eines Kaufs in New York verlangte mir arges Verhandlungsgeschick ab, das ich mir bis dato nicht aneignen konnte. Man musste in jedem Laden mit den Verkäufern handeln, so auch in dem Elektronikladen. Da ich nicht wusste, was dieses Kameramodell wert war, fiel es mir schwer, einen angemessenen Preis zu kalkulieren und anzubieten. Nachdem ich gnädig ein paar Dollar Nachlass zugestanden bekam, nahm ich stolz meinen neuen Schatz und ging mit Birgit auf Fototour. Die Stadt hielt einen unermesslichen Schatz an interessanten Motiven und besonderen Momenten dafür bereit. Wie auf einem Präsentierteller boten sich uns Menschen, Objekte, Szenen an. Da es damals noch keine Digitalkameras gab, mussten wir uns für jedes Bild entscheiden. So lernte ich die unglaublich abwechslungsreiche Millionen-Metropole auf eine andere Art und Weise kennen. In ihr offerierte sich die Gegensätzlichkeit in so vielem. Schwarze, gelbe, weiße, dicke, dünne, große, kleine Menschen. Moderne Wolkenkratzer neben wildem Baustil, wie dem Brooklyn Museum oder auch dem Hauptbahnhof als neobarockes Gebäude, oder das aus dem Jahr 1906 stammende Bibliotheksgebäude an der Fifth Avenue, das mit dem Anbau und seiner gläsernen Verbindung eine Kombination aus alt und neu darstellt. Das Chrysler Building als ein phänomenales Beispiel der Artdéco-Architektur ist beeindruckend. Hier lebte unermesslicher Reichtum neben bitterer Armut, dazu musste man nicht von der funkelnden Auslage bei Tiffanys in die berüchtigte Bronx fahren. Regelmäßig blieb ich mit meinen Augen an einfachen Straßenszenen hängen. Etwa: Wenn Kleiderständer prall gefüllt mit Bügeln, die dicht aneinander gereiht die neueste Mode trugen, durch das

Verkehrschaos über die Straßen geschoben und in die Läden geliefert wurden. Das waren Augenblicke, die mir ein anderes Leben als das mir bekannte vor die Linse holten und bei denen ich den Auslöser drückte.

Obwohl man uns immer davor warnte, da es viel zu gefährlich sei, nachts als Frau mit der Subway zu fahren, sind Birgit und ich auch nachts noch oft unterwegs gewesen, um uns Manhattan zu erobern. Wie an diesem Abend, als Birgit vor meiner Zimmertür stand, ob ich noch Lust hätte mit ihr auszugehen, sie hatte etwas von einer tollen Disco gelesen. In der Disco waren dann jedoch fast nur Frauen, faszinierend gutaussehende Frauen. Doch irgendwie wurden wir unsicher, sah diese Frau, die da an uns vorbeilief, nicht aus wie ein Mann? Einer von den wenigen Männern, die in der Disco waren, bemerkte unsere Unsicherheit und klärte uns auf, dass es in der Disco fast nur Männer – Transsexuelle – gab. Er sei jedoch ein Hetero, und ob ich mit ihm tanzen möchte. Wir hatten einen großartigen Abend. Ich war beeindruckt von dieser Szene, kam ich doch aus dem biederen Reutlingen und war vorher mit diesem Thema noch nie in Berührung gekommen. Diese Disco haben wir noch öfters in unserer New Yorker Zeit besucht.

Von einem weiteren Erlebnis in New York möchte ich auch noch berichten. Meine Begegnung mit der deutschjüdischen Vergangenheit. Auf die ich erschreckenderweise nicht vorbereitet war. Ich hatte familiär weder jüdische noch nazitreue Bezüge, zumindest wusste ich nichts von beidem, was ja lange Zeit verbreitet und üblich war. Mein Großvater mütterlicherseits war während des Krieges in Frankreich in Gefangenschaft gekommen, weil er sich geweigert hatte, als Soldat zu schießen. Er sagte seinem Offizier, dass er persönlich kein Problem mit den Franzosen habe. Er musste als Sträfling auf einem Bauernhof irgendwo in Frankreich arbeiten. Was ein großes Glück für ihn war. Als er nach Hause kam, hat er meiner Mutter immer von der Madam erzählt, die ihn gut, da ihr Mann auch im Krieg war, vielleicht zu gut, versorgt hatte. In der Schule war die Aufarbeitung der Vergangenheit und deutschen Kriegsverbrechen erst im Aufkeimen. Rückblickend war es eine naive Weltsicht zu denken »was vorbei ist, ist vorbei«, und ich sah mich selber in der Haltung, »wenn sich jeder selber nicht so wichtig nimmt, können wir alle friedlich koexistieren«. Aber so einfach ist es eben nicht. In New York gibt es eine Münchner Replik vom Oktoberfest. Es floss deutsches Bier zu Brezn, Schweinshaxn und Giggerl. Als wir vier uns – nicht in Dirndln; obwohl ich als schwäbisches Mädel nicht weit entfernt von Bayern lebte, hatte ich das Münchner Original nie besucht – ins Festzelt aufmachten, dauerte es nicht lange, und wir lernten zwei Männer kennen, mit denen wir einen ausgelassenen Abend verbrachten. Sie waren Juden, ich weiß heute nicht mehr, woher diese Information kam, schließlich stellt man sich damit ja nicht vor. Sie hatten auf Long Island ein Ferienhaus, dort, wo im Sommer halb New York nach Osten flieht, an die herrlichen Strände der Hamptons auf Long Island. Die beiden luden uns spontan ein, das nächste Wochenende bei Ihnen auf Long Island zu verbringen. Die Gelegenheit für uns, einen Ort kennen zu lernen, den wir sonst nie aufgesucht hätten. Hermine, Birgit, Elfi und ich dachten uns nichts dabei, wir waren jung, wir gingen nur vom Besten aus und hatten Lust auf Spaß und Abwechslung. Es waren noch mehr Leute fürs Wochenende gekommen, und den Nachmittag verbrachten wir alle fröhlich am Strand. Auch der Abend verlief zunächst völlig harmlos, bis irgendeine Frau plötzlich sehr aggressiv und laut schrie »Ihr seid alle Nazis und heute auch nicht besser!«. Wir waren überrumpelt und starr vor Schreck. Ich versuchte zu erfassen, ob es nur ein übler Scherz war, eine einmalige Angelegenheit, die dem Sektglas entsprungen war. Es gab die einen, die schwiegen, und die anderen, die uns wild beschimpften. Es war skurril und unangenehm, es gab keinerlei Hinweise, woher diese Aggression auf einmal kam und auch kein Nachfragen, wie wir selbst zu dem Thema standen. Es gab kein Vermitteln. Es ist seltsam, wenn man die Welt relativ vorurteilslos und friedliebend erlebt und betrachtet, aber spürt, dass man zur Verantwortung gezogen wird und werden muss für Vergangenes, das so erhebliche Auswirkungen auf Generationen hatte. Man fühlt sich hilflos, gedemütigt, wütend, schuldig und will am liebsten mit dem Ganzen nichts zu tun haben. Und merkt nicht, dass genau das ein Teil der Gefühle sind, die diese Menschen bzw. die Generationen davor in einem anderen Ausmaß erlebt hatten. Überwältigung im Angesicht einer unfassbaren Ungerechtigkeit. Mit unseren Cocktailgläsern in der Hand, wussten wir jedenfalls nicht, was wir zur Wiedergutmachung, zur Vergebung, zum »Zeichen setzen« tun konnten, sollten, oder was von uns erwartet wurde. Vielleicht hätten wir einfach nur um Entschuldigung bitten müssen. Ich für meinen Teil war überfordert. Ich weiß nicht, ob das etwas gerettet oder geändert hätte. Hermine und ich beschlossen, die Party zu verlassen, Birgit und Elfie sind geblieben. Dies war das einzige Erlebnis dieser Art, das ich im Zusammenhang mit der deutschjüdischen Vergangenheit in all den Jahren, die ich gereist bin, erlebt hatte.

Nachdem sich unser halbjähriges Schuljahr dem Ende neigte, mussten wir uns entscheiden, ob wir weiter auf die Schule gehen wollten oder ins Berufsleben wechselten. Mittlerweile war klar, dass ich der Schule immer noch nicht viel abgewinnen konnte und beschloss zu arbeiten, um endlich Geld in der Börse zu haben. Natürlich lag dem der Gedanke zugrunde, dass ich in den zwei Jahren möglichst viel erleben wollte und den finanziellen Rahmen dazu brauchte. Da ich der Ansicht war, New York schon zur Genüge zu kennen, überzeugte mich Hermine – was nicht viel an Überzeugungskraft bedurfte – von einer anderen Metropole: San Franzisco, die Stadt mit Strand, Wärme, Stars und Leben auf der anderen Seite, dem Westen der USA. Hermines Onkel lebte dort, was praktisch war, weil wir somit eine Anlaufstelle hatten.

Doch Hermine musste nach Schulende nochmals für vier Wochen nach Deutschland fliegen. Wir beschlossen, noch vor ihrem Abflug nach Deutschland ein Auto für die Überfahrt nach San Francisco zu kaufen. In der Zeitung wurden wir auch schnell fündig, 800$ für einen Ford Pinto 2-Sitzer ohne Rückbank aber großer Ladefläche, für unsere Fahrt genau das Richtige. Nach einer kurzen Probefahrt wurden wir uns mit dem Verkäufer, der uns nur »Honey« nannte, schnell einig, zahlten 200 $ für das Auto an, um es vier Wochen später abholen zu können. Für mich bedeutete das vier Wochen Wartezeit bis zur Abreise von New York. Birgit und Elfie wollten auch nach San Francisco und hatten durch eine Anzeige zwei jüdische Jungs mit Auto gefunden, die noch zwei Mitfahrer suchten. Die zwei waren dann auch sofort nach der Schule weg und ich blieb erst mal allein zurück. Ich beschloss, diese Zeit sinnvoll zu nutzen und fing an, einen Job für vier Wochen zu suchen. Damals noch mit Kleinanzeigen in der Tageszeitung. »Bedienung für Nachtbar gesucht« – war doch für die kurze Zeit genau das Richtige für mich. Ich rief an, sollte sofort hinkommen und wurde dann auch, nachdem ich von oben bis unten genau taxiert worden war, angenommen. Am Abend sollte ich dann mit Hot Pants und knapp sitzendem Oberteil antanzen. Es stellte sich heraus, dass es sich um eine Tabledance Bar handelte. Ich musste mit ein paar anderen Frauen zusammen lediglich die Getränke an die Tische bringen, ca. fünf Frauen tanzten nackt auf den Tischen. Man bekam keinen festen Lohn, sondern nur das Trinkgeld. Ein Bier kostete 2,75 Dollar, was ein Trinkgeld von 25 Cent bedeutete, aber das musste man den männlichen Kunden immer mitteilen. »Tip is not included«, es bedeutete, dass sie einem noch diese 25 Cent Trinkgeld sehr widerwillig gaben. Die Arbeit ging bis fünf Uhr früh, und ich ging todmüde mit ca. 35 bis 40 Dollar nach Hause.

Nach zwei Nächten hatte ich genug davon und erinnerte mich an eine Visitenkarte, die mir ein Mann ein paar Wochen zuvor an einer Fußgängerampel in die Hand gedrückt hatte mit der Bemerkung, falls ich mal Arbeit benötige und an Modelling interessiert sei, soll ich einfach bei ihm anrufen. Das tat ich dann auch, rief an, ob er immer noch jemand suche. Ja, ich solle sofort ein Taxi nehmen und zu ihm kommen, um alles Nötige zu besprechen. Die Kosten für das Taxi würde er übernehmen. Ich nahm dann doch die Metro und war eine Stunde später bei ihm. Mir wurde ganz mulmig, als er die Tür hinter uns zuschloss. Zuerst war es Modelling mit Kleidern, dann wurden die Kleider immer spärlicher und zum Schluss waren es Nacktaufnahmen. Das habe ich dann doch dankend abgelehnt und wollte gehen. Ohne zu murren, gab er mir das Taxigeld und schloss mir die Tür auf. Ich war erleichtert, als ich wieder auf der Straße stand und alles so glimpflich abgelaufen war.

Noch immer musste ich über drei Wochen auf Hermine warten. Was jetzt tun? Ich erinnerte mich daran, dass Hermine bei einer deutschen Spedition mit Niederlassung in New Jersey mal zwischendurch während der Schulzeit gearbeitet hatte, ich konnte mich auch noch an den Namen erinnern. Sofort rief ich dort an, konnte am nächsten Tag anfangen und bis zur Rückkehr von Hermine bleiben. Was für ein Glück für mich!

Nachdem Hermine aus Deutschland zurück war, machten wir uns auf den Weg, das Auto abzuholen, um uns dann für unsere große Fahrt nach San Francisco vorzubereiten. Und wieder wurden wir von dem Verkäufer und einem Freund von ihm sehr freundlich empfangen, Sie nannten uns »Honey« hier und »Honey« da. Er bekam die restlichen 600 $ und wir das Auto mit den Papieren. Wir fuhren mit dem Auto glücklich vom Hof, gleich in die nächste Werkstatt, um das Auto nochmals vor der großen Fahrt checken zu lassen. Eine Stunde später erfuhren wir, dass wir das Auto ja nicht kaufen sollten, weil es sich um ein Wrack handeln würde, an dem

Auto würde quasi nichts mehr in Ordnung sein. Wir waren erst mal am Boden zerstört. Wie sollten wir damit umgehen? Wir entschlossen uns, erstmal mit dem Verkäufer zu reden, dass er das Auto wieder zurücknehmen solle. Aber keine Chance – er war nicht bereit mit uns zu reden und »Honeys« waren wir auch nicht mehr. Auf gut Deutsch, wir sollten uns einfach schleichen und nicht mehr blicken lassen. Aber er glaubte offenbar, zwei gutgläubige junge Mädchen vor sich zu haben und hat nicht mit der Hartnäckigkeit dieser zwei »gutgläubigen jungen Mädchen« gerechnet. Wir waren wütend, wie konnte er uns die Reise so versauen, was sollten wir mit einem nicht fahrtüchtigen Auto anfangen. Wir gingen auf die nächste Polizeistation, um Anzeige zu erstatten. Die Polizei teilte uns mit, dass wir uns damit normalerweise an einen Rechtsanwalt wenden müssten. Sie bot uns an, mit uns nochmals zu dem Verkäufer zu gehen, was wir gerne annahmen. Ich werde nie vergessen, wie überrascht die zwei Männer waren, als wir mit zwei Polizisten wieder vor ihrer Tür standen. Es dauerte eine halbe Stunde bis wir zähneknirschend die Zusage bekamen, dass wir das Auto am nächsten Tag in die Werkstatt zurückbringen konnten, um die Mängel zu beseitigen. Ein Tag lang wurde an dem Auto repariert, und die Werkstatt sicherte uns zu, dass es jetzt fahrtüchtig sei. Zwar mussten wir alle paar 100 km Öl nachschütten aber wir haben es mit dem Auto bis nach Monterey in Kalifornien geschafft.

Unsere Route führte uns über Philadelphia, Washington D.C. nach Florida und Key West, weiter nach New Orleans, Grand Canyon in Arizona, Las Vegas, San Diego bis Monterey. Übernachtet haben wir entweder in unserem Auto oder in einem kleinen Zelt, das wir noch am Anfang unserer Reise erstanden hatten. In Monterey gaben die Bremsen ihren Geist auf und wir konnten das Auto schweren Herzens nur noch zum Schrotthändler bringen. Von dort holte uns dann Hermines Onkel ab. Ich schlüpfte zwei Wochen bei ihm unter, bis ich in der Larkinstreet direkt in der Stadtmitte ein Zimmer fand. Birgit und Elfi waren auch schon mit den zwei Jungs in San Francisco eingetroffen und wohnten bereits dort.

Über eine Zeitarbeitsfirma wurde ich dann schnell und unkompliziert in eine Arbeit vermittelt, die erste Stelle trat ich in der Barkleys Bank an. Dort lernte ich einen schwulen, unheimlich gutaussehenden Südamerikaner kennen, der mir ständig Blumen und Geschenke brachte. Auch eine erste neue Erfahrung. Eine sehr schöne. Aufmerksamkeiten von einem Mann zu bekommen, einfach weil er sich freut, dass es einen gibt und weil er einen mag. Außer mir hatte er noch andere deutsche Freunde, so dass wir uns fortan öfters trafen, um deutsch zu kochen. Das Kochen zählte bis dato nicht zu meinen Stärken, wurde es auch dort nicht, aber es war lustig, zugegebenermaßen etwas heimelig, und bis auf ein paar Ausnahmen sehr lecker. Nach meinem Einsatz in der Bank wurde ich bei einer Niederlassung der Otto Wolff GmbH, heute Thyssenkrupp zugehörig, vermittelt. Auch dieses deutsche Unternehmen hatte seine eigene Vergangenheit und Beteiligung an der deutschen Kriegsgeschichte. Damals war mir das nicht bewusst und hätte auch nichts geändert. Gerade beim Arbeiten zeigte sich das typisch deutsche Fleißige, Korrekte, womit man als Angestellte gern gesehen war. Sie wollten, als mein Visum auslief, für mich eine Verlängerung der Aufenthaltsgenehmigung beantragen, was ich aber ablehnte. Schließlich wollte ich Spaß und Abwechslung und plante nach Ablauf der USA Zeit weiterzuziehen.

Dadurch, dass wir zusammenwohnten, waren Birgit, Elfi und ich oft zusammen unterwegs. Eines Tages nahm uns ein anderer Bewohner aus dem Apartmenthaus zu einem Baseball-Spiel mit, wo wir Gary kennen lernten. Gary ist ein Kapitel für sich, doch möchte ich ihm gar nicht so viel Raum geben, denn er stellte sich als echte Nervensäge heraus. Also nur in Kürze. Garys Familie kam ursprünglich aus dem Libanon nach Massachusetts, er selber war bereits in der dritten Generation in Amerika. Am Anfang war es sehr lustig mit ihm, weil er so durchgeknallt war. Irgendwann kam er auf einen religiösen Trip in Verbindung mit einer Sekte, die sich Eckankar nannte. Er predigte mir, dass diese weltweite neue religiöse Bewegung, deren Ursprünge unter anderem in der Sant-Mat-Bewegung lägen und als die Urreligion gälten, auf den Prinzipien des Karma und der Reinkarnation basiere und das Wissen sowie die Erfahrung aller großen Weltreligionen in ihrem Kern vereine. Wenn ich so was schon höre. Ich weigerte mich konstant zu diesen Treffen mitzugehen, was bei Gary eine sehr schlechte Seite zu Tage förderte. Er war unglaublich konservativ, impulsiv und herrisch. Es gab oft Streit, so dass wir sehr bereuten, mit ihm zusammengezogen zu sein. Da unser Visum sich ohnehin dem Ende zuneigte, unterstützte das den Impuls, den wir brauchten, um weiterzuziehen. Birgit und Elfi entschieden sich nach Südamerika zu gehen. Wir hatten gemeinsam einen Spanischkurs belegt, den ich nicht ernsthaft verfolgte, doch die beiden wollten ihre Sprachkenntnisse verbessern und verschiedene Länder auf dem Kontinent bereisen. Mich zog es woanders hin und ich folgte einer Eingebung, die meinen Erlebnissen beim Tauchen entsprang. Als ich mit Hermine in San Francisco angekommen war, lebten wir ja zunächst bei ihrem Onkel. Er initiierte, dass ich zur Tauchschule ging. Mein Herz für Tiere, für ihre Artenvielfalt war entbrannt. Meine Fantasie malte die komplette Unterwasserwelt auf ein Bild, das ich beim Tauchen kennenlernen und betrachten wollte. Fischschwärme, durch die ich schwamm, und die meinen Bewegungen folgten, Felsen, die bei genauerem Betrachten Figuren in sich versteckten und Schlupflöcher für versteckte Meeresbewohner boten. Die Flamme wuchs zu einem leidenschaftlich lodernden Waldbrand, der als Erstes in einem Swimmingpool gelöscht wurde, in den ich mich plumpsen lassen musste. Das Bild, das ich dort als Erstes kennen lernte, waren die Kacheln, die mich müde anschauten, denn Bikini-Ladies reflektieren sich schöner als Neopren-Würste. Bis ich mich in diese engen Gummihäute reingezwängt hatte, war ich schon völlig fertig, verschwitzt und hatte eigentlich schon keine Lust mehr. Das i-Tüpfelchen war der Bleigürtel, den man umgeschnallt bekam, was zugegebenermaßen bei meinem Gewicht notwendig war, aber das ganze Prozedere war für mich bereits im Vorfeld so aufwendig, dass ich gewillt war bockig aufzustampfen und erst recht nicht abzutauchen. Habe ich natürlich nicht gemacht. Das Ergebnis: Mein erster Tauchgang im Meer war schmerzhaft, weil meine Ohren weh taten (was ich bei keinem nachfolgenden Tauchgang besser hinbekam), und von königlichen Fischen in schillernden Farben war weit und breit nichts zu sehen. Wir schlingerten durchs Dunkle und durch Wälder von Schlingpflanzen. Es war ganz nett, weil es einen Teil meiner Abenteuerlust weckte, aber das Zinnober drum herum war für meine Verhältnisse übertrieben. Ich musste jedes Mal auf Betteltour nach einem Fahrer mit Auto gehen, der mich zu der Bucht oder dem Strand fuhr, weil man das ganze Equipment nicht auf dem Fahrrad transportieren geschweige denn tragen konnte. Dann hatte ich dummerweise Gary zu einem der Vereinstreffen mitgenommen, bei dem ein Vortrag über den Umwelt- und Gebietsschutz für Taucher und Fische gehalten wurde, in dem sich Gary so aggressiv einmischte und wetterte und die Leute wüst beleidigte, dass ich hochnotpeinlich flüchtete und mich dort nicht mehr blicken ließ. Allerdings hat das Tauchen den Ausschlag gegeben, mich für die Südsee zu entscheiden. Ich ging davon aus, dass die Gewässer der Südsee die bessere Galerie für meine Suche nach dem ultimativen Bild waren.

Vorher kamen mich Mutter und Marcus besuchen. Im Juli 1978. Papa, der Angsthase, wollte nicht fliegen und blieb zu Hause. Nehme ich ihm nicht übel, obwohl ich mich sehr gefreut hätte, wenn er mitgekommen wäre. Wir mieteten uns ein Auto und ich zeigte meiner Mutter »mein Kalifornien«. Momente der Begegnung, in denen ich spürte, dass sie stolz auf mich war. Sie lernte natürlich auch Gary kennen. Und kam auf die irre Schnapsidee, dass ich ihn heiraten sollte. Damit hätte ich die Garantie auf schönes Wetter in einem schönen Land. Wenn Gary ein reicher Texaner gewesen wäre, hätte sie wohlmöglich noch einen Handel mit ihm vereinbart.

Der Traum einer jeden deutschen Frau aus der Nachkriegszeit war es, nach Amerika auszuwandern. Ihre Freundinnen hatten das gemacht, nur sie hatte sich das nie getraut. Ich verbot meiner Mutter vehement in Garys Richtung irgendwelche Andeutungen zu machen. Vergeblich. Trotzdem waren es angenehme Wochen und rundeten meinen Kalifornien-Aufenthalt ab. Ich löste meine Wohnung auf, schickte meine Sachen nach Deutschland und nahm nur das mit, was mir wichtig erschien. Wenig.

Tingeln durch die Südsee

Kann man sich ein ungeschickteres Datum als den Heiligabend für eine Reise aussuchen? Zumindest wenn man alleine ist? Wahrscheinlich nicht. Nachdem ich mir ein Flugticket gekauft hatte, das ein Jahr galt und auf die von mir gewählte Route Papeete-Fiji-Neuseeland-Australien-Philippinen-Pakistan-Frankfurt ausgelegt war, flog ich am 24.12.1978 nach Papeete auf Tahiti. Und heulte erst mal in die Hotelkissen. Weit und breit kein Tannenbaum, kein Schnee, keine Glöckchen, keine Menschen in dicken Daunenjacken, die gestresst die letzten Einkäufe erledigen. Nicht, dass ich das vermisst hätte, aber so hockte ich allein auf einer Insel und wusste nichts mit mir anzufangen. Natürlich schaute ich mir die Umgebung an, konnte mich aber nicht von dem Gefühl befreien, dass dort jeder jemanden hat, oder wusste wo er hingehört, nur ich nicht. Ich konnte dieses blöde Französisch nicht, kannte niemanden und hatte nichts zu tun. Es war ja nicht so, dass ich das nicht vorher gewusst hätte, aber das Wirkliche daran schockierte mich. Auf Moorea, einer kleinen

Nachbarinsel, mietete ich mir ein kleines Häuschen. Der Traum von Idylle auf einer Insel im Pazifik – man sieht den Schriftsteller förmlich vor sich, wie er mit leerem Blick durch das Fenster aufs Meer blickt und Eingebungen folgt, die er aufs Blatt bringt. Ich bin keine Schriftstellerin, das Haus hatte keine Moskitonetze und meine nächtliche Begegnung mit den hiesigen Mosquitos und Sandfliegen verwandelte mich in eine albtraumhafte Version von Schweinchen Dick. Es war ein dermaßen brutaler Überfall, bei dem ich mich nicht wehren konnte. Diese Viecher fressen einen bei lebendigem Leib. Ich mutierte und wuchs zur doppelten Leibesgröße.

An einem Kiosk lernte ich ein amerikanisches Pärchen kennen, das nicht abgeschreckt war von meinem Anblick und mich spontan einlud auf ihrem Boot zu übernachten, auf dem eine Koje frei war. Ich nahm an, packte umgehend mein Hab und Gut, Hauptsache raus aus der blutsaugenden Hölle. Aus einer Nacht wurden zwei Wochen. Ein Himmelreich für sandfliegenfreie Träume. Die kleinen, fiesen Beißer hatte ich nicht mehr zu befürchten, wurde aber sehender und hörender Zeuge von entsetzlichen Streitgesprächen. Wie unangenehm es ist, wenn Menschen einen nötigen, ja nahezu missbrauchen, jemanden an ihrer Lust an der gegenseitigen Zerfleischung teilhaben zu lassen. Der Zufall trieb mich geradezu in ihre Hände und sie schlugen begierig zu. Als ich ihnen zu langweilig wurde, wechselten sie die Taktik. Ich wurde zum Stein des Anstoßes, bis der Vorwurf fiel, warum er mich Schlampe mit aufs Schiff genommen habe. Da packte ich meine Siebensachen und ging. Heute kann ich kaum glauben, dass das mein erstes Erlebnis auf einem Schiff war und ich trotzdem dem Ruf aufs Wasser gefolgt bin.

Ich fand ein Zimmer in einem Bedienstetenappartement vom Hotel Aimeo in der Opunohu Bay, in dem ich als Rezeptionistin arbeiten konnte. Meine Chefin war Anne H., eine Deutsche, die mit ihrem Mann Helmut und dem gemeinsamen Segelschiff nach langen Reisemonaten völlig abgebrannt dort gelandet waren. Ob sie völlig abgebrannt waren, wusste ich nicht, aber sie erzählten, nachdem sie lange unterwegs waren, mussten sie arbeiten, um wieder den Klingelbeutel zu füllen und dann weiterziehen zu können. Letztendlich waren sie schon sechs Jahre auf der Insel. Was ich damals noch nicht wusste: Dass mir diese Art des Segler-Lebens mit dem Wechsel der Gezeiten von finanzieller Flut und Ebbe, dem Reisen auf dem Meer und dem Arbeiten an Land bald sehr vertraut sein würde.

Die Arbeit im Hotel machte Spaß. Alle zwei Wochen kamen Charterflüge aus Kanada mit frischen Touristen. Frisch für uns, auch wenn sie sich zu Beginn des Urlaubs nicht frisch fühlten. Es wurde nie langweilig. Ständig neue Menschen, ab und zu nette und unterhaltsame Kontakte, die meist oberflächlich waren, frei und unverbindlich blieben. In der Regel meckerten die Leute nicht, sondern waren glücklich. Es war befriedigend, die Veränderung zu sehen, die den Gästen nach einem gelungenen Urlaub aus den Augen strahlte. Ich begleitete das Freizeitangebot, bei dem wir zweimal in der Woche auf eine kleine unbewohnte Insel mit dem Outrigger Kanu hinfuhren und am Strand ein Feuer und Essen mit einheimischen Polynesiern veranstalteten. Meine erste Erfahrung mit dem Segeln, die mir Freude bereitete, war unser Sunset Sailing, bei dem wir mit den Gästen in den Abendstunden drei Stunden aufs Meer hinaus segelten, um den Sonnenuntergang zu genießen. Die Skipperin auf dem Schiff hinterließ einen nachhaltigen Eindruck auf mich, weil sie viel Segelerfahrung hatte und alles rund um das Segeln wusste.

Direkt vor dem Hotel in der Opunohu Bay ankerten viele Segelyachten. Unter anderem die Joshua von Bernard Moitessier. In meinen Augen ein sympathischer, drahtiger 54-jähriger Mann, der wenn immer er auf sein Schiff ging, zuerst an der Rezeption Halt machte, um ein paar Worte mit mir zu wechseln. Ich wusste zu diesem Zeitpunkt noch nicht, wer Bernard Moitessier war. Ich hielt ihn für ein bisschen verrückt, weil er immer zu seiner Joshua rüber schwamm und nie wie Andere das Beiboot dafür hernahm. Später erst erfuhr ich, dass Bernard ein intellektueller französischer Segler, Philosoph und Buchautor war. Er lebte seit Jahren auf Moorea, hatte eine polynesische Frau und einen Sohn und verschiedene Bücher geschrieben, unter anderem das Buch „Der verschenkte Sieg". In diesem Buch beschrieb er die Teilnahme an einer Regatta rund um die Welt, die er als Sieger beendet hätte, wenn er nicht kurz vor dem Ziel seinem Gedankenblitz gefolgt wäre, sich zu fragen, was er da eigentlich mache. Als er keine schlüssige Antwort darauf fand, drehte er kurzerhand ab.

Ein weiterer kleiner Stein des Anstoßes, der ins Rollen geriet, war in der Begegnung mit Burghard, Helga und Luggi. Kurz nachdem ich im Hotel Aimeo zu arbeiten anfing, ging ein deutscher Katamaran vor Anker. Die drei kamen öfters in die Hotelbar oder auch an die Rezeption, um Geld zu wechseln oder zu telefonieren. So erfuhr ich, dass ihr Schiff Shangri La hieß und mit vier Kajüten ausgestattet war. Die Shangri La gehörte Burghard und Helga, Luggi reiste mit. Burghard war Berufskapitän und Schullehrer, Helga der Spross einer Seefahrerfamilie, bereits ihr Vater war ein erfahrener Kapitän auf großen Frachtern gewesen, auf denen sie manches Mal mitfahren durfte. Burkhard, gelenkig und sehnig, mit einem dichten Vollbart, wie es sich für einen Seemann gehört, vermittelte seine Erfahrung unterhaltsam und wunderbar witzig. Helga, seine patente Partnerin, schlank, braungebrannt mit langen dunklen Haaren, empfand ich oft als Nervensäge, wenn sie im Hamburger Stakkato dauerplapperte. Luggi hingegen war Bayer und äußerst mundfaul. Sie segelten und lebten auf dem Schiff und nahmen regelmäßig Freunde aus der Heimat auf, die bei ihnen auf dem Boot ihren Urlaub verbrachten.

Eines Tages war der Zeitpunkt gekommen, als ich dieses Leben näher kennenlernen wollte. Die drei planten weiterzuziehen. Da sie mir sympathisch waren, fragte ich, ob ich anheuern dürfe. Das ist üblich in den Kreisen, denn in der Regel sind Segler froh, neben der Unterhaltung bei den Routinearbeiten des Alltags unterstützt zu werden. Ich war seglerisch jungfräulich, aber für Hilfsjobs wie Kochen, Aufräumen gut zu gebrauchen. Burghard sagte mir zu, ich kündigte, packte meine Sachen und zog aufs Schiff. Das erste Ziel der geplanten Route war die Insel Huahine, anschließend sollte es nach Bora Bora gehen, von dort nach Suwarrow, einem Atoll im nördlichen Teil der Cookinseln, weiter über Samoa nach Tonga und schließlich zu den Fiji Inseln. Wir fuhren abends um 20 Uhr los, um am nächsten Abend noch im Hellen auf Huahine anzukommen. Ich verbrachte meine erste Nacht auf dem Meer selig schlafend in meiner Koje. Oh, hätte diese Nacht nicht ewig währen können? Sobald ich am Morgen auf meinen Beinen stand, reagierte mein Gehirn verwirrt. Die restlichen verbleibenden zwölf Stunden bis Huahine war mir speiübel. Es beschämte mich zutiefst, auch wenn Burghard mich verständnisvoll tröstete. In den Augen von Helga lief mit spöttischer Verachtung in Endlosschleife der Banner »Was für eine blutige Anfängerin«! Das konnte aber durchaus mein eigener Text gewesen sein. Jedenfalls dauerte dieser unwürdige Zustand länger als die üblichen drei Tage bis mein Gehirn die Lernkurve eines schaukelnden Unterbodens angenommen hatte. Allerdings reagierte es immer wieder beleidigt, wenn es nach längeren Landgängen zurück aufs Wasser ging. Ingwertee lindert, wie ich in späteren Jahren feststellte.

In Huahine nahmen wir einen Hahn und vier Hühner an Bord, die wir von einem Bauer aus der Bucht erworben hatten. Auf der Insel Suwarrow lebte, bis zu seinem Tod 1977, der Aussteiger Tom Neales, der dort Hühner hielt. Über sein Dasein als Eremit schrieb er ein Buch „An island to oneself". Darin erzählt er die Anekdote, wie eines Tages ein Schiff an der Insel landete und ihn vor dem Hungertod rettete. Er hatte sich einen schweren Bandscheibenvorfall zugezogen, eine körperliche Fessel, die ihn so unbeweglich machte, dass er sich nicht mehr versorgen konnte. Also so ganz ohne ist dann auch nichts. Also so ohne menschliche Form des Miteinanders. Allein auf einer Insel, weil man dem Rest der Menschheit sein Dasein nicht zumuten möchte oder auch umgekehrt. Und dann ist es doch zutiefst menschlich und auch magisch, dass ein Schiff zufällig vorbeikam. Ich denke Tom Neales hatte akzeptiert, dass er sterben könnte; womit er gerechnet oder worauf er gehofft hatte, ist wieder etwas Anderes. Ich für meinen Teil finde das alles etwas überspannt, aber jeder wie er es mag. Diese Freiheit zu haben ist essentieller als darüber nachzudenken, ob es sinnvoll ist, als Eremit auf einer Insel zu leben oder nicht. Nachdem Neales dann wirklich gestorben war, lebte sein Federvieh fröhlich gackernd und scharrend vor sich hin, bis es von Seglern, die vorbeikamen, nach und nach geschlachtet wurde. Diese Geschichte erfuhr Burghard von Bernard Moitessier, der es schade fand, dass es auf dem Eiland keine Hühner mehr gab. Seiner Ansicht nach wurde die Vegetation durch die Hühner, die überall hinschissen, natürlich gedüngt und damit reichhaltiger. Burghard verstand seinen Hühner-Insel-Gedanken als stillen Auftrag, dem er nachkommen wollte, und schon hielten wir einen gackernden Hühnerhaufen an Bord. Kaum hatte ich mich also an das Schaukeln des Schiffes gewöhnt und konnte in Zwiesprache mit meinem Gehirn das Segeln sogar genießen, zog der Gestank bei uns ein. Hinzu kam, dass der Wind von achtern blies und den beißenden Geruch von Hühnerscheiße über das ganze Schiff wehte. Man konnte ihm nicht ausweichen. Man konnte nicht mal schnell ins Auto steigen und eine Auszeit in einem Meer von Lavendel nehmen. Dass Luggi zwischendurch kurzerhand ein Huhn schlachtete, schaffte keine Linderung.

Als Bora Bora in Sicht kam, machten wir für knapp zwei Wochen einen Zwischenstopp, so dass ich den Hühnerausdünstungen stundenweise entkam. Der Inselbesuch war lustig und unterhaltsam, denn eine Film-Crew unter Dino de Laurentis drehte gerade einen Film und suchte Statisten. Immerhin zahlten sie fünfzig Dollar pro Drehtag. Der Low-Budget-Film mit dem bezeichnenden Titel Shark-Boy of Bora Bora war eine Liebesgeschichte zwischen einem Mädchen und einem Jungen, der in der Unterwasserwelt zu Hause war und von der seinem Großvater einen Hai in Obhut bekam. Für eine Szene mussten wir drei Abende von zehn Uhr abends bis vier Uhr morgens an einer Bar rumstehen, für eine andere Szene wurden wir an den Flughafen gekarrt und begrüßten eine Amerikanerin, die zum ersten Mal auf die Insel kam. Sie stieg aus dem Flugzeug und rief wild gestikulierend und völlig überdreht »I love it! I love it! I love it!«. Ich musste entsetzlich an mich halten, um nicht lauthals herauszulachen. Möglicherweise hat der Regisseur diesen Teil der amerikanischen Übertreibungskultur verspottet, aber ich befürchte, er meinte es bitterernst. Eine Freundin schenkte mir später den Film als VHS. Als ich das Werk anschaute, konnte ich mich nicht so recht auf die Handlung konzentrieren, weil ich die ganze Zeit erwartete, dass ich mir im nächsten Kameraschwenk ins Auge sprang. Das tat ich nicht, wahrscheinlich fiel mein schauspielerisches Talent der Cutter-Schere zum Opfer.

Weil in dem Film viel getaucht wurde, fällt mir ein, dass ich noch etwas zu meinen Unterwasserambitionen berichten möchte. Als ich zum ersten Mal vom Schiff ins Meer sprang, schnallte ich mir von Burghard eine Taucherbrille um den Kopf und Flossen an die Füße. Ich glitt durch die Frische, spürte die Wasserbewegungen auf der Haut, ließ mich von der Hand der Schöpfung tragen und streckte meine Hände nach seinen Geschöpfen aus, die unbedarft diese Welt bevölkerten. Berauscht von dieser Freiheit trug ich von da an nie mehr einen Neoprenanzug, eine Gasflasche geschweige denn einen Bleigürtel.

Nach zwei Wochen ging es weiter Richtung Suwarrow. Dort wurden wir bereits von zwei anderen Yachten sehnsüchtig erwartet – Claude Carson, ein ehemaliger Vietnam Veteran von der SY Entropy, und Patrick von SY Lemon Butt. Es hatte sich herumgesprochen, dass wir Hühner für Suwarrow an Bord hatten. Eine weitere französische Yacht gesellte sich noch ein oder zwei Tage später dazu und für zwei Wochen lebten wir das Leben des Tom Neales. Helga und ich backten Brote und Kuchen in seinem Backhäuschen oder wir alle gingen viel schnorcheln. Luggi der Koch bestellte bei Burghard jeden Tag einen Fisch fürs Abendessen an Tom Neales Picknick-Platz am Strand unter Kokospalmen.

Wenn es nichts zu arbeiten gab, ging ich immer schnorcheln, um Kauri Muscheln zu suchen. Wir hatten die blöde Idee, dass wir diese sammeln und mitnehmen müssen. Ein unnötiger Tod dieser schönen Muscheln. Immer wieder schwammen kleine Riffhaie um mich herum. Riffhaie und Barracudas sind in der Regel nicht gefährlich und eher scheu, allerdings gibt es bei ihnen auch so etwas wie ein territoriales Verhalten, wenn sie provoziert werden oder sich bedroht fühlen. Wenn sie mir zu dicht kamen und zu aufdringlich wurden, haute ich ihnen mit dem Pfeil einer Harpune auf ihre Nase. Wohl fühlte ich mich dabei nicht, weil man nie weiß, wie ein wildes Tier reagiert, ich hatte aber auch keine Angst.

Schade, dass es nach vierzehn Tagen schon weiterging, wir mussten Richtung Samoa aufbrechen. Zuerst Pago Pago American Samoa, welches ich nur noch sehr vage in Erinnerung habe, danach nach Apia, der Hauptstadt von Western Samoa. Hier traf Burkhard einen alten Freund aus Lübeck, der für die GTZ ein Marine-Training-Center aufbaute, um so viele junge Männer wie möglich für die noch im Aufbau befindliche Handelsflotte auszubilden.

Nach Westsamoa wollten wir als nächstes Streckenziel nach Tonga, mussten aber irgendwann nach Fiji abdrehen, weil ein heftiger Sturm aufkam, der Wind sich auf Süd drehte und für uns dadurch für Tonga aus der völlig falschen Richtung wehte. Der Wind kletterte auf acht Beaufort, so dass wir für einige Stunden sogar beidrehen mussten. Durch so etwas muss man auf einem Schiff durch, fluchend zwar, aber es ist trotzdem schön und faszinierend, mit den Kräften der Natur zu arbeiten. Acht Tage dauerte der Törn, drei Tage lang hatten wir mit dem Sturm zu kämpfen, bis wir dann auf dem unbewohnten Atoll Reid Reef in der Lau-Gruppe der Fiji-Inseln angekommen waren.

Nach acht Tagen hing uns das Dosenfutter zum Hals raus und wir entwickelten eine unbändige Lust auf frischen Fisch. Gegen jeden menschlichen Verstand fischten wir in der Lagune ein paar Fische. Wir wussten, dass Fische in einer Lagune an einer Stelle des Riffs für den menschlichen Verzehr geeignet sind, während in direkter Nachbarschaft in derselben Lagune die Fische stark mit Ciguatoxinen belastet waren. Ursache sind marine Einzeller, Geißeltierchen wie Gambierdiscus toxicus, die auf Algen und Seetang von Korallenriffen leben. Eigentlich sollte man immer einen lokalen Fischer fragen, ob die Fische essbar sind, aber Reid Reef war unbewohnt.

Die Hoffnung, genau die vier unbelasteten Fische zu fangen, war größer. Und endete in einer komatösen Vergiftung, der Ciguatera Fischvergiftung. Das Schlechtwerden trat gleich nach dem Essen ein. Keiner wagte jedoch, etwas zu sagen, da man die anderen nicht beunruhigen wollte. Hätte nur einer von uns etwas gesagt. Noch in der Nacht musste ich mich entweder an der Reling übergeben und zur Toilette schleichen, die leider im anderen Rumpf war. Nach kürzester Zeit war ich völlig dehydriert und ausgelaugt. Wir hingen halb tot auf dem Schiff. Ich hatte in den folgenden Tagen mit starken Atembeschwerden und dem unangenehmen Gefühl, meine eigenen Beine laufen ohne mich weg, zu kämpfen. Wir konnten keine Hilfe holen, weil wir zu weit entfernt von menschlicher Zivilisation waren und keiner in der körperlichen Verfassung war zu segeln. Von uns vieren war einzig Luggi in einer einigermaßen normalen Verfassung und konnte uns manchmal einen Tee kochen. Nach zwei Tagen fürchterlichem Leiden hing ich an seinem Hals und weinte bitterlich. »Luggi, mir ist so schlecht, mir geht's so dreckig, ich möchte sterben«, um ein paar Minuten später wieder an seinem Hals zu hängen und zu jammern, »Luggi ich möchte nicht so weit weg von zu Hause allein auf der Insel sterben«.

Eine Woche vegetierten wir vor uns hin, überlebten aber diese Dummheit.

Zwei Wochen später sind wir in Suva, der Hauptstadt des Fiji-Archipels angekommen. Bald musste ich mich, wie vereinbart, von Burghard, Helga und Luggi verabschieden. Zunächst jedoch trafen wir uns jeden Abend mit anderen Yachteignern im Royal Suva Yacht Club zum Klönen und Billardspielen. Ich nahm an, dass es über diese Abende ein leiser Abschied für immer war, doch die Seglerwelt ermöglicht einem die Weite des Ozeans und ist dabei recht überschaubar. Zufällig unterhielt ich mich auf einer Veranstaltung im Royal Suva Yacht Club mit einem Mitarbeiter der Hanns-Seidl-Stiftung. Er arbeitete an einem Projekt bezüglich Entwicklungshilfe in ländlichen Gegenden zur Fischereientwicklung. Er bot mir an, für ihn die Projektbeschreibung vom Englischen ins Deutsche zu übersetzen. Ein sehr interessanter Job, der mit etwas Einblick in die Entwicklungshilfe gab und mir einen guten Verdienst bescherte. Gleichzeitig hat mir sein Freund Werner, der für den Deutschen Entwicklungsdienst Handwerker ausbildete, angeboten, dass ich während dieser Zeit bei ihm übernachten könne.

Werner hatte drei junge Frauen bei sich wohnen, die ihm abwechselnd das Haus reinigten und ihn abends, wenn er nach Hause kam, mit einer Rundum-Verpflegung das Leben angenehmer machten. Mit einer dieser Frauen (ihren Namen weiß ich leider nicht mehr) hatte ich mich angefreundet. Nachdem das Projekt beendet war, lud sie mich ein mit ihr zusammen ihre Familie in einem kleinen Dorf im Norden von der Insel für eine Woche zu besuchen. Zu dem Dorf führte keine Straße hin. Wir mussten zuerst mit dem Bus in die Nähe des Dorfes fahren, von dort wurden wir von einem befreundeten Fischer mit einem kleinen Fischerboot abgeholt. Im Dorf war ich junge europäische Frau eine kleine Sensation, wahrscheinlich war ich die erste weiße Frau, die sie zu sehen bekommen hatten. Es gab weder Elektrizität geschweige denn Fernsehen oder Radio. Es gab eine Dusche mitten im Dorf, und wenn immer ich zum Duschen ging, stand fast das ganze Dorf drumherum zum Zuschauen. Der Chief des Dorfes (vergleichbar mit unserem Bürgermeister) lud mich zu sich ein, Kava – ein Getränk, das aus dem Wurzelstock des Rauschpfeffers hergestellt wird –, mit Ihm zu trinken. Eigentlich war es sonst nur Männern vorbehalten, Kava zu trinken. Es war eine große Ehre für mich und das erste Mal, dass ich diese einfache Lebensweise hautnah miterleben konnte - es hat mich sehr beeindruckt. Sowohl auf Französisch Polynesien als auch auf Samoa war die Entwicklung deutlich weiter vorangeschritten, und dass es in der Entwicklung in Fiji großen Handlungsbedarf gab, hatte ich ja schon durch meine Arbeit bei der Hanns-Seidl-Stiftung oder in Gesprächen mit Werner mitbekommen. Eine Woche hatte ich nur Zeit zu bleiben, da ich bereits einen Flug von Fiji zu den Neuen Hebriden gebucht hatte. Ich hätte es auch noch länger dort ausgehalten. Da kein Fischer in der Nähe war, nahm mich die Mutter der Bekannten kurzerhand auf ihr Pferd und ritt mit mir bis zu nächsten Busstation, was einen halben Tag in Anspruch nahm. Mein Hintern war so wund, ich konnte am Ende des Tages fast nicht mehr laufen geschweige denn sitzen, aber ich musste noch bis nach Nadi mit dem Bus fahren.

Von Nadi flog ich nach Port Vila auf die Neuen Hebriden, einer Inselgruppe von 83 Inseln (Heute heißt dieser Staat übrigens Vanuatu, wo angeblich die glücklichsten Menschen der Welt leben. Die Neuen Hebriden sind nicht zu verwechseln mit den Hebriden an der Nordwestküste Schottlands). Dort mietete ich mir ein Hotelzimmer und traf bei einem Spaziergang im Hafen Claude Carson von der SY Entropy wieder, den ich ja auf Suwarrow kennen gelernt hatte. Claude war ein Einzelgänger und Einhandsegler. Sein Schiff hatte die Größe eines Wohnwagens und war entsprechend ausgestattet. Für das Bett wurde der Tisch versenkt, was sich Claude in der Regel sparte und im Vorschiff schlief. Er kam gebürtig aus Ohio, war Vietnam Veteran und hatte Dinge erlebt, die man nur erahnen konnte, über die er nie sprach. Sein schlanker Rücken war von einer großen Narbe übersät. Von der Regierung hatte er, nachdem er aus Vietnam zurückgekommen war, Geld bekommen, mit dem er sich das Schiff kaufte. Seit vier Jahren segelte er allein und wollte nicht viel von den Menschen wissen. Frauen hielten es nicht lange bei ihm aus, weil keine von ihnen ein solches Leben auf Dauer ertrug. Ich spürte seine verletzte Seele, wie gern hätte ich mit jeder Berührung seine Erinnerung weggeküsst. Aber was waren meine Küsse für das Erleben der menschlichen Finsternis. Ich brachte kein Licht in diese Welt, die hermetisch in seinem Inneren verschlossen war. Wir unterhielten uns über Musik, die Südsee, und konnten miteinander den Moment schweigsam verbringen. Eine stille sanfte Übereinkunft, so dass der Abschied nicht rührselig oder traurig war und jeder wieder seiner Wege ging.

Von den Neuen Hebriden flog ich nach Neukaledonien. Vier Tage hatte ich für den Besuch der Hauptstadt Nouméa und der Insel eingeplant. Die Inseln gehören zu Frankreich und Nouméa präsentierte sich nicht wie eine pittoreske Touristenstadt am Meer, sondern mit modernen Bauten, die neben dem Stadtzentrum über die Inselausläufer verteilt waren. Kaufen konnte ich mir nichts, da ich jeden Groschen und jedes Gramm Gepäck sparen musste. Am letzten Tag setzte ich mich morgens in einen Bus und fuhr vom Süden in den Norden, genoss die vorbeifliegende Landschaft, bis der Busfahrer mir sagte, dass kein Bus mehr zurückging. Das kam mir gelinde gesagt sehr ungelegen, da mein Weiterflug am nächsten Tag gebucht war. Also trampte ich in Kleinstrecken auf verschiedenen Mopeds zurück. Eine bessere Gelegenheit, um mit Einheimischen ins Gespräch zu kommen, gibt es nicht. Alle Fahrer waren Männer und als blonde, zierliche, allein reisende Frau liegt der Gedanke nahe, dass dies in einem sehr eigennützigen Zusammenhang steht. Und wenn auch. Mein Anliegen war auch eigennützig, denn ich wollte schließlich schnell und günstig mitgenommen werden. Ich fühlte mich immer sicher und kraftvoll in meiner Haltung. Damit ging ich in Kontakt und machte nie eine schlechte Erfahrung, die über Unfreundlichkeit oder eine Absage hinausging. Dort auf den Straßen Neukaledoniens flog ich klammernd wie ein Äffchen an den Rücken eines Melanesiers knatternd an Lagunen mit schneeweißen Sandstränden, lang gezogenen Bergketten und gründurchwirkten Landschaften vorbei. Am Ende musste ich nie bezahlen, weil das als unhöflich empfunden wurde.

Ich bekam meinen Flug am nächsten Tag nach Neuseeland. In Auckland, im Norden, war meine erste Anlaufstelle eine Jugendherberge. Das Schöne am Reisen in Jugendherbergen ist das stetige Wiedertreffen anderer Reisender. So traf ich fast jeden Abend einen Australier, der mit seinem Rad eine Rundreise um Neuseeland machte, ebenso wie ich, nur dass ich bequem mit dem Bus fuhr. Wenn Italien die Form eines Stiefels nachgesagt wird, so ist Neuseeland eine umgedrehte Stiefelette mit einem extra Schaft, so dass wir von Auckland am Spann bis zur Stiefelöffnung nach Wellington fuhren, dort übersetzten in den Schaft, an der Westküste – also dem Schienbein – nach Stewart Island an die Einstiegsöffnung reisten, um dann an der Ostküste wieder hoch an den inneren Sporn bis nach Christ Church zu kommen, wo wir uns trennten und jeder seiner Wege ging. Neuseeland ist einen Besuch wert. Seine Landschaften mit seinen Gletschern und Nationalparks, die mich heute rückblickend an die Fjorde von Norwegen erinnern, empfand ich als ein wunderschönes Gegenprogramm zur Südsee. Einmal stieg ich vom Bus zu einem Mann mit Querschnittslähmung der Mitfahrer suchte ins Auto um, was sehr unterhaltsam war. Er behauptete nicht taub zu sein, was ich nicht glauben konnte, denn er hörte in einer solchen Lautstärke Musik, dass meine Ohren in ein Tonkoma fielen. Aber er war supergut gelaunt, was ansteckend war, und ich fand es sehr berührend zu sehen, dass jeder seine Ideen hat und braucht, sich das Leben unterhaltsam zu machen. Ein anderes Mal fuhr ich mit dem Zug und lernte eine Neuseeländerin kennen, die mich in Wellington für drei Tage zu sich und ihren Eltern einlud, die ebenfalls weltoffen und unkompliziert waren.

Mein Weiterflug wäre nach Australien gegangen, doch ich stornierte kurzfristig und buchte auf die Neuen Hebriden um. Ich wollte Claude nochmal treffen. Er wusste nichts davon, Mobiltelefon gab es noch nicht, und wir trennten uns mit dem Wissen, dass jeder seinem Leben folgte. Wenn er nicht da gewesen wäre, wäre es Pech gewesen, doch zu meiner Erleichterung war er da und sehr überrascht, als er mich wieder am Ufer stehen sah. Doch er freute sich, was mein Herz zu ihm aufs Schiff springen ließ. Ich segelte mit ihm bis kurz vor meiner Abreise an Weihnachten. Ein Tag vor Heiligabend flog ich dann nach Hause in kaltes, unwirtliches Wetter.

Zwischenstation deutsche Heimat

Es ist schon ein schönes Gefühl, in Altbekanntes und Vertrautes einzutauchen. Die gemeinsame Sprache, der Bäcker um die Ecke, der Geruch von Essen, das jederzeit zur Verfügung steht, Bräuche, auch wenn sie noch so überholt erscheinen, meine Eltern, mein Bruder, meine Freunde, mein Handballverein, in dem noch mein alter Coach trainierte. Ich traf Gabriela und Andreas wieder, die durch meine Briefe und meine Erzählungen so mitschwangen, dass sie sich entschieden, ein Jahr nach Australien zu reisen, wo sie drei Monate als Pflücker arbeiteten und von dort aus mit dem Flugzeug quer durch die Südsee reisten. Ich selber arbeitete wieder als Industriekauffrau bei Erwin Huber, einem Ingenieurbüro, und lebte bei meinen Eltern, um Geld zu sparen. Ich teilte mit Marcus sein Zimmer. Ich nahm sogar den Kontakt zu Peter wieder auf. Wir unterhielten ein lockeres Verhältnis, neben einigen anderen seiner Gespielinnen.

Das Segeln begleitete mich auch in Deutschland. Ein Kollege mietete mit fünf Freunden ein Charterschiff für einen Törn in Kroatien. Der Kollege fiel aus, so dass ich spontan für ihn einsprang und wir zu sechst zwei Wochen unterwegs waren. Das Schiff mit seinen 9 m Länge war fast zu klein und eng, um 6 Menschen zu beherbergen. Ein ganz eigener Charme von Gemütlichkeit und mit einer tollen Stimmung untereinander, so dass wir noch lange Kontakt hielten.

Ich nutzte die Zeit in Deutschland und absolvierte das Bodenseeschifferpatent. Damit durfte ich auf dem Bodensee ein Fahrzeug mit Maschinenleistung über 4,4 kW (= 6 PS) und ein Segelfahrzeug mit mehr als 12 m^2 führen. Praktisch daran war, dass ich, als ich den Sportbootführerschein machte, die praktische Prüfung vom Bodensee anerkannt bekam. Dann fing ich den BR-Schein an, ein freiwilliger, nichtamtlicher Schein des Deutschen Segler Verbands, der heute durch den Sportküstenschifferschein (SKS) zur sicheren Führung von Segel und Motoryachten in Küstengewässern ersetzt wurde. Die theoretische Prüfung legte ich noch ab. Und dann kam Horst.

Nordlichter Begegnung

Klar war, dass ich das Leben in Deutschland auf Dauer zu langweilig fand. Ich konnte mir zu diesem Zeitpunkt nicht vorstellen, in einen gleichbleibenden Kreislauf von Arbeit, Essen, Schlafen, Kino, Freunde einzusteigen. Dazu war ich mittlerweile von dem abwechslungsreichen Leben meiner Reisen zu verführt, wovon ich nicht ablassen wollte. Ich wohnte inzwischen in Stuttgart, arbeitete bei US Timken, einem Anbieter von Kegelrollenlager und wartete wie eine Spinne im Netz auf den richtigen Moment, um meinen Hunger nach Ferne zu stillen. Der kam in Form einer Anzeige in der Novemberausgabe der Yacht, einer Segelzeitschrift, die ich hin und wieder durchblätterte. Darin suchte jemand Mitsegler nach Norwegen. Das war es! Musste ja nicht gleich wieder der Pazifik oder das entfernteste Eckchen der Erde sein. In Europa war ich so gut wie noch nicht unterwegs gewesen. Warum also nicht? Ich antwortete auf die Anzeige und bekam von Horst einen Brief, in dem er ein Kennenlerntreffen in Emden vorschlug. Im Januar fuhr ich mit dem Zug in den deutschen, kalten Norden, um nicht zu sagen an den »Arsch der Welt«. Nein, der war nicht irgendwo zwischen Fiji und Bora Bora. Emden befand sich auf seiner mageren rechten Backe, die linke gehörte bereits zu Holland, getrennt durch die Furche der Ems. Das liest sich despektierlich, aber genauso fühlte ich mich allein in meinem Abteil, an dem milchiger Januardunst über grauer flacher Erdbehaarung vorbeiglitt. Als ich ankam und ausstieg, stürmte Horst an mir vorbei. Ich lief fröstelnd in die Bahnhofshalle, bis nur noch wir beide unschlüssig dastanden. Ich weiß ja nicht, was sich so ein Männerhirn vorstellt. Ich war es in diesem Augenblick jedenfalls nicht. Seine Hirnwindungen spuckten Kategorien wie »Mädchen vom Land, langweilig, vielleicht kommt noch was Besseres« aus. Jedenfalls gestand er mir das später. Ich meinerseits fand ihn ganz ansprechend also gab ich mich zu erkennen. Was nicht sonderlich herausfordernd war in Anbetracht dessen, dass wir alleine waren. Wir fuhren mit dem Auto in die Wohnung, die er von Freunden anlässlich des Treffens zur Verfügung gestellt bekommen hatte. Dort warteten bereits Hannes und Norbert, zwei weitere Interessenten für den Törn nach Norden, mit leckerem Essen auf uns. Ein voller Magen macht wesentlich großzügiger, wenn es gilt zu entscheiden, ob wir fremdes menschliches Strandgut bejahen, mit dem wir mehrere Wochen gemeinsam und aufeinander angewiesen segeln wollen. Wollten wir. Hannes und Norbert waren mir sehr sympathisch. Ich fühlte mich als einzige Frau angenommen und wohl in ihrer Mitte. Anscheinend stellten sie mein Wissen und Können auch nicht in Frage. Wie auch. Ich konnte mit vielen Reiseberichten punkten, wohingegen Hannes und Norbert noch völlig unbeleckt waren. Horst war es wurscht. Er brauchte nur irgendwelche Leute, denen er was delegieren konnte. Was uns allen zu dem Zeitpunkt nicht so klar war, im Gegenteil, jeder war froh, dass es jemanden gab, der die Hauptverantwortung trug. Das Schiff von Horst war die Cachalot, die er gemeinsam mit einer anderen Frau gekauft hatte. Er plante drei bis vier Monate unterwegs zu sein, sie wohl nicht, so dass sie irgendwann von dannen gezogen war. Ich konnte ebenfalls nur einen Monat aufbringen, weil ich zurück zur Arbeit musste. Ich schaute mir bei diesem ersten Treffen die Cachalot an. Zumindest Ausschnitte, denn sie war bis obenhin zugemüllt, weil Horst darauf arbeitete. Als ich zu einem späteren Zeitpunkt zu einem Arbeitstreffen hochfuhr, bemerkte ich erstaunt, wie klein sie war. Aber gut. Würde schon irgendwie gehen, sonst hätte Horst ja nicht nach drei weiteren Mitseglern gesucht. Ich war Enge gewöhnt. Dass ich sie mit drei Männern aushalten musste, blendete ich aus.

Am 30. April 1982 fuhr ich gen Norden. Am ersten Mai schneite es. Die Nordsee-Fischer empfahlen abzuwarten, aber Horst hielt sich störrisch an seinen Abfahrtsplan, was rückblickend mit drei Anfängern verantwortungslos war. Entsprechend wurde dieser erste Trip regelrecht zu einer Höllenfahrt, denn wir hatten extrem viel Wind, der hohe Wellen mit sich brachte und es war scheußlich kalt. Wir flogen nur so über das Wasser und erreichten nach nur zwei Tagen Norwegen. Mir war wieder übel, den anderen ging es zum Glück gut. Es wurmte mich, dass ich als einzige Frau mit dem Magen zu kämpfen hatte. Ich merkte ziemlich schnell, dass es für Hannes und Norbert nicht das war, was sie sich vorgestellt bzw. erwartet hatten. Bediene ich das Klischee oder tun es schlicht und ergreifend die Männer selber, wenn sie wie Hunde untereinander ausmachen, wer das Sagen hat, und derjenige, dem die unterlegene Rolle schwerfällt, entweder ständig die Auseinandersetzung sucht oder sich schleicht. Flache Hierarchien? Wünschenswert. Möglich? Definitiv ja. Hat aber Seltenheitswert.

Ich war beeindruckt, als wir tief in die Fjorde segelten, eine Allee von Bergzügen links und rechts von uns. Wir wussten nicht genau, wo wir waren, denn es gab zu dieser Zeit noch kein GPS. Pures Glück, dass überall tiefes Gewässer war und wir nicht aufgelaufen sind. Wir beschlossen anzulegen und Brötchen kaufen zu gehen, um zu erfahren, wo uns der Wind hingetrieben hatte. In eines der Dörfchen bei

Haugesund. Es war die Zeit der Apfelblüte. Je tiefer wir ins Landesinnere gelangten, desto üppiger leuchteten die weißen Baumkronen. Eines Tages legten wir wieder in einem der Fjorde an und wanderten auf den Gletscher Hardangerjokulen, von dem aus wir einen wunderbaren Blick über diese bezaubernde Landschaft genossen. Typisch für die norwegischen Fjorde sind die langen und zugleich sehr schmalen Buchten, die sich tief in die Berge der Küste einschneiden. Ihre Ausläufer reichen weit in das Landesinnere und sind teilweise so tief wie die angrenzenden Klippen hoch sind. An der Küste werden sie seichter, bis sie unter der Wasseroberfläche verschwinden. Wir fuhren von Fjord zu Fjord bis nach Bergen. An der Küste begegneten uns wenig Menschen. Erst in den geschützten Buchten der Fjorde nisteten kleine Dörfer. Es war beeindruckend, wie hell die Nacht war, so dass wir bei Nachttörns alles sehen konnten. Weiter nördlich in Kristiansund, verabschiedete ich mich von der Truppe und fuhr mit dem Zug nach Hause, eine neue Liebe und die Südsee im Gepäck.

Horst wollte ursprünglich bis ans Nordkap weitersegeln, doch Hannes und Norbert zogen nicht mit. Die Zeit war gut gewesen, zu mehr reichte es aber nicht. Horst nervten schon Kleinigkeiten. Zum Beispiel wenn er an einem Steg anlegte und nicht dicht genug ranfuhr, so dass man springen musste, war er sauer, wenn die beiden es ihm nicht nachtaten. So beschlossen sie die Rückreise anzutreten.

Der Ruf über das atlantische Meer

Ich hatte mich in den jungen Vagabunden verliebt. Seine unbekümmerte Lebensart mit den Träumen nach Freiheit betörten mich. Horst drückte sich über seinen Körper aus. Wenn er über das Schiff sprang, es in den Wind legte und meinte, alles seinem Willen unterwerfen zu können, zeigte er eine mitreißende Vitalität und Kraft. Er war so überzeugt von dem was er tat, selbstverständlich wie der Wind, der durch Gräser und Bäume streift und das Blätterwerk fortträgt. So nahm er mich mit, die sich bereitwillig von dem Ast der Heimat löste und von den Lüften des Lebens treiben ließ. (Dass das Temperament eines Windes, der sich zum Sturm drehen kann, ein einzelnes Blatt bisweilen verweht und es unter aufgewirbeltem Staub zurücklässt, ahnte ich, ignorierte das leise Flüstern jedoch konstant.) Wir vereinbarten, gemeinsam über den Atlantik zu segeln.

Wenn ich von »Schiff« spreche, liegt es daran, dass ich über die gesamte Strecke meiner Erzählung bei einem einheitlichen Begriff aus dem Vokabular der Segler bleiben möchte. Mit Schiff assoziiert man etwas Großes und Erhabenes. Das muss ich zwingend für die Cachalot korrigieren. Ich will ihr nicht zu nahetreten, denn sie hat uns über den Atlantik getragen und jahrelang begleitet, doch nach heutigen Maßstäben war sie nicht mehr als ein Wohnklo mit Küche. Dasselbige war in der Kajüte, und wollte man seine Notdurft verrichten, musste man es anmelden, damit die anderen sich diskret an Deck zurückziehen konnten, oder in Kauf nehmen, dass man nicht allein dabei war. Zudem verfügte unsere kleine Nussschale über keinerlei moderne Ausstattung. Wie gesagt gab es damals kein GPS. Funk hatten wir auch nicht und das Echolot war defekt. Meine Eltern mussten mich mit 27 Jahren ziehen lassen. Ich weiß nicht, ob sie sich jemals darüber bewusst waren, was ihre Tochter dazu bewegte bzw. auf was sie sich einließ.

Wir wollten für die Atlantiküberquerung einen weiteren Mitsegler, den Horst wieder über eine Anzeige suchte. Heiko P. war der Auserwählte. Die Entscheidung fiel ohne mich, weil ich zu diesem Zeitpunkt noch in Stuttgart arbeitete, doch als ich Heiko auf den Kanaren kennenlernte, war er mir auf Anhieb sympathisch. Er kam aus dem Norden und besaß eine ruhige überlegte Art, die sein Beruf als Augenarzt auch notwendig machte. Er war in unserem Alter, sah einnehmend gut aus und war offen für neue Erfahrungen, denn er wollte sich später ein eigenes Schiff kaufen. Zudem war er rücksichtsvoll, denn während Horst und ich verliebt auf dem Vordeck turtelten, fraß er sich durch die gesamte technische Schiffsbibliothek. Das Einzige, was ihn wirklich mürrisch werden ließ, war Horst und meine Essensbestückung. Da er sich an den Kosten beteiligte, kauften wir für die drei Wochen Überfahrt Lebensmittel ein. Was Horst und ich nicht berücksichtigten, weil wir wenig Verlangen danach hatten und jeden Pfennig sparsam einsetzten, waren Zuckervorräte in Form von Süßigkeiten. Der arme Heiko, er ist regelmäßig in einen mentalen Unterzucker gefallen. Ich hatte fast ein schlechtes Gewissen. Was ein Snickers, Mars oder Raider für Wirkungsmechanismen im Stimmungszentrum unseres Gehirns auslösen können! Aber schließlich hätte er auch was sagen können. Naja, er hat es überlebt und geschadet hat es wohl auch nicht. Als wir endlich ankamen, unsere Füße auf festen Boden setzten und eine Strandbar aufsuchten, waren es Horst und ich, die sich eine eiskalte Cola bestellten und Heiko griff zu einem Bier. Was soll man dazu sagen?

Noch auf der Insel La Palma wollten wir vor unserer langen Atlantiküberquerung auf Wasser den Begriff »Erde« unmittelbar und sinnlich in unseren Köpfen verankern und planten eine dreitägige Bergtour. Während ich mit meinen Stricknadeln klimperte und sich Reihe für Reihe aus unzähligen Maschen meines dünnen Garns eine Pudelmütze für Horst aufbaute, packte er unsere Rucksäcke. Wenn sich mein Blick für einen Wimpernschlag von den Maschen trennte, fragte ich mich – sobald ich mich wieder auf Ab und Zunahmen konzentrierte – so ganz nebenbei, warum dort zwei große Rucksäcke standen und was um Himmels Willen er da alles reinstopfte. Ich war, was Gepäck anging, das ich selbst schleppen musste, extrem berechnend. Ich neckte ihn mit dem Hinweis, dass wir zwei Tage und nicht drei Wochen unterwegs seien, was seine Stimmung deutlich verschlechterte. Klar, sitzen und meckern ist reizvoll, aber wie hätte ich es anders beobachten können. Wir hatten eine unausgesprochene Arbeitsteilung, die keiner Logik folgte, außer der, dass sie für Horst stimmig war. Allerdings war sich Horst auch für keine Arbeit zu schade. Am nächsten Tag standen also die Rucksäcke an Bord und Horst ließ es sich nicht nehmen, sie an Land zu bringen, bevor er mich mit dem Beiboot holte. An Land frachteten wir das Gepäck auf unsere Schultern, Horst knickte dabei ein, und als wir loswanderten, stellte ich fest, dass aus seinem Rucksack Wasser tropfte. Ich piesackte ihn so lang, bis er mir übellaunig gestand, dass der vermaledeite Rucksack ins Wasser gefallen sei. Meiner Logik zu folge, hieß der Weg wieder Rückzug aufs Schiff, seiner Logik zu folge sollten wir loswandern. Was wir auch taten. Ich musste ihn ja nicht tragen. Es triefte und tröpfelte seine behaarten Beine entlang in den Staub, deren Spur ich stumm nachging. Die gefühlte Tonne auf seinem Rücken wurde nicht leichter, bis Horst erschöpft zusammenbrach. Wir hielten ein Auto an, der Fahrer sollte uns irgendwo in den Bergen absetzten. Nach ein paar Autostunden wurden wir eigentlich ausgesetzt, denn wir hatten keine Ahnung, wo wir uns befanden. Die Essensvorräte waren bis auf ein paar Ausnahmen, die sich in meinem Rucksack befanden, mit Meerwasser durchtränkt. Notgedrungen stiegen wir auf Kaktusfrüchte um, die wir sammelten und mit Zwiebeln und Zucker über dem Gaskocher rösteten. Abenteuer und Bergromantik pur. Wir stießen auf einen Bergbauern, der mit seinen und wie seine Schweine hauste. Wir zelteten wild und machten kein Auge zu, weil uns ständig unbekannte Geräusche aufschrecken ließen und es selbst Horst, von dem ich das nicht kannte, unheimlich wurde. Nach drei Tagen kamen wir an einem Steinbruch vorbei und fragten einen LKW-Fahrer, der gerade Steine abholte, ob er uns mitnehme. Die Fahrt in einem sehr alten Lastwagen steil den Schotterberg immer knapp an Abhängen entlang war bedrohlich. Der Fahrer musste wild mit den Bremsen pumpen, damit sie ihm den Dienst nicht versagten. Ich weiß nicht, ob ich mich deswegen in den Stürmen auf dem Meer nie so fürchtete, ich fühlte mich sicherer auf dem Wasser.

Zurück auf dem Schiff hieß es für die dreiwöchige Überfahrt: Abschied nehmen. Heiko war auf Gran Canaria zu uns gestoßen und gemeinsam machten wir das Schiff startklar. Nach etwa 5 Tagen auf dem Wasser, ich kämpfte wieder mit meiner lästigen Übelkeit, beutelte uns ein Sturm mit einer riesigen Sandwolke aus der Sahara, die das Schiff in eine dicke rote Sandschicht kleidete. Sand am Strand ist schön. Sand an Bord ist nicht schön. Denn er ist in jeder Ritze, ob am Schiff oder am Menschen. Ich schüttelte und kehrte und schüttelte und kehrte und schüttelte und kehrte. Es nahm kein Ende und ich sah ein, dass ein Schiff in den seltensten Fällen sandfrei ist.

Weil unser Schiff keine Selbststeueranlage besaß, hätten wir in Schichten ununterbrochen am Ruder sitzen müssen. Eine kräftezehrende Angelegenheit. Doch Horst war ein findiger Fuchs und ich bewunderte ihn zutiefst, wenn er mit einfachem handwerklichem Geschick und klugen Überlegungen ein beeindruckendes Resultat erreichte. Er hatte nicht nur – wie jeder andere Segler bei einer Atlantiküberquerung es täte, bei Passat-Winden von hinten – eine Schmetterlingsbesegelung installiert, sondern diese clever mit der Pinne verbunden, so dass wir das Schiff eine Zeitlang sich selbst überlassen konnten. Damit hatten wir drei nahezu fremde Menschkinder allein auf dem Meer wie ein Päckchen zusammengeschnürt auf engstem Raum nicht nur mehr Zeit zum Schlafen, sondern auch zum Langweilen. Heiko las, über den Kassettenrekorder liefen die Dire Straits, Pink Floyd, Peter Gabriel, Keith Jarrett, ich strickte, kochte einfältige Gerichte und Horst puzzelte am Schiff. Das liest sich alles nicht so prickelnd, doch das »Auf-sich-selbst-gestellt-Sein« mit minimaler Ausstattung inmitten der Natur mit dem Ziel vor Augen – in diesem Fall in der warmen Karibik anzukommen – verleiht einem Kraft und Lebendigkeit. Man fühlt sich frei und ungebunden, obwohl man das nicht ist. Man wartet und reagiert. Wie sind die meteorologischen Verhältnisse, wie verhält sich das Schiff, die Technik, was wird von mir gefordert, wie passe ich mich an, welche Möglichkeiten habe ich, wie verhalte ich mich, wenn ich in die Enge, ins Überleben, getrieben werde. Dafür war man selbst verantwortlich.

Auf der Reise begleitete mich oft ein Bild, das sich vor dem Auslaufen aus dem Hafen in meine Erinnerung einbrannte, als wir eine deutsche Familie kennengelernt, die ebenfalls den Atlantik überqueren wollte. Eine dicke Mutti mit drei Kindern zwischen sechs und vierzehn Jahren und einem verrückten Vater, der keine Ahnung vom Segeln hatte. Man sah, dass er diese Reise für seine Familie und vor allem für seine Frau eine schreckliche Zumutung war. Sie hielt sich nicht an Deck auf, hatte Angst über den Steg zu gehen und bewegte sich wie ein Fremdkörper auf dem Schiff. Er konnte zwar segeln, hatte habe überhaupt keine Ahnung von Navigation. Horst versuchte noch einen Abend lang, ihm die wichtigsten Informationen über Längen- und Breitengrad und wie man mit der Sonne und Sextant einen Standardort bekommt zu erklären. Wir hatten große Sorge um die Familie. Wir waren heilfroh, als wir ihnen drei Wochen nach unserer Ankunft begegneten und sahen, dass sie dieses Abenteuer überlebt hatten.

Zurück zu uns. Wir hatten ebenfalls Hochs und Tiefs. Nach sechs Tagen auf hoher See kugelte sich Horst während eines Sturms beim Reffen des Großsegels den Arm aus. Er litt unter enormen Schmerzen. Nicht nur das war ein Problem, denn Horst war auch der Einzige, der wirklich etwas vom Segeln und Navigation verstand und sein Schiff in- und auswendig kannte. Jetzt kam uns zugute, dass Heiko Augenarzt war. Zu zweit versuchten Heiko und ich den Arm von Horst wieder einzurenken. Im Salon unter Deck wurde der Tisch abgenommen und Horst mit der Achsel hinter das Tischbein geklemmt. Heiko gab mir die Anweisung fest am Arm zu ziehen während er versuchte ihn reinzudrehen. Das war eine leidvolle Prozedur, da Horst den Arm reflexartig anspannte, so dass der Weg zurück ins Gelenk erschwert wurde. Nach zwei Stunden Ziehen und Drehen mussten wir erstmal aufgeben. Horst war trotz der Gesichtsbräune inzwischen ganz weiß im Gesicht und Heiko hatte die Befürchtung, dass er jeden Augenblick in Ohnmacht fallen könnte. Nach ein paar Stunden wurden die Schmerzen für Horst jedoch unerträglich. Heiko hatte Gott sei Dank etwas Morphium dabei, und damit schafften wir es irgendwann doch, den Arm wieder einzurenken.

Während der ersten Zeit auf dem Atlantik Richtung Süden war es noch kalt und sehr unruhig auf dem Boot, wir mussten die Teller während der Mahlzeiten festhalten und konnten bei den hohen Wellen nicht ins Wasser gehen. Als wir endlich die südlicheren Breiten erreichten, es wärmer und ruhiger wurde, entspannte sich die ganze Atmosphäre an Bord. Wir gingen hin- und wieder ins Wasser, auch wenn wir zu unserer Sicherheit immer an einem Seil angebunden waren. Nicht zuletzt Heiko erinnerte uns immer wieder an die Erzählung aus dem Buch Yachtunfälle von Joachim Schult, in dem er die traurige Geschichte von sechs Seglern erzählt, die bei einer Flaute ins Meer sprangen und alle ertranken, weil die Bordwand des Schiffes zu hoch war und sie nicht mehr an Bord kamen. Zu guter Letzt wurde auch noch das Wasser schlecht, es schmeckte zumindest ganz furchtbar, so dass wir es einfach zum Duschen verwendeten, ohne groß nachzudenken, wie es denn weitergeht. Jetzt hatten wir kein Wasser mehr zum Drinken. Nach ein paar Tagen leckten wir den Tau vom Segel, hofften auf Regen. Sobald Wolken aufstiegen, stellten wir unseren gesamten Vorrat an Töpfen und Schüsseln auf das Vordeck, um Wasser zu sammeln, dann holte Horst noch eine alte Anlage aus dem Vorschiff raus, ein schwarzer Ballon, mit dem man Wasser destillieren konnte. Diese schaffte nicht mal einen halben Liter am Tag. Der Durst wurde immer quälender, irgendjemand kam auf die blöde Idee, den Erbsensud aus den Dosen zu trinken, woraufhin ich noch mehr Durst bekam und ich die Tage zählte, bis wir ankamen.

Nach 21 Tagen war Barbados in Sicht. Für das Einklarieren mussten wir in den Hafen von Bridgetown fahren. Horst wollte den Motor, den wir drei Wochen lang nicht gebraucht hatten, starten. Der ließ uns im Stich, so dass wir in den Hafen reinsegeln mussten und prompt mit dem Bug die Piermauer rammten. Trotzdem war es eine seglerische Glanzleistung, denn nur unter Segel das Schiff präzise in einen engen Hafen zu lenken, ist nahezu unmöglich. Wir meldeten uns pflichtbewusst bei der Einwanderungsbehörde und beim Zoll und wurden in Barbados einklariert. Endlich geschafft! Wir waren so stolz! Heiko trank ein kaltes Bier, wir tranken eine eiskalte Cola. Bis zu diesem Tage mochte ich eigentlich keine Coca Cola, aber jetzt war es das beste Getränk auf der Welt. Danach zog Heiko an Land in ein Hotel und wir gingen zur Marina, wo Post unserer Mütter wartete. Horst's Mutter Renate war am Rande eines Nervenzusammenbruchs. Sie war der Meinung, dass wir viel schneller hätten segeln und ankommen müssen. Sie hatte uns schon über Funk suchen lassen, was nutzlos gewesen war. Heiko verabschiedete sich relativ bald und flog nach Deutschland zurück.

Karibische Träume

Wir schwebten in einer bunten Kaugummiblase aus wohliger Wärme, weichem Wasser, seichtem Dahingleiten in einem unendlichen, bizarr wohlgefälligen bedingungslosen Raum. Wir schlossen mit einigen Leuten von anderen Schiffen noch Freundschaften um mit ihnen gemeinsam in die Inseln wie Martinique, San Lucia, San Vincent, um nur einige zu nennen, einzutauchen. Einmal war da das Pärchen, das uns zum Poppy-Schlampi-Essen einlud, wie sich herausstellte, Kartoffelbrei. Die zwei waren ganz lustig. Kurz nach unserer Ankunft in Barbados wurde eines Morgens ein kleines sechs Meter langes Bötchen an uns vorbeigeschleppt. Der Motor ganz offensichtlich defekt und dann auch noch ein abgeknickter Mast. Wir vermuteten, dass es ein lokales Segelboot war. Ein paar Tage später kam der Besitzer, Heinz, ein Österreicher, zu uns an Bord und erzählte uns seine traurige Geschichte. Dass er mit seiner Freundin zusammen das Schiff in Südafrika gekauft hatte, um in die Karibik zu segeln. Bei einem Zwischenstopp in Brasilien ist die Frau dann unglücklich gestürzt und musste zurück nach Europa. Dann ist ihm auf dem Weg von Brasilien in die Karibik der Mast kurz oberhalb der Saling abgebrochen, dass er nur noch mit einer sehr kleinen Besegelung bis Barbados weitersegeln konnte. Weil das Boot nun sehr langsam war, ging ihm unterwegs das Essen aus und das Wasser wurde knapp. In Barbados angekommen, war ihm dann auch noch der Motor verreckt, dass er sich nicht getraute in die Bucht einzufahren und draußen auf See ankerte. An sich kein Problem, aber als die Ankerkette ausrauschte, war sie am anderen Ende nicht festgemacht und der Anker mitsamt der Kette verschwand auf fünfzehn Meter Tiefe. Das Boot wurde dann von einem Fischer in das Innere der Bucht geschleppt, um es am Ufer festmachen zu können. Wie er gerade bei uns im Cockpit sitzt und uns seine traurige Geschichte erzählt, kommen unsere Poppy-Schlampi-Freunde mit dem Dinghy vorbeigerudert. Sie wollten nicht an Bord kommen und riefen nur rüber: »Heinz, die Symptome deiner Hautprobleme haben wir in unserem Gesundheitsratgeber nachgelesen. Es könnte möglich sein, dass es sich um eine ansteckende Krankheit handelt.« Sofort rückten Horst und ich etwas zur Seite, wir wollten nicht angesteckt werden. Aber Heinz war, obwohl er so ein Chaot war, okay. Er verkaufte das restliche Boot für ein paar Pampelmusen und Fische an einen lokalen Fischer und zog auf ein tschechisches Segelboot. Drei junge Männer aus der noch damaligen Tschecheslowakei, zwei Brüder und ein

Freund. Sie hatten das Boot selbst gebaut, alle Metallbeschläge selbst hergestellt und auch sonst alle anderen Materialien irgendwie mit viel Phantasie zusammengesammelt. Als das Boot dann endlich fertig war, mussten sie beantragen, für kurze Zeit mit dem Boot aufs Meer fahren zu können, um es zu testen. Zu der Zeit gab es noch den Eisernen Vorhang. Es wurde ihnen bescheinigt, dass das nicht in Ordnung sei, aber für ein paar Tage wurde ihnen genehmigt, mit dem Boot loszufahren. Sie nutzten die Gelegenheit, um weiter wegzufahren. Aber sie wollten die Verbindung zur Heimat nicht ganz abbrechen. So schrieben sie an Vorgesetzte und Behörden, dass Wind und Wetter sie immer weiter aufs Meer hinausgetragen hätten und es für sie aus navigatorischen Gründen unmöglich gewesen sei, umzukehren. Aber sie würden auf alle Fälle, sobald es möglich wäre, heimkehren. Das schrieben sie beim Verlassen der Adria, das schrieben sie wieder beim Verlassen des Mittelmeers und das schrieben sie bei der Ankunft in der Karibik. Einer von dreien verließ nie das Schiff, lag nur im Vorschiff, um hin und wieder zum Luk mit dem Fernglas hinauszuschauen, Heinz nannte ihn den Observer. Er hatte schreckliches Heimweh und wollte unbedingt wieder nach Hause. Der zweite hatte eine nette amerikanische Frau kennengelernt, die mit ihren Eltern auf einem schicken Segelboot unterwegs war. Der Vater, ein Professor für Psychologie, wollte für die drei die Greencard für die USA besorgen, damit seine Tochter mit ihm zusammenbleiben konnte. Aber auch er wollte wieder zurück. Der dritte war mit der Situation, wie sie war, ganz zufrieden, sehr geistreich und unterhaltend. Heinz lud uns einmal auf das Schiff der drei zum Kaffeetrinken ein, aber sämtliche Lebensmittel, die sie an

Bord hatten, waren verdorben oder mit Maden versetzt. Danach beschränkten wir uns darauf, uns mit ihnen an Land zu treffen. Schade, dass es damals noch kein Internet und Facebook und Co. gab. Es wäre interessant gewesen, den Lebensweg dieser vier Menschen verfolgen zu können.

Im Januar kam Renate, die Mutter von Horst, mit ihrer Freundin Anneliese für vier Wochen zu Besuch nach San Lucia. Ich habe die Platzverhältnisse auf der Cachalot bereits beschrieben. Ich kannte bis dato weder Renate – meine Schwiegermutter in spe – noch Anneliese. Zu viert mit zwei Frauen, die Nichtsegler und zur Spezies Mutter gehören, ist riskant, was sich bestätigte. Ich möchte ihnen nichts nachsagen, dennoch empfand ich diese Wochen als Psychoterror. Man konnte nichts recht machen. Renate reagierte mit Beleidigungen in Richtung ihrer Freundin und diese konterte mit Angst. Sie hatte Angst vor dem Schiff, vor dem Wasser, vor dem Wind – schlichtweg vor allem. Wie kommt man bloß auf die Idee, Urlaub auf einem kleinen Schiff zu machen? Trotz alledem segelten wir nach Grenada. Horst und ich flohen abends zu Katja und Jörg auf ihr liebevoll hergerichtetes Holzschiff, auf dem sie uns stundenweise mitleidig Zuflucht gewährten und wir uns weinselig ausweinten. Wir hatten die beiden auf San Lucia kennen gelernt und wir waren uns sehr sympathisch. Was für ein Segen, dass es nur einen Steg oder einen Sprung brauchte, um von einem Ort zu einem anderen zu gelangen.

Das ist keine »Böse-Schwiegermutter und Arme-Schwiegertochter-Geschichte«. Es gab schöne und auch lustige Momente und Erinnerungen. Eines Tages – wir ankerten in der

Bucht von Bequia – wachten wir auf und stellten fest, dass unser Schiff quer durch die gesamte Bucht gewandert war. Das Wunder des nächtlichen Spaziergangs war, dass Cachalot keines der 100 anderen Schiffe angeditscht und Löcher in ihre Leiber gerissen hatte. Normalerweise prüft man den Anker, indem man mit dem Motor rückwärtsfährt, um ihn am Meeresgrund einzugraben. Wir dachten auch, das ordentlich gemacht zu haben. Ein Trugschluss. Nachdem es uns Wochen später ohne Renate und Anneliese auf Guadeloupe ein weiteres Mal passierte – wir waren gerade an Land gepaddelt und auf dem Weg einen Berg hochzuwandern, als wir mit Blick auf die Bucht unser Schiff davonschippern sahen, so dass wir eilig umkehrten und es wieder einfingen – gewöhnten wir uns an, eine halbe Stunde zu warten.

Ein paar Tage später ruderten wir drei Frauen mit dem Beiboot, einer kleinen kippligen Segeljolle, an Land. Beim Aussteigen muss man eine bestimmte Reihenfolge einhalten. Erst steigt die am Bug sitzende aus, dann die am Heck sitzende, am Schluss die in der Mitte sitzende. Klingt logisch. War ein erprobtes, souveränes Prinzip. Annelieses Adrenalinspiegel war bis zu diesem Zeitpunkt bereits auf dem Höchststand und trieb sie zum sofortigen Aussteigen, obwohl sie als am Heck sitzende erst an zweiter Stelle dran gewesen wäre. Zweite war sie deswegen, weil sie als Angsthase als Letzte eingestiegen war. Filmte man diese Szene, rief man beständig »Stopp! Warte! Alles gut! Geduld! So macht es keinen Sinn!«, schüttelte man ungläubig den Kopf und sah das Ende voraus. Im Boot sieht man das Ende auch voraus, kann aber weder beruhigend einwirken noch das Wanken des Bootes ausgleichen. Auf der Kirmes schwingt die Schiffsschaukel hoch und runter, bei uns auf dem Wasser in alle Richtungen, so dass wir schließlich konsequent über Bord gingen. Das Chaos nahm seinen Lauf. Renate mit Strohhut ging ohne ihn unter, tauchte erstaunlicherweise mit Hut wieder auf. Anneliese schrie wie am Spies, weil sie nicht schwimmen konnte. Irgendwie schafften wir es, uns am Steg festzuklammern, er war aber zu hoch, als dass man hätte raufklettern können. Die hysterischen Schreie von Anneliese lockte Männer vom Strand an, die mich sahen, was ihren Testosteron-Spiegel auf den Höchststand schoss und damit in einen automatisierten Rettungsmodus katapultierten. Es war nicht einfach, abzuwinken, um ihnen klarzumachen, dass sie nicht mich jungen Hüpfer retten durften, sondern die beiden Damen mit Hut, sich verzweifelt am Steg festkrallend. Es ging zum Glück alles gut. Den Sparziergang durch den Ort machten wir dann doch noch, trotz unserer nassen Kleidung.

Die nächste Einkaufsrunde bestritten Horst und ich, während wir auf St. Vincent in einer Bucht ankerten. Die Frauen wollten nach dem letzten Abenteuer nicht wieder mit an Land kommen. So ruderten Horst und ich allein an Land. Nachdem wir mit unserem Einkauf fertig waren, standen drei Jungs neben unserem Beiboot. »Hi Skipper, we watched your dinghy.« Von diesem Ausspruch waren wir inzwischen schon ein bisschen genervt. Überall, wo man das Boot festmachte, stand jemand da und wollte einen Dollar, um das Dinghy zu bewachen. Eigentlich machte man das Beiboot ja selbst sicher fest und brauchte keinen Bewacher. Horst gab ihnen dann auch zu verstehen, dass es keinen Grund gegeben hätte, das Boot bewachen zu müssen und dass es dieses Mal keinen Dollar geben würde. Da zog einer der Jungs ein Klappmesser raus und tänzelte mit aufgeklapptem Messer um uns herum. Nun wurde die Situation etwas brenzlig. Während wir mit ihnen weiter über Bezahlen oder Nicht-Bezahlen diskutierten, versuchten wir immer näher an unser Beiboot ranzukommen. Irgendwann gelang uns das, einer gab dem anderen dann ein Zeichen ins Boot zu springen und dann waren wir auch schon weg. Nochmals Glück gehabt. Als wir dann an Bord kamen, erzählten uns Renate und Anneliese, dass die drei bereits mit unserem Beiboot zu ihnen ans Schiff gekommen waren, um Geld zu verlangen. Wir lichteten sofort den Anker und suchten das Weite. Wieder waren die Frauen furchtbar geschockt. Ein paar Tage später erreichten wir wieder St. Lucia, wo die zwei Damen Abschied nahmen. Danach war die Cachalot ein paar Quadratmeter gewachsen.

Horst und ich segelten weiter durch die karibischen Inseln mit dem Ziel, Florida entlang der Dominikanischen Republik und den Bahamas zu segeln, und erlebten erstaunliche Geschichten, so dass es nie langweilig wurde. Irgendwann tauchten zwei große Frachtschiffe vor uns auf. Unsere Peilung sagte uns, dass wir es schaffen zwischen den zwei Frachtschiffen durchzufahren, sie waren weit auseinander. Doch plötzlich tauchte, als wir uns näherten, ein Seil zwischen den zwei Schiffen auf, es handelte sich um einen Schleppverband, der so nicht sofort zu erkennen gewesen war. Wir konnten gerade noch rechtzeitig abdrehen. Danach gerieten wir auf dem Weg in die Bahamas in einen Sturm. Wir hatten immer noch keine Selbststeueranlage und mussten selbst an der Pinne sitzen. Bei Eintritt der Dunkelheit stellten wir fest, dass jetzt auch noch das Kompasslicht defekt war. In der Nacht ohne Kompass einen bestimmten Kurs zu steuern ist nahezu unmöglich. Um den Kompass ablesen zu können, installierte Horst eine Petroleumlampe am Großbaum. Lieb gemeint, doch sie schlug wie die Affenschaukeln einer kleinen hüpfenden Dirn schwungvoll hin und her, was meine Magensäfte zum Mitmachen anregte, und mir entsetzlich übel, bis ich sie ausschaltete. Wir beschlossen, die Nacht über hoch am Wind zu segeln. In dieser Nacht habe ich gelernt, mich nur über mein Gehör und das Schlagen des Segels im Wind zu orientieren und zu steuern. In einer meiner Schichten kamen wir in die Nähe einer Untiefe mit Leuchtturm, und ich war sehr nervös, die Orientierung zu verlieren und eventuell die Untiefe zu dicht zu passieren. Irgendwann sah ich das Licht des Leuchtturms hinter mir, wir waren an der Untiefe vorbei. Das bezeichne ich heute als mein eigentliches Segeldiplom.

Zwei Tage dauerte der Sturm, wir konnten keine Position mehr mit unserem Sextanten nehmen, nur noch mitkoppeln. Am zweiten Tag, kurz vor Morgengrauen, war uns klar, dass wir uns in der Nähe der südlichen Bahama Inseln befanden. Wir entschieden uns, die Segel zu bergen und zu warten, bis es hell wurde, um weiter zu segeln. Während wir die Segel einpackten, entdeckte ich im Mondlicht schemenhaft ein paar Hügel aus dem Meer ragen. Mein erster Gedanke war, dass wir in einer Herde schlafender Wale geraten waren. Doch schnell mussten wir feststellen, dass wir bereits mitten in der Inselwelt der Bahamas waren. Welch glückliche Eingebung wir hatten, die Segel just in diesem Moment zu bergen.

Nacktbaden, wie Gott uns schuf, bleibt dem Paradies vorbehalten. In einem Nationalpark auf den Virgin Islands ist das Schnorcheln traumhaft. Man hat das Gefühl, dass man die Tier- und Pflanzenwelt durch eine Art Vergrößerungsglas betrachtet. Vor dem Auge entsteht ein Kaleidoskop an Formen, Farben und Bewegungen, das sich durch die Dynamik der eigenen Bewegungen in einem ständigen Wechsel befindet. Ich erlebte das Dahingleiten als friedvoll und nachbarschaftlich. Und ganz selbstverständlich nackt. Auf dem Schiff waren wir unter uns, im Wasser fühlten wir uns unter uns. Kein Mensch war in der Bucht und trotzdem tauchte plötzlich ein Ranger auf, der uns bat, uns anzuziehen.

Auf St. Barths schnorchelten wir nackt, unser Dinghy dabei hinterherschleppend, bis ein Fischerboot mit dem Dorfpolizisten im Boot angerudert kam. Wir mussten in unser Dinghy steigen und sie bestanden darauf, uns zu unserem Schiff zurück zu schleppen. Sie wollten sich sicher sein, dass wir zurück an Bord gehen. Das war absurd, denn beim Schnorcheln hätte man unter Wasser weniger nackte Haut gesehen als im Beiboot.

Nachdem wir jetzt also auf den Bahamas angekommen waren, gingen wir in der nächsten Bucht auf einer unbewohnten kleinen Insel gleich vor Anker, um uns erst mal von den Strapazen der letzten zwei Tage auszuruhen. Nach einem ausgiebigen Frühstück ruderten wir an Land und suchten am Strand nach leeren Muschelgehäusen. Für uns war die Nacktheit natürlich. Das hatte keinen ästhetischen oder revolutionären Aspekt, sondern war gedankenlos normal. In diesen realen Tagtraum platzte das Rotorengeräusch eines Hubschraubers, der wie eine dicke Hummel auf der Suche nach einem geeigneten Landeplatz durch die Luft donnerte. Es ist irreal, wenn man nackt, einsam und allein auf einer kleinen Insel an einem Strand ist, über sich einen lauten, windigen Helikopter stehen. Ich dachte mir noch, das kann doch nicht wahr sein, jetzt kommt die Coast Guard schon von Florida rübergeflogen, um uns mitzuteilen, dass man sich gefälligst etwas anziehen soll, wenn man an Land geht. Doch es stellte sich heraus, dass sie nach Drogendealern Ausschau hielten und sich dann noch netterweise erkundigten, ob bei uns alles in Ordnung sei.

Zu guter Letzt lernten wir auf einer Insel in der Nähe von Nassau einen schwarzen Einheimischen kennen, der sehr oft am Strand saß. Wenn wir vom Schiff an Land übersetzten, kamen wir mit ihm ins Gespräch, was sehr unterhaltsam und witzig war, so dass wir ihn aufs Schiff einluden. Sobald er das Deck betrat, zog er sich komplett aus. Er schäkerte mit mir, war aber nie übergriffig. Mir war das sehr unangenehm, ich fühlte mich auf meinem eigenen Fleck Zuhause nicht mehr frei. Was beklemmend war, war das Erkennen der eigenen Rechtsprechung, der eigenen Selbstherrlichkeit. Dass ich mich bislang nackt auf den Inseln bewegt hatte, wo es verboten war, wie also konnte ich von ihm das Befolgen von Regeln auf meinem Schiff erwarten? Es gibt Momente im Leben, die durchdrungen sind von Verstehen, in denen man mit der Schöpfung im Einklang ist. Auch wenn sie noch so klein und banal erscheinen. Ich wusste, dass so anziehend Nacktheit ist, der Mantel des Respekts, dass die Schöpfung uns nicht allein gehört, sie bedecken sollte.

Auf der Passage von den Bahamas nach Florida passierte, was uns lange schwelend begleitete. Zehn Meilen vor Fort Lauderdale lag Horst im Bett und kugelte sich wieder den Arm aus. Gleichzeitig fing aus unerklärlichen Gründen der Motor an zu brennen. Horst bat mich sofort nach unten in den Maschinenraum zu gehen. Mir war sofort klar, dass ich da nichts ausrichten konnte. Wir stritten, Horst vor Schmerzen, ich vor Überforderung, technisch nicht die richtige Entscheidung zu treffen. Zum Glück war ein Coast Guard Schiff in der Nähe, das uns in den Hafen schleppte. Im Nachhinein war das witzig, da wir durch diese Aktion ohne Zollkontrolle in die USA einreisten. Leider riefen sie gleich den Krankenwagen. Das war zwar ein aktives Hilfsangebot, für uns aber zum Nachteil, weil wir den Krankenwagen bezahlen mussten und er sehr viel teurer als ein Taxi war. Später stellte Horst fest, dass nicht der Motor gebrannt hatte, sondern ein Kabel. Man muss Glück im Unglück haben, um vor Schlimmerem verschont zu werden. Daran glaube ich fest.

Und nochmal ließ uns die Schulter von Horst im Stich. Auf den Bahamas beim Schnorcheln kugelte er sich den Arm wieder aus. Von einem Nachbarschiff funkten wir über UKW Hilfe an, bis uns um 22 Uhr ein Motorschnellboot, man nennt es wegen seiner schlanken langen Form »Zigarette«, holte. Er brachte uns zu einem Arzt, der selber zu diesem Zeitpunkt mit seinem Schiff Urlaub machte und über

UKW verfügte, den Notruf hörte und bereit war, zur Krankenstation zu kommen. Er war der Arzt, der sich Horsts malträtierter rechten Seite am besten näherte. Er redete eine Zeitlang ruhig und gelassen mit Horst, bis er ihn überrumpelte und mit einem Ruck den Arm in seine Verankerung brachte. Mit dieser letzten Aktion war klar, dass wir zurückfliegen mussten, damit Horst die unausweichliche Schulter-Operation vornehmen lassen konnte. Bis dahin blieben wir in der Marina River Bend in Fort Lauderdale, ich arbeitete mit meiner alten US Social Security Number in einer Zeitarbeitsfirma und Horst bastelte auf dem Schiff. In diesen Wochen lernten wir ein deutsches Paar auf dem Nachbarschiff kennen. Marion und Uwe kamen aus Herford. Uwe war zeitweise mit einer anderen Frau auf dem Boot, wenn Marion mal wieder ausgezogen war, weil sie sich gestritten hatten. Sie prügelten sich gerne, Marion hatte hin und wieder ein blaues Auge. Uwe war eigentlich ein netter, umgänglicher Kerl, aber Marion wusste, wo sie seine roten Knöpfe drücken konnte um ihn zur Weißglut zu bringen, und tat dies mit großer Lust. Viele Jahre später kauften sie sich ein Grundstück in Panama und bauten zwei Häuser, für jeden ein eigenes. Damit konnten sie ihrer Lust am Streit nachgehen und hatten eine ideale Möglichkeit, sich danach aus dem Weg zu gehen. Von Marion lernte ich, gewissen Dingen mit einer fast schon frivolen Lust an Provokation und Selbstvertrauen zu begegnen. So lief sie eines Tages durch die vielen Marinas in Fort Lauderdale und erzählte jedem Skipper »I´m the best varnisher in town!«, obwohl sie bislang nur einen Schulpinsel in den Händen gehalten hatte. Sie bekam gleich einen Auftrag, der ihr dann fürchterlich missraten war, dann noch einen, und noch einen, und machte es gar nicht mehr schlecht. Wenn jemand nicht zufrieden war, ließ sie den Frust dieser Person an einer Wachsschicht abperlen. Und dann kam sie eines Abends auf unser Schiff und fragte mich, ob ich einen Gary kennen würde. Ja, ich kannte mal einen Gary in San Francisco. Genau, den hatte sie heute in einer Marina getroffen. Er erzählte ihr, dass er mal mit einer Marion in San Francisco zusammengelebt hatte, und sie fanden raus, dass sie von der gleichen Person sprachen. Ich hatte das 3000 km entfernte San Francisco vor fünf Jahren verlassen, was für ein Zufall. Aber wir waren gerade dabei unsere Koffer für Deutschland zu packen, so dass es zu keinem Wiedersehen gekommen war. Wie sich später herausstellte, war das auch gut so.

Segelpause

November 1983 flogen wir nach Düsseldorf und wohnten die ersten Wochen bei Renate in Bad Essen, bis wir eine erste Orientierung hatten, wann und wo die Operation stattfindet und was bis dahin zu erledigen ist. Zwischendurch besuchten wir Katja und Jörg in Hannover, bis wir dann in eine Wohngemeinschaft in Vardegötzen, südlich von Hannover aufs Land zogen. Ich konnte wieder bei derselben Firma Timken Europa wie in Stuttgart arbeiten, die eine Niederlassung in Hannover hatte. Horst arbeitete ebenfalls, was notwendig war, um krankenversichert zu sein. Im Januar 1984 war es dann so weit und Horst wurde operiert. Die OP selber verlief reibungslos, allerdings hatte Horst lange Schmerzen. Extrem dämlich war, dass er seinen Arm über Wochen in eine waagrechte Haltung eingegipst bekam. Als wäre er am

Dauersalutieren. Durch unser Leben auf dem Schiff waren wir es nicht mehr gewohnt, lange an einem Platz zu verweilen, außerdem wollten wir die Zeit in Deutschland nutzen, um Freunde zu besuchen. Wir kauften uns einen alten klapprigen R4 und los gings. Als Erstes fuhren wir nach Emden, um Freunde zu besuchen. Wir waren kurz vor Emden, als der R4 durch schlechte Stoßdämpfer ins Schleudern geriet und an die Leitplanke einer Brücke fuhr. Ich weiß nicht, ob Horst durch das Segeln gelernt hatte sich gut abzufangen, aber weder seiner Schulter noch seinem eingegipsten Arm passierte etwas. Wir stiegen aus, um uns das Malheur anzuschauen und prompt hielt ein anderer Fahrer. Statt uns zu fragen, wie es uns geht und Hilfe anzubieten, fragte er im nordischen näselnden Platt »Sagen Sie mal, wissen Sie, wer die Brücke da angefahren hat?« Ich spürte wie ein loderndes Feuer der Wut in mir aufflammte und jede Vernunft und kommunikative Diplomatie in sich verschlang und flüsterte Horst mit dem letzten verbleibenden Rest Sauerstoff in meiner Lunge zu, er solle dem Vollpfosten mitteilen, dass er verschwinden soll. Dann kam noch ein zweiter Mann dazu, der den ersten kannte und gemerkt hat, dass die Situation sehr angespannt war. Er sagte dem ersten Mann, dass er sich mit uns um alles kümmern würde und er weiterfahren könne. Der R4 war Totalschaden, so dass er mit uns das Auto in die nächste Werkstatt abschleppte und uns dann zur Polizei brachte, um den Schaden zu melden. Dort erfuhren wir, dass unsere Nervensäge bereits da gewesen war, um den Unfall zu melden. Darauf folgte eine Posse, die dem Königlich Bayerischen Amtsgericht würdig gewesen wäre. Obwohl wir den

Schaden gemeldet hatten, wurden wir wegen Fahrerflucht angezeigt und mussten vor Gericht. Natürlich zu einem Zeitpunkt, an dem wir geplant hatten, wieder in Florida zu sein und die Flugtickets bereits hatten. Es ist erstaunlich, dass wir die Ämter überzeugen konnten, unseren Termin vorzuverlegen. An dem Gerichtstag war unser Vollpfosten von der Brücke als Zeuge geladen und ging jedem auf den Sack. Er palaverte und lamentierte rum, erzählte ausführlich, dass er krank und auf dem Weg zum Doktor gewesen sei. Er war der Architekt dieser Brücke und äußerst besorgt, dass die Brücke ohne ihn abgenommen würde und, und, und. Immer wieder rief der Richter ihn entnervt zur Ordnung mit dem Hinweis, dass er endlich zur Sache kommen sollte. Schließlich wurden Horst und ich jeweils zu 400 DM Strafe verdonnert, die wir an eine gemeinnützige Stiftung spenden sollten. Letzteres war für uns – abgesehen von den insgesamt 800 DM, die unser finanzielles Depot empfindlich trafen – grundsätzlich kein Problem, aber mich stach der Hafer. Als der Richter mich fragte, ob ich das Urteil annehmen würde, antwortete ich rundheraus »Ja«, mit einem folgenden »aber«, mit dem ich einfach meine Sachlage nochmal verständlich machen wollte. Das allerdings will kein Gericht wissen, der Verlauf solcher Fälle unterliegt einer deterministischen Routine. Das ist vorgefallen, das resultiert daraus, Punkt. Ich hatte nur nicht mit dem Staatsanwalt gerechnet, der in Emden mit spannenden Fällen unterversorgt schien und bei meiner Antwort vehement aufsprang, meine Uneinsichtigkeit deklamierte und darauffolgend proklamierte, man müsse mich ins Gefängnis stecken. Das wurde dann dem Richter zu bunt und er beschloss die Verhandlung. Ich war 29 Jahre alt und wegen einer Schramme in einer Leitplanke, zu der ich mich bekannte, nachdem wir beschlossen hatten aufgrund der Schulter von Horst die Unfallstelle zu verlassen und zur Polizei zu fahren, um den Fall zu melden, haarscharf an einer Vorbestrafung vorbeigeschlittert. Ich war 29 Jahre alt und verstand manchmal nicht, worin das eigentliche Problem lag. Ich war 29 Jahre alt und hatte das Talent solche Dinge abzuhaken.

Oktober 1984 ging es über New York zurück nach Florida. Im Gepäck etwas Elektronik, auf die sich Horst wie ein Kind freute. Es war ein Satellitennavigationsgerät, ein Vorgänger des modernen GPS Systems. Ich freute mich über zwei silberne, gebrauchte Klappräder, die wir im Koffer verstaut hatten. Damit war ich in den Anlegestellen und Häfen mobiler sowie beim Erkunden von Inseln, die wir anfuhren. Um Geld zu sparen – jetzt, da wir zusätzlich 800 DM Strafe berappen mussten –, flogen wir nicht von New York nach Florida, sondern fuhren zwei Tage mit dem Greyhound Bus nach Fort Lauderdale. So etwas lässt mich mürrisch werden. Zwei Tage eingepfercht. Es lag nicht an den Bussen. Ein Gefühl für Tierschutz vermittelt einem ein solches Erlebnis. Ich bin es freiwillig eingegangen.

Die Cachalot lag vereinsamt und blass in der RiverBend Marina. Von der Sonne ausgebleicht, wartete sie geduldig auf unsere Rückkehr. Wir gaben unserem Schiff noch schnell einen neuen Unterwasseranstrich und wollten dann so schnell wie möglich RiverBend verlassen. In RiverBend wurde nur geschliffen, gemalert, sandgeschweißt, eben auf den Schiffen gearbeitet. Dann wurde das Schiff wieder ins Wasser gelassen und wir mussten noch den Mast, der aus Holz war, neu lackieren. Eine mörderische Arbeit. Zuerst zog ich Horst mit dem Bootsmannstuhl am Mast hoch, um ihn zu schleifen. Diese Arbeit war so anstrengend, dass ich mich bereit erklärte, mit dem Lackieren anzufangen. Also zog Horst mich hoch und ich fing an zu lackieren. Es war mir nicht klar gewesen, dass der Mast, obwohl es keine Wellen in der Marina gab, eine Schwankung von mehr als 2 m hatte, das war ja schlimmer als auf dem Wasser. Aber ich biss die Zähne zusammen und nach ein paar Stunden war auch das erledigt. Wir hatten einen kleinen See mitten in Ft. Lauderdale entdeckt, dorthin wollten wir das Schiff verlegen. Das war eigentlich nicht erlaubt, da man nur auf ausgewiesenen Ankerplätzen in Ft. Lauderdale auf dem Schiff leben konnte, einer davon an der Las Olas Brücke, über die täglich tausende Autos fuhren. Die erste Zeit lagen wir allein auf dem kleinen Lake Sylvia See und keiner kümmerte sich um uns. Nach ein paar Wochen gesellte sich ein weiteres Schiff dazu und dann noch eines und irgendwann lagen dann zehn Schiffe auf dem See. Das brachte das Fass zum Überlaufen, wir wurden von der Polizei verscheucht. Uwe und Marion schlugen uns vor, etwas weiter nördlich im Intracoastal Waterway zu ankern, sie würden auch mit ihrem Schiff dahin kommen. Doch nach drei Tagen kam die Polizei auch dorthin, um uns wieder zu verscheuchen. Ein schwarzer Polizist kam auf unser Schiff, um unsere Personalien aufzunehmen, der andere umkreiste uns mit dem Polizeiboot. Ich fing mit dem Polizisten eine Diskussion an, dass es nirgendwo stehen würde, dass man hier nicht ankern dürfe, und ich daher nicht gewillt war, den

Ankerplatz zu verlassen. Irgendwann wurde es dem Polizisten zu bunt und er zog seine Handschellen aus der Hosentasche »You obviously want to go to jail?« Ich: »No, of course not, but….« Das Spiel machten wir ein paar Mal, bis ich den Kürzeren zog und wir sagten zu, den Platz umgehend zu verlassen. In der Zwischenzeit war Uwe vom Nachbarschiff auf den Mast gestiegen, um seine Positionslichter in Ordnung zu bringen, da es bereits dunkel wurde. Als der Polizist dann zu Uwe rüberfuhr, war dieser oben auf dem Mast. Horst rief rüber: »Uwe, du kannst wieder runterkommen, ist alles nicht so schlimm, die Polizisten sind okay und machen nichts.« und fingen laut an zu lachen. Der Polizist fühlte sich von uns total verschaukelt, ich glaube viel mehr hätten wir uns jetzt nicht mehr erlauben dürfen, sonst wären wir doch noch im Gefängnis gelandet. Das kann einem in USA schnell passieren. Wir hatten kurz vorher eine französische Crew kennengelernt, die von Europa direkt in die USA gesegelt waren. Als sie dort ankamen ist ein Crewmitglied gleich an den Strand gefahren, um sich dort mit einem Bier von den Strapazen der langen Atlantiküberquerung zu erholen. Jedoch ohne das Bier in die obligatorische braune Papiertüte zu packen. Er wurde von einem Polizisten abgeführt und für 3 Tage ins Gefängnis gesteckt. Er kam völlig verstört aus dem Gefängnis zurück, reiste am nächsten Tag gleich ab und hatte sich geschworen, nie wieder in die USA zu reisen. Wir fuhren dann umgehend zurück zu der verhassten Las Olas Brücke.

Am nächsten Tag mieteten wir in einem der Seitenkanäle einen Liegeplatz, der zu dem Grundstück eines älteren Herrn gehörte. Über uns breitete ein alter Mangobaum seine Baumkrone als Schattenspender aus und ließ ab und zu großzügig eine Mango auf Deck fallen. Wir kamen mit dem Vermieter gut aus, manchmal fuhr er uns mit dem Auto zum Einkaufen oder lud uns zum Essen ein, um Gesellschaft zu haben. Wenn man so nah nebeneinander lebt, sieht man Seiten, von denen man wünscht, sie würden verborgen bleiben. Eines Tages kam er aus dem Haus, sah eine Ente über seinen Rasen watscheln, ging kommentarlos in sein Haus, kam mit einem Gewehr wieder raus und schoss die Ente ab. Ich saß völlig geflashed auf unserem Vordeck. Es gab keinen Grund für den Ententod. Man hätte sie fortscheuchen können. Er ärgerte sich einfach nur, weil sie sein Grundstück vollschiss. Tom Neales und Bernard Moitessier hätten sich gefreut! Und er drückte ab.

Marion hatte kurz vor unserer Rückkehr in einer Bootssattlerei gearbeitet, keinen Spaß daran gefunden und mir den Job weitervermittelt. Die Besitzerin, Irene Bradley, genannt Bee, war eine tolle Frau, die ich auf Anhieb mochte. Als Waise aufgewachsen, hatte sie sich hochgearbeitet und den Laden eröffnet, in dem sie mittlerweile zwei feste Näherinnen angestellt hatte. Ich brachte so gut wie keine Kenntnisse mit, ganz im Gegenteil – in der Schule hatte ich mir mal beim Nähen mit der Nähmaschine in den Zeigefinger genäht, so dass die Nadel in meinem Finger abbrach. Ich saß eine halbe Stunde mit schmerzverzerrtem Gesicht da und hatte meinen Finger versteckt, weil es mir peinlich war. Und trotzdem stellte Bee mich ein. Ich lernte zu nähen, ich lernte mit verschiedenen Materialien von Segeltuch umzugehen. Es war heiß und stickig, aber wir hatten viel Spaß zusammen. Fuhren wir raus zu Kunden auf die Schiffe, um die Persenninge zu installieren, nahm Bee mich häufig mit. Oft bekamen wir Drinks serviert, lernten Menschen und verschiedene Schiffstypen kennen. Für Bee war ich die arme Deutsche, die auf einem Schiff lebte. In ihrer Welt war das, was sie sich hart erarbeitete, in festen Begriffen wie Wohnung, Auto enthalten. Als Unternehmerin hatte sie nichts für meine sozialromantischen Züge übrig und nannte mich verächtlich eine unverbesserliche Kommunistin. Sozialversicherungen waren für sie unnützer Kram, und wurden Arbeiter entlassen, waren sie in der Regel selbst schuld, sie hätten ja nur härter arbeiten müssen. Ihrer Sicht aus ihrer Erfahrungswelt konnte ich nichts entgegensetzen, doch ich hätte mir gewünscht, sie würde ein wenig die Vorteile erkennen, die ein soziales Netz und die gegenseitige Verantwortung darin mit sich brachten. Ich habe Bee viel zu verdanken. Es war mehr als eine Ausbildung, auch wenn ich nicht nach deutschem Standard ein Zeugnis erhielt. Es war ein Wissen, dass mir in der Welt des Segelns ein regelmäßiges Einkommen sicherte sowie ein fundiertes Verständnis für die Zusammenhänge von Material und Wind. Die Deutschen sind für ihre Zuverlässigkeit, Ehrlichkeit und Kompetenz in der Welt respektiert und anerkannt. Die Amerikaner haben eine unkomplizierte spontane Art, die es jedem ermöglicht, sich vom Tellerwäscher zum Millionär zu entwickeln, sofern er Willen zeigt und bereit ist, hart dafür zu arbeiten. Das geht auch ohne geregelte Abschlüsse, in dem Sinne Barack Obamas »Yes, you (we) can!«

Der Arbeitsrhythmus war diametral den Deutschen Maurerjahreszeiten entgegengesetzt. Wir fuhren im Sommer – wie fast alle – in die Bahamas und im Winter arbeiteten wir. So wurde es uns nie langweilig, und wenn wir unterwegs waren, gab es auch immer wieder kleine Aufregungen und Abenteuer. Bei einer Überfahrt in die Bahamas in der Nacht wurden wir von einem sehr starken Gewitter mit orkanartigen Winden überrascht. Wir konnten fast nichts mehr sehen und wurden plötzlich von einem Boot verfolgt. Es war direkt unheimlich. Irgendwann kam das Boot dann immer näher und fuhr dann direkt dicht neben uns weiter. Bei uns wurde die Anspannung immer größer, was hatte das zu bedeuten? Wir wussten natürlich, dass es einen regen Drogenschmuggel auf dem Golfstrom zwischen Florida und den Bahamas gab. Würden wir jetzt in die Hände eines Drogenschmugglers fallen? Wie sich dann bald herausstellte, war es ein Polizeiboot, das uns dann über ein Megaphon mitteilte, dass sie an Bord kommen würden. Zwei Polizisten durchsuchten das Schiff nach Drogen. Sie fanden nur einen Tee, der ihnen irgendwie suspekt war. Und das bei schwerstem Wetter mit viel Wind, Regen, Blitz und Donner.

Ein anderes Mal ankerten wir gemütlich in einer wunderschönen einsamen Bucht. Es war der 26. Mai und Horsts Geburtstag. Da fiel es ihm ein, dass er an seinem Geburtstag gerne mit mir zum Essen ausgehen würde. Das bedeutete in den nächstgrößeren Ort, der eine Tagesreise entfernt lag, segeln zu müssen. Mit unseren zwei Metern Tiefgang mussten wir eine große nur zwei Meter flache Sandbank mit noch flacheren Stellen dazwischen überqueren. Dabei immer Ausschau halten. Einer von uns beiden stand vorne am Bug um die Untiefen rechtzeitig zu sehen. Da wir kein Echolot hatten, waren wir ständig dabei, die Tiefe mit einem selbst gebastelten Handlot auszuloten. Unser Mast hatte Gott sei Dank Stufen, so dass Horst auch manchmal bis zur Saling raufging, um nach größeren Korallenköpfen Ausschau zu halten. Kurz vor Einbruch der Dunkelheit erreichten wir endlich die bewohnte Bucht mit Restaurant. Für die Einfahrt in die Bucht machten wir den Motor an, da nochmals genaustens durch ein paar Untiefen navigiert werden musste. Endlich waren wir laut Seekarte im sicheren tiefen Gewässer. Erschöpft legte ich das Lot zur Seite und setzte mich hin. Horst war an der Pinne. Und dann war da auf einmal doch noch eine Untiefe, die wir genau trafen, und dass bei ablaufendem Wasser. Horst schaltete sofort auf den Rückwärtsgang, aber oje – wir hatten das Beiboot hinter uns hergeschleppt und die Schleppleine noch nicht dichtgeholt. Sofort geriet die Leine unter das Boot und in den Propeller. Dadurch wurde das Beiboot umgedreht und die gesamte Schnorchelausrüstung, die im Beiboot war, lag auf dem Meeresgrund. Der Motor stand still und wir etwas schief auf der Untiefe. Es war Eile geboten, bald würden wir komplett auf der Seite liegen. Ich sprang sofort ins Wasser um zwei Taucherbrillen von unten raufzutauchen. Horst machte sich dann daran die Leine aus dem Propeller zu schneiden und ich holte den Rest der Sachen vom Meeresgrund. Wir schafften es dann noch den Großbaum zur Seite auszufahren und mit viel Hin und Herfahren uns von der Untiefe wieder zu befreien. Es waren einige Schiffe in der Bucht. Für die Besitzer boten wir ein interessantes Abendprogramm. Sie standen alle da, um genau zu beobachten, wie es enden würde, geholfen hat uns keiner. Nachdem wir mit dem Schiff dann endlich vor Anker lagen, gingen wir in das einzige Restaurant am Ort. Es war bereits geschlossen, wir hätten gemütlich in unserer Bucht bleiben können, um etwas Leckeres zu kochen.

Dieses Aufsitzen hatten wir davor schon ein paar Mal auf Grund unseres Tiefgangs mit der flachen Exuma Bank erlebt. Wir gingen das Risiko manchmal ein, wenn wir auflaufendes Wasser hatten und das Wetter sehr ruhig war. Einmal schafften wir es nicht mehr uns von einer Untiefe zu befreien und mussten dann auf das nächste Hochwasser warten. Das war neun Stunden später mitten in der Nacht. Das war an sich egal, wir hatten ja Zeit. Aber nach dem Abendessen wurden wir dann müde und wollten uns ein Stündchen hinlegen, obwohl es sehr unbequem war. Das Schiff lag inzwischen schon sehr schräg. Aufgewacht sind wir erst wieder, als das Hochwasser gekommen und wieder gegangen war. Wir hatten selig in der Zeit durchgeschlafen, als das Schiff wieder schwamm. Das bedeutete für uns, auf das nächste Hochwasser warten zu müssen.

Vier Pfoten auf Reisen

Kinder wollen Tiere. Zumindest wenn sie spüren, dass die Eltern keine totale Abneigung dagegen und diesen Widerwillen an sie weitergegeben haben. Was Haustiere anbelangt, gibt es wohl nur das eine oder das andere: Gegner oder Befürworter. Erstere neigen zu verbaler, gelegentlich auch mimischer Belehrung, Zweitere rebellieren oft mit rücksichtslosem Verhalten ihrer Liebesobjekte. Meine Erfahrung mit Haustieren beschränkte sich auf eine Katze. Vater kam eines Tages wie der leibhaftige Nikolaus mit einem Sack, in dem er eine Katze transportierte. Die hatte er von einem Kollegen, die dieser wahrscheinlich loswerden wollte. Das Herz meines Vaters siegte über die Skepsis meiner Mutter, die in ihrer Kindheit mit Tieren aufgewachsen war und wusste, was das an Verantwortung und Rücksichtnahme bedeutete. Ich war 10 Jahre alt und freute mich über unsere Mieze. In Ermangelung an Erfahrung mit Katzennamen wurde sie auch so gerufen. Mieze war eine Tigerkatze und sehr unabhängig, was ein Glück war, denn keiner fühlte sich in der Pflicht intensiver Beziehungspflege. Als mein Bruder Marcus zur Welt kam, stellte sich heraus, dass sie unter Eifersucht litt. War er nicht in seinem Bettchen, besetzte sie es. Und dann wurden allmählich die Abstände ihrer Anwesenheit größer, bis sie eines Tages nicht mehr heimkam. Marcus setzte mit 10 Jahren durch – ich war bereits ausgezogen –, dass ein Hund ins Haus kam. Loni, ein Cockerspaniel aus dem Tierheim. Ich habe immer wieder mit dem Gedanken gespielt, mir ein Tier anzuschaffen. Umstände mag ich auch nicht, doch ich habe gelernt, sie nicht allzu ernst zu nehmen, wodurch sie an Relevanz verlieren. Mit Horst ergab sich die umgekehrte Situation meiner Eltern. Ich wollte von Herzen, Horst reagierte mit Vernunft. Ich wartete auf einen günstigen Moment. Der kam und es folgten weitere.

In meiner Jugend gab es Lassie und Heidi. Wie liebte ich diese Serien und tauchte vom heimischen Sessel in eine Welt voller Natur und Gemeinschaft ein. Diese bedingungslose Freundschaft, die Loyalität, die Freiheit, die dieses Vertrauen gibt, füreinander da zu sein. Lassie, der sein Herrchen aus allerlei Gefahren rettete. Der Bub konnte so viele Verrücktheiten anstellen, die Lust auf das Leben auskosten, denn Lassie befreite ihn aus jeder noch so brenzligen Situation. Allein das Wissen tut so gut. Und Heidi. Sie hatte als hin und hergeschobenes Waisenkind ein ganz eigenes Schicksal zu tragen und dabei ihr bezauberndes Wesen und den Glauben an ein gutes Ende stets behalten. Josef, der Hund des Alpöhi, spielte keine große Rolle und dennoch war er derjenige, der Heidi ohne Vorbehalte unter seinen Schutz stellte. Vielleicht waren es diese Szenen, die mein inneres Bild von einem Tier als Partner des Menschen formten. In keinem wurde groß geschmust, getüttelt und verniedlicht. So empfinde auch ich nicht die Beziehung zu einem Tier. Für mich ist sie selbstverständlich und voller Respekt für das Anderssein als unterschiedliche Lebewesen.

Mein Leben spielte sich lange Zeit in unserer Nussschale auf dem Meer ab. Neben Freunden, die uns begleiteten, waren wir viel zu zweit unterwegs. Man richtet sich in dieser kleinen Wohnwelt auf dem Ozean mit vielerlei vertrauten Dingen ein. Um mich auf der Weite des Meeres zu verankern, gehörte für mich ein Vierbeiner dazu. Ich musste mit ihnen nicht sprechen, diskutieren, beratschlagen, das Fell, das Maunzen und Schnurren gaben mir das sichere Gefühl, irgendwo anzukommen. Unsere erste Katze hörte auf den Namen MuschMusch. Uwe und Marion hatten bereits eine Katze an Bord, die Junge bekommen hatte, die so niedlich waren, dass wir nicht anders konnten, als uns auf das Abenteuer Katze an Bord einzulassen. MuschMusch war eine elegante schwarze Katze mit eigenem Willen, eigenem Leben, sehr selbstständig und doch ganz fest in unserer Mitte. Sie hat uns das Vertrauen geschenkt, dass Tiere an Bord auf ganz natürliche Weise Teil der Besatzung werden. Von ihr an waren wir nie mehr ohne Vierbeiner auf Reisen. Selbstverständlich gab es auch tierisch aufgeregte Zeiten. MuschMusch schenkte uns in ihrem ersten Lebensjahr Nachwuchs. Als sie rollig wurde, zog sie schreiend durch die Marina, bis sich ein Kater ihrer erbarmte. MuschMusch nahm sofort auf, wurde trächtig und fühlte sich pudelwohl. Als sich im April die Geburt näherte, verzog sie sich in den Bootsraum, der wie ein Keller über Treppen zu erreichen ist. Sie machte es sich in einem Schapp, einem offenen Fach, das man nicht rausziehen kann, gemütlich. Als es losging, legte es Horst mit Tüchern aus. Ich war bei der Arbeit. Als ich abends in unser Heim auf dem Wasser zurückkam, schaute mich eine erschöpfte MuschMusch mit drei maunzenden Katzenjungen an ihren Leib gedrückt an. Vier Wochen verließen die Kleinen ihre Geburtsstätte nicht, bis sie eines Tages verschwunden waren. Ich hatte Angst, dass MuschMusch ihnen etwas angetan hätte, was normalerweise der Kater macht, um wieder an die Mutter ranzukommen. Ich folgte ihr schimpfend übers Boot, bis ich die Kleinen in unserer Rumpelkammer im Vorschiff entdeckte, ein stilles Plätzchen, an das sie MuschMusch getragen hatte. Die fürsorgliche Mutter. Und ich hatte sie wüst des Mordes bezichtigt. Nachdem sie abgestillt waren, gaben wir die beiden Hübscheren weg. Eine übernahm Horsts Chef, die andere meine Kollegin Martha. Die Dritte, eine schwarzgefärbte mit einer weißen Zeichnung im Gesicht, wurde unser Mienchen. Damit wir auf unseren Reisen nicht nochmal in die Verlegenheit kamen, Katzenjunge zu bekommen, ließen wir die beiden sterilisieren. Horst und ich zogen gemeinsam die Fäden, was für mich mit einem unmittelbar körperlichen Unbehagen verbunden war. Wenn ein Tier leidet, geht es mir durch Mark und Bein. Aus diesem Grund neige ich – auch heute noch – zur ängstlichen Beobachtung und Fürsorge für die Tiere. So wurde zur Sicherheit um das Boot ein Netz gespannt, damit die Tiere nicht ins Wasser fallen.

Wenn wir mit dem Schiff an Land anlegten, wollten die Katzen genauso wie wir festen Boden unter den Füßen spüren, herumstreifen und Bekanntschaften machen. Da Katzen Nachtgänger sind, brachten wir sie abends an Land und holten sie morgens an der gleichen Stelle wieder ab. Auf Inseln war das mit einem beruhigenden Gefühl verbunden, weil man trügerischerweise davon ausgeht, dass in dem geschlossenen Kreis eines Eilands nichts verloren geht. Auf die Idee waren wir gekommen, als wir auf den Bahamas eines Abends bei Freunden auf deren Boot zum Essen eingeladen waren. Wir fuhren mit unserem Beiboot zum anderen Boot. MuschMusch und Mienchen hatten es sich zunächst auf dem Boot gemütlich gemacht. Als wir in der Nacht zurückkamen, war jedoch nur noch Mienchen an Bord. Mit jeder Minute, die ich MuschMusch nicht auf dem Schiff fand, stieg mein

Panikpegel und ich rief verzweifelt nach ihr. Bis wir plötzlich ihr Schreien hörten – allerdings von Landseite! Sie hatte uns gesucht und ist in ihrer Verzweiflung ins Wasser gesprungen und an Land geschwommen, was riskant war, weil es auf den Bahamas gefährliche Strömungen gibt. Beim nächsten Ankern sprang MuschMusch dann sofort während des Ankermanövers wieder ins Wasser und Mienchen dann auch noch hinterher. Doch sie verließ wohl während des Sprungs die Courage, denn sie klammerte sich an der Ankerkette fest, von der sie Horst dann rettete, während ich MuschMusch mit dem Beiboot wieder zurückholte.

Von diesem Zeitpunkt an brachten wir, wann immer es möglich war, die Katzen nachts an Land. Dennoch litt ich mitunter Höllenqualen, ob sie am nächsten Morgen wieder an der richtigen Stelle waren. Die Katzen zeigten uns aber deutlich, wie wichtig ihnen diese Landgänge waren. Es schien, als ob sie im Krähennest des Schiffs säßen und mit Argusaugen nach dem ersten Küstenstreifen Ausschau hielten. Was sie gar nicht mochten, war, wenn wir abends ausgingen und sie auf dem Boot zurückließen. Wie kleine Kinder, die zu Trekking Rucksäcken werden, wenn sich ihre Eltern mal einen schönen Abend machen möchten.

Nochmal ein kleiner Schwenk zu unserem Futterritual. Um nicht haufenweise Dosenfutter an Bord zu laden, denn Platzsparen war eine der obersten Regeln, fütterten wir Frischfisch, was auf große Gegenliebe stieß. Catfische lieben Käse! Für diese Henkersmahlzeit geben sie ihr Fischleben hin. Wir bestückten 2 x täglich eine einfache Schnur mit einem Stück Käse und hängten sie ins Wasser. Am anderen

Ende befand sich ein Stück Holz, mit dem wir verhinderten, dass die Leine ins Wasser glitt. Wir wurden durch das Klappern aufmerksam, ob ein Fisch angebissen hatte. So sehr ich MuschMusch und jeder weiteren Katze diese Leibspeise gönnte, so sehr zerrte dieses kleine Stück tanzenden Holzes an meinen Nerven. Sobald es klapperte, waren die Katzen aus dem Häuschen und schlugen wie von Sinnen mit ihren Pfoten auf das Stück Holz, versuchten die Leine zu krallen oder sprangen in einem ekstatischen tranceähnlichen Tanz um das vermaledeite Holz. Mein persönlicher Alptraum in regelmäßigen Abständen war, dieses Geschehen mitten in der Nacht zu erleben, in der die Fische besser anbissen. Leider löste das Geräusch bei mir keinen Totstellreflex aus. Die Pflicht, beiden Kreaturen beizustehen, trieb mich aus der Koje. Den Fisch im Wasser wollte ich nicht unnötig lange quälen und zappeln lassen, zumal er für MuschMusch am Morgen ungenießbar bzw. von anderen Meerestieren gefressen worden wäre. Und beruhigte sich MuschMusch nicht, konnte auch ich nicht schlafen. Die Konsequenz waren nächtliche Fischsäuberungsaktionen und Fütterungen, die manchmal ein herrliches Sternenpanorama mit sich brachten, was mein inneres Gleichgewicht wiederherstellte, denn das empfinde ich bis heute als ein absolutes Privileg. Man fühlt sich klein und dennoch geborgen unter diesem Lichterbogen.

MuschMusch verstarb in Florida auf der Wiese unseres kleinen Häuschens in Fort Lauderdale, kurz bevor wir nach Costa Rica flogen. Sie lag eines Morgens da. Tot. Im Garten. Wir vermuteten eine Vergiftung. Es ist schwer anzunehmen, etwas nicht verhindern zu können, was mich meinen Trennungsschmerz so tief empfinden lässt.

Familienbande

Ein trauriger Anlass zwang uns 1985 zu einem fünfwöchigen Aufenthalt nach Deutschland zu reisen. Wir hatten gerade von Horst's Mutter Renate einen Brief erhalten, dass Henri, der Ehemann von Horst's Schwester Burgis gestorben war. Sie war besorgt, weil es Burgis sehr schlecht ging und bat uns zu kommen. Henri war halb Franzose und halb Vietnamese. Die zwei lebten in Frankreich mit ihren beiden Kinder Frédéric und Hélène. Bei Henri wurde im November 1984 Lungenkrebs entdeckt, was als kettenrauchender Chemiker nicht verwunderlich war, eine unglückliche Kombination, die den Krebs mit Sicherheit förderte. Er war so weit fortgeschritten und aggressiv, dass er bereits im April 1985 verstarb. Die Ehe befand sich zu dieser Zeit gerade in einer Krise, und nach der Diagnose waren sie einer großen psychischen Belastung ausgesetzt. Aber die Diagnose war auch wie ein Weckruf ihrer Liebe. Sie schafften es in dieser schweren Zeit sich in ihrer Beziehung wieder näherzukommen. Burgis stand Henri tapfer zur Seite. Der kleine Frédéric spürte, dass ihre Welt aus den Fugen geraten war, sorgte sich als „Großer" sogleich rührend um seine Schwester, die sich verwirrt, verletzt und traurig zurückzog, weil sie an dem Vater sehr gehangen hatte. Renate wollte die drei unter ihre Fittiche nehmen und erhoffte sich, dass wir Burgis überreden konnten, nach Deutschland zurückzukehren. Ein Vorhaben, das mir widersprach, war doch jeder erwachsene Mensch für sich selbst verantwortlich und sollte das tun, was für ihn am besten erschien. Aber es scheint in Familien angelegt zu sein, vor allem bei erstgeborenen Jungen, dass sie einem inneren Ruf folgen nach dem Rechten zu schauen und für Ordnung im Herkunftssystem sorgen, so dass ich Horst auf seiner Reise nach Hause begleitete. Wir waren mittlerweile so verwoben, dass es selbstverständlich war, diese Reise gemeinsam zu machen. Burgis blieb in Frankreich. Und erholte sich. Aus den Kindern wurden wunderbare Erwachsene, die ihr Enkelkinder schenkten, womit sich das Rad der Zeit weiterdrehte.

Marcus kommt an Bord

Mein Bruder Marcus war mittlerweile neunzehn Jahre alt. Auch wenn er sich mit meinem Abschied von Deutschland von mir verlassen gefühlt hatte, verloren wir nie den engen, vertrauten Bezug zueinander. Verbunden mit einer Portion Schuldgefühl und Verantwortung der älteren Schwester – es scheint, auch die weiblichen Erstgeborenen folgen einer genetisch angelegten Rolle der Schutzpatronin – lud ich ihn regelmäßig zu interkontinentalen Ausflügen ein, um ihn vor einem badischen Spießerdasein zu bewahren.

Jegliche Vorstellung, die ein Fremder über die Bahamas hat, stimmt. Reiner, weißer, samtiger Sand an langen Stränden, umsäumt von Palmen, die ein atmosphärisches Echo der Brandung wiedergeben, wenn man in ihrem Schatten ein schier unwirkliches Panorama an Blau- und Grüntönen betrachtet. Ein Paradies, in dem man gerne die hässlichen Seiten der Geschichte der Bahamas vor ihren Toren lässt, denn mit ihrer Entdeckung 1492 durch Christoph Kolumbus haben die Einwohner Bahamas Vertreibung und Versklavung erlebt. Der berühmtberüchtigte Freibeuter Blackbeard benutzte die Inseln Ende des 17. und Anfang des 18. Jahrhunderts als Unterschlupf, da sie für die Kolonialmächte, aufgrund des Rohstoffmangels und der ungeeigneten Böden, nur eine geringe Bedeutung hatten, und heute bezichtigt man die vielen ansässigen Finanzunternehmen der Geldwäsche. Diese 700 Inseln achtzig Meilen vor Florida mitten im Atlantik mit dem klarsten Wasser der Welt sind ein Superlativ. Für Marcus war es das erste Mal, dass er segelte. Er war unerschrocken, lernte schnell von Horst die wichtigsten Handgriffe und wurde nie seekrank, worum ich ihn zutiefst beneidete. Schätze, ein väterliches Erbe, sonst wäre ich wohl auch verschont geblieben. Je nachdem wo man auf den Bahamas segelt, gibt es unterschiedliche Wassertiefen. In den südlichen Exumas sind die Inseln von einer fast durchweg zwei Meter tiefen Sandbank umgeben, nördlich in den Abaco Inseln wurde es nicht flacher als vier Meter. Es ist ein tolles Schnorchelrevier, und im Prinzip macht man nichts anderes als zwischendurch noch zu essen, zu segeln und zu schlafen. Ich bin im Sternzeichen Krebs geboren. Obwohl ich kein großer Anhänger der Astrologie bin, fühle ich mich dem Element Wasser sehr verbunden und darin heimisch zwischen einfachen Gewächsen oder Edelfischen wie dem Fuchshai, Blauen Marlin oder dem riesigen Blauflossen Thunfisch, die sich auf den Bahamas nicht die Show stehlen lassen. Ab und zu sammelten wir auf den Felsen Abalones, hierzulande nennt man sie Seeschnecke bzw. Seeohr, eine Muschelart mit weißem Fleisch. Ich finde sie grottenlangweilig, man muss sie schon mit einer Menge Knoblauch würzen, um das gummiartig zähe Fleisch schmackhaft zu machen. In Florida werden sie in Suppen verkocht und als Spezialität verkauft.

Spannend sind Wasserstellen, die bis zu zehn Meter tief sind. Mir machte es riesigen Spaß, mit den Flossen abzutauchen und am Boden das ein oder andere Fundstück, leider keine Goldmünzen spanischer Galeeren, zu sammeln. Man spürt, wie der Wasserdruck die Ohren schließt, die Lungen zusammenpresst und der Sauerstoffanteil im Blut weniger wird. Beim Abtauchen setzt der Tauchreflex ein, der die Herztätigkeit verlangsamt, Gehirn und Herz werden weiterhin gut durchblutet auf Kosten aller anderen Organe. Totale Entspannung bei gleichzeitigen Bilderorgasmen. Bei zehn Meter entstehen zwei Bar, da werden sechs Liter Lungenvolumen einfach mal auf drei Liter reduziert. Mit mehr Übung nimmt man das weniger wahr und lernt entsprechend aufzutauchen. Wenn mein Bruder neben mir tauchte und wir uns stumm mit Zeichen auf etwas aufmerksam machten, fühlte ich mich ihm nah, geborgen, und erlebte Momente der Tiefe.

Da es recht viel Riffhaie auf den Bahamas gibt, hatte ich mir inzwischen angewöhnt beim Schnorcheln das Beiboot immer hinterher zu ziehen oder es in der Nähe zu verankern. Bei einem Schnorchelausflug mit Horst stellten wir beide fest, dass eine starke Strömung uns direkt über ein großes Korallenriff führte. Die Riffe war damals noch in einem unversehrten Zustand und dicht mit wunderschönen Weich- und Hartkorallen bewachsen. In der starken Strömung standen zahlreiche Schwärme verschiedenster bunter Fische. Wir ließen uns in der Strömung einfach treiben, ich mit der Leine des Beibootes in der Hand, Horst schwamm irgendwo nebenher. Plötzlich schwamm ein großer Hai unter mir vorbei, es war faszinierend, aber die Größe des Hais auch beängstigend. Ich kletterte sofort in das Beiboot und rief Horst zu, zum Boot zu kommen. Dabei beobachtete ich weiterhin mit der Taucherbrille, was unter der Wasseroberfläche passierte, ob der Hai noch in der Nähe war. Auf einmal hörte ich einen lauten Schrei, der mir durch Mark und Bein ging. Die Zeit schien für einen Moment komplett still zu stehen. Jetzt war es passiert, der Hai musste zugebissen haben. Aber da ertönte ein zweiter und ein dritter Schrei, der mich aus meiner Schocklähmung wieder rausholte. Beim dritten Schrei verstand ich dann auch, was Horst mir mitteilen wollte. Durch die starke Strömung wurde das Boot schnell abgetrieben, und Horst schaffte es nicht, zum Boot zu schwimmen. Ich sollte ihm endlich entgegenpaddeln, was ich dann auch tat.

Auf den Bahamas sind Harpunen – übrigens ebenso in Okinawa in Japan – geächtet, weil es als »unsportlich« gilt, so hat doch der Fisch nahezu null Chancen. Man benutzt Hawaiian Slings, ähnlich wie Pfeil und Bogen, die in der Regel aus einer Art Harpune und einem Gummischlauch bestehen. Mich erinnert der Mechanismus an eine Steinschleuder, die nicht mit einem Felsbrocken, sondern mit einem Speer bestückt und einhändig abgeschossen wird.

Im Wasser fühlten wir uns dem Fisch ebenbürtig. Er war schneller, flinker und hatte sozusagen den längeren Atem, wir hingegen konnten mit der Erfindung unserer Artgenossen umgehen und waren waffentechnisch im Vorteil. Es bestand keine gegenseitige Verpflichtung, außer einer höheren für uns, den Schutz von Klima und Natur zu respektieren. Wir waren beide frei, bis auf das jeweilige Wissen, dass es ein Naturgesetz von Jäger und Gejagtem gibt. So schwebten wir durchs Wasser, bis wir ein geeignetes Opfer gefunden hatten, folgten ihm auf kurze Distanz, bis es uns seine Querseite zuwandte und es mit einem gezielten Schuss zwischen die Kiemen abgeschossen wurde. So fischten wir uns den ein oder anderen Leckerbissen. Oder auch mal köstlichen Lobster. Wenn wir die Fische und Lobster im Wasser säuberten, dauerte es nicht lange, bis ein Geschwader von Riffhaien um unser Schiff schwamm und verharrte.

So verbrachten wir angenehme Wochen zu dritt auf dem Schiff, ein friedliches Miteinander, ohne Verpflichtungen und mit viel Muse. Irgendwann ankerten wir vor einem kleinen Hafen in einer Bucht, in den wir wegen Tiefgang nicht einlaufen konnten. Ein amerikanisches Segelschiff mit einem Einhandsegler ankerte neben uns. Jeden Tag kam er auf seinem Weg zum Einkaufen vorbeigepaddelt, hielt auf unserer Höhe und hielt einen Plausch mit uns. Nein, eigentlich quatschte er uns voll. Das wurde zu einem täglichen Ritual, und wir waren zu entspannt, fühlten uns in der Bucht zu wohl, als dass es sich gelohnt hätte, etwas gegen die Dauerbeschallung, die gerne mal der Sonne eine Stunde folgte, zu unternehmen. Eines Tages sah ich, wie der Amerikaner vom Dorf zurückkam, suchte mir eilig etwas und hastete damit in Richtung Kajüte, um mich zu verschanzen. Durch das Fenster beobachtete ich, wie er in einem Affenzahn und grußlos an uns vorbeiruderte, um zu seinem Schiff zu gelangen. Dort lichtete er umgehend den Anker und fuhr weg. Dieses Verhalten war so ungewohnt. Und wir wunderten uns, dass sein Verhalten heute so ganz anders war! Aber wir sollten bald erfahren, warum! Nach einem glasklaren, windstillen, warmen Tag kamen starke Winde auf, die riesige Cumuluswolken rumwirbelten, aus denen, von Blitzen durchzuckt, heftige, wolkenbruchartige Regenfälle niederprasselten. Ein Hurrikan war im Anmarsch. Das hatte der Amerikaner ganz offensichtlich im Dorf von den Einheimischen mitgeteilt bekommen.

In diesem Fall ist es ratsam, mit dem Schiff rechtzeitig in ein Hurricane Hole zu fahren. Die hohen Windgeschwindigkeiten, Wellen und starken Niederschläge eines Hurrikans stellen eine große Gefahr für die Schiffe dar. Wir verpassten die Chance, noch rechtzeitig vor Einbruch der Dunkelheit die Bucht zu verlassen. In den flachen Gewässern der Bahamas war ein Fahren bei Nacht unmöglich. Stattdessen kämpften wir die ganze Nacht mit Wind und Wellen und der Gefahr, dass der Anker den Kräften nicht standhalten und wir am Ufer stranden würden. Eine weitere Gefahr war, dass das Schiff bei dem starken Wellengang immer wieder aufsitzt, da die Cachalot einen Tiefgang von zwei Metern hatte und in der Ankerbucht es auch nur knapp drei Meter tief war. Wir brachten mit Müh und Not noch einen zweiten Anker aus und nutzten die Kraft des Bordmotors, um ein Gegengewicht zu schaffen. Es war zum Glück nur ein tropischer Sturm der mittleren Kategorie mit einer Windgeschwindigkeit von ungefähr 80 km/h, und wir hatten Marcus mit an Bord, der das für ein großes Abenteuer hielt und in der

Mannschaft von Captain Blackbeard einen tapferen und wilden Kameraden abgegeben hätte. Jeder wusste, was er zu tun hatte. Am nächsten Morgen war der Albtraum dann endlich vorbei. Es war zwar fast kein Benzin mehr im Tank, aber der Wind hatte etwas nachgelassen. Da wir jedoch keinen aktuellen Wetterbericht hatten, holten wir sofort das Buch mit den Bahamas Hafeninformationen raus und schauten, wie weit es bis zum nächsten Hurricane Hole war. Dieser Egomane war an uns vorbeigerudert und hatte uns tatsächlich nicht gewarnt – unfassbar! Bei Panik tauchen manche Menschen in einen Tunnel ab, aber so links liegen gelassen, bei einer sicheren Gefahr ignoriert zu werden, zog mir im wahrsten Sinne den Boden unter den Füssen weg. Als wir den Anker lichteten, tauchte ein Schwarm Delphine auf. Sie tummelten sich um unser Schiff und schnatterten uns delphinische Botschaften zu. Es ist kein Wunder, dass diese Tiere einen direkten Zugang zu unseren Herzen finden. Sie warteten geduldig, bis wir so weit waren, zu starten und begleiteten uns in das nächste Hurricane Hole bis in die Einfahrt. Dort warteten wir, bis das Tief dann endgültig weitergezogen war. Dadurch verloren wir Zeit, um nach Miami zurück zu segeln, so dass Marcus mit dem Flugzeug von Nassau nach Miami flog und von dort zurück nach Deutschland in die Heimat. Zufrieden, und mit abenteuerlichen Geschichten im Gepäck.

Zurück in Fort Lauderdale tauchten wir in unseren gewohnten Arbeitsalltag ein. Die Cachalot lag zu diesem Zeitpunkt in »Brunos Zoo«. Bruno war ein Deutscher und mit Claire, einer Französin, die unglücklich und ständig betrunken war, verheiratet. Brunos Zoo befand sich in einer Liveaboard Gegend, was bedeutete, dass er ein Haus hatte, dem fünf Bootsanlegestellen zugeordnet waren. Dort durften wir anlegen und auf unserem Schiff leben. Mir gefiel dieser unverbindliche Rhythmus, mir gefiel er so sehr, dass viele Ideen nicht die Kraft fanden, eine eigene Melodie zu entwickeln. Gelegentlich fiel Horst mit seiner bestimmenden Art ein und übernahm den Takt, so dass sich daraus etwas Neues entfalten konnte. Abends saßen wir auf der Cachalot und hingen unseren Gedanken und Plänen nach. Horst liebäugelte mit einem neuen, bequemeren Schiff. Immer mal wieder schauten wir uns ein potenziell neues Zuhause an, aber entweder muffelte es, war zu alt oder zu teuer. Wir lebten sehr sparsam, nicht aus dem Gefühl heraus «das leisten wir uns nicht», sondern «das brauchen wir nicht». Dadurch hatten wir einige Rücklagen geschaffen, die wir gut investieren wollten. Letztendlich bedeutet ein Schiff keine Wertsteigerung, sondern Kosten. Damals dachten wir nicht an Rücklagen, die uns eine gute Alterszeit garantierten. Damals waren wir durchdrungen von dem Gefühl, dass es uns genau in diesem Moment nie bessergehen könnte, und damit war ein Gedanke an ein anderes Morgen nicht möglich. Rücklagen bedeuteten, diesen Moment in unserem Rahmen möglich zu machen.

Die Cachalot hatte mit ihren vierzig Jahren einige Abenteuer auf dem Rumpf, hatte uns treu begleitet und rostete uns unter den Händen weg. Sie bettelte, in Rente gehen zu dürfen und ihre Planken ruhen zu lassen. Zu den Bahamas zu segeln war sicher noch möglich, aber eine längere Reise zu riskant. Deswegen entschieden wir, sie zu verkaufen und in ein Appartement zu ziehen. Wir haben viel auf und mit unserer kleinen Nussschale erlebt, mir wurde schwer ums Herz, umso schneller fiel unser Abschied von ihr aus. Ihr neuer Besitzer wurde ein Amerikaner, der vor der Küste segeln wollte und uns 7000 $ bot. Horst hatte damals für sie 28.000 DM gezahlt, wir waren trotzdem dankbar für das Geld und die gute Zeit. Es gab kein Zeremoniell, ich vermute, ihr fiel der Abschied leichter als uns. Ich fühlte mich grob von der Brandung ans Ufer gespült, stand etwas empört auf und begab mich in unsere neue Wohnung. Ich fühlte mich dort wohl, das Schlafen war nachts angenehmer, weil es nicht so heiß und stickig wie in den Kanälen war, was uns auf dem Schiff zum nächtlichen Duschen gezwungen hatte, da es sonst nicht anders auszuhalten war. Ich richtete mir ein Nähzimmer ein und nähte für die Schiffe aus der Nachbarschaft.

Und wieder saßen wir abends zusammen und Horst brachte mein Herz aus dem Takt. Obwohl er sich nach seiner Tochter Svenja aus erster Ehe keine weiteren Kinder mehr gewünscht hatte, motivierte er mich, meinem Wunsch nach einem adoptierten Kind nachzugehen. Ich weiß nicht, was ihn dazu bewegte, vielleicht war es sein Wunsch, es bei diesem Kind anders und besser zu machen. Seine Rolle als Vater auszufüllen, ihr Raum zu geben, gemeinsam mit dem Kind zu wachsen. Er war zu dem Zeitpunkt 33 Jahre, ich 32 Jahre alt. Im Grunde genommen hatten wir gerade Langeweile, eine Flaute, die ich eigentlich immer sehr genoss, doch diesmal hatte sie eine andere Textur. Es war eine Leerstelle, die ein Vakuum darstellte, das sich an etwas dranhing und nicht loslassen würde, wenn man es nicht füllte. Es musste beschrieben werden, um einen eigenen Sinn zu ergeben. So widmeten wir uns den Gedanken an ein gemeinsames Kind. Wie geht das, wenn die eigentliche Vorarbeit, die sexuelle Lust aneinander, das intime Verlangen, die koitale Vereinigung, die romantische Verklärung eines kurzen Augenblicks nicht dafür vorgesehen ist?

Zunächst kauften wir uns ein Buch, um uns über die Möglichkeiten einer Adoption in den USA kundig zu machen. Wir waren uns einig, ein Kind dort zu adoptieren, wo wir uns gerade befanden und nicht aus diesem Grund nach Deutschland umzusiedeln. Horst hatte konkretere Vorstellungen als ich, denn er wünschte sich ein Mädchen, und es sollte ein Baby sein. Wollen Männer nicht normalerweise lieber Jungs, entweder der Erbfolge zuliebe oder um gemeinsam seltsamen Hobbies zu frönen? Auf der anderen Seite holen sie sich die Konkurrenz ins eigene Lager. Horst war der Ansicht, dass Mädchen leichter zu erziehen und zu handhaben waren. Mir war es im Prinzip egal, weil ich erstens keine Erfahrung hatte und mich auch nicht festlegen wollte, doch vom Gefühl tendierte ich auch zu einem Mädchen. Ein Baby sollte es sein, damit möglichst eine frühe Bindung an uns gelang und nicht bereits Traumatisierungen stattgefunden hatten, die wir mit unserer Art zu leben nicht auffangen konnten. Das sah ich nicht so problematisch und wollte es auf mich zukommen lassen. Der Ursprung meines Wunsches lag nun vierzehn Jahre zurück. Damals wollte ich ein Kriegskind aus Vietnam adoptieren. Heute herrschte dort kein Krieg mehr, die Verhältnisse hatten sich stabilisiert, ich hatte keinen direkten Bezug mehr, so dass es mir nicht vorrangig wichtig war, von dort ein Kind zu mir zu holen. Hautfarbe und Nationalität verloren ihren Stellenwert. Wir planten zunächst, mit dem Kind auf einem Schiff zu leben, das nun natürlich größer und besser ausgestattet sein müsste.

Horst unterhielt mit Hans Duprée, seinem alten Segelfreund aus Emden, Briefkontakt, seitdem dieser in Costa Rica sesshaft wurde. Wir hatten ihn, nach Jahren der Funkstille, zufällig auf Martinique in einer Ankerbucht vor der Hauptstadt Fort de France wiedergetroffen und verbrachten einige Tage miteinander. Wie so viele Zufälle, denn dort begegneten ich auch meiner ersten Segelbootliebe, der Shangri La. Eine surreale Szene, ich dachte, ich träume, war ich doch nicht darauf vorbereitet, sie hier zu treffen. Sie verließ gerade die Bucht, und ich trieb Horst an, ihr zu folgen, bis wir sie eingeholt hatten. Ich erkannte Burghard und Helga wieder und winkte ihnen aufgeregt zu, bis sie mich wiedererkannten. In mir brandete ein Heimatgefühl auf, ein tiefes Glücksgefühl, etwas Vertrautes in der Welt, die uns beim Segeln immer wieder neu begegnet, zu umarmen. Gemeinsam verbrachten wir die Woche miteinander.

Doch zurück zu Hans. Wir überquerten unabhängig voneinander fast zeitgleich den Atlantik, Hans etwas nördlicher als wir. Nach Martinique brach Hans weiter südwestlich nach Panama auf und segelte von dort nach Costa Rica weiter. Hans war nett, allerdings gab es keine Schnittmenge zwischen uns, wodurch ich wenig Bezug zu ihm fand. Er war ein typischer Norddeutscher, wenn man ein paar Klischees bedient: er ging nicht «ans Meer», sondern «ans Wasser», Windstärke 4 war für ihn eine leichte Brise, die Worte, die er von sich gab, sprach er in einem astreinen, näselnden, mit wenig Lippenbewegung und Zahnsicht ausgestatteten Deutsch. »Näää, deeeer Meeensch muss sich quäln« – eins seiner Lieblingsmottos. Daneben war er Schreiner mit handwerklichem Geschick, doch außer Segeln schien ihn nichts zu interessieren geschweige denn zu inspirieren. Horst lernte ihn in Emden kennen, als beide ihre Stahlschiffe – im Falle von Horst die Cachalot – dort am Hafen bzw. auf dem Bahnhofsgelände liegen hatten. Hans war ein erfahrener Segler, Horst ein vielbelesener Theoretiker, so dass er in ihren Anfangszeiten des gemeinsamen Segelns nach Norwegen und Dänemark viel Praxiserfahrung von ihm mitnahm. Hans lud uns im August 1986 zu sich nach Costa Rica ein, wo er seit einem schweren Unfall sesshaft geworden war. Ich fand die Idee nicht schlecht, konnte ich mir doch auf diese Weise ein neues Land erobern.

Um unser familiäres Ziel nicht aus den Augen zu verlieren, beschlossen wir vorher noch, auf die Schnelle in den Hafen der Ehe zu segeln.

Hochzeitsgeflüster

Schlummert in mir ein romantisches Herz? Definitiv ja. Ich spüre es, seinen Schlag, seine Sehnsucht, doch ich hatte bis dato niemanden gefunden, der seine Sprache spricht. Horst wollte heiraten, um eine rechtliche Grundlage für die

Adoption zu schaffen. Wir vereinbarten einen Termin bei einem Notar in Fort Lauderdale. Obwohl das lediglich eine Vertragsangelegenheit war, benötigten wir Trauzeugen. Und nicht nur das. Der Bundesstaat Florida forderte vor der Eheschließung unter anderem einen Syphilistest. Das fanden wir lustig, lästig, blödsinnig. Kostete Zeit und Geld und überhaupt, warum?. Aber gut, wir waren in den USA, wir lebten dort, wir wollten heiraten, also machten wir den Bluttest. Er fiel wie erwartet negativ aus. Eheringe wollten wir beide keine. Wir teilten uns seit längerer Zeit ein silbernes Kreolenpaar, welches wir auf einem Markt erstanden hatten und ein liebgewonnenes besonderes Zeichen unserer Beziehung war.

Ich war morgens noch in der Näherei beschäftigt, zog mir anschließend ein weißes Kleid an und band ein rotes Tuch um die Taille, damit es nicht zu weiß aussah. Dass das Band rot war, lag daran, dass ein solches bei mir in der Schublade lag. Ich möchte nicht wissen, was das in anderen Kulturen bedeutet. Später habe ich erfahren, dass in der türkischen Kultur während der Hochzeit der Bruder der Braut ihr ein rotes Band umbindet – nicht der Vater, weil der mit der Trauer ihres Verlustes beschäftigt ist –, um damit zum Ausdruck zu bringen, dass er seine Schwester in Ehre an die andere Familie übergibt. Finde ich rückblickend amüsant.

Martha, meine Kollegin, nahm ich als Trauzeugin mit. Horst hatte einen Bekannten gebeten, der just an diesem Tag wegen eines Schiffmastbruchs nicht kommen konnte und einen Kollegen schickte. Als wir beim Notar ankamen, schlenderte dieser gerade über die Straße, um sich ein Eis zu holen, das er anschließend genüsslich schleckte, während er unsere

Papiere herrichtete. Es war alles andere als romantisch. Einzig Bee, meine Chefin, hatte ihre Werkstatt zu einem ungezwungenen Beisammensein hergerichtet und aus einem Delikatessengeschäft eine Schwarzwälder Kirschtorte besorgt, eine Geste, die mich berührte und sehr freute. Diese weiße Sahnepracht mit den verführerischen roten Kirschen, die ihr süßes Schokoladengeheimnis so galant verbirgt, strahlte in der Näherei auf einem einfachen Tisch Stolz und Würde aus. Zwischen dem schmelzenden Eis in der Hand des Notars und der Torte auf dem Tisch pendelte ich in all den Jahren meiner Ehe, es war nicht alles so wichtig und doch gab es Details, deren Sehnsucht ihnen mehr Gewicht verliehen hätte. Verheiratet zu sein war für mich aus all diesen Gründen kein anderes Gefühl als Nicht-Verheiratet zu sein. Dazu war der Tag zu belanglos. Da er drei Tage vor meinem Geburtstag stattfand, vergaßen wir all die Jahre, uns an ihn zu erinnern. Ich lag nachts neben meinem Mann, es machte keinen Unterschied. Nur mein Name hatte sich geändert. Ab jetzt hieß ich nicht mehr Wassermann, sondern Lehmann. Stopp. Nicht ganz richtig. In den USA war ich zunächst mit einem Doppelnamen, also Wassermann-Lehmann, in die Heiratsurkunde eingetragen. Unsere Pässe waren gleichgeblieben, damit reisten wir auch weiter. Im Zuge der Adoption haben wir die Dokumente in Deutschland übertragen lassen. Ich verzichtete auf einen Doppelnamen und hieß von da an Lehmann. Ich fühlte mich im Kreis von Männern immer wohl, doch zwei Männer im Namen zu tragen war mir dann doch zu viel. Gleichberechtigung hieß für mich nicht, sich um das Tragen eines Namens zu streiten. Gleichberechtigung ist für mich ein natürlicher Zustand, eine Haltung. Ich musste zum Glück nicht darum kämpfen und bin den Frauen, die für dieses Recht in den letzten Jahrhunderten viel in Kauf genommen hatten, sehr dankbar. Ob es das Wahlrecht oder das Recht auf die Ausübung eines Berufes war oder vieles andere mehr. Horst kochte, putzte ... alles ganz selbstverständlich. Der Rest war eine Aufteilung der persönlichen Ressourcen und Charaktereigenschaften, aber kein Kampf um vermeintliche persönliche Hoheitsgebiete oder Ansprüche. Auf dem Gebiet muss weltweit weiterhin Aufklärung und massives Recht der Frauen eingefordert werden.

Erster Besuch in Costa Rica

Nach unserer Eheschließung begaben wir uns im September ´86 mit dem Flieger auf den Weg in den Süden nach Costa Rica. Das schönste und fortschrittlichste Land Südamerikas. Zumindest las man das über den Staat zwischen Panama und Nicaragua. Seit den 50er Jahren hatte das Land zugunsten der Förderung von Bildungs- und Gesundheitsprogrammen die Armee abgeschafft, seit 1983 erklärte es seine dauerhafte und aktive unbewaffnete Neutralität und galt als die Schweiz Zentralamerikas. Wie toll, dass es Länder gab, die versuchten, so etwas wie Frieden möglich zu machen – auch wenn es sich nicht auf allen Ebenen fruchtbar verwirklichen ließ; die sich selber nicht so ernst nahmen, Töne zu spucken, deren Echo einen Esel aus ihnen machte, sondern bescheiden blieben und damit ihr Wachstum förderten. Ich legte mich entspannt in das Meer der Zufälle und ließ mich von der nächsten Welle an das Ufer von San José treiben.

Die Hauptstadt Costa Ricas, die mit ca. 1.100 Meter in der Hochebene Valle Central liegt, begrüßte uns mit angenehmen 24 Grad und tropischen Schauern. Wir nahmen uns ein Taxi und fuhren direkt zu Hans, der mit seiner Lebensgefährtin Carmen bei deren Bruder und seiner Frau nebst zwei kleinen Kindern lebte. Es war selbstverständlich, dass alle zusammenrückten, damit wir Platz fanden. Wir sprachen bis dato radebrechend Spanisch und Hans gab sein Bestes, uns als Dolmetscher zu dienen. Carmen war eine sympathische, kleine, mollige, hochschwangere Südamerikanerin. Sie wuselte den ganzen Tag zwischen Bergen von Wäschen – durch das schwüle Wetter zog man sich zweimal am Tag um –, Kochtopf und Gesprächen mit weiblichen Familienangehörigen, Freundinnen und Nachbarinnen rum. Unser klassisches Beziehungsmodell, das auf Vater, Mutter, Kind ausgerichtet war und die Familie die Dinge des Lebens gemeinsam erleben ließ, war in Costa Rica fremd. Es gab in den Familien die Frauen mit Kindern und es gab die Männer. Die Frauen gingen aus, die Männer gingen aus – getrennt voneinander. Waren die Frauen vorne im Haus und unterhielten sich, unterhielten sich die Männer hinten. Man war zusammen, lebte aber – bis auf das geteilte Ehebett – physisch getrennt. Für Hans war es nicht einfach, in dieser Struktur Anschluss zu finden, weshalb er uns herzlich willkommen hieß und in der Intimität unseres Dreiergespanns die Dinge seines Lebens in seiner Muttersprache fließen ließ.

Wir fuhren mit dem Zug in die Provinz Limón an der Ostküste von Costa Rica. Hunderte von Kilometern weißer

Sandstrand, Nationalparks, wie der Nationalpark Tortuguero, zum Schutz des tropischen Regenwaldes und einer Vielzahl von bedrohten Pflanzen und Tierarten. So wie ich beim Segeln in die Welt des Meeres eintauchte, erlebte ich in den tropischen Wäldern eine betörende Artenvielfalt. In für mich nicht mehr zu differenzierenden Symphonien tönten, schrien, keckerten schier unendlich viele Vogelarten über uns. Um uns herum raschelten, krochen, sprangen Tiere oft unerkannt, dann wieder als Kaiman lässig entspannt in den Flussarmen sinnlos dösend in den Tag hinein. Ich fühlte mich überwältigt, und es ist schwer, das Gefühl zu beschreiben, die Natur weder als bedroht noch als bedrohend, sondern als gleichberechtigter Teil eines Ganzen zu erleben. Der Abbau der tropischen Wälder wurde gestoppt und der Schwerpunkt zunehmend auf den Ökotourismus gelegt. Ein gutes Ansinnen, bestimmt nicht immer einfach umzusetzen. Und noch Eines möchte ich nicht unerwähnt lassen. Bananenplantagen bilden in der Provinz einen starken Wirtschaftsfaktor, denn Bananen sind der einzige Exportschlager Costa Ricas. Dort verwendet man in den Gerichten hauptsächlich Kochbananen, ein Grundnahrungsmittel, ähnlich wie bei uns die Kartoffel. Wir kennen die Dessertbanane, die Kochbanane ist eine Gemüsebanane, die sehr reif mit bereits braunschwarzer Schale geerntet und zubereitet wird, meistens gekocht, frittiert oder gebraten. Ich wurde für Manuel zur Mutter der bodenständigen deutschen Küche, mit – ich vereinfache mal – Braten und Beilagen. Costa Rica ließ es sich nicht nehmen, seinen Einfluss geltend zu machen, denn Manuel mochte es von klein auf bappsüß und liebte bei einem späteren Aufenthalt in Costa Rica die Süßspeise Leche

Dulce aus Kondensmilch und Zucker sowie das Nationalgericht und Frühstück Gallo Pinto, zu Deutsch Bunter Hahn, bestehend aus gebratenem Reis, der mit schwarzen oder roten Bohnen, Koriander und Zwiebeln gemischt wird und dazu wahlweise mit einem Spiegelei oder Rührei und einer Kochbanane angerichtet ist.

Von Limón fuhren wir anschließend nach Puntarenas, einer Landzunge an der Westküste, dann ins Landesinnere zu den Vulkanen, die wir bestiegen, bestaunten und wieder verließen. Wir reisten mit dem Rucksack, vom Meer hoch auf die Vulkane, dann wieder runter, von links nach rechts vom Atlantik zum Pazifik, es war eine traumhafte Abwechslung zum Segeln und erinnerte mich an meine Zeit, als ich alleine durch den Pazifik reiste. Nur viel angenehmer, ich konnte mich über meine Eindrücke mit Horst und Hans austauschen, ich konnte Fragen stellen, die mir gleich beantwortet wurden, ich konnte mich zurücklehnen und die Männer machen lassen, es war als mitreisende Frau in einigen Situationen einfacher.

Obwohl wir viel Zeit miteinander verbrachten, blieb Hans mir fremd. Es gab wenig Brücken, die mir den Zugang zu ihm erleichtert hätten. Er war der Freund von Horst und ich war mit dabei. Es gab Momente, die wie ein bekannter Duft an mir vorbeizogen, ich konnte sie aber nicht einfangen und zuordnen. Hans hatte sich mit seinem Schiff treiben lassen, bis er in Costa Rica landete. Dort verbrachte er ähnlich unverbindliche Wochen und Monate wie wir in Florida. Kann man Unfälle vermeiden oder sind sie vom Schicksal vorherbestimmt? Ich mag solche Fragen eigentlich nicht, es gab und gibt sehr viel schlauere Zeitgenossen, die sich damit beschäftigen, deshalb verschwende ich mit derlei Überlegungen nicht meine Zeit. Und dennoch – es gibt Momente im Leben, und jeder Mensch wird diese für sich bestimmen können –, in die man rückblickend eingreifen möchte, um sie zu verhindern, wissend, dass es nicht möglich ist. Dann muss man das Beste daraus machen. Wenn man will. Und wenn nicht auch das vorherbestimmt ist. Hans jedenfalls beschloss eines Tages, eine Steilküste hochzuklettern, weil ihn die Früchte, die sich oben leuchtend prall an einem Baum darboten, lockten. Es war wohl nicht Eva, die ihn dazu überredete, und schon haben wir diesen Mythos ein weiteres Mal entlarvt. Vielleicht musste er sich selbst seine Männlichkeit beweisen, um einer wartenden Eva der Zukunft den Hof machen zu können. Egal, wie es war, er kletterte nach oben und fiel wieder nach unten. Brach sich zahlreiche Rippen und Wirbel und landete für Monate im Krankenhaus. Die lokale Zeitung TicoTimes berichtete von dem Sturz. Carmen las den Bericht und erinnerte sich an Hans, den sie ein paar Wochen vorher kennengelernt hatte. Und wurde zu seiner Eva. Sie fuhr zum Krankenhaus, um nach ihm zu schauen und pflegte ihn anschließend über Monate. Seitdem sind sie ein Paar nach costaricanischen Verhältnissen und erwarteten ihr erstes gemeinsames Kind. Carmen hatte bereits einen Sohn aus erster Ehe. Jedenfalls saßen wir eines Abends zusammen und erzählten den beiden von unseren Adoptionswünschen. »Nichts leichter als das«, kommentierte Carmen und plante am nächsten Tag einen Besuch in einem Viertel, in dem Familien lebten, die froh wären, zu wissen, dass jemand ein

Kind adoptieren wollte. Das war mir zu schnell. Wir flogen zurück nach Florida.

In Fort Lauderdale kauften wir uns von dem Erlös der Cachalot einen Jeep. Es wurde ein gebrauchter Ford Bronco II in Schwarzrot mit rotsilbernen Streifen. Ein mächtiges Gefährt, in dem ich mich sicher fühlte. Waren diese Autos in Amerika Standard, stellten diese riesigen Kisten im Straßenverkehr in Deutschland zu der Zeit noch eine Ausnahme dar. Wir hatten uns bereits an ihren Anblick gewöhnt und schätzten den Platz, den der Jeep bot.

Wir hatten also ein Appartement, einen Jeep, den Wunsch ein Kind zu adoptieren und die Möglichkeit – nein den Glauben –, das ganz leicht in Costa Rica zu verwirklichen. Das alles war so groß, so schnell, dass wir erst einmal beschlossen, vier Wochen quer durch Amerika zu fahren. Eine Reise durch die Natur der Südstaaten. Beide sind wir keine Planer, die strikt durchorganisieren, doch hatten wir eine »Route der Neugierde«, an der wir uns orientierten: Fort Lauderdale (Florida) – die Küste am Golf von Mexiko (Alabama) – New Orleans (Louisiana) – San Antonio und El Paso (Texas) – Albuquerque (New Mexico) – Chihuahua Wüste – Taos Pueblo (New Mexico) – Bryce Canyon (Utah) – Grand Canyon (Arizona) – Las Vegas (Nevada) – Death Valley (California) – Monterey – San Francisco.

Jeder Reiseführer beschreibt die Orte schillernder, detailreicher, als es mir gelingen würde. Es war ein vierwöchiger sinnlicher Wirbelsturm. Wir Menschen haben weitestgehend eine gleiche anatomische und organische Struktur. Wie einige Kilometer ein so unterschiedliches Denken und Verhalten in

Menschen zeigt und Dinge hervorbringt, ist faszinierend. Sprache, Kleidung, Essen, Rituale – einfach alles. Man hat das tausendmal gehört, gelesen, erzählt bekommen, es gibt so viele Berichte, aber das selbst zu erleben ist so spürbar intensiv, man fühlt, wie sich die Nerven in einem Tanz der Erinnerung verknüpfen, verschlingen und nicht mehr voneinander loslassen. Wir ließen uns durch laute, bunte Städte, hier voran New Orleans mit seiner kreolischen Küche und dem Jazz, dessen Rhythmus alle Poren zum Schwingen brachte, treiben. Ein indianischer Guide führte uns durch den Canyon de Chelly und erklärte uns die Geschichte der Felsmalerei, die stark mit seinen Vorfahren verbunden war. Seine Gestalt, seine Haltung, ohne Vorwurf für die jüngste Geschichte, so bereit, für uns in die alte Geschichte, für welche die Malerei Zeitzeuge war, einzutauchen. Eine weitere Spur der Erinnerung hat der Besuch von Taos Pueblo in New Mexico hinterlassen. Rund 70 Meilen nördlich von Santa Fe liegt das älteste Dorf der USA. Ockerbraune Lehmbauten schachteln sich wie Pappkartons nebeneinander, übereinander, hintereinander. Mürbe Holzleitern lehnen an den Wänden und nur ihre geübten Besitzer erreichen damit die höheren Stockwerke. Kleine viereckige Luken laden dazu ein sie mit Legobausteinen zu schließen und einzig blaue Türen heben sich von dem schlichten Erdton ab und lassen erkennen, dass es menschliche Behausungen sind. Vor den Häusern erheben sich igluartige Brotbacköfen sowie hölzerne Gestelle zum Trocknen von Früchten oder zur Lagerung von Holz. Der Ort hat sich über die Jahrhunderte nicht verändert. Seine Bewohner auch nicht. In ihren Augen funktioniert das, solange sich keiner einmischt. Sie wünschen sich Respekt und die

Freiheit ihrer Lebensweise. Die Kultur der Native Americans ist ein wichtiger Baustein der Menschheit. Mich macht es wütend, wenn dies durch vandalierende Idioten zunichtegemacht wird, und ich bin froh, dass es immer wieder kluge Politiker gibt, die ihre schützende Hand über Randgruppen halten, die nicht der eigenen Denk und Lebensweise entsprechen. Wir haben noch zwei weitere Male diesen Ort besucht. Auch mit Manuel. Davon erzähle ich später.

Es machte uns einen Heidenspaß, mit dem Ford Bronco durch das Land zu cruisen. War die Chachalot unsere Nussschale, unser auf den Weltmeeren tänzelndes Wohnklo, so war der Ford Bronco unser stählerner Drachenfreund. Manchmal war er von unseren kühnen Ausflügen in die Natur schlichtweg überfordert. So steckten wir einen Tag lang im Schlamm eines Flussbettes im Bryce Canyon fest. Natürlich war es nicht angeraten, wahrscheinlich sogar verboten, darin zu fahren. Aber es juckte uns zu sehr in den Fingern und es machte einfach zu viel Spaß zu schauen, wo die Grenze von Fahrkunst und der Technik des Autos lag. Den Preis mussten wir relativ schnell bezahlen: Wir buddelten lange, suchten Bretter, die wir mit Hilfe unseres indianischen Guides unter die Räder legten, bis wir es endlich schafften, uns mitsamt dem Ford aus dem Erdreich zu wühlen. Ähnliches erlebten wir im Schneesturm auf dem Weg von Santa Fe zum Grand Canyon. Gleiches Prozedere um die Null-Grad-Grenze.

Am Ende unserer Reise verbrachten wir einige Tage in San Francisco. Dann wussten wir, dass die Zeit zu Ende war. Anders als ein Angestellter oder auch Selbstständiger, dessen festgebuchte Urlaubszeit zur Neige ging, folgten wir in unserem Lebensrhythmus einer inneren Uhr, um nicht die Orientierung im Ozean der unendlichen Momente, der für uns nun mal endlich ist, zu verlieren. Wir brachen die Rückreise an und fuhren Tag und Nacht zurück nach Florida. Wir hätten direkt über Guatemala, El Salvador und Nicaragua nach Costa Rica fahren können. Da die Länder damals von Bürgerkriegen gebeutelt waren, erschien uns eine Reise zu riskant und wir entschieden uns dagegen.

Neun Monate Costa Rica

Wieder in Ft. Lauderdale angekommen, vergingen die nächsten Tage routiniert. Wir kündigten das Appartement und füllten einen angemieteten Lagerraum in Florida mit Mobiliar und den nützlichen und liebgewonnenen Dingen der letzten Jahre, bis sich das Pendel unseres Lebens auf einen Ort neu ausgeschwungen hatte. Den Bronco packten wir mit dem Rest brechend voll und schickten ihn via Frachtschiff nach Costa Rica. Wir wussten zu diesem Zeitpunkt nicht, wohin der Wind uns mit einem Kind im Arm wehen würde. Es waren Momente des Richtungswechsels. Wollte ich unser ans Wasser gebundenes Vagabundenleben nicht aufgeben, navigierte Horst auf einen festen Hafen zu. Er hatte mit seiner Tochter Svenja Erfahrungen gemacht, die ich nicht hatte. Diese Liebe hatte Narben hinterlassen, die eine gummiartige, geschlossene Schicht zu jeglichem weiteren Kinderwunsch hatte entstehen lassen, darunter tief verborgen hatte sich jedoch seine innere Einstellung zum Leben nicht geändert. So lenkte uns das Schicksal wohl auch zusammen. Ich, die ich überzeugt war, auf unseren übervölkerten Planeten nicht zwingend ein weiteres Menschenleben setzen zu müssen, sondern eines unter meinen Schutz zu stellen, und Horst trafen sich, um Eltern zu werden. Wir wollten offen sein für die Möglichkeiten, die sich uns boten. Mit einem Kind sollte das doch nicht so schwer sein.

Dann war es so weit. Wir packten Mienchen ein und flogen von Miami nach San José. Ich wollte Mienchen nicht weiter allein lassen und ich selber wollte auch nicht ohne sie sein. Und warum sollte sie nicht auch Costa Rica kennenlernen?

Das Wetter begrüßte uns ohne Regenschauer, es herrschte Trockenzeit, allerdings frisch, da die Höhe von San José das Klima abkühlte. Im Flughafen kam es zu einer Situation, die mich unglaublich wütend machte, so, dass ich unter anderen Umständen ausfällig geworden wäre, hatte mich aber so weit im Griff, dass ich mich letztendlich ohne grobe verbale Gegenschläge durchsetzen konnte. Mienchen kam – aus was für Gründen auch immer, ob es technisch oder menschlich verdusselt war – mit einem anderen Flieger in Costa Rica an. Also saß das Ehepaar Lehmann auf einer Bank im Airport und wartete auf ihre Katze. Was ich auf dem Schiff gut kann, mich langweilen, gelingt mir ansonsten kaum. Eigentlich gar nicht. Nach ein paar Stunden Warterei war sie endlich da, wie uns das Personal mitteilte, aber wir durften sie nicht mitnehmen. Der Zoll wollte uns doch tatsächlich ein paar tausend Dollar abknöpfen, weil Mienchen angeblich eine exotische Katze sei. Mienchen! Wenn sie es verstanden hätte, wäre sie wahrscheinlich zeit ihres restlichen Katzenlebens mit Stolz erhobener Brust naserümpfend um den Futternapf geschlichen und hätte nach Luxuriöserem verlangt. Sie war eine einfache Hauskatze, schlicht und unverkennbar. Sie war eine Piratin der Meere, die Stürmen trotzte und den Kampf mit Haien aufgenommen hätte. Aber sie war bei weitem keine Diva. Und das sah man ihr auch an. Man glaubt es nicht, wie lange so ein Prozess dauern kann, wenn auf der einen Seite die Leute zwar am längeren Hebel sitzen, aber ihre Argumentationskette miserabel ist, und auf der anderen Seite sich ein hochroter Krebs mit geschliffenen Scheren befindet. Am Ende legten wir 200 Dollar auf den Tisch und nahmen Mienchen mit.

Mit dem Taxi fuhren wir zu Carmen, die uns herzlich empfing. Hans war zu einem Gelegenheitsjob in Panama, wo er in einer Schiffswerft als Schreiner arbeitete. Da unser Spanisch in den letzten Wochen nicht über Nacht ein perlendes Unterhaltungsniveau erhalten hatte, meldeten wir uns in einer Sprachenschule zu einem Spanischkurs an, die von Ana Mercedes geleitet wurde. Wir nahmen Carmens Gastfreundschaft zwei weitere Wochen in Anspruch, dann fanden wir ein kleines, möbliertes Haus in einem Vorort von San José und zogen dort ein. Ich nannte es mein Dreieckshaus, weil das Dach die Konstruktion eines Dreiecks hatte. Vielleicht war es auch eine Pyramide – egal –, es war originell, einfach und gemütlich. Der untere Bereich war ein großer Raum mit einer zusammengewürfelten Küchenzeile, daneben winziger Raum mit einem Klo und im gegenüberliegenden Eck ein Sofa. Oben, unter dem Dach, war ein kleines Bad und unser Bett. Für unsere Verhältnisse hatten wir enorm an Raum gewonnen, den wir gar nicht mit Möbeln bespielen konnten.

Wir waren relativ weit ab vom Schuss, hatten kein Telefon, einen Fernseher hatten wir sowieso noch nie, aber ein Radio kaufte sich Horst bei einem Besuch in Panama. Vor dem Haus grasten freilebende zahme Pferde, die dem Hausbesitzer, der in Sichtweite im Haupthaus lebte, gehörten. Wilde Beerensträucher bildeten einen natürlichen Sichtschutz. Es waren Morosträucher, eine brombeerartige Frucht, aus der Horst und ich leckere Marmeladen kochten.

Jetzt lebten wir also in einem Haus, mit dem Wunsch ein Kind zu adoptieren und kochten Marmelade ein. Zwischendurch fuhren wir zu Waisenhäusern, deren Adressen wir einem Buch entnahmen. Seltsam. Wir haben uns dafür entschieden, ein Kind zu adoptieren. Ein Kind, das durch welche Umstände auch immer von seinen leiblichen Eltern getrennt wurde und dem wir ein Nest aus Wärme und Geborgenheit geben wollten. Das hörte sich so einfach und so gut an. Und doch lauerten dahinter Schimären von Wölfen, die uns Selbstzweifel zu knurrten. Alleine in ein Waisenhaus zu fahren und sich ein Kind auszusuchen! Einen kleinen Welpen, der freudig wedelnd auf uns zukommt, sich auf unseren Schoss schmiegt, und bei dem wir uns in kurzer Zeit seiner lebenslangen Treue und Hingabe sicher sein können. Aber ein Kind? Es wirkt verrucht, wenn zwei Europäer in ein Waisenhaus in Costa Rica kommen. Blond, weiß, stand ich da und fühlte mich festgefroren. Mein Ansinnen in einem Haufen wuselnder, lärmender Kinder zu erleben, bedrückte mich. Den Kleinen ging es in diesem Moment besser als mir. Die Häuser machten alle durchweg einen guten Eindruck. Sie waren sauber, die Erzieher freundlich, ohne dass es einstudiert wirkte. Die Kleinen waren munter, nicht aufdringlich, obwohl man spürte, dass sie genau wussten, weshalb man da war. Sie wollten da raus, aber sie waren keine kleinen Huren, die sich anboten, sie zu kaufen. Sie waren unschuldige Seelen, die man bei ihrer Menschwerdung ins Abseits gestellt hatte. Jedes Augenpaar tropfte eine ungeweinte Träne auf meine Eisschicht aus Sorge, Angst und Schuldgefühlen, die sofort gefroren. Natürlich distanziert »man« sich, indem man sich einredet, den Kindern weit bessere Möglichkeiten an Ausbildung, Komfort und Liebe zu geben. Eine bittere Würze, die so augenscheinlich dem Retter schmeichelt. Ich wollte doch einfach nur ein Kind. Ich wollte doch einfach nur mein Herz verschenken.

Carmen und Hans waren nun eine dreiviertel Stunde mit dem Auto von uns entfernt. Eines Tages erzählte sie bei einem Besuch von Dalia. Dalia war ein nicaraguanischer Flüchtling, die mit ihrer Familie, Mutter, Brüdern, Kindern zu acht in einem kleinen Häuschen wohnte. Sie schliefen in Etappen, quasi nach ihren Schichtdiensten, weil es für alle gleichzeitig zu klein war. Dalia hatte bereits zwei kleine Kinder. Ihr Mann hatte ein Visum für die USA erhalten und arbeitete seit einem Jahr in Florida. Und sie war schwanger. Es gab keine Fakten. Ob sie vergewaltigt worden war und das Kind nicht wollte oder ob sie fremdgegangen war. Diese Wahrheit erfuhren wir nicht. Durch ihren katholischen Glauben kam eine Abtreibung nicht in Frage. Es wusste außer ihrer Mutter keiner ihrer Familienangehörigen von der Schwangerschaft, weshalb wir uns in der Regel nicht bei ihr trafen. Auch ihr Mann durfte davon nichts erfahren. Sie wollte das Kind sofort nach der Geburt abgeben. Das versicherte uns Carmen, die bereits mit ihr gesprochen hatte. Diese Nebelwand war für mich zu undurchsichtig. Ich war bereit, am Strand zu verharren, aber nicht aufs Meer zu fahren. Carmen arrangierte ein Treffen mit Dalia. Sie war eine sympathische, schüchterne junge Frau und bereits im fünften Monat schwanger. Ich selber bin kein sprudelnder Wasserfall hinsichtlich Konversation, gerade wenn ich zum ersten Mal einem Menschen begegne. Ich nähre meinen Fluss mit Beobachtungen bis ich jemanden bitten kann, hineinzusteigen und dem Lauf meiner Worte zu folgen. Dieses erste Treffen war ein fremdelndes Beschnuppern. Horst war da wesentlich pragmatischer und ordete fröhlich bestimmend einen Frauenarzt Termin an. Gar nicht, um nicht die Katze im Sack zu kaufen, er wollte Dalia etwas Gutes tun, was in Deutschland als selbstverständliche Routine galt. Außerdem war er entsetzlich neugierig, welches Geschlecht das Kind hatte. Spricht man das nicht eigentlich den Frauen zu?

Wir vereinbarten eine Ultraschall-Untersuchung. Horst freute sich bereits auf ein kleines Baby-Girl. Er war überzeugt, dass das mit Mädchen alles leichter wäre. Hinzu kam, dass die beiden Mädchen von Dalia niedlich und reizend waren. Da man die Aufgaben, an denen man Lernen und Wachsen soll, zugeteilt bekommt, von wem auch immer, zeigte das Ultraschall-Bild einen kleinen, wunderbaren Zipfel zwischen zwei gesunden Beinen. Wir waren hin und weg. Während der verbleibenden Monate holten wir Dalia und ihre Kinder öfters zu uns, luden sie zum Essen ein und gingen gemeinsam zum Anwalt, um die Papiere und das Adoptions-Prozedere vorzubereiten. Der Anwalt war auf Adoptions-Recht spezialisiert und wurde uns von Marie empfohlen. Sie war Amerikanerin und die Ex-Frau unseres Vermieters. Außerdem sahen wir uns regelmäßig, weil sie Mitglied der Organisation „US Citizens concerned for Peace" war, der wir uns angeschlossen hatten.

Wenn Dalia uns besuchte, konzentrierten wir uns auf die beiden Kinder. Mein Spanisch war noch nicht flüssig und Dalia eine schüchterne, melancholische junge Frau. Es gab auf beiden Seiten Fragen, die wir nie stellten, um es nicht komplizierter zu machen. In den wenigen Momenten der Begegnung vertraute sie mir an, wie traurig sie das machte, sie wollte das Kind gerne behalten, sah aber keine Chance, die Situation mit ihrem Mann zu bewältigen. Das machte das alles für mich nicht einfacher. Schuld klebte harzig an den Stellen, die offenbarten, dass ich etwas an mich nahm, das nicht mir gehörte.

Im Prinzip warteten sie alle auf die Ausreise nach Florida, um ihr Leben dort neu aufzubauen. Dalia versicherte mir mit Gesten und mageren Worten, wie froh sie war und dankbar, die Zukunft ihres Kindes in unsere Hände legen zu dürfen. Und streichelte schützend die Köpfe ihrer Töchter. Schon vor der Geburt suchten wir den Namen Manuel Enrique aus. Er gefiel uns allen dreien. Er war international, er verband die spanisch sprechende Heimat mit der deutschen Zukunft. Enrique hängte sich an, weil seine Tonmelodie den Namen vollständig machte. Damals hatten wir keine Namensbücher zur Hand, die uns nicht nur eine große Auswahl von Namen offerierten, sondern auch ihre Bedeutung erläutert hätten. Spät erst erfuhr ich, dass der Name Manuel aus dem Alten Testament von Immanuel abstammte, der durch den Propheten Jesaja vorhergesagte Name des kommenden Messias. Er bedeutete Gott sei mit uns.

In der Sprachenschule Academia Tica von Ana Mercedes Rodriguez-Acevedo lernten wir Herbert Zapf kennen, der ein guter Freund wurde. Er kam aus der Nähe von Mannheim und arbeitete bereits seit zwei Jahren für die ILO (International Labour Organisation) in San José. Seine Freundin und spätere Frau Camilla studierte noch in Deutschland. Dann war da noch Susan, eine Amerikanerin, die mit ihrem Freund zusammen nach Mittelamerika gekommen war, weil sie mit der amerikanischen Außenpolitik nicht einverstanden waren. Der Freund arbeitete für das amerikanische Peace Corps im Norden von Nicaragua und baute Trinkwasserbrunnen, sie ging als Jongleurin von Krankenhaus zu Krankenhaus um im Bürgerkrieg verletzte oder traumatisierte Kinder aufzuheitern und ihnen ein wenig kindliche Würde und Freude zurückzugeben. Sie hatte sich eine Auszeit vom Bürgerkrieg in Nicaragua genommen, um im friedlichen San José besser spanisch zu lernen. Ana Mercedes hatte an der Universität in Leipzig studiert und sprach perfekt deutsch.

Im April '87 schleppte Marie uns zu einem Vortrag, organisiert von den „US Citizen concerned for Peace", gehalten von Tony Avirgan. Toni war Journalist von ABC News und hatte sich intensiv mit dem Attentat von La Penca in Nicaragua beschäftigt. Zu einer Pressekonferenz, zu der Eden Pastora im Mai 1984 eingeladen hatte, brachte ein libyscher Terrorist eine Plastikbombe zur Explosion, bei der drei Journalisten und fünf Mitkämpfer von Pastora ums Leben kamen. Viele wurden verletzt, unter ihnen Toni Avirgan.

Das Attentat von La Penca

Am 9. März 1981 gab US-Präsident Ronald Reagan dem US-Geheimdienst CIA den Auftrag, verdeckte Aktionen gegen Nicaragua und die Sandinisten vorzubereiten. Für deren Ausführung standen dem CIA 19 Mio. Dollar zur Verfügung. Der CIA erhielt die Anordnung, eine paramilitärische Truppe von 500 Mann zu bilden, die Sabotageaktionen und verdeckte Aktionen gegen Nicaragua ausführen sollten. Berichte, nach denen die US-Regierung aktiv auf den Sturz der sandinistischen Regierung in Managua hinarbeitete, stießen aufseiten der USA auf immer heftigere öffentliche Kritik. Trotz eines vom US-Kongress verabschiedeten Boland Amendment, das dem US Geheimdienst verbot, direkt oder indirekt auf den Sturz der sandinistischen Regierung hinzuarbeiten, wurden vom CIA Spezialisten und Militärberater für Operationen bereitgestellt sowie antisandinistische Freischärler im Norden von Nicaragua mit Waffen unterstützt. Auf der salvadorianischen Luftwaffenbasis Illopango wurden ehemalige exilkubanische CIA Agenten abgestellt, die illegale Versorgungsflüge für die Contras koordinierten. Hinter der Fassade dieses politisch-militärischen Unternehmens trieben die »Spezialisten« des exilkubanischen Untergrundes einen schwunghaften Handel mit Kokain, der ihnen das Drogenkartell von Medellin in Kolumbien lieferte.

Im Süden von Nicaragua versuchte der sich 1983 von den Sandinisten abgesetzte Eden Pastora an der Grenze zwischen Costa Rica und Nicaragua eine militärische Alternative zu der vom CIA finanzierten Contras aufzubauen. Um diese Hintergründe aufzudecken, gab Eden Pastora diese Pressekonferenz, an der Tony Avirgan teilnahm und schwer verletzt wurde.

Als wir 1987 in Costa Rica ankamen, war der Bürgerkrieg im Norden von Nicaragua noch voll im Gang. Das Attentat von La Penca war bis zu dieser Zeit nicht vollständig aufgeklärt und Tony und seine Frau sahen es als ihre Mission an, dies zu erreichen. Er berichtete darüber, dass im Gefängnis von San José einer dieser Freischärler über Costa Rica bei einem Drogentransport für die Contras mit seinem Flugzeug abgestürzt war. Die genauen Umstände waren nicht bekannt. Dieser Freischärler hatte sich bereiterklärt, gegen die Contras vor Gericht auszusagen, obwohl er noch immer hinter dem Sturz der Sandinisten in Nicaragua stand. Er hatte nur einen persönlichen Zorn auf die Contras. Durch seine Zusage, in dem Prozess gegen die Contras auszusagen, befürchtete Tony, dass diese versuchen würden, den Freischärler im Gefängnis umzubringen. Er bat die Mitglieder, ihn am besuchsoffenen Sonntag zu besuchen, um durch die pure Anwesenheit von Besuchern ihn vor einem Attentat zu schützen. Tom, auch ein Mitglied, der schon vorher verschiedene Male bei diesem Freischärler war, erzählte uns an diesem Abend, dass er im Gefängnis immer einen deutschen Gefangenen antreffen würde, dem es ganz schlecht ging. Für uns dann Grund genug am kommenden Wochenende mit Tom ins

Gefängnis zu gehen. Punkt 10:00 Uhr wurden wir eingelassen. Bei uns Gringos ging das ganz schnell, Costa Ricaner, die Verwandte oder Freunde besuchten, wurden gründlich untersucht. Im Gefängnis trafen wir dann den Deutschen, der uns sofort seine haarsträubende Geschichte erzählte, wie er ins Gefängnis gekommen war. Er war angeblich beim deutschen Bundesnachrichtendienst, also dem BND angestellt gewesen. Hatte eine Zeitlang für diesen auf Kuba ausspioniert und war dann in Nicaragua eingesetzt worden – zur Spionage. Er berichtete, wie ihm irgendwann Zweifel kamen, ob diese Aktion in Nicaragua seine Richtigkeit hätte und tauschte sich mit einem Vorgesetzten aus. Daraufhin sei ihm ein paar Wochen später eine tote Frau in sein Hotelzimmerbett gelegt worden. Er wurde verhaftet und des Mordes an der Frau angeklagt. Später am Besuchstag kam dann noch seine Frau und eine seiner zwei Töchter dazu. Sie waren aus Rosenheim nach Costa Rica gekommen, um ihren Mann und Vater zu unterstützen. Er selbst war eigentlich guter Dinge, dass die Geschichte für ihn gut ausgehen würde. Er bemühte sich seit seiner Einweisung in dieses Gefängnis anderen Gefängnisinsassen das Gärtnern beizubringen. Seine Frau sprach nicht sehr viel, seine Tochter weinte nur die ganze Zeit. Bei weiteren Besuchen lernten wir auch die zweite Tochter kennen. Er war den Umständen entsprechend gut drauf, die weiblichen Mitglieder unglücklich und nervös.

Wir wechselten im Gefängnis immer zwischen ihm und dem Freischärler hin und her. Er war ein ätzendes rechtes Arschloch. Natürlich tauchten unartige Gedanken auf, dass es um ihn nicht schade gewesen wäre, denn er hatte selber so viel Dreck am Stecken, war ein Verräter, ein Lügner und was weiß ich – einfach widerwärtig. So saßen auch wir manchmal bei ihm und belauerten jeden Neuankömmling. Ich! Zierlich, klein, weiblich, blond, behielt die groteskeste Rolle in diesem Stück.

Nachdem Manuel auf der Welt war, sind wir noch ein oder zwei Mal hingegangen, um uns von ihnen zu verabschieden. Horst ist dann nach Deutschland zurück und allein mit Manuel wollte ich nicht mehr hingehen. Ein paar Wochen später traf ich die Ehefrau noch einmal zufällig. Ich hatte Manuel in meinem Brustbeutel und wir waren auf dem Weg zum lokalen Geldwechsler. Zunächst sprachen wir über Manuel, wie es mir mit ihm geht und wie die Adoption voranschreitet und dann, wie in einem falschen Film wurde ihre ganze Geschichte noch haarsträubender, als sie bis zu diesem Zeitpunkt ohnehin schon war. Sie fing plötzlich an zu erzählen, dass sie diesen Mann im Gefängnis erst seit einem dreiviertel Jahr kennen würde. Sie hatte auf eine Bekanntschaftsanzeige in einer Rosenheimer Tageszeitung geantwortet, erst mit ihm schriftlich kommuniziert, um dann irgendwann mit ihren zwei Töchtern zu ihm nach Costa Rica zu fliegen. Ich kann nicht sagen, ob das vor oder nach der toten Frau in seinem Zimmer war. Aber die Situation wäre für sie und ihre Kinder unerträglich. Sie tat mir furchtbar leid. Aber dann wurde die Geschichte immer schräger und es stand eine ungeheure Angst, wie ich sie noch nie gesehen hatte, in ihren Augen. Sie blickte nur noch panisch nach links und rechts, erzählte, dass sie mit ihren Kindern zurück nach Deutschland kehren möchte. Der BND würde dieses aber verhindern, indem er ihr androhte, sie könne allein nach Deutschland fliegen, die zwei Mädchen müssten aber zurück in Costa Rica bleiben. Sie war in größter Not, das war ganz offensichtlich, kein Theater. Ich hatte das Gefühl ihr helfen zu müssen, aber ich wusste nicht wie. In welch absurde Situation war ich da hinein geraten? Ich wollte auf keinen Fall die Adoption verzögern oder sogar in Gefahr bringen, indem ich mich in die Nähe dieser verrückten Kriminalgeschichte begab. Ihre Angst übertrug sich auf mich. Als sie sich von mir verabschiedete, war ich völlig durcheinander und wollte auch kein Geld mehr wechseln. Schnell stieg ich in den nächsten Bus und war erleichtert, diesen Albtraum hinter mir zu lassen. Aber ich muss oft an diese Familie denken - hatte ich zu wenig Zivilcourage?

Einen Abend gingen wir nochmals zu einem Treffen der „US Citizens concerned for Peace", wo ich dann Maria, eine Flüchtlingsfrau aus Guatemala, kennenlernte. Ihre Biografie ein einziger Albtraum, der für sie wahrscheinlich nie wieder enden wird. Sie hatte in der Coca Cola Fabrik gearbeitet, die in den späten 70er Jahren bis 1985 von den Arbeitern für bessere Arbeitsbedingungen bestreikt wurde. Viele Streikende wurden von Todesschwadronen der Regierung, geführt von einer Militärdiktatur, getötet oder ins Gefängnis gebracht, auch Maria. Der Gefängnisaufenthalt wurde zum Horror. Täglich wurde sie mehrmals von verschiedenen Gefängniswärtern vergewaltigt. Irgendwann gelang es ihr durch einen Zufall, dem Gefängnis zu entkommen. Sie konnte sich bei Freunden verstecken. Aus Rache entführten die Todesschwadronen ihren 15 Jahre alten Bruder. Er wurde nie wiedergesehen, wurde wahrscheinlich umgebracht und verscharrt. Sie selbst flüchtete dann nach Costa Rica, fühlte sich aber schuldig am Tod ihres Bruders.

Unser kleiner Attentäter

Zwei Wochen bevor Manuel geboren wurde, verließen wir das Dreieckshaus. Einbrecher hatten sich Zugang zu unserem kleinen Refugium verschafft. Obwohl wir nichts großartig Wertvolles besaßen, klauten sie alles, was auch nur etwas von Wert und nicht niet- und nagelfest war. Schmerzhaft und ärgerlich war für mich der Verlust meiner Nähmaschine. Ich hatte gerade angefangen, Kinderrucksäcke in Form von Bären zu nähen, um unsere Haushaltskasse etwas aufzubessern, da wurde mir meine vertraute, zuverlässige, beständig ratternde Begleitung, meine finanzielle Grundlage und Unabhängigkeit gestohlen. Etwas hatte sich verändert. War die Welt bislang ein Prisma, in dem sich die gleichen Elemente bewegten und stetig neue Muster formten, denen ich neugierig und sorglos begegnete, bereitete mir dieses Spektrum an Elementen aus Gewalt, Unberechenbarkeit und Menschenverachtung körperlich Angst. Wir zogen für zwei Wochen in ein Haus, dessen Besitzer – ein Diplomat – auf Reisen war und eben nicht in seiner Abwesenheit von Einbrechern heimgesucht werden wollte. Wir wurden seine Housesitter. Für uns war das Anwesen ein Luxusdomizil, mit vielen Dingen, die andere Menschen gerne hätten und einem hohen Zaun, um sie zu schützen. Zum Glück dauerte es nicht lange, bis wir ein einfaches Appartement fanden, in das wir einzogen.

Am Samstag, den 6. Juni 1987 packte uns die Lust einen Ausflug zu machen, raus aus den vier Wänden, in die Natur eintauchen, hoch auf den Arenal. Der Arenal ist ein 1.670 Meter hoher Erdhaufen, der 1937 zum ersten Mal bestiegen wurde und sich als eine wunderbare bis zum Gipfel grünbewachsene Oase zeigte. Bis dato glaubte man nicht an einen vulkanischen Ursprung des Kegels. Dann kam es 1968 zu einem großen Ausbruch, bei dem zwei Ortschaften zerstört und viele Menschenleben von der glühenden Lava verschluckt worden waren. Man stellte fest, dass er seit 400 Jahren keine Aktivität mehr gezeigt hatte, doch mittlerweile wächst der Vulkan jährlich mehrere Meter, da sich Lava rund um den Krater aufhäuft. Lava fließt auch regelmäßig an den Hängen bis zur Talsohle, und ab und zu spuckt er Kirschkerne in Form riesiger glühender Gesteinsbrocken weit in den Himmel. Heute zählt er zu den aktivsten und zugleich jüngsten Vulkanen von Costa Rica und sogar zu einem der aktivsten weltweit. 2010 waren die Eruptionen so stark, dass der Nationalpark evakuiert werden musste, weil die Lavaströme an den Flanken des Kegels hinabströmten. Seitdem war Ruhe. Ich dachte mir, einem riesigen Gesteinsbrocken kann ich ausweichen und Lavaströmen davonrennen. Ich war ja nicht in einem Film. Nur dort passiert etwas. Eigentlich machte ich mir gar keine Gedanken. Ich wollte einfach sehen, von was andere Leute mir berichteten. Also fuhren wir los, parkten, stiegen aus, Rucksack angeschnallt und aufwärts gings. Eine Wanderung durch mystischen Regenwald, wild bewachsen, in dem es huscht, raschelt, und plötzlich geben die Baumkronen den Blick frei auf das, was sie nährt und verschlingt, den aktiven Vulkan. Es roch schweflig, kein angenehmer Geruch – es erinnerte an Stinkbomben, die früher die Lausbuben in der Schule gerne knallen ließen, die sich ja kaum vor ihren eigenen Fürzen ekelten –, und man hörte den Vulkan rumoren. Uns begleitete eine Familie mit zwei Mädchen, die bislang fröhlich den Anstieg mitgetrabt waren. Plötzlich spürte man unter den Füßen ein Beben, das sich an die Nervenbahnen anhaftete und im Ohr, mit dem Knall der Eruption, explodierte. Der Berg spuckte! Geruch, Umgebung, der Urknall versetzte eines der Mädchen in Panik. Es rannte schreiend und stolpernd weg. Die Kleine tat Horst leid. Für sie galt weder Feenzauber noch Eiterpickel, sondern nackte Todesangst vor einem verschlingenden Monster, das einen mit seiner heißen Zunge fängt und verschluckt. Horst ging dem Mädchen zusammen mit den Eltern hinterher, die auch das andere Kind beruhigen mussten. Mich packte die Versuchung, das Spektakel mit der Kamera einzufangen. Allerdings suchte ich blind durch den Sucher und das Objektiv fing nur Ascheregen ein, so dass ich bald umkehrte.

Am Sonntag, den 7. Juni 1987, besuchte uns Dalia mit ihren 2 Mädchen. Horst holte sie mit dem Auto ab. Ich beobachtete sie, wie sie aus dem Auto ausstieg. Betrachtete ihren anschwellenden. Es wunderte mich, wie Dalia ihrer Familie gegenüber dem wachsenden Bauch erklärte. Partielle Fettsucht. Sie war zwar nicht übermäßig dick, aber da sie eine schlanke und zierliche Gestalt hatte, sah man, dass sich unter der Kleidung das Kind in seiner Schutzhülle deutlich vorwölbte und zeigen wollte. Ich vermutete, dass es wissentlich stillschweigend ignoriert wurde und man den Frauen die Verantwortung übertrug, sich darum zu »kümmern«.

Wir verbrachten einen launigen, ausgelassenen Nachmittag zusammen. Ich hatte etwas zu Essen hergerichtet, die Mädchen tollten um das Haus, und Horst unternahm stetige, mitunter sehr lustige Kontaktversuche, indem er ihnen etwas zeigte, was sie seiner Meinung nach zum Leben brauchen konnten. Am Abend fuhren wir sie gemeinsam zurück, erfüllt von der Hitze und Gemeinschaft des Tages. Zwei Wochen noch und wir waren nicht mehr nur Zaungast, sondern hatten unsere eigene kleine Familie.

Ich war in einem tiefen, traumlosen Schlaf, als das Klingeln des Telefons sich wie ein dichter Luftzug durch meine Gehörgänge in die angenehme Leere wandte und sie ausfüllte. Ich schreckte hoch, das elektronische Schrillen war so selten, dass es Herzklopfen auslöste. Ich griff den Hörer und vernahm Dalias Stimme, die mir erklärte, dass es so weit war. Wahrscheinlich erklärte sie mir auch, dass die Wehen eingesetzt hatten, aber ich verstand nichts. Ich spürte mein Herz gegen mein Brustbein pochen und seinen Schall durch den ganzen Körper fluten. Mit fahrigen Bewegungen zogen wir uns an, viel zu aufgeregt, um unsere Gefühle und Gedanken in logische Worte zu fassen, die die Spannung vor diesem großen Abenteuer der Ankunft von neuem Leben beschreibt. Dalia stöhnte leise vor sich hin. Sie hatte eindeutig Schmerzen, die Wehen setzten ihr zu. Ich fühlte mich entsetzlich hilflos. Ich hätte nicht mit ihr tauschen wollen, aber den Schmerz so unmittelbar neben ihr zu erleben, ohne helfen zu können, weder mit tröstenden Worten, die mir in ihrer Muttersprache nicht einfielen, noch mit zärtlichen Berührungen, die wir vorher nicht geübt hatten, schleuderte mich in eine ausweglose Situation, die ich mit Scham füllte. Das Licht des Krankenhauses leuchtete uns wie der Leuchtturm auf stürmischer See entgegen. Wir waren alle drei erleichtert, als Ärzte und Schwestern Dalia in ihre Obhut nahmen. Dann wurden wir wieder nach Hause geschickt. In ein leeres Haus, das auf Ankunft wartete. Das passte uns überhaupt nicht, aber wir mussten uns den Gepflogenheiten beugen. Mit Carmens Hilfe riefen wir am nächsten Tag im Krankenhaus an und erfuhren, dass Dalia unseren kleinen Manuel um 4 Uhr entbunden hatte. Am Montag, den 8. Juni 1987. Der Mond stand im zweiten Viertel.

Am Dienstag durften wir endlich Dalia und Manuel besuchen. Das Krankenhaus hatte den Standard von unseren Häusern aus den 60er Jahren. Dunkle Räume und Flure, Neonlicht. In Dalias Zimmer lagen drei Frauen, es war wuselig, die beiden Zimmergenossinnen waren am stillen, was nicht hieß, dass nicht gequatscht, hantiert und gewerkt wurde. Die Wände waren dunkel, so dass wir nur das Licht unseres kleinen Sohnes sahen. Er wurde von einer Schwester gebracht und Dalia legt ihn an ihre Brust. Das war für die Situation vielleicht ungewöhnlich, aber so bekam er diese drei Tage all die Liebe, Fürsorge, das wichtige Kolostrum seiner biologischen Mutter, wofür ich sehr dankbar war. Danach nahm ich ihn zum ersten Mal auf den Arm und war erfüllt von einem See aus Liebe und Tränen. Unser kleiner Manolito. Was für ein wunderschönes Baby, der Kopf voller schwarzer Haare, alles an ihm war perfekt.

Eine Angestellte kam, um Manuel für die landesübliche Beschneidung abzuholen. Dalia fragte uns, ob wir damit einverstanden seien, was wir natürlich nicht waren. Ich sah es als einen widernatürlichen Akt der Gewalt, den ich Manuel nicht zumuten wollte. Wenn er sich als Erwachsener für eine solch rituelle Handlung entscheiden würde, wäre es seine Sache, Horst und ich lehnten dies vehement ab. Es kam zu Diskussionen, aus denen sich die Angestellte abschätzig abwendete und den Raum verließ. Ich hatte das Gefühl, ich müsste Manuel beschützen und ein weiterer Strang in dem Band legte sich dazu. Da Dalia und Manuel pumperlgesund waren, durften wir sie bereits Mittwoch abholen. Wir legten Manuel in eine Tragetasche, die ich mitsamt ihrem wertvollen Inhalt zu mir auf den Rücksitz nahm. Dalia saß vorne bequemer, es waren kleine, aber deutliche Zeichen des Übergangs. Wir brachten sie nach Hause. Es war ein schneller Abschied. Eine Umarmung mit einem geflüsterten Danke, das sich auf der Brücke unserer Begegnung traf. Dalia wollte Manuel danach nicht mehr sehen, wofür ich Verständnis hatte. Das war ihre Grenze des Erträglichen. Wir sahen sie zwar noch öfters durch das Adoptionsverfahren, aber nahmen aus Respekt Manuel nie mit. Ich hätte meinem Gefühl von Schuld und Scham, einer Mutter ihr Kind genommen zu haben, gerne Erleichterung verschafft, indem Manuel Kontakt zu seiner leiblichen Mutter gehalten hätte. Aber manche Träume bleiben verpackt im Land der Fantasie.

So zogen wir mit unserem Schatz in unsere Wohnung und waren auf einmal zu dritt. Und waren sehr beschäftigt, unser Kind zu versorgen. Waren wir davor in den verschiedenen Organisationen engagiert oder damit befasst, Spanisch zu lernen, lag dies stillgelegt auf Halde in San José, während wir unser Bestes gaben, Eltern zu werden. Manuel wechselte sofort von Brust auf Flasche, die er gierig aussaugte. Es gab einen Bioladen in der Nähe der Universität, in dem wir Babynahrung kauften. Damals hatte Nestlé bereits den südamerikanischen Markt erobert und trichterte den Müttern sehr aggressiv ein, dass Stillen kontaminiertes Gift und Packungsnahrung gesundes Babyglück bedeutete. Es gab kaum Möglichkeiten, sich dem zu entziehen und Alternativen zu finden. Daneben liebte Manuel einen entsetzlich großen, hässlichen, braunen Schnuller, an dem er in allen Lagen und Gemütszuständen heftig nuckelte. Er rief in mir mitunter Ekel hervor, doch ich hütete den Schnuller wie die Pinne beim Segeln, verfügte er doch über einen Zauber, meinen Sohn von einem Moment in den anderen in eine andere Stimmungslage zu versetzen. Als könnte man einen Hurrikan mit einem Stoppschild in eine angenehm laue Brise verwandeln.

Ich fühlte mich rundum wohl. Ich lag im Garten, Manuel bei mir. Versunken in der Betrachtung dieses Wunders. So winzig. So schön. Warme hellbraune Haut, kein Storchenbiss, keine abstehenden Ohren, keine krummen Finger oder Zehen – ein warmer weicher süßer Pudding aus purem Glück. Was er tagsüber verschlief, holte er nachts wieder nach. Er verlangte nach Fläschchen und mitunter liefen wir lange Strecken, um ihn wieder in den Schlaf zu wiegen. Carmen erwiderte mal auf meine Schilderung der Schreiattacken in einem flapsigen, aber sehr ernsthaften Ton, dass wir ihn zurückgeben könnten und uns keine Gedanken darüber machen müssten. Das schockierte mich, so rüde in die Schranken gewiesen zu werden, da ich doch einen mütterlichen Austausch und Rat erhofft hatte. Ich hatte nie Angst, dass mir Manuel genommen werden könnte, die Sehnsucht nach Sicherheit, dass er endlich richtig zu uns gehörte, war allerdings groß. Rein rechtlich hätte er uns nie genommen werden können, er hätte dann lediglich einen Pflegekind-Status gehabt. Damit hätten wir aber niemals mit ihm ausreisen dürfen. Auch das hätten wir auf uns genommen. Dann wären wir eben geblieben. Costa Rica ist ein schönes Land, und einer von uns wäre zum Arbeiten nach Florida gefahren, da wir als Ausländer sowieso regelmäßig das Land verlassen mussten. Ich spielte zu dem Zeitpunkt noch mit dem Gedanken, uns wieder ein Schiff zu kaufen und mit Manuel segeln zu gehen. Doch in Horst hatte der kleine Erdenbürger ein Sicherheitsnetz ausgeworfen, so dass er sesshaft werden wollte. Am liebsten zunächst in Deutschland. Wir gingen für das Adoptionsverfahren von zwei Monaten aus. Dass es dann ein halbes Jahr wurde, war zwar wechselweise bei all dem Nichtwissen beunruhigend und anstrengend, doch rückblickend habe ich die Zeit wie eine eigene Schwangerschaft sehr genossen.

Manuels Kinderarzt erfasste bereits bei der Erstuntersuchung seinen Charakter. Mit Hilfe von Carmens Übersetzung wurden alle Untersuchungen gemacht, bis der Arzt mit einer beunruhigenden Diagnose kam, dass etwas am Spinalkanal nicht in Ordnung sei und er operiert werden müsse. Anscheinend gab es eine Öffnung, die geschlossen werden musste. Instinktiv sprachen sich Horst und ich gegen eine Operation in Costa Rica aus. Vor so einem Eingriff wollten wir die Meinung anderer Fachärzte hinzuziehen. Was wir zum Glück gemacht hatten, denn später stellte sich heraus, dass alles in Ordnung war. Der Arzt verabschiedete sich mit den Worten: »Da haben sie einen ganz wilden Buben adoptiert!« und wünschte uns viel Glück. Mit Manuel hatten wir viel Glück und wir hatten einen wilden Buben.

Wir mussten alle drei Monate aus Costa Rica ein und ausreisen, da das Touristenvisum nur drei Monate gültig war und verlängert werden musste. Das erste Mal waren wir im April in Panama, das mit dem Auto eine Tagesreise entfernt ist. Das war so weit kein Problem, da wir im April nur zu zweit waren. Anfang Juli war es wieder so weit, aber dieses Mal fuhren wir nach Nicaragua, zu diesem Zeitpunkt herrschte dort noch Bürgerkrieg. Es war nicht die vernünftigste Aktion, aber was hieß das schon, wir wollten einfach das Land kennenlernen. Manuel konnten wir nicht mitnehmen, da wir ihn noch nicht mit über eine Grenze nehmen konnten. Carmen erklärte sich bereit ihn vier Tage zu nehmen. Unseren Ford Bronco platzierten wir mit einer Deutschlandflagge an der Windschutzscheibe, was mir total unangenehm war, aber es sollte erkennbar sein, dass wir keine US-Bürger waren. Ich wollte einfach nur Mensch sein. Ohne Schmuck oder Klamotten, die mein Gehaltsniveau zeigten, ohne Universitätsstempel, die meine Intelligenz bewiesen, ohne Deutschlandflagge, die mich in eine demokratische Seifenblase hüllte. Menschen hatten noch nie unter Flaggen wirklichen Schutz gefunden. Ich wollte stolz auf Verständigung sein und nicht, weil mein Nest auf einem anderen Baum in einem anderen Wald beherbergt war. Wir begegneten Soldaten, die mit Gewehren am Straßenrand standen und uns baten, sie mitzunehmen. Was macht man in dieser Situation? Man macht große Augen, das Gehirn spuckt in einem fort Alarmsignale aus, das Herz klopft, die Hände feucht, es kribbelt im Nacken, es rumort im Bauch und gleichzeitig bemüht man sich um Ruhe und Freundlichkeit. Schließlich boten wir an, drei Soldaten mitzunehmen. Vielleicht war unser Spanisch noch nicht gut genug oder sie rechneten Horst Leibeshöhe auf sich selbst um, am Ende saßen sechs Soldaten bei uns auf der Rückbank und wir fuhren sie nach Managua. Allerdings hatte ich durchgesetzt, dass sie ihre Gewehre einem nachkommenden Laster mitgaben. Sie waren friedliche müde Beifahrer, deren Einsatz beendet war. Sie hatten ihren Dienst als Grenzpatrouille geleistet und wollten einfach nur nach Hause zu ihren Familien. Das Embargo der USA und die ständige Bedrohung durch die Guerillas setzte ihnen mächtig zu. Man kann das kaum aushalten, wenn man es hautnah miterlebt.

In Managua quartierten wir uns in einem Hostel ein, wo zahlreiche deutsche Aktivisten, Erntehelfer und Unterstützer der Solidaritätskomitees für die Sandinisten übernachteten. Managua war zu diesem Zeitpunkt einigermaßen sicher, die Contras waren mehr im Norden des Landes. Durch die vielen Aktivisten war es zu diesem Zeitpunkt eine sehr lebendige und interessante Stadt. Schade, dass wir nur wenig Zeit hatten, aber wir wollten wegen Manuel nicht zu lange wegbleiben. Im Hotel erzählte uns ein Deutscher, dass er gerade bei einem Projekt 150 km südlich von Managua gearbeitet hatte, dabei mitwirkte, einen Brunnen zu bauen, sodass die Frauen nicht mehr jeden Tag vier Stunden unterwegs waren, um Wasser im nächstgrößeren Ort zu besorgen. Er ermunterte uns, dieses Projekt einmal aufzusuchen. Wir kauften uns noch ein paar Kassetten mit sandinistischer patriotischer Revolutionsmusik. Im Dorf meldeten wir uns dann bei der Dorfvorsteherin. In den Jahren 1986 und 1987 wurden sehr viele Männer – zum Teil mit Gewalt – für den Militärdienst rekrutiert, um die US–finanzierten Contras zu bekämpfen. Dies schwächte schon damals das Land wirtschaftlich. Es gab auch im südlichen Nicaragua hin und wieder noch Angriffe der Contras und die Frauen mussten die Dörfer bewachen. Unsere Dorfvorsteherin erzählte uns voller Stolz, dass sie tagsüber schläft und dann nachts mit einer Kalaschnikow dasitzt, um das Dorf gegen Contra-Angriffe zu schützen. Und sie war sehr glücklich über unser Kommen, insbesondere darüber, dass wir ein Auto hatten. Ein sechs Jahre alter Bub im Dorf war von einem Hund gebissen worden und es gab keinen Tollwut-Impfstoff in der Krankenstation. Sie bat uns mit ihr in das nächstgelegene Krankenhaus zu fahren, um den Impfstoff dort abzuholen. Zwei Stunden Autofahrt hin und zwei Stunden zurück saß sie dann auf der Rückbank und sang aus Leibeskräften mit der Musik aus dem Kassettenrekorder. Sie war überwältigt, ihre sandinistischen Revolutionslieder im Auto zu hören. Wir hatten sehr viel Spaß auf dieser Autofahrt, und sie erzählte uns von dieser sandinistischen

Revolution, die für sie eine große Bedeutung hatte. Im Nachhinein, wenn ich sehe, was heute im Jahr 2019 aus dieser Revolution geworden ist, stimmt mich das sehr traurig. Schade, dass von den revolutionären Idealen wenig geblieben ist.

Kurz nach unserer Rückkehr aus Nicaragua flog Horst nach Deutschland. Es fiel ihm schwer, sich von uns zu verabschieden. Doch er musste unseren Hausstand in Florida auflösen und in Deutschland einen gemeinsamen Start vorbereiten. Ich musste so lange in Costa Rica bleiben, bis das Adoptionsverfahren abgeschlossen war. Waren wir bislang ein sehr gleichberechtigt lebendes Paar gewesen, das seine Ressourcen so aufteilte, dass ausgewogene Gemeinschaftsbedingungen entstanden, änderten sich nun etwas die Rollen. Bislang arbeitete ich und Horst kümmerte sich um den Hausstand. Nun war ein Funke geflogen, der in mir entbrannte, dass die Mutter beim Kind bleibt. Und Horst sah das unausgesprochen genauso. Vorher packten wir das Auto und die vielen Tropenholzmöbel, die wir noch in Sarchi gekauft hatten, in einen Container, der nach Deutschland verschifft wurde. Er packte sein Ränzlein, flog nach Florida, um auch dort noch den in Ft. Lauderdale zurückgelassenen Hausrat zurückzuschicken und flog hinterher.

Plötzlich allein. Mit einem kleinen Baby. Mir fiel das schwer. Ich hatte keine Ansprache, keinen Austausch. Wenn ich mit dem Bus fuhr, schrie Manuel aus vollem Halse, so dass ich immer nervöser und unruhiger wurde, bis andere Mitfahrer auf mich einschwadronierten, dass Manuel Hunger habe »tiene hambre« und wie süß und niedlich er wäre »ei que lindo«!

Das Apartment war nicht weit weg von der Universität, und hin und wieder ging ich dort hin, um einen Kaffee in der Cafeteria zu trinken. Dort traf ich dann zufällig Susan aus dem Spanischkurs wieder. Unter Tränen erzählte sie mir von der ein paar Stunden zuvor erhaltenen Nachricht, dass ihr Freund bei einem Contra-Angriff im Norden von Nicaragua ums Leben gekommen war. Die Contras hatten es oft auf Entwicklungsprojekte abgesehen, um die Gesamtlage zu destabilisieren.

Eines Tages fiel er mir auf dem Weg zur Universität beim Überqueren einer großen Straße aus der Tragetasche, er rollte aus dem Nest und kugelte unsanft auf die Straße. Mich erfasste eine Abrisskugel an Panik und schleuderte mich aus dem Verkehr. Am Straßenrand saß ich als heulendes Elend, mit meinem Kind auf dem Arm, dem nichts passiert war, aber ich fantasierte mir trotzdem die schlimmsten Dinge zusammen, gefüttert von meiner Unachtsamkeit und Schuld.

Da kam Herbert als mein rettender Engel. Er bot mir an, zu ihm ins Appartement zu ziehen. Er hatte ein leerstehendes Zimmer, genügend Platz und sogar ein Telefon. Tagsüber arbeitete er bei der ILO, abends lebten wir in einer Wohngemeinschaft, aus der in der Zeit eine enge, vertraute Freundschaft wuchs. Ich kochte, machte den Haushalt, tanzte mit Manuel zu den Dire Straits Romeo and Juliet durch die Wohnung, abends spielten wir Skat. Herbert machte es Freude, sich mit Manuel zu beschäftigten, er konnte wunderbar zuhören und ich erlebte ihn als wahren Menschenfreund. Für mich eine perfekte Zeit. Wir lebten wie ein Ehepaar, ohne eine Beziehung zu haben. Er hatte Die Zeit abonniert, so dass ich mich in der Ferne wieder auf unser Leben in Europa einstimmen konnte. Wir diskutierten über die Annäherung von West und Ostdeutschland und die Option der Wiedervereinigung. Wir verfolgten die Iran-Affäre, jetzt nur noch passiv durch die Zeitung, weil mir die Besuche in den Gefängnissen ohne Horst zu unsicher wurden. Herbert und ich gingen sogar gemeinsam in die großartige Oper von San José. Mit Manuel. Es war überhaupt kein Problem, ihn mitzunehmen. Er schlief selig und zufrieden in seinem Nest, während wir Ottorino Respighi folgten und in seinen Kompositionen schwelgten. Wurde es zu laut, hielt ich ihm die Ohren zu, damit er nicht aufwachte.

So wartete ich und wartete, dass sich endlich etwas im Adoptionsverfahren tat. Mitunter war ich sehr lästig und konnte unserem Anwalt gehörig auf die Nerven gehen. Ich fuhr öfters mit Manuel im Bus in das Stadtzentrum und stand – ohne Termin – vor seiner Tür. Meistens wimmelte mich seine Ehefrau ab, ein mütterlicher Typ, der mit sanfter Stimme Manuel bespaßte und mich beruhigte. Beide waren um die sechzig Jahre alt, echte Menschenfreunde, unglaublich geduldig und empathisch. Eines Tages musste ich einen schweren Rückschlag hinnehmen, in Costa Rica wurde ein Händlerring mit illegalen Adoptionen aufgehoben und dadurch die Gesetzeslage verschärft. Auf der einen Seite war ich froh, dass im Sinne der Kinder strengere Auflagen und Sicherheitsvorkehrungen getroffen wurden. Da wir selber von Beginn an den Weg über das Jugendamt und die Behörden gegangen waren, wollten wir uns nicht in dem Sumpf wiederfinden. Das jemanden zu erklären, lag natürlich nicht in meiner Hand und ich rutschte in ein tiefes, verlorenes Loch, das meine Zuversicht und Hoffnung für einen Moment verschlang. Wieder reichte mir Herbert die Hand und zog mich da raus, ich bin ihm bis heute von Herzen dankbar. Er lebt heute mit seiner Frau Camilla in der Bretagne.

Ab und zu brachten wir Manuel zu Carmen, und Herbert und ich unternahmen etwas, das mich etwas ablenkte, denn ich fühlte mich zeitweise sehr angekettet. Manuel war gerne bei Carmen, sie war ein mütterlicher Typ und er spürte, dass er willkommen war. Wenn ich ging, war das für ihn selbstverständlich, er hatte ein tiefes Vertrauen, dass ich wiederkam. Mit ihm zusammen unternahmen wir Ausflüge in die Berge, um Manuel an die Höhe zu gewöhnen, quasi als Trainingslager für den Flug nach Deutschland. So reihten sich die Tage wie eine Dominoschlange hintereinander auf, und ich wartete auf den Moment den Stein für den Weg nach Hause umzuwerfen. Und dann fiel er. Endlich. Ich rief Horst an. In der ganzen Zeit hatten wir nur zweimal telefoniert, weil es so unglaublich teuer war. Horst schrieb regelmäßig Briefe, um mich auf dem Laufenden zu halten. Als ich ihn anrief, um ihn über den Atlantik meine Freude über die Zustimmung zur Ausreise zuzurufen, erzählte er mir, dass wir nach Italien gehen würden und ob ich damit einverstanden wäre. Was für eine Freude! Ich liebte Italien, ich freute mich umso mehr, mich mit dem wertvollsten, das ich besitze, auf den Weg nach Europa zu begeben.

Vorher nahmen wir Abschied von Costa Rica. Ich musste für Manuel einen Reisepass beantragen. Weil er offiziell noch Costa Ricaner war, musste ich einen Antrag stellen, mit ihm ausreisen zu dürfen, denn das dortige Gesetz schrieb vor, dass Frauen dazu die Genehmigung ihrer Ehemänner brauchten. Da Horst nicht vor Ort war, um mir seine Zustimmung zu geben, musste ich diese vom Jugendamt einholen. Fest die Zähne zusammenbeißen und eine Menge Briefmarken über die Amtstische schieben. Letztere waren die Währung für die Behördengänge.

Ich kaufte günstige Flugtickets, mit einem Zwischenstopp in Florida, was mir sehr gelegen kam, denn so konnte ich mich in Ft. Lauderdale nochmals mit Freunden treffen, Manuel spüren lassen, wie sehr ich mich dort aufgehoben gefühlt hatte, um dann weiterzuziehen.

Herbert fuhr uns zum Flughafen. Ich hatte meine 12 kg Zuhause auf dem Rücken, Manuel in seiner Tragetasche, bewaffnet mit einer Batterie an Fläschchen. Ich bekam einen Platz in der ersten Reihe und konnte das Nest mit unserem Sohn vor mich auf den Boden stellen. Alles lief völlig problemlos.

In Miami nahm ich mir ein Taxi und fuhr in Brunos Zoo, wo ich die Tage verbrachte und mich mit Marion und Uwe traf. Manuel wanderte für die Zeit von meiner Hüfte in Marions Arme, die ihn innig umschlossen. Bee traf ich leider nicht, sie war zu dem Zeitpunkt nicht vor Ort, was ich zwar bedauerte, da ich aber selber Reisende war, nicht erwarten konnte.

Dann ging unser nächster Flug, der erste gemeinsame Langstreckenflug für Mutter und Kind. Manuel verschlief ihn fast komplett. Ich hingegen beobachtete meinen Buben mit

Argusaugen und ging die gesamten elf Stunden nicht auf Toilette. Was, wenn er aufgewacht wäre und in diesem seltsamen geräuschvollen Raum im Himmel nicht in das vertraute Gesicht seiner Mutter geblickt hätte.

Nach der Landung in Düsseldorf durfte ich mich als eine der Ersten mit der Tragetasche durch die Gänge schlängeln, am Gepäckband meinen Rucksack holen und in das novembergraue Deutschland blicken. Ich weiß nicht, ob es das nasskalte Wetter, die vergangene Zeit, die Müdigkeit waren, doch mit jedem Schritt wurde mein Gefühl der Freude für die Heimat und mein Wiedersehen mit Horst in einen dichten unwirtlichen Winterwald gezogen. Ich fremdelte. Im Gegensatz zu Manuel, den Horst zwischen seine Hände packte und nach oben hob, um ihm einen ersten Jauchzer zu entlocken.

Wir fuhren im Ford Bronco zu Renate, bei der wir erstmal für die Zeit in Deutschland unterkamen. Auch diese Begrüßung fiel mit freundlichem Abstand aus, Manuel übernahm mit seiner offenen neugierigen Art die Gestaltung dieses Stelldicheins, in dem sich die Erwachsenen wie hölzerne Statisten bewegten. Es dauerte ein paar Tage, bis ich mich komplett und gestärkt fühlte für den Lebensabschnitt, der vor mir lag.

(im Uhrzeigersinn): Sommerschick anno 1955: ich in tiefergelegter Kinderchaise. Wochenend-Ausflüge in den 50ern: schicke Mama mit Tochter auf der Wiese. Im Hort traf ich Bibi *(2.v.l.)* - neun Jahre waren wir unzertrennlich, bis wir umzogen; Immer willkommen fühlte ich mich in der gemütlichen Wohnung von Gabi und Andreas. (m.r.) 1977 - Das erste Mal über den Atlantik nach New York zum Work-& Study Program. Ein echtes Glücksblatt zu viert in den 2 Jahren USA (unten): Birgit *(kleines Bild ganz links)*, Elfie *(blaues T-Shirt)*, Hermine *(rotes T-Shirt.)* und ich *in den Häuserschluchten von New York.).* 1959 -Endlich ein (sozialer) Papa, dessen Augenstern ich war (m.l.).

(im Uhrzeigersinn): 02/1979 – Beginn einer lebenslangen Liebe zur Seefahrt: meine Jungfernfahrt auf der Shangri-La hier vor Anker in der Opunohou Bay auf Moorea. *(o.l.).* 10/1979 - Angeheuert bei Claude auf der SY Entropy, hier verbringen wir auf den Neuen Hebriden (heute Vanuatu) ein paar wilde, romantische Wochen *(o.r.).* 09/1982 - Törn von Florida in die Bahamas. Unsere Katzen MuschMusch und Minchen ergreifen die Flucht, um an Land zu kommen *(m.r.). 09/1986* - Ich mit Carmen, ihrer Schwägerin, deren Sohn Nigel und Tochter Patricia *(u.r.)* und Mario, der Bruder von Carmen *(kleines Bild).* 12/1986 - Taos Pueblo und Anasazi Kulturstätten beeindruckten so sehr, dass wir noch zwei weitere Male diese Orte aufsuchten *(u.l.).* 05/1982 - Entspanntes Segeln in den Fjorden von Norwegen mit Norbert im Cockpit Querflöte spielend *(m.l.).*

(im Uhrzeigersinn): 06/1987 - Dalia, Manuel's leibliche Mutter mit ihren zwei Töchtern *(o.l.)*. Stilles Mutterglück: mit Manuel in der Natur, wo wir uns wohl fühlten *(o.m.)*. Horst mit seinem neugeborenen Sohn auf dem Arm. Darunter unser Dreieckshaus.. 09/1987 - Herbert, mein enger Freund, war mir eine große Stütze. *(m.r.)*. 12/1987 – Familienzusammenführung -. Oma Renate war sofort in den kleinen Knirps verliebt *(u.r.)*. Manuel mit Onkel Marcus (u.m.) und Oma Margrit und Opa Georg *(u.l.)*. Der Contra-Krieg (1981 bis 1990) war ein Guerilla-Krieg der Contra-Rebellen gegen die Regierung Nicaraguas, mit Unterstützung der USA. Sie führten Anschläge gegen Nicaragua aus und waren immer präsent. Überfüllte Busse, da durch das USA Embargo keine Ersatzteile für Busse zu bekommen waren (m.l.).

(im Uhrzeigersinn): 12/1987 - Frederic, Helene und Burgis (Schwester von Horst) kamen sofort nach Deutschland, um das neue Familienmitglied zu begrüßen *(o.l.)*. 12/1988 - USA Reise mit allen Großeltern - beide Omas sind vom Canyon de Chelly im Gebiet der Navajo-Nation in Arizona total begeistert *(o.r.)*. Wenig Gemecker durch liebevolle Ablenkung auf den langen Fahrten im Camper. *(m.r.)*. 8/1993 - Eine schöne Maid braucht jedes Schiff: Helene *(u.r.)* hält Ausschau und Mutter Burgis filmt *(u.m.)*. Erstaunlich, mit wieviel Geduld Manuel auf den Fisch an der Angel wartet *(u.l.)*. Italien 1988 - Besuch von Herbert, mit einem Ausflug nach Venedig (m.l.). Sylvester 1989 - Manuel nimmt schon mal Augenmaß für Bühne und Musik, fühlt sich sofort in seinem Element. Bei der Feier auf der Alm war Manuel mit seiner offenen Art der Schwarm aller Frauen (m.m.).

(im Uhrzeigersinn) 08/1992 - 500 Jahre Kolumbus & Indianerlauf USA
Unser Ansinnen: Free Leonard Peltier (indianischer Aktivist der AIM).
Horst und ich liefen bei dem Lauf abwechselnd mit, während Tochter
Svenja (1. Ehe, damals 18 Jahre) und Manuel auf unsere Ankunft warteten.
Manuel konnte im Pritschenwagen mitfahren *(o.)*. Abends wird der Lauf
mit einem PowWow, eine Zeremonie der nordamerikanischen Indianer,
beendet (m.r.). 08/1998: zurück zu Manuels Wurzeln – Mutter-Sohn Reise
nach Costa Rica - Extrem beeindruckend, auch für einen coolen Heranwachsenden, der Vulkan Poas (u.r.). 2005 – Manuel und seine Freunde wollten erfolgreiche Rapper werden und mieteten sich hierfür ein Tonstudio in München
(u.l.). Nochmals 08/1992 - Rast auf dem Weg in die Schlucht des Gran
Canyons mit atemberaubendem Ausblick *(m.l.)*.

im Uhrzeigersinn) 10/2007 - Verkauf der Anhinga und Kauf der Cheetah (Südafrikanisch für Gepard), die wir nach Tunesien segelten und ein Jahr in der Hammamet Marina liegen hatten. Die letzten Arbeiten vom Chef bevor es losgeht *(o.l.)*. Stolz und selbstbewusst -: Manuel übernimmt das Ruder *(o.r.)*. *04/2008* - Manuels erste und große Liebe Lisa begleitet uns auf einem abenteuerlichen und ihrem ersten Törn nach Tunesien. Manuel im Beduinenzelt bei einem Landausflug in die Ksar Ghilane Oase. *(m.r.)* Ein Ausritt mit den Kamelen, solange wir auf das Ersatzauto warten. Warum? Unser gemietetes Auto verreckte im Sandsturm (u.r.). Ruhige See, ruhige Gemüter: Lisa und Manuel auf der Fahrt von Hammamet nach Monastir (u.l.). 10/2007 - Nach einem heftigen Sturm braucht es eine leckere Mahlzeit (Sardinien auf dem Törn nach Tunesien (m.l.)

(im Uhrzeigersinn) 07/2009 – Manuel mit Lisa und Freunden auf einem letzten Segeltörn mit der Cheetah, bevor sie verkauft wurde *(o.l.)*, 11/2009 - Auf ein Neues und doch unsere letzte, gemeinsame Atlantiküberquerung: Lässig - Manuel übernimmt das Ruder bei der Ausfahrt *(o.r.)*, Wichtiges Werkzeug und immer mit dabei: Nähmaschine für die Gennaker-Reparatur auf hoher See. Franz muss das große Segel festhalten, dass es bei viel Wind und hohen Wellen nicht wegflog *(m.r.)*. Frühjahr 2012 – seine hippe junge Crew im Büro in Hamburg *(u.r.)*. Auch seine 2 Hunde Sila und Lilli durften immer mit ins Büro *(u.r.)*. 11/2009 - Unsere Crew auf der ARC kurz vor Start: Manuel, Franz, Horst, Axel, Marion und Cristina *(m.l.)*.

Nächste Seite: Ein Selbstporträt, gemalt in der 4. Klasse. Psychologen könnten wohl einiges deuten. Ich finde es sehr berührend und beeindruckend.

Teil 2

Der schwarze Panther
bereit für den Sprung –
ich möchte ihn streicheln.

Der schwarze Panther

Besonders auffällig sind schwarze Leoparden. Diese nennt man auch schwarze Panther oder Schwärzlinge (genau wie beim Jaguar). Das Fell des schwarzen Panthers ist komplett schwarz. Doch bei Sonnenschein ist das typische Rosettenmuster ebenfalls erkennbar. Leoparden haben sehr gute Sinne. Sie hören sogar Geräusche, die wir Menschen nicht einmal wahrnehmen. Ihr Geruchssinn ist sehr gut ausgeprägt. Leoparden haben zwar keine große Ausdauer, aber sie können eine Höchstgeschwindigkeit von 60 km/h erreichen.

Junior.de

Ankunft in deutschen Gefilden

»Mein kleiner Manolito, alles wird gut, gleich sind wir da«, flüsterte ich, Wange an Wange, meinem kleinen schlafenden Sohn ins Ohr, als wir zum ersten Mal gemeinsam den Weg zum Haus meiner Schwiegermutter Renate hochgingen. Horst lief voran, meinen Rucksack geschultert, ungewohnt ruhig. Jeder Schritt, seinen Fußstapfen folgend, schuf Abstand zwischen seiner Ferse und meinen Zehen. Ich trottete mechanisch hinterher, Horst hatte alles für uns vorbereitet, ich hatte mich sehr auf die Veränderung gefreut, aber mit dem Betreten des Flughafens waren meine Gefühle seltsam vakuumiert und schockgefrostet. Es gibt Momente der Begegnung, in denen man durch die Augen in die Herzen blickt und dort den anderen lesen kann. Ich hatte in meiner Zweisamkeit mit Manuel den Anschluss an Horst verloren. Ihm gelang es in diesem Augenblick nicht, mir meine Ängste zu nehmen, er wünschte sich wohl zu sehr, dass ich ihm mit unserem Sohn freudig entgegenstrahlte und dadurch seine eigenen Ängste, von dem Kleinen abgelehnt zu werden, verdeckt wurden. So verließen wir uns geübt auf den Automatismus des Funktionierens.

Renate hatte unsere Ankunft beobachtet und stand bereits vor der Tür. Sie freute sich sichtlich und ein jahrhundertealtes Ritual nahm seinen Lauf. »Ohhh, gib mir gleich das Männlein. Dass ich den kleinen Schatz endlich sehe. Zieht ihr Euch in Ruhe aus. Du musst ja völlig müde sein«, gurrte sie, und wieder wurde mir mein Schutzschild vom Arm genommen. Ich war völlig erschlagen, leider zu unruhig, um mich hinzulegen. Leider auch zu mundfaul, um über die Reise zu berichten. Horst und seine Mutter beschäftigten sich mit Manuel, während ich belämmert im Sessel saß und die Bilder mit ihren Geschichten an mir vorbeirauschten. Manuel machte es uns leicht. Vater und Oma waren für ihn fremde Menschen, aber bereits hier zeigte er sein offenes, neugieriges Wesen und ließ sich freudig von ihnen bespaßen. Renate überließ uns ihr Schlafzimmer, in dem wir uns zwischen schweren Biedermeiermöbeln zu dritt ausbreiteten. Nichts schreckte Manuel. Weder die fremde Atmosphäre mit ungewohnten Geräuschen noch die verschiedenen Gerüche. Ich glitt nachts in ein tiefes Nichts, in dem ich mich von all den Veränderungen zurückzog. Da Horst sich viel um Manuel kümmerte, konnte ich dort verweilen und mich der Stille hingeben. Es dauerte eine Zeitlang, bis wir uns wieder annäherten. Horst war enttäuscht und warf mir meine Distanziertheit vor. Ich konnte ihn verstehen, aber es fiel mir schwer, nach den vergangenen Monaten ohne ihn, in denen ich nicht die liebende Ehefrau spielen musste, mich nun wieder an diese Paarrituale zu gewöhnen.

Im Dezembergrau vergingen die Tage. Tagsüber fuhren wir Manuel in einem graubeigen Kinderwagen spazieren, dessen Anblick mich jedes Mal ärgerte. Dass ich so etwas für einen Kinderwagen empfand. Horst hatte ihn während meiner Abwesenheit in Costa Rica gekauft. Er wollte alles so gut machen und meinte es auch so. Ich verstummte bei seinem Anblick und konnte mich nicht erkenntlich zeigen. Meine Abneigung hätte ich in dem Moment nicht äußern dürfen, diese Undankbarkeit wäre mir mein Leben lang vorgeworfen worden. Es war jedoch keine Undankbarkeit. Meine Mutter hatte bereits bei meinem Bruder Marcus ein schwarzweißes Pepita-Modell ausgesucht, das nichts Kinderfreundliches an sich hatte. Natürlich sehen sich die Babys die Wägen nicht an, aber anscheinend kam an dieser Stelle mein Mutterinstinkt oder mein Selbstbestimmungsrecht als Mutter zur Geltung, das den Wagen für mein Kind selbst aussuchen wollte. Mein Verstand riet mir zur Einsicht, weil es zu banal war, mein Gefühl reagierte bei dem Anblick jedes Mal mit Verachtung und einem Kloß im Hals, der mich daran hinderte, eine unbedachte Bemerkung zu machen. Das Glück war auf meiner Seite, denn in Italien tauschten wir die ungeliebte Karosse schon bald gegen einen Kettler-Anhänger fürs Fahrrad aus. Ein silberner Kastenanhänger für Transportgut. Praktisch, schlicht und innig geliebt. Manuel saß mit höchstem Vergnügen wie ein Prinz im Eck – die Sicherheitsvorschriften waren damals zu vernachlässigen – und hütete meine Persenninge, die ich zu den Kunden brachte oder unseren Einkauf, den er gerne mal – meinen Rücken im Blick – kontrollierte und die Besitzverhältnisse zu seinen Gunsten änderte.

Renate gab uns ein Stück Freiheit, denn sie kümmerte sich rührend um Manuel. Sie war einer Grande Dame würdig und stets adrett gekleidet. Da zu diesem Zeitpunkt klar war, dass wir bald nach Italien weiterzogen, konnte ich mich gut mit der Situation arrangieren.

In meinem 12 kg Gepäck waren keine Wintersachen, weshalb Horst und ich nach Osnabrück in einen Rote-Kreuz-Laden fuhren und dort etwas Warmes für mich kauften.

Mode war mir nicht grundsätzlich egal, aber auch nicht wichtig. Außerdem mussten wir, wo es möglich war, sparsam sein. Das waren wir schon immer, doch mit einem Kind ändert sich der innere Kompass von Sorglosigkeit in Behutsamkeit. Es war erstaunlich, welch herausragende Qualität bereits in den Kleidersäcken landete, neben viel entsorgtem Schrott. Da ich schlank und drahtig war, fand ich schnell ein paar wollene bunte Stücke und konnte mit dem Kauf die Organisation finanziell unterstützen. Jedenfalls ging ich zu dem Zeitpunkt davon aus, dass das Geld gut investiert war.

Nach zwei Wochen wollte ich Manuel seinen Reutlinger Großeltern vorstellen. Wir packten ein kleines Reiseset für uns, auch mit Manuel hat sich unsere Erfahrung, mit Minimalausstattung unterwegs zu sein, bewährt und nicht geändert. Horst und ich hatten unsere Rucksäcke, denen wir etwas Wäsche und die Fläschchen für Manuel hinzufügten. Alles andere empfand ich als nutzlosen Ballast. Wir wären nirgendwo auf der Welt anders gereist und in Deutschland konnte man sich an jeder Ecke, selbst an Tankstellen, mit allem Notwendigen versorgen. Lediglich einen Autositz brauchten wir, was in Deutschland Vorschrift war. Meine Freundin Gabriela hatte bereits einen von ihr aussortierten nach Bad Essen geschickt, in dieses Polstermonstrum hievte Horst Manuel, der so perplex war, dass er gar nicht reagierte, als sein Vater ihn anschnallte und mit den Gurten in eine Bewegungslosigkeit zwang, die für ihn – fern menschlicher Körpernähe – unnatürlich war. Nachdem wir ein paar Kilometer gefahren waren und neben den Fahrgeräuschen reine Stille im Auto herrschte, drehte ich mich nach hinten um.

»Manolito, wir fahren zu Oma und Opa. Ist das nicht toll?« sprach ich ihn ermunternd an, auf eine freudige Reaktion hoffend. Er fing meinen Blick stumm auf, drehte sich dann wortlos weg. Mit dieser Reaktion hatte ich nicht gerechnet. Mir mit seinem halben Jahr eine solche Missbilligung entgegenzubringen, ließ mich erschaudern. Ich versuchte mit ein, zwei halbherzigen Dädädä-Versuchen seine Aufmerksamkeit zurückzugewinnen, doch er blieb konsequent. »Lass ihn halt, Dir ist auch nicht immer zum Reden zumute«, erinnerte Horst mich feixend an meine eigene Mundfaulheit. So den Wind aus den Segeln genommen zu bekommen, verursachte auch bei mir eine totale Flaute. Damit hatte ich gelernt umzugehen, man braucht nur einen gewissen Langmut. Irgendwann schmunzelten wir beide über unseren beleidigten Sohn, der uns immer wieder überraschte. Nach einer Weile vernahmen wir von hinten ein Rascheln, das sich langsam in ein fröhliches Krähen steigerte.

Als wir mit Manuel im Haus meiner Eltern ankamen, verwandelte sich meine Mutter in ein Wesen, das ich bis zu diesem Zeitpunkt nicht gekannt hatte. Sie kümmerte sich rührend um ihren kleinen Enkelsohn. Er durfte auf ihr rumhüpfen und toben, sie quiekte und turtelte verliebte Worte. Ich freute mich für meinen Sohn, mich konnten diese Liebesbekundungen zwar nicht mehr erreichen, dennoch knüpfte meine Mutter dadurch ein neues Band zu mir. Manuel liebte auch seinen Opa, dem nichts zu verrückt war. Er genoss das wilde Temperament seines Enkels, wurde unter seinen Ritten immer jünger. Horst reagierte erschrocken, es war ihm zu ungebärdig und laut, aber meine Eltern ignorierten ihn erfolgreich. Ich genoss die Zeit, es waren Tage, in denen ich in Deutschland und in mein Leben mit Familie eintauchte.

Wir beschlossen vor der Rückreise nach Osnabrück, Gabriela in Tettnang, einen Nachbarort von Friedrichshafen am Bodensee, zu besuchen. Ich freute mich sehr, meine, in Freundschaftsjahren gezählt, älteste Freundin in die Arme zu schließen und ihr meinen Sohn vorzustellen, denn ich wusste, dass sie sich aufrichtig für mich freute. Sie selbst hatte mittlerweile drei Kinder: Severin, Lupina und Christoph. Und im Kosmos stand Malvine in den Startlöchern, um das Quartett zu vervollständigen, was wir zu diesem Zeitpunkt natürlich alle noch nicht wussten. Gabriela, die von sich behauptete, nicht gut mit kleinen Kindern umgehen zu können, stand in der Küche, um Brot zu backen, das sie mit uns teilte, wie vieles andere auch. Ganz selbstverständlich. Sie war eine quirlige, vielseitige und wundervolle Mutter und ein herzlicher Mensch, der auf seine Art Liebe in die Welt sendete. Morgens fand ich kleine Zettel mit Botschaften wie »Hast Du gut geschlafen?«, die ich liebte und ein Bedürfnis in mir aufkommen ließ, ihr etwas zurückgeben zu wollen, aber ich fühlte mich zu ungeschickt, um es auch zu können. Manuel fühlte sich in der aufgeweckten, aber wohlerzogenen Rasselbande herrlich aufgehoben. Es war beglückend, ihn inmitten der Kinder zu erleben. Er saß wie ein kleiner Buddha in ihrer Runde, alles an ihm war rund, weich, friedlich, seine braunen Augen kullerten süße Schokoladenrufe in die Herzen, so dass jeder seine Nähe suchte, dem er aufgeschlossen begegnete.

Abends saßen wir Erwachsenen bei Gesellschaftsspielen zusammen, meistens spielten wir Canasta. Es waren gesellige Momente, die überspielten, dass Horst sich in der Gesellschaft von Gabriela unwohl fühlte. In ihrer offenen, direkten, stets liebenswürdigen Art hatte sie Horst neckend einen Schussel genannt, als er etwas verschüttete. Als gute Beobachterin konnte sie auch nicht anders als ihm unter die Nase zu reiben, dass er ein einnehmender, eifersüchtiger Kerl sei, der nicht nur Kerle in seinem Revier wegbiss, sondern jegliche Okkupation meinerseits durch andere in seiner Nähe nur schwer duldete. Das alles nicht wissend, dass das auf Horst wie ein Brandmal wirkte, das unvergessen blieb. Das war sehr schade, auch ich konnte diese Narbe nicht entstören. Ich fand das Ganze zu banal und lächerlich, was wahrscheinlich nicht die beste Ingredienz einer Heilsalbe ist. Ehrlich gesagt fühlte ich mich auch nicht in der Lage, weder bei mir noch bei ihm, alte Wunden – möglicherweise aus der Kindheit zu kurieren.

Mit Andreas verstand er sich gut, so dass Gabriela und ich vertrauliche Frauenmomente genießen konnten. Gabriela hatte allerlei gute Ratschläge parat, ganz beliebt das Essen betreffend, die ich dankbar annahm. Außerdem war sie wunderbar großzügig, sie sortierte alles aus, was ihrem jüngsten Sohn Christoph nicht mehr passte und steckte es uns zu.

Eines Abends beschlossen wir, zu viert in ein Weihnachtsoratorium zu gehen. Gabriela hatte eine gute Freundin, die bereit war, auf Manuel aufzupassen und einen sehr netten Eindruck machte. Manuel reagierte wie immer freundlich und aufgeschlossen. Wir genossen den Abend und holten unsere kleine Puppe, die friedlich schlummerte, nachts ab. Jahre später erfuhr ich von Gabriela, dass Manuel drei Stunden lang geschrien hatte. Ich hätte das gar nicht wissen wollen. Gabi hatte die Geschichte noch nicht zu Ende erzählt, da holte ich die dazwischen liegenden Jahre bereits mit einem schlechten Gewissen nach, rückgängig konnte ich es ja nicht mehr machen.

Unser erstes Weihnachten als Familie verbrachten wir mit Renate, Burgis und deren beiden Kindern Frederic und Hélène in Bad Essen. Renate und Burgis spielten Klavier, wir sangen dazu, es gab Forelle, einen Christbaum und bunte Geschenke für die Kinder. Die Forellen waren abgezählt. Sieben Stück, für jeden eine. Dennoch wollte Renate ihre erst nicht essen, weil es ihr unangenehm war, dass nicht eine übrig blieb. Ich weiß nicht, ob das vom Krieg mitgetragen wurde. Frederic und Hélène brachten das Christkind zu uns. Weihnachten mit Kindern macht die jahrtausendealte Geschichte von Liebe und Hoffnung so viel wirklicher. Der Glanz in ihren Augen, ihre Faszination, ihre Bereitschaft, sich anschwindeln zu lassen, ihr kindliches Vergnügen, diese Nacht lebendig und unendlich zu machen, luden mich ein, dieses Fest wahrhaftig zu feiern. Manuel fand es großartig, die beiden zu beobachten. »Manuel, regarde ici. C´est un mobile«, parlierte Hélène, stupste das Mobile an, das über Manuel hing und er strampelte vergnügt los. Sie und ihr Bruder sprachen ausschließlich Französisch, Manuel kannte bislang die Klangfarben von Spanisch, Deutsch und etwas Englisch, trotzdem folgte er fröhlich dem Daumenkino an schnell wechselnden

Eindrücken. Sein erstes Geschenk, das auch gleichzeitig sein erstes richtiges Spielzeug war, nahm er gar nicht wahr. Er genoss die ausgelassene Stimmung und die Menschen, die ihn in ihre Mitte nahmen.

Im Januar erledigten wir organisatorische Aufgaben für unseren Wechsel nach Italien. Ob das Amtsgänge für das deutsche Adoptionsverfahren oder notwendige Bankbesuche waren, um unseren europäischen Standort einzurichten. Mit Manuel konsultierten wir zum ersten Mal einen deutschen Kinderarzt, um alle notwendigen Impfungen vornehmen zu lassen. Die glücklichste Botschaft, die wir von dort mitnahmen, war ein gesunder Rücken. In Costa Rica hatten die Ärzte eine Operation empfohlen, was wohl aus Sicht des deutschen Arztes völliger Unsinn gewesen wäre. Ich war erleichtert, dass ich meiner Intuition gefolgt war.

Horst musste beruflich nach Düsseldorf auf die Bootsmesse, danach fuhren wir zum ersten Mal gemeinsam nach Aprilia Marittima in Pertegada, Italien. In der Lagune von Marano, zwischen Venedig und Triest, lag die Anlage für die Privatschifffahrt, in der Horst eine Anstellung gefunden hatte. Wir wollten dort eine Wohnung besichtigen, die er durch einen Kollegen vermittelt bekommen hatte.

Wir fuhren in einem Rutsch. Auch hier waren Horst und ich gute Partner. Wir liebten beide das rasante Fahren, brauchten keine Pausen, eher Horst als ich, weil ich in den Messe-Modus ging. Das hieß von 10 bis 18 Uhr kein Toilettengang. Ich hatte mit meiner Blase ein mentales Abkommen, auf das wir uns beide verlassen konnten. Manuel lernte von Anfang an, dass jede Art von Fortbewegungsmittel in unserem Leben eine willkommene Gelegenheit für abwechslungsreiche Ortswechsel war. Wenn wir nicht gerade nachts fuhren, spielte er stundenlang in seinem Sitz, mit dem er sich als geduldetes Übel arrangiert hatte. Wir kamen in der Marina an, die öde, nebelig und vereinsamt vor uns lag. Der Strand war mit Brettern zugenagelt, damit der Sand nicht in den Ort wehte. »Hier soll ich die nächsten Jahre leben? Das habe ich mir anders vorgestellt«, lag mir auf den Lippen, doch verbiss ich mir die Bemerkung, schließlich hatte Horst das alles in die Wege geleitet und war bereit, nach Jahren des sorglosen Dahintingelns, in denen er sich ausschließlich um unser Schiff gekümmert hatte, die Rollen zu wechseln, einen festen Job anzunehmen, um die Familie zu versorgen. Dazu hatte er seine Kenntnisse als Elektroniker und seine Erfahrungen auf dem Schiff gebündelt und baute für eine deutsche Firma, die eine Niederlassung in der Marina hatte, Navigationsgeräte in Schiffe ein. Ein Kollege, der mit seiner Frau und Kindern eine größere Wohnung suchte, überließ uns ihr Reihenhaus. Es war eine möblierte Wohnung, in der es keine Heizung gab und die uns entsprechend ungemütlich aufnahm. Ich war mir nicht sicher, ob ich hier leben wollte. Natürlich wusste ich, dass mich nicht das karibische Sonnenscheinparadies begrüßte, aber irgendwie hatte ich es mir doch gewünscht.

Nichtsdestotrotz fuhren wir noch zweimal hin und her, um unsere eigenen Möbel und Dinge runterzubringen und einzurichten. Einmal ließen wir Manuel bei Renate. Obwohl Manuel beim Reisen nie hinderlich oder nervig war, wollten wir ihm die viele Unruhe ersparen. Wir waren überzeugt, dass er sich bei Renate heimisch fühlte. Die Abwicklungen beim

Zoll waren extrem lästig, da wir grundsätzlich wegen Manuels costaricanischem Pass aus der Schlange gezogen wurden, lange warten mussten, bis die Pässe von Interpol geprüft waren und wir weiterreisen durften. Dann gerieten wir oft in Stau, einmal sogar bei Nacht, wo nichts mehr vorwärtsging, so dass wir beschlossen, über den Standstreifen die nächste Ausfahrt zu nehmen und rauszufahren. Wir hatten ungeheures Glück, als wir bei einer kleinen Pension klingelten, uns aufgemacht wurde, und wir ein Zimmerchen mit Schlafgelegenheit bekamen. Es hatte den Hauch der alten biblischen Erzählung von Josef und Maria, nur dass ich unseren kleinen Engel müde und verwirrt auf dem Arm trug. Diese Erlebnisse ließen uns die Entscheidung fällen, Manuel bei der Oma zu lassen. Er begrüßte uns bei unserer Heimkehr freudig, streckte uns seine Ärmchen entgegen, uns kam nie der Gedanke, dass er mit Verlustängsten reagieren könnte. Haute Manuel sich das Knie auf, weil wir oder er selbst unachtsam war, hatte ich einen direkten Bezug zum Schmerz und seinen Tränen. Die Psyche war ein Buch mit sieben Siegeln. Was wir alles hätten anders machen können oder sollen – keine Ahnung. Wir liebten Manuel und waren in vielerlei Hinsicht völlig unbedarft. Das hielt ich für unsere größte Chance.

Unser Leben in der Sonne der Adria

Im März zogen wir gemeinsam um. Die meisten Möbel unseres neuen Domizils stellten wir in den Keller und ersetzten sie durch unsere. Natürlich war der Charakter der Tropenholzmöbel in einem mit Kacheln gefliesten, relativ einfachen 08/15-Touristenappartement in Italien nicht so charmant wie in Costa Rica. Doch sobald ich mich wie eine Katze in das knarzende Gestell mit den dicken Kissen reinräkelte, fühlte ich mich gemütlich aufgehoben, bereit, diese neue Szene in meinem Leben zu betrachten. Und hier war es auch, wo Manuel zum ersten Mal das Zauberwort sprach, dessen Code zu meinem Herzen nur er kannte: »Mama«. Ich schlug die Hände vors Gesicht vor Überraschung, nahm meinen Sohn auf den Arm, überflutet von tiefer Verbundenheit und Freude. Ich weiß nicht, ob ihm klar war, was er mir in dem Moment für ein Geschenk gemacht hatte, ich hoffte nur, dass ich seiner würdig wurde.

Zu Ostern im April kamen uns zum ersten Mal meine Eltern besuchen. Heimlich war ich vor allem meiner Mutter sehr dankbar (was ich natürlich nicht mitteilte), denn sie vertrieb mit ihrem quirligen Wesen, das mir ab und an auf den Wecker ging, meine Tristesse. Später bedauerte ich oft, dass meine Eltern weit weg wohnten, ich hätte sie gerne in meiner Nähe gehabt. Großeltern, die ihre Enkel lieben, sind schlicht und ergreifend unersetzbar. Meine Mutter klinkte sich aus unserer Erziehung raus – ihr Slogan hieß »Du musst wissen, was Du tust!« und rief damit in mir das Bedürfnis nach ihrer Stimme als erfahrener Ratgeberin erst recht hervor. Sie dachte gar nicht daran. Sie war der Meinung, schon genug Verantwortung im Leben getragen zu haben, am Ende trüge sie noch Schuld am Ergebnis eines dahingesagten Ratschlags, weshalb sie jeden Anlauf an sich abperlen ließ. Aber das war ich ja im Prinzip gewohnt.

Die Wohnung glich einer kleinen Pralinenschachtel. Überschaubare Größe mit Lieblingsstücken auf jeder Etage. Zum Glück waren meine Eltern wie auch Horst und ich es gewohnt zusammenzurücken. Manuel hatte ein eigenes Zimmer, das zu diesem Zeitpunkt von ihm ungenutzt blieb und unsere Gäste beherbergte. Bis zu seinem neunten Lebensjahr krabbelte er nachts in unser Bett, drängte mich in den Graben, so dass Horst und er sich breitmachen konnten. Ob das pädagogischen Leitlinien oder erzieherischen Standards entsprach – keine Ahnung –, wir handelten intuitiv, so dass es für uns normal war, dass Manuel so lange bei uns schlief, bis er selbst für sich entschied, Abstand zu nehmen. Welcher Mensch ist gerne alleine? Nachts schon gar nicht. Manuel wollte auch tagsüber mitten im Geschehen sein. Im Keller hatte ich mir meine neue Industrie Nähmaschine – eine Adler 167 – auf einem Holztisch, der mit sechs Metern Länge die gesamte Kellerlänge einnahm, aufgebaut. Auf dem Tisch türmten sich die Persenninge, die aus beschichtetem Acrylstoff gefertigt waren und in langen Bahnen den Tisch bedeckten. Manuel saß stundenlang schräg hinter der Nähmaschine in einer stofffreien Zone bei mir auf dem Tisch. Was er in seiner kindlichen Welt alles nähte, erschloss sich mir nicht. Er hantierte geschäftig mit den Spulen, dem Maßband, der Lochzange und brabbelte in einem fort vor sich hin. Ich blieb bei meinen Persenningen und er fantasierte sich allerlei Eigenes zurecht. Selbstverständlich quetschte er sich einmal einen Finger in einem beweglichen mechanischen Teil – es war zum Glück nicht die Nadel – ein und schrie aus Leibeskräften. Mein Verstand wusste, dass nichts Schlimmes passiert sein konnte, mein Herz brüllte jedoch in Panik mit, und es dauerte seine Zeit, bis wir uns beruhigt hatten. Horst war in solchen Situationen unsere Hängematte, er nahm Manuel zu sich auf den Arm, beruhigte ihn – und mich – mit sanftem Schaukeln und ruhigem Zureden. Sein persönliches Trainingslager für solche Fälle hatte er bei Renate und Burgis durchlaufen, die beide Krankenschwestern waren, so dass er in der Regel ruhig und besonnen reagierte. Manuel hatte nur eine kleine Quetschung am Nagel, die wir mit einem Pflaster versorgten. Eine Stunde später saßen wir wieder vereint am Tisch und puzzelten weiter an unseren Sachen. Mit unserem kleinen Unruhegeist war das nicht der einzige Zwischenfall.

Eines Tages büxte Manuel über die Terassentür aus, watschelte über den kleinen Grünstreifen, an dessen Ende der Steg verlief, an dem die Segelschiffe lagen. Dort spazierte er in aller Seelenruhe entlang und beobachtete das Treiben auf und an den Booten. Nicht wissend, dass er selbst beobachtet wurde. Von einer Frau, die sich wohl keinen Reim darauf machte, was ein kleines Kind allein am Wasser suchte. Irgendwann – und das waren mit Sicherheit nur wenige Minuten gewesen – bemerkte ich unseren Abgänger und lief ihn panisch suchen, meine Schreie und Rufe klangen durch die ganze Marina, bis ich ihn einfing. Da erst fiel bei ihr wohl der Groschen und sie entschuldigte sich stotternd und mit fleckig rotem Gesicht, nicht eher Bescheid gegeben zu haben. Der Yachthafen mit der hohen Kaimauer war eine Gefahrenquelle, und wir versuchten Manuel auf Sicherheit zu konditionieren, was bedeutete, nie allein dorthin laufen zu dürfen. Allerdings passieren Dinge auch, wenn man danebensteht und sie in einen Abgrund tiefer Machtlosigkeit entgleiten sieht. Horst besuchte einen Kunden auf seinem Schiff und wir schlossen uns ihm an. Es konnte ja auch ein Persenninggeschäft für mich dabei rausspringen. Manuel wollte unbedingt allein vom Bootssteg über die Gangway auf das Schiff. Er stapfte sicher über die Holzplanken, bis er stolperte, seinen Körper nicht mehr abfangen konnte, aus dem Gleichgewicht kam und von der Gangway in die Tiefe fiel. Mein Reflex war da, mein Körper nicht schnell genug, er fiel wie ein plumper Rucksack ins Wasser, das winterlich kalt war. Seine Jacke bildete eine Luftblase, die ihn nach oben trug, so dass wir ihn schnell rausfischen konnten. Er weinte erschrocken, während wir ihm die Kleider vom Leib rissen und ihn in ein Handtuch wickelten. Er war ein tapferes Bürschlein, all seine Abenteuer schienen ihm zu beweisen, wie lebendig und toll er war, denn er reagierte nie mit Angst. Später bekam er vom Schiffsbesitzer einen Stein. Es war ein besonderer Stein, denn der Besitzer hieß Swarovski. Ich selbst stand noch lange unter dem Einfluss dieses Augenblicks. War ich doch selbst in meinem Leben viele Abenteuer eingegangen, wovon sich einige auf dem schmalen Grat zwischen juveniler Unvernunft und Schwachsinn bewegten, im Vertrauen darauf, dass es gar nicht anders als gut für mich ausgehen könne, doch Manuel brachte dieses innere Konzept ins Schwanken. Ich vertraute immer noch, aber es fühlte sich manchmal maßlos an.

Was uns größere Sorgen als diese kleinen Unfälle machte, war, dass Manuel ein seltsames Verhalten entwickelte, wenn ihm etwas nicht passte. Das konnten kleine alltägliche Gesten sein, wie beispielsweise die väterliche Fürsorge, das zerlaufende Eis von der Waffel zu lecken. Nachdem Horst seinen

Schnurrbart einmal quer um die Kugeln gezogen hatte, drehte Manuel sich wortlos um und verzichtete auf den Rest. Meins ist meins, war die Devise. So protestierte er vehement, und wenn er sich machtlos gegen elterliches Durchsetzen fühlte, reagierte er mit tückischen Geheimwaffen. Dazu zählte auch das Sprichwort »Mit dem Kopf durch die Wand«, das er für sich ganz persönlich in einer für uns beängstigenden 'Show' interpretierte. Horst und ich hielten uns für sehr umgängliche Eltern, doch in den wenigen Momenten, in denen wir Manuel etwas verbaten, verwandelte er sich in einen kleinen Derwisch. Als es das erste Mal passierte, hatte ich ihm verboten, aus dem Katzennapf zu essen. Er schaute ungläubig zu mir auf, ich wiederholte mein »Nein« diesmal etwas energischer und urplötzlich schlug er mit dem Kopf gegen die Wand. Schoss es mir besorgt durch den Kopf, dass es wohlmöglich ein epileptischer Anfall war, hätten wir wenigstens einen Zusammenhang herstellen können. Sobald von uns Verbote ausgesprochen wurden, schlug er mit seinem Kopf immer wieder auf den Boden, Tisch, gegen die Wand, oder gegen etwas, was er gerade vorfand. Egal wann, egal wo. Ob Zuhause oder in einem Restaurant. Als wäre sein Körper in dem Moment ein Punchingball, der die Wucht des Aufpralls wegschwang. Das war er aber nicht! Wir hatten schreckliche Angst, dass er sich schwer verletzen könnte, geschweige denn dem wachsenden Gehirn bleibenden Schaden zufügte. Seltsamerweise hatte er keine Schmerzen, aber blaue Flecken, die uns von Mal zu Mal peinlicher wurden. Wir gingen zum Arzt, zu Vorträgen, gaben ihm Bachblüten, erst beruhigten wir, dann ignorierten wir, es half erstmal nichts, was wieder meine Ängste schürte, etwas falsch gemacht zu haben.

Mit ca. drei Jahren hörte der Albtraum quasi über Nacht auf. Manuel hatte wohl gelernt, seine Gefühls-Tsunamis zu kontrollieren. Wir konnten wieder durchatmen.

Ein weiterer Unfall ist mir in Erinnerung, der mir immer noch körperlichen Schmerz verursacht, sobald ich daran denke. Wir mussten uns von unserem Ford Bronco trennen. Dieser schwere, gemütliche Pickup begleitete uns auf den Kontinenten westlich und östlich des Atlantiks, brummte über Schnee, durch Schlamm, Wüstensand und tausende Meter Beton, ließ sich über das Meer schippern und in den dichten Verkehr Europas eingliedern, ich trennte mich nur ungern. Er brauchte enorm viel Sprit, was wir bei unserem erhöhten Fahraufkommen zwischen Italien und Deutschland deutlich spürten und hatte zunehmend Wehwehchen, für die es schwer Ersatzteile gab. Wir entschieden uns für einen weißen VW Bus, Modell T2, der geräumig und komfortabel war und schnell zu einem liebgewonnenen Familienmitglied wurde. Horst und ich hatten den Tag gearbeitet und wollten die letzte Stunde der Öffnungszeiten am Abend noch schnell zum Einkaufen nutzen und nach Latisana fahren. Horst schnallte Manuel in seinen Kindersitz und schob in einer gewohnt fließenden Bewegung die Schiebetür zu, so dass der Mechanismus anlief und zuschnurrte. Manuel streckte seine Hand noch raus, als das gefräßige, metallene Maul den kleinen Leckerbissen verschlang. Manuels Schock ließ ihn noch kurz verharren, als der Schmerz nach außen drang. Er wollte sich befreien, doch mit jeder Bewegung wurde der Schmerz größer. Panik griff um sich. Wir standen beide draußen. »Mach was!« schrie ich Horst an. »Scheiße«, antwortete er.

Ich wollte Manuel ruhige, tröstende Worte zurufen, wedelte stattdessen hektisch heulend mit meinen Händen am Fenster rum. Die Tür hatte sich wegen der eingequetschten Hand verklemmt, so dass wir sie nicht aufbekamen. Horst rannte in großen Schritten Richtung Wohnung, um Werkzeug zu holen. Ich stand hilflos an dieser blöden Tür und verfluchte die ganze Karre, die ganze gemeine böse Welt. Am Ende bekamen wir die Tür auf, Manuels Finger waren gequetscht, geschwollen, doch zum Glück nicht gebrochen, wie das Röntgenbild zeigte. Viel Eis für die Finger und unser Schleckermaul minderten den Schmerz und unseren Schrecken.

Wie jedes Kind wurde Manuel auch gelegentlich krank. In Italien gab es keine niedergelassenen Kinderärzte, zu den üblichen Untersuchungen oder auch Impfungen fuhren wir nach Osnabrück. In Italien mussten wir ins nächstgelegene Krankenhaus in Latisana fahren. Das waren Erfahrungen, die Eltern nicht brauchen. Manuel krabbelte Mienchen hinterher, nicht ahnend, wie chancenlos er war, bis sie wegsprang, er den Halt verlor und gegen die Kante des Fensterbretts fiel. Er blutete sofort wie ein Schwein, schrie und strampelte wie selbiges auf der Schlachtbank, bis wir beide relativ schnell der Ansicht waren, dass wir um einen Krankenhausbesuch nicht herumkommen. Zeit ist dehnbar. Zwanzig Minuten können sich in Stunden potenzieren. Wie gesagt, Horst war ein rasanter Fahrer, aber es konnte mir nicht schnell genug gehen und ich schrie ihn in meiner Verzweiflung an. Im Krankenhaus angekommen, wurde Manuel schnell drangenommen, allerdings unter italienischen Maßstäben. Der Arzt behauptete, dass Kinder unter drei Jahren keine Schmerzen beim Nähen hätten, weshalb er keine Betäubung bräuchte. Horst und ich mussten unser schreiendes und sich windendes Kind festhalten, und die letzte Nadel war noch nicht ganz durch die Schädelhaut gezogen, da fiel ich ohnmächtig um.

Es gab einen kleinen Supermarkt in der Marina, der »A & O« hieß. »Komm, Manuel, gehen wir zur Frau Spar ein paar Artischocken kaufen!« war für ihn das Signalwort, alles stehen und liegen zu lassen. Genauer: das Wort »Frau Spar« hatte den Zauber – nicht die Artischocken, obwohl er das Zuzeln an den gekochten und in Vinaigrette eingelegten Blättern zu diesem Zeitpunkt liebte. Stante pede steuerte er mit mir durch die Anlage gezielt auf den kleinen, vollgestopften Laden zu, in dem man sich kaum drehen und wenden konnte. Ein Schlemmerparadies für unseren Sohn. Alles wurde befingert und begutachtet und heimlich in den Korb geschmissen, was ich genauso heimlich wieder zurückstellte. An der Kasse angekommen, setzte er sich auf das Band, sortierte für Frau Spar alles von rechts nach links, schmiss ihr gerne einen Teil einfach auf den Schoß, was durch die rutschigen Blisterverpackungen sofort in die enge Schlucht der Kabine verschwand, und die arme Frau Spar, den Kopf lachend zu ihm nach oben gereckt, blind wieder rausfischen musste. Zur Belohnung bekam Manuel von ihr einen Brioche, die bald zu seinem Lieblingsgebäck wurde. Eines Tages sprach er sie mit »Frau Spar« an, was sie sehr verwunderte, nicht wissend, dass das ein von uns erfundener Name war, angelehnt an die mir vertraute deutsche Kette. Ich verschwand für einen kurzen Augenblick peinlich berührt in den Erdboden, klärte sie auf, bis sie schallend lachte und sich über ihren jüngsten Kunden freute. Die italienische Seele ist der Kinderseele wohl am Nahesten.

Ein italienisches Paar aus Gorgo wurde für uns im Laufe der Jahre zur Familie. Eines Tages wurde ein Sting Konzert in Udine angekündigt. Ich mochte Sting, ich mochte seine Musik, ich mochte sein Engagement, dem ich Glauben schenkte. Wir besorgten uns Karten, es war eine willkommene Abwechslung, endlich mal wieder raus, endlich mal wieder uns als Paar spüren. Nun brauchten wir jemanden, dem wir unseren kleinen Manolito anvertrauen konnten. Meine Eltern hatten nicht immer Zeit, nach Italien zu kommen, zumal sie noch arbeiteten. Also hieß es sich umzuhören, was prompt von Erfolg gekrönt war, über eine Angestellte in der Agentur der Marina, die Ferienwohnungen vermietete. Als Dauergast lernte man schnell die ganze Belegschaft kennen, die aus den umliegenden Dörfern kam. Frau Wanda schob uns einen Zettel über den Tresen und vermittelte uns den Kontakt zu einer Schülerin, die ein Zusatzverdienst als Babysitter gebrauchen konnte. Es war eine junge Frau, die bei ihren Eltern auf einem Bauernhof in Gorgo, zehn Minuten Fahrzeit von der Marina entfernt, lebte. Wir fuhren raus und fühlten uns sofort wohl. Es war das gelebte Klischee einer italienischen Familie auf dem Land. Mit einer Mama, die ihr stimmliches Organ wie ein Zepter schwang, ein Vater, der als technisches Genie fungierte, zwei Töchter, Nonna (Oma), Nonno (Opa), Wein, Hühner, Pasta, Gemüse, Traktoren, einem Tisch, an dem Gäste immer willkommen waren – einfach alles, was das italienische Leben so lebenswert macht. Manuel klinkte sich sofort ein. Es war erstaunlich. Als wäre er ein Puzzlestück, das dort eines seiner Gegenstücke fand. Es war schnell klar, wer sich um Manuel kümmerte. Die Eltern schlossen ihn in ihre Arme, in ihr Leben. Wir waren eigentlich darauf eingestellt, über eine Eingewöhnungszeit stufenweise Manuel an die Familie zu gewöhnen, es stellte sich heraus, dass wir das mehr brauchten als er. Die beiden wurden bald zu seiner Zia und seinem Zio (Tante und Onkel) und begleiteten ihn sein Leben lang. Zia verführte ihn mit Latte Pane, Weißbrot gezuckert und in Milch getunkt, das er von da an meinem selbstgebackenen Sauerteigbrot vorzog. Wenn seine sonnengebräunten Patschehändchen herzhaft in den Teller griffen, begleitet von einem lauten »Delizioso mia cara«, die Milch aus dem Brot triefte und mit dem Weg zum Mund eine perlende Spur auf Tisch und Kind hinterließ, das schmatzend und voller Inbrunst das einfache Mahl genoss, schmolz mein Widerwille gegen die pappsüße klebrige Masse und ich freute mich an seinem Anblick. Zio hatte ein weiteres Ass im Ärmel: »Vieni piccolo uomo, andiamo al trattore.« Ab diesem Zeitpunkt verbrachte Manuel jeden Vormittag der Woche in seiner Ersatzfamilie, lernte die italienische Sprache und italienische Lebensweise. Dazu zählte auch, ein Wasser mit einer rosé gefärbten Note, die durch den Zusatz von Rotwein entstanden war, zu bekommen.

Die Italiener liebten ihn, als wäre er einer von ihnen. Als wir eines Abends bei unserer Lieblingspizzeria Mauro aßen, wollte Manuel unbedingt zahlen. Horst drückte ihm 100.000 Lire in die Hand, die er stolz mit beiden Fäusten umschloss, damit drehte er sich um und rannte den Gang zu Mauro vor. Plötzlich hörten wir Mauro schallend lachen. Er kam mit drei Schnapsgläsern Grappa zu unserem Tisch, prostete auf unseren Sohn und erzählte mit Tränen in den Augen, dass Manuel ihm das Geld mit einem selbstverständlichen »il resto è per lei« überreichte. Umgerechnet ca.80 DM Trinkgeld bei 20 DM Rechnungsbetrag war für unseren ehrlichen Mauro dann doch zu großzügig.

In diesem ersten Sommer in Italien meldete ich im April 1988 in Udine mein Geschäft an. Bootsattlerei Lehmann, als Logo entschied ich mich für einen Wal, damals ein Bild ohne irgendwelche Rechte, das mir ins Auge fiel, als ich durch eine Zeitschrift blätterte. Hätte auch eine Schildkröte werden können, die beiden Tierarten zählten zu meinen Lieblingstieren, doch der Wal machte sich irgendwie besser. Italienisch konnte ich bis dato nicht, ich versuchte meine Spanischkenntnisse ins Italienische umzumünzen, was dann so was wie »Buon dias! Puedes per favore ayudarme?« hervorbrachte, eine entsetzliche Mischung aus bislang erlernten italienischen Vokabeln und dem Spanischen und heißen sollte: »Guten Morgen! Können Sie mir bitte helfen?« Möglich, dass der Beamte mich nicht nur für schwachsinnig hielt, sondern für größenwahnsinnig, mich in der Abteilung für Unternehmensgründungen zu befinden mit einem Kleinkind auf dem Arm. Kurz bevor er sich Hilfe holen wollte, ich will gar nicht spekulieren welcher Art, lief auf dem Gang ein Engel in Gestalt eines italienischen Rechtanwalts vorbei. Müssen Engel eigentlich nicht universelle Sprachkenntnisse haben? Egal, ich hielt ihn in dem Moment für einen, denn er konnte Englisch, spürte meine Verzweiflung, sah den kleinen, unschuldigen Puttenengel auf meinem Arm und musste seinesgleichen zur Seite stehen. Er war mir an diesem Tag bei allen behördlichen Kontakten, Formularen und weiteren benötigten Unterlagen behilflich, so dass ich am Ende des Tages mit meinem Sohn im Bus als frisch gebackene Unternehmerin fröhlich zu den Dire Straits »Why worry? There should be laughter after pain; There should be sunshine after rain; These things have always been the same; So why worry now; Why worry now!« singend und gut gelaunt nach Hause fuhr. Das war so ansteckend, dass Horst bei ZN Technik kündigte und von da an ebenfalls auf eigene Rechnung arbeitete bzw. als Vertretung von Ferropilot Rellingen in Italien. Ihm hatte es bereits länger gestunken, sich bei seiner Erfahrung ständig von jemand reinreden zu lassen. Unter uns: Horst ließ sich nie von jemandem gerne reinreden, deswegen war dieser Schritt vorhersehbar und konsequent. Er baute die Elektronik auf den Schiffen ein und warb gleichzeitig in der Marina für meine Nähkunst, wenn es darum ging, passgenaue Persenninge herzustellen. Das lief prima, in dieser Zeit boomte der Verkauf von Schiffen aller Arten, ob kleine oder große, aus Taiwan oder sonst wo vom Erdball. Die LKWs kamen täglich in die Marina zur Auslieferung, so dass die Anlage ausgebaut werden musste. Viele Zahnärzte, bei denen anscheinend der Rubel in die Zahnputzbecher rollte, Rechtsanwälte, eh klar, Spediteure, die die Schiffe gleich selbst brachten, investierten in die Freiheit auf dem Meer. Wenn sie größer wurden, gingen sie nach St. Tropez, wo das Pflaster noch teurer war. Doch welches Unheil wir für unseren Anteil am

Sahnestück vom Himmel heraufbeschworen, war zu diesem Zeitpunkt nicht erkennbar, im Gegenteil, er war azurblau und zeigte sich von seiner schönsten Seite. Das Wetter war warm, die Früchte leuchteten und schmeckten süß und verheißungsvoll. Teilweise arbeitete ich Nächte durch, brachte Manuel am Vormittag zu Zia, um am Nachmittag Zeit für ihn zu haben. Dann saßen wir am Pool, setzten ihn in einen Ring, in dem er stundenlang quietschvergnügt das Wasser mit seinen Patschehändchen in Wellen versetzte und die Spritzer wie eine Champagnerdusche nach einem gewonnenen Formel1Rennen genoss. Wir waren ein beliebtes Urlaubsressort für Freunde und Familie. Meine Mutter kam mit Tante Anna, die Manuel als Gastgeschenk einen weißen Hund als Stofftier überreichte. Das war das erste Geschenk, das Manuel bewusst wahrnahm und annahm. Er hatte das Geschenkpapier noch nicht ganz runtergerissen, da adoptierte er dieses stumme Wesen zu seinem Seelenbruder. Dieses kleine Stoffknäuel, dass stets mit gebleckter Zunge freundlich hechelte und seine schwarzen Knopfaugen unter langen Flusen versteckte, avancierte zu einem ständigen Weggefährten, der in der verschwitzten Armbeuge von Manuel seine zweite Heimat fand. Er wurde geschmust, gedrückt, heftig geschüttelt, zur Not die Haare aus den Augen geschoben und intensiv in dieselben geschaut und darauf eingeredet. Wäre ein Band mitgelaufen, das sein Gebrabbel übersetzt hätte, möglich, dass man das ein oder andere Erstaunliche erfahren hätte. Kann schon sein, dass hier der Grundstein für seine Liebe zu Hunden gelegt wurde.

Renate kam für 5 Wochen auf Besuch und verbrachte den Sommer mit Manuel entweder am Pool oder auf einer Baustelle, wo er in einer täglichen Zeitschleife das immer gleiche Programm der Bauarbeiter beobachtete. Wie Renate das aushielt, war mir schleierhaft, ich bedauerte sie ein klitzekleines bisschen. Wie gesagt, man konnte sich dem Charme von Manuel schwer entziehen, wenn man nicht ein dringendes Arbeitspensum zu schaffen hatte. Und bevor sich einer der kindernärrischen Italiener aus der Marina Manuel griff, riss Renate ihn an ihren großmütterlichen Busen, setzte ihn auf sein Dreirad, schob ihn mit der Stange Richtung Baustelle, um in der italienischen Sonne dem Baulärm zu lauschen. Auch Horst's Tochter Svenja kam zusammen mit einer Freundin, was wir nach kurzer Zeit als anstrengend empfanden, da sie uns beständig ignorierte. »Ich rede eigentlich nie mit Erwachsenen«, erhielten wir lapidar als Antwort. Wir bemühten uns redlich, doch gegen die verlorenen Jahre und pubertäre Querulenzen konnten wir nichts ausrichten. Einzig mein Bruder Marcus, der plötzlich unangekündigt mit einem Freund in der Marina auftauchte und spannende acht Jahre älter als Svenja war, gewann ungewollt ihre Aufmerksamkeit und konnte sich mit ihr beschäftigen und die Situation entspannen.

Das waren nicht unsere einzigen sozialen Kontakte. Wir lernten Franz aus Miesbach kennen, ein urgemütlicher Bayer und ganz ein Netter. Er arbeitete für eine deutsche Firma, die Schiffe auslieferte, die er in der Marina ihren Besitzern übergab. Dort lernte er Sabine kennen. Sie tauchte eines Tages in der Marina auf. Auch eine Nette, aber ehrlich gesagt, fragte ich mich immer, was Franz mit einer so männlich herben

Frau anfing, also ob er sie tatsächlich attraktiv fand. Wo die Liebe halt hinfällt. Sie bekamen eine Tochter und dann noch Zwillinge, wovon einer tragischerweise bei der Geburt verstarb. In unserer gemeinsamen Zeit in der Marina spielten wir gerne Skat und Doppelkopf. Als wir nach Bayern zogen, mieteten die beiden ein Jahr lang unser Haus und Franz arbeitete später nochmal bei mir in der Firma und half mir, die Messestände aufzubauen.

Stippvisite ans Lagerfeuer der Indianer

Die Hauptsaison lief von Mai bis August, danach konnten wir etwas durchschnaufen. Das nutzten wir für eigene Urlaubspläne. Das Reisen mit Manuel war zeitweilig nervig, weil wir immer noch nicht die deutschen Adoptionspapiere hatten und ständig wegen potentiellem Kindesraub gegängelt wurden. Bei einem Besuch in Deutschland entschieden wir uns, über Weihnachten nach Florida zu fliegen. Ich drängelte etwas, weil mich das Heimweh nach meiner ersten Wahlheimat plagte. Meine Eltern waren Mitglieder im ADAC, also gingen wir in Reutlingen in eines ihrer Büros und mieteten dort ein Wohnmobil. Reiseteilnehmer: meine Eltern, Schwiegermutter Renate, Horst, Manuel und meine Wenigkeit. Müsste eigentlich klappen. Wenn nicht, fand sich auch eine Lösung. Meine Mutter Margrit und Renate verstanden sich gut, so unterschiedlich wie sie waren. Allerdings wollte jede die bessere Oma sein, dabei ergänzten sie sich im Prinzip ideal. Meine Mutter war die mit den wilden Schoßspielen, Renate übernahm die Rolle, Manuel wieder runterzuholen, wenn er zu aufgedreht war. So war das bereits auf dem Flug von Düsseldorf nach Miami ein Wechselspiel zwischen vorderem Abteil – Nichtraucher mit Renate – und hinterem Abteil – Raucher –, in dem meine Eltern und wir saßen.

In Miami gelandet, nahmen wir das Wohnmobil in Empfang, richteten uns ein und fuhren nach Fort Lauderdale, um eine Nacht dort zu verbringen. Meine Eltern falteten sich zum Schlafen in den Alkoven über der Fahrerkabine, wir drei hatten unser Nest auf der Matratze im hinteren Teil, und für Renate bauten wir abends den Esstisch in ein Schlaflager um. Trotz der Enge klappte das Zusammenleben gut. Was allerdings an meinen Nerven zerrte, war das anhaltende Schnarchen meines Vaters aus der vorderen Koje. Es war nicht einfach ein Dahinrüsseln, ein Atmen, dass durch den Klangkörper des hinteren Gaumenzäpfchens eine Resonanz erhielt. Nein! Es war, als wäre seine Mundhöhle eine Schlucht, in der eine Familie von Trollen wohnte, die nächtens eine kollektive Urlaut Zeremonie abhielt. Da brüllten kleine Trolle, große Trolle, dicke Trolle, dünne Trolle, Trolle, die vor dem ersten Grölen Atemübungen machten, ungeübte Trolle, die sich verschluckten und noch eine nicht geringe Zahl anderer Trolle, die das Ganze in eine unregelmäßige Kakophonie von Geräuschen aufgehen ließen. Und als wäre das nicht schlimm genug, schienen die Trolle in Renates Mundhöhle eine Echowand bereitzustellen. Ich war am Verzweifeln. Ich liebte meinen Vater von Herzen und freute mich, dass er sich überwunden hatte, den Flug und die gesamte Tour mitzumachen. So schön diese gemeinsame Reise war, genoss ich zuhause wieder mit meinen beiden Männern die nächtliche Ruhe. Vorher fuhren wir von Fort Lauderdale quer durch Florida in die Hauptstadt Tallahassee und zeigten unseren Eltern Wakulla Springs, einen Naturpark mit einer der größten Süßwasserquellen der Welt und Drehort der Tarzan Filme mit Jonny Weissmüller. Der Tarzan unserer Generation. Manuel konnte damit hier und auch später nichts anfangen und ließ das Besucherprogramm geduldig über sich ergehen. Auf den Weiterfahrten stand er breitbeinig zwischen Fahrer und Beifahrersitz, kommentierte sämtliche sichtbaren Elemente zu Luft und an Land, selbst die Fliegen, die gegen die Windschutzscheibe donnerten und ein rotgelbes Sternenornament hinterließen. Drehte sich plötzlich weg und lachte sich in sein kleines Fäustchen, wir konnten dem nicht folgen, doch löste es von Sitz zu Sitz ein Schmunzeln aus, das uns warm verband. Es ging weiter durch Louisiana nach New Orleans, die Stadt, die bunt, lebhaft und urbaner Kult ist, durch ihre französische und spanische Geschichte und die darauffolgende polyglotte Veränderung mit den Einwandereinflüssen so unamerikanisch und gerade dadurch ein Teil seiner Kultur. Rund 2.000 Kilometer quer durch Texas erreichten wir die Hochebene von New Mexiko und es wurde kalt. Eisig kalt. Horst las die Temperatur vom Thermometer und hauchte uns mit einer Wolke Wasserdampf und fröstelnder Ungläubigkeit »Jetzt sind minus 20 Grad Celsius, wir frieren uns bald den Arsch ab!« zu. Recht sollte er behalten. Nachts kroch ein eisiger Zug durch die Lüftungsanlagen des Wohnmobils, die Fenster waren von innen durch unseren Atem weiß zugefroren. Manuel kratzte mit seinen Fingerkuppen wilde Formen und Figuren in die dünne Schicht, wir kauften weitere Decken, um uns warm zu halten.

Wir besuchten Taos Pueblo – unser zweites Mal –, für meine Eltern das erste Mal, und wenn sie auch meine große Begeisterung für die indianische Kultur nicht teilten, waren sie voller Respekt. Ich spürte, wie es bei ihnen »klick« machte. Das, was ich ihnen lange vorher in meinen Reden mitgeteilt hatte, aber von ihnen milde als Winnetou Schwärmerei abgetan wurde, rastete in ein tieferes Verständnis für die Völker und ihr Recht auf ihre eigenen Daseinsbedingungen ein. Ohne dass wir es uns gegenseitig aufs Butterbrot schmieren mussten. Wir streiften durch die Steindörfer und trafen Frauen, die ihre selbstgemachten Tücher, Schmuck und Sandkunstwerke verkauften. Meine Mutter ist eine Schnatterente und schaffte es, mit jedem Menschen auf der Welt ins Gespräch zu kommen, egal ob derjenige sie versteht oder nicht, ob er will oder nicht. Horst nervte das gewaltig und manchmal nervte er mich dann mit seiner Genervtheit gewaltig, denn so unnahbar und hilflos sich meine Mutter mir manchmal gegenüber in meiner Kindheit gegeben hatte, war sie für Manuel eine liebvolle Großmutter, stellte jeden eigenen Wunsch hintenan, um ihren Enkel und damit auch mich zu unterstützen. Das berührte mein Herz, und ich nahm ihre Redelust gerne in Kauf. Beim Besuch eines Souvenirladens plapperte sie munter drauf los, nahm jeden Gegenstand in die Hand, bis sie plötzlich eine Lampe in den Händen hielt, die sie ausgiebig befingerte. Der Schirm war mit Mustern gestaltet, die aus Sandpainting gefertigt waren. Meine Mutter fragte nach ihrer Bedeutung, fragte, wie sie hergestellt und bearbeitete wurden, nach den abgebildeten Symbolen, so dass ich Mühe hatte, das deutschspanische Kauderwelsch beider Seiten zu übersetzen. Irgendwann ging sie als stolze

Besitzerin eines indianischen Unikats, das auch noch eine nützliche Funktion hatte, von dannen. Ich war erleichtert und freute mich für beide. Für meine Mutter und die Indianerin.

Auch als wir in Utah das Monument Valley durchwanderten oder anschließend in Arizona im Canyon de Chelly auf Indianer trafen, lernte sie bei den direkten Kontakten viel mehr als durch deutsche Gazetten. Manuel stand oft stumm und scheinbar unbeteiligt daneben, ich bin überzeugt, dass er in seinen Beobachtungen ein feines Gespür für versteckte Unstimmigkeiten und Ressentiments entwickelte. Im Übrigen scheuchten wir die arme, zu diesem Zeitpunkt 65-jährige Renate den Canyon de Chelly runter und wieder rauf, sie schwitzte, fluchte, keuchte, war bereit, ihr Leben zu beenden und unseres gleich mit, am Ende stolz, es geschafft zu haben. Wenn sie das auch so nie eingestanden hätte, denn in ihrer Erzählung war es in der Rückbetrachtung selbstverständlich, dass sie es schaffte, aber einer Dame nicht angemessen.

Von einer weiteren Begegnung möchte ich berichten. Wir kochten selten im Wohnmobil, in der Regel nur Manuels süße Getreidebreis, die er liebte und für uns eine sichere Kind-satt-und-zu-frieden-Garantie war. Abends suchten wir ein nettes Lokal, mal typische Burger-Läden oder Angebote aus der regionalen Küche. Beim Betreten der Eingangshalle eines Hotels mit Restaurant wurden wir Zeugen, wie der Hotelbesitzer aufgebracht und eindringlich mit einer Navajo-Frau schimpfte, bis sie mit hängendem Kopf nach draußen trottete. Er konnte ihre Sprache, so dass ich vermutete, dass er selbst indianische Wurzeln hatte. Die Frau wollte den Gästen ihren selbstgeknüpften Teppich zum Verkauf anbieten. Ich lief der Frau hinterher und kaufte ihr diesen Teppich für 50 Dollar ab. Sie bedankte sich überschwänglich, war aufrichtig glücklich, und die Umstände verloren ihre Schwere, waren mir nicht mehr unangenehm, sondern ich wusste, dass wir einen Moment geteilt hatten, aus dem wir beide etwas mitnahmen. Nicht nur einen günstigen Teppich für mich, denn in den Geschäften kosteten sie deutlich mehr, und dieser wäre mit Sicherheit dreihundert Dollar wert, sondern die Erinnerung einer Mutter, die ihre Familie mit einem gewirkten Stück eigener Kulturgeschichte und Handwerk versorgen wollte. Später erzählte uns ein anderer Indianer, dass die Deutschen bei ihrem Volk beliebt waren, weil sie im Gegensatz zu den Amerikanern ein Bewusstsein für die indianische Kultur hatten. Durch Karl May hätten Deutsche eine wesentlich aufgeschlossenere Haltung. Durch Generationen junger Buben und Mädchen zog sich die Faszination der Freundschaft zwischen Old Shatterhand und Winnetou, die mit ihrer Loyalität für die eigene Herkunft und der Toleranz für das Andere Hoffnung für ein Miteinander schufen. Gemeinsam galoppierten die strahlenden Helden der Sonne entgegen. Wenn das nicht positives Karma schuf, was dann? Die Deutschen mit ihrer Kriegsgeschichte setzten alles daran, diese Schatten zurückzulassen. Daraus resultierten nicht zuletzt Organisationen, die sich für den Erhalt fremder Kulturen einsetzten. Auch ich schloss mich später in München einer solchen an.

Den Rückweg absolvierten wir gewohnt straff in drei Tagen, so dass wir in Miami vor dem Heimflug mit ein paar Relax-Tagen unseren unbeschwerten Road-Trip durch die USA abschlossen. Weihnachten verbrachten wir am Hotelstrand. Das Meer war zum Baden zu frisch, das Klima mild, um erholsame Sonnenstunden am Strand zu verbringen. Es wurden Sandburgen gebaut, zerschlagen, gebaut, zerschlagen, gebaut, zerschlagen, und wieder erbarmte sich einer und schaufelte den Sand in den Eimer, Manuel schlug ihn mit der Schaufel wild fest, so dass der Sand in Mund, Ohren, Haare spritzte, kippte ihn anschließend wieder aus, sandige Sabberspuren vom Kinn wischend. Oma und Opa bauten nebenbei im Akkord ein paar weitere Türme, die er wieder zerschlagen konnte. Generationen von Sandspielen.

Heiligabend fiel aus. Obwohl an der Strandpromenade Jingle Bells gespielt wurde, in den Vorgärten Kutschen mit Rentieren standen, an den Häuserwänden Nikoläuse hochkletterten und Lichterketten in allen erdenklichen Farben strahlten, kamen wir nicht in Stimmung. Für einen Europäer, der Schnee, Kälte und Tannenbäume in die weihnachtlichen Kindheitserinnerungen gepackt hat, ist das eine skurrile Szenerie. Obwohl Maria und Josef sich ja auch nicht im Schneetreiben nach Bethlehem auf den Weg gemacht hatten. Wir kauften keine Geschenke, wodurch lästiges Mehrgepäck und Schlepperei beim Rückflug entstanden wäre. Es war ein stilles Abkommen, das aller Zustimmung fand und Manuel war noch zu klein, um etwas zu vermissen. Der Rückflug war gewohnt problemlos. Meine Laune war, wie so oft beim Heimkehren in die deutsche Tristesse, etwas gedrückt. Manuel brauchte ein paar Tage, um sich wieder an veränderte Schlafzeiten zu gewöhnen, obwohl ihm das eigentlich wurscht war, wann er spielte, wir hatten damit viel mehr zu kämpfen. Wir wohnten bis Silvester bei Renate, dann fuhr ich mit Manuel zu meinen Eltern. Später kauften wir in Hamburg zum VW Bus noch einen Opel Kombi Kadett. Horst besuchte im Januar wie immer die Messe in Düsseldorf, dann hatten wir soweit alles erledigt und fuhren wieder Richtung Süden nach Italien.

Gegenwind

Wir hatten uns in der Marina eingerichtet und eingelebt. Unsere Tage waren übersichtlich strukturiert und plätscherten dahin, gefolgt vom Schatten der Sonne. Manuel fühlte sich sichtbar wohl und entwickelte sich zu einem kleinen Italiener. Da er bei Zia und Zio italienisch sprach, wechselte er von Haustür zu Haustür die Sprache, bzw. Worte, die er lernte. Liefen wir durch die Marina und begegneten einer Katze, rief er aufgeregt »Mama, gatto. Gatto!« »Ja, mein Schatz, eine Katze«, antwortete ich, und prompt hatte er beide Begriffe abgespeichert. Durch die Sonne bekam seine Haut einen goldbraunen Schimmer, sein dichter schwarzer Haarschopf glänzte und seine dunklen Augen verliehen ihm ein südländisches Aussehen. Sein kontaktfreudiges Wesen öffnete jede Tür in die Herzen der Italiener und es war nicht selten, dass er mir vom Arm genommen wurde.

Durch den Boom wuchs die Auftragslage, so dass ich Nora anstellte, eine 58-jährige Schneiderin, die mir zuverlässig und fleißig eine große Hilfe war. Manuel eroberte sie im Sturm. Sie kam morgens um 8:30 Uhr, arbeitete ohne Pause bis 16 Uhr durch, aß nebenbei ihr mitgebrachtes Mittagessen, und wenn Manuel nachmittags kam, saß er bei ihr auf dem Tisch, quatsche ihr das Ohr ab und löffelte nebenbei genüsslich ihren Joghurt. Ich war machtlos, denn auch Nora konnte sich seinem Charme nicht erwehren, winkte jedes Mal lachend mit den Worten »Mio piccolo angelo!« ab und wuschelte ihm zärtlich durch sein dichtes Haar. Ich vermaß und schnitt die Stoffe zu, Nora nähte. Wenn ich die fertigen Stücke bei einem Kunden auslieferte, durfte Manuel sich entscheiden, ob er mitkam oder bei Nora blieb. Er konnte bei ihr ewig sitzen, länger als bei mir. Wohl, weil ich selbst ein Unruhegeist war.

Nora sprach ausschließlich italienisch mit ihm; wenn man die beiden beobachtete, hatte man das Gefühl, Erwachsene würden sich unterhalten. Irgendwann fing er an, für uns zu übersetzen. Im September wollten wir ihn in den Kindergarten eingliedern, weil wir dachten, dass es gut für ihn wäre, mehr Kontakt zu Gleichaltrigen zu haben. Pustekuchen. Er machte, sobald wir mit dem Auto vorfuhren, einen Riesenaufstand, schrie nach Zia und Zio, als würden wir ihn zur Schlachtbank führen. Das war schade, weil der Kindergarten ein abwechslungsreiches Angebot hatte und die Erzieherinnen durchweg aufgeschlossen und kinderlieb waren. Auf der anderen Seite konnte ich meinen Prinzen verstehen, der es liebte, im Mittelpunkt zu stehen. Den musste er sich unter all den Kindern erst erarbeiten.

In der Marina gab es einen Mitbewerber. Klein, dick und laut. Herr Klöckler. Seine Stimme hörte man über die Stege springen, ob man wollte oder nicht, man konnte sich ihm nicht entziehen. Ich dachte, es wäre eine gute Idee, den persönlichen Kontakt aufzunehmen, um mich mit ihm auszutauschen, Geschäft gab es für uns beide genug, eventuell konnte man für beide Seiten gewinnbringende Synergien finden. So stellte ich mich eines Tages vor ihn hin, streckte ihm meine Hand entgegen und stellte mich vor. Widerwillig nahm er meine Hand in seine kleine, feuchte Pranke, drückte sie kurz, während er mich abschätzig musterte: »Frau Lehmann, soso. Nähen Sie selbst? Haben Sie das gelernt? Und das Geschäft auch offiziell angemeldet?« Ich war unangenehm überrascht. »Ich denke nicht, dass ich hier bin, um Sie um Erlaubnis zu fragen, ob ich meinen Beruf ausüben darf«, entgegnete ich kühl. »Ich wollte Sie lediglich kennenlernen, was ich hiermit wohl zur Genüge getan habe«, sprach ich weiter und wendete mich zum Gehen. Ich wollte in der kleinen Marina keinen Ärger, deshalb ging ich unverrichteter Dinge. Damit war die Begegnung leider nicht zu Ende.

Herr Klöckler missfiel die Konkurrenzsituation augenscheinlich, und er war tief gekränkt, dass sich jemand – noch dazu eine Frau – erlaubt hatte, in einen harmlosen Wettbewerb zu treten. Harmlos deshalb, weil genug Klienten da waren und wir uns ohne Probleme die Angebote hätten aufteilen können. Deshalb hatte ich ihn ja aufgesucht. Wie sich langsam herausstellte, war er in der Marina durch sein überhebliches und protziges Auftreten unbeliebt, was die Situation noch verschärfte. Mir wäre es umgekehrt lieber gewesen.

Für den Stoff, ein bestimmtes Segeltuch, dass ich nicht bei mir lagerte, sondern auf Bestellung kaufte, musste ich regelmäßig nach München fahren. Ich fuhr von der Bayern Metropole meistens nachts zurück, um den starken Verkehr über Österreich und Italien zu umgehen. Bei einer dieser Rückfahrten kam ich müde um 2 Uhr an, in Vorfreude, mich in meine warmen Laken zu kuscheln, um noch ein paar Stunden Schlaf zu tanken, als mich die Polizei an der Tür empfing. Sie mussten in der Nähe über einen längeren Zeitraum gewartet haben, fast schon krimireif, denn Horst hatten sie nicht geweckt. Also kannten sie den Grund meiner Reise oder hatten eine Vermutung, sonst hätten sie bereits vorher das offizielle Gespräch mit mir gesucht. Sie durchsuchten mein Auto – angeblich nach Drogen – und fanden natürlich nichts, auch nichts, was nicht rechtens oder deklariert war. Unzufrieden zogen sie wieder ab.

Horst wollte partout nicht glauben, dass der Klöckler dahintersteckte und mich angeschwärzt hatte. Wir stritten darüber, bis er mir unterstellte, paranoid zu sein und mir was einbilde. Dann kamen Fritz und Barbara. Fritz war ein guter Freund von ihm, der beim Theater arbeitete. Oder besser gesagt, nicht arbeitete, denn dieser Berufszweig ist bekanntermaßen ein Till Eulenspiegel bezüglich lebenslanger Festanstellungen. Jedenfalls verlor Fritz seine Anstellung und reiste auf Horsts Einladung nach Italien, und er stellte ihn ein. Seiner Frau Barbara, Modell »20 Jahre jünger«, gab ich aus

Freundlichkeit eine Beschäftigung, allerdings ärgerte ich mich in kürzester Zeit, denn sie war dauerkrank, vielmehr faul, und irgendwann konnte ich das Nora gegenüber nicht mehr vertreten, die ihre Arbeit mit verrichten musste und kündigte ihr. Das war insofern ein Fehler, dass sie uneinsichtig und beleidigt war und nichts Besseres zu tun hatte, als die Fronten zu wechseln und zu Klöckler zu gehen. Sie setzte ihren Mann Fritz, der unter ihrem Pantoffel stand, unter Druck, bis er bei Horst kündigte. Von da an konspirierten sie gemeinsam gegen uns. Ein elendig schlechtes Kammerspiel. Horst sollte sich gründlich in der Aufrichtigkeit eines Herrn Klöckler getäuscht haben.

Ein paar Wochen später erwischte es ihn selbst. Er kam von einer Messe aus Deutschland zurück, die Polizisten fingen ihn an der Haustür ab und durchsuchten sein Auto. Er war sich keiner Schuld bewusst, doch schließlich fanden sie tragischerweise zwei kleine Geräte, Ausstellungsstücke der Messe, die nicht deklariert waren. Daraufhin durchsuchten sie das ganze Haus und konfiszierten alles. Im Wert von 20.000 DM. Leider konnten wir uns keinen Anwalt leisten und sahen die Geräte nie mehr wieder. Das war eine bittere Pille. Ich war so sauer, meine Scheren scharf geschliffen, so dass ich den alten Fettsack aufsuchte und ihm in sein feistes Gesicht schrie: »Da habe ich gerade auf Sie kleinen, dicken Gartenzwerg gewartet.« Zugegeben, kindisch, unreif, unüberlegt, aber es musste raus und tat gut. Ich greife an dieser Stelle voraus, weil ich das Kapitel mit dem unmöglichen Rumpelstilzchen schließen möchte, dennoch hatte es uns lange beschäftigt, Freunde und Nerven gekostet und schließlich auch Manuel betroffen, der ihn nur »den Mann mit dem dicken Hals« nannte.

Wir waren bereits mit Manuel nach Deutschland gezogen, als es eines Tages – irgendwann im Jahr 1992 – unangekündigt an der Tür läutete. Als ich aufmachte, stellte sich eine Frau vom Jugendamt vor, die den Hinweis erhalten hatte, dass Manuel illegal bei uns leben und wir ihn misshandeln würden. Das ging ans Eingemachte. Wenn man auch selbst weiß, wie unsinnig diese Anschuldigungen sind und dass das Jugendamt eine berechtigte Pflicht hat, Hinweisen nachzugehen, kommt man in einen inneren Rechtfertigungszwang, der unerträglich ist. Man fühlt eine unglaubliche Wut, verdächtigt zu werden, einen sofortigen Schutzinstinkt seinem Kind gegenüber und ein Misstrauen gegenüber den Behörden. Konnten sie die Situation unabhängig und gerecht beurteilen, die richtige Perspektive und Verhältnismäßigkeit der Dinge, die vielfach nicht nachweisbar waren, einschätzen? Oder waren sie am Ende auch nur manipuliert und Handlanger ihrer eigenen Vorurteile?

Da ich wusste, dass ich um eine Überprüfung nicht herumkam, mir nichts zuschulden habe kommen lassen, ließ ich die Dame eintreten, wenn auch mit einer Haltung, die meinen Unwillen deutlich ausdrückte. Ich ließ den Feind in mein Haus. Damit meinte ich nicht die Frau, die ihren Job machen musste. Die war in unserem Falle der Punchingball. Ich ging davon aus, dass sie für solche Situationen geschult war, das persönlich auszuhalten. Mir war klar, wer der eigentliche Anstifter war. »K« wurde zu meinem »Z«, nur dass er nichts Gutes im Sinn hatte, sondern Missgunst säte. Bilder schossen in mein Hirn, Erinnerungen an die letzten Begegnungen. Wir waren ja noch mit der Marina in Kontakt, einmal beruflicher Art, weil ich weiterhin meine Kunden betreute, aber auch privat, weil wir zu diesem Zeitpunkt unser damaliges Schiff, die Anhinga, in der Marina liegen hatten. Beim letzten Besuch sahen wir Klöckler vom Steg Bilder aufnehmen, grün vor Neid. Ich konnte nicht an mich halten und fragte sie, wer solche Unwahrheiten verlauten ließ. »Das kann ich Ihnen nicht sagen, Frau Lehmann, es ist uns nicht gestattet, die Namen der Hinweisgeber zu veröffentlichen. Da sind wir an den Zeugenschutz gebunden und müssen sie auch schützen.« »Schützen?« blaffte ich aufgebracht. »Müssen Sie das Kind schützen, oder irgendwelche Denunzianten?« Horst nahm mich beiseite, er war gelassener, wenn auch deutlich ironisch.

Manuel spielte am Boden mit seinen Legos. Sie hatte sich kurz mit ihm unterhalten, allerdings so desinteressiert, dass er ziemlich schnell merkte, dass die Frau nicht gekommen war, um sich mit ihm zu beschäftigen. Zum Glück verlangte sie nicht von uns, ihn auszuziehen, um mögliche blaue Flecken und Misshandlungen zu sehen. Sie bat uns, ihr das Haus zu zeigen, unsere Folterkammern, wie Horst zynisch bemerkte. Je länger sie neugierig durch unser Haus streifte, desto unverschämter empfand ich die gesamte Situation. »Übrigens werden wir noch ein weiteres Kind adoptieren«, provozierte ich. Sie stand im Türrahmen, schaute mich gar nicht an, sondern sagte stoisch in den Raum hinein: »Da seien Sie sich mal nicht so sicher, Frau Lehmann. In Deutschland ist das wesentlich komplizierter als in Costa Rica. Und man adoptiert ja nicht einfach so ein Kind, um einen Spielkameraden für das Geschwisterkind zu haben.«

Ich war selbst voreingenommen gegenüber Jugendämtern. Unsere Freunde Katrin und Jörg wollten ebenfalls Kinder adoptieren und hatten große Schwierigkeiten mit den Jugendämtern in Hannover. Sie wurden, ohne irgendwelche ordentlichen Begründungen, abgelehnt. Katrin vermutete, dass sie Ressentiments hatten, weil sie Kinderärztin und Jörg Architekt war. Irgendwann hatten sie die Schnauze voll, wechselten nach Berlin und adoptieren dort zwei Kinder. Ohne Probleme. Ich weiß nicht, wie das heute gehandhabt wird, damals war man dem Urteil eines Sachbearbeiters ausgeliefert. Fairerweise muss ich gestehen, dass diese Jugendamts-Vertretung zwar nicht neutral wirkte, doch hatte es nicht den Anschein, als wollte sie uns in die Pfanne hauen. Nachdem sie die Adoptionspapiere durchgeblättert und geprüft hatte, war ihr klar, dass uns jemand denunzieren wollte. Nach anderthalb Stunden war der Spuk vorbei und es folgte zum Glück keine Fortsetzung. »Der Klöckler kann uns mal den Buckel runterrutschen«, grinste ich Horst an. Der Luftstoss, der den Kraftausdruck aus meinem Inneren herausbegleitete, nahm einen Großteil meines Ärgers mit, was mit dem nächsten Einatmen zu einer angenehmen Entspannung führte.

Kindesbesitz

Ich habe selbst nie eine Schwangerschaft erlebt. Ich kann aus dieser Warte nicht sagen, was es für einen Unterschied macht, ein Kind zu empfangen, auszutragen, zu gebären und an die Brust zu legen. Wie geht es dabei Männern? Sie erleben dies auch nicht. Was macht sie zu Vätern? Neben dem biologischen Aspekt. Ich habe die Schwangerschaft von Manuels leiblicher Mutter Dalia miterlebt und kurz nach der Geburt ihren Sohn in meine Arme geschlossen. Ins Herz geschlossen hatte ich ihn bereits, als ich entschied, Mutter zu werden. Indem Dalia uns ihr Kind willentlich und bei klarem Verstand anvertraute - ihr Herz mochte eine andere Sprache gesprochen haben - hieß das noch lange nicht, dass er rechtlich uns gehörte. Menschen in sozialen Gemeinschaften brauchen Regeln und Gesetze, um miteinander auszukommen. Dazu gehört auch das Adoptionsgesetz, das seine Berechtigung hat, denn Menschenhandel ist eine fürchterliche Facette des Bösen.

Wenn man selbst betroffen ist, sieht die Medaille anders aus. Man begegnet in dem langwierigen Prozess umständlichen Verfahren, unsinniger Bürokratie, Behördenmief, Manipulation, Willkür und teilweise schlichtem Desinteresse anonymer Sachbearbeiter. Auf Costa Rica warteten wir ein halbes Jahr, bis die Erlösung kam und wir das Recht zugesprochen bekamen, Manuel unser Kind nennen zu dürfen und mit ihm ausreisen zu können. Wir hatten einen Anwalt, der unser Leumund war, der uns an die Hand nahm und begleitete. Der uns kannte, uns vertraute, der ein Interesse hatte, dass es Kindern in seinem Land gut ging. Eine Stütze, ohne die wir das Haus unserer Familie nicht hätten bauen können. In Deutschland sah das anders aus. Vorweg: Wir kamen im Dezember 1987 mit Manuel in Deutschland an und anderthalb Jahre später trug er unseren Namen. Emotional war Costa Rica wesentlich aufwühlender, in Deutschland waren wir genervt, weil jede Ausreise ein Problem war, jedes Mal wurden wir aus der Schlange rausgeholt und von Interpol geprüft, dennoch wussten wir, dass wir auf der sicheren Seite waren und Manuel zu uns gehörte. Zu den Terminen vor Gericht oder Jugendamt mussten wir von Italien nach Bad Essen bei Osnabrück, weil wir dort nach Costa Rica als Erstes gemeldet waren. Das Ganze wurde vom Gericht entschieden und vom Jugendamt geprüft. Svenja musste ebenfalls ihre Zustimmung geben, was sie trotz des schlechten Verhältnisses zu Horst tat.

Der Richtereindruck fiel zunächst nicht zu unseren Gunsten aus: keine berufliche Konstante, in den USA geheiratet, fünf Jahre rumgesegelt – waren wir überhaupt in der Lage, ein Kind zu erziehen? Las man das Ersuchen aus dieser Perspektive, konnte ich nachvollziehen, dass sich ein Richter seine Gedanken machte. Gemeinerweise gilt hier nicht das Argument, dass weltweit kein Elternteil gefragt wird, ob es fähig ist, ein Kind zu erziehen. Jeder, der ein Kind will, kann eins in die Welt setzen. Doch wird das Jugendamt erstmal beauftragt, dies zu prüfen, sie haben ihren Regelkanon und ihre persönlichen Auffassungen, wer kann und wer nicht. Im Unterschied zu Costa Rica hatten wir das Gefühl, uns widerrechtlich etwas zu nehmen, was uns nicht gehörte. Es wurde kein Unterschied gemacht. Es war niemand da, der unsere Herzen prüfte, nur unsere Papiere, die vor ihnen lagen, mal auf dem Schoß, mal auf dem Amtstisch.

Anscheinend hinterließen wir bei dem Richter keinen desolaten oder debilen Eindruck und endlich – endlich! – trug Manuel unseren Namen und wir konnten ihm die Welt zeigen. Die costaricanische Staatsbürgerschaft gab er damit ab, sein Pass wurde entwertet. Wir behielten ihn, es war das Dokument einer Wurzel, die er nicht kappen konnte, wenn er es in späteren Jahren auch versuchte. Er war nun Deutscher. Seit dem 13. Februar 1990.

Horst und ich hatten beschlossen, mit Manuel offen über die Adoption zu sprechen und ihm – so weit uns das möglich war – keine Antwort schuldig zu bleiben. Alles andere wäre für uns völliger Quatsch gewesen. Wir hofften, dass er genauso dachte und fühlte, wie wir für ihn fühlten. Ich betete heimlich, zumindest sendete ich Gedanken an irgendeine Stelle im Universum, die ich bat, für uns zu sorgen. Ein Wunsch war, dass Manuel unsere ehrliche Absicht, ein Kind zu adoptieren, verstand. Hier fängt der Quatsch bereits an. Denn wusste ich selbst, was meine ehrliche Absicht war? Hatte ich mir darüber jemals Gedanken gemacht? Wollte ich etwa ein Gutmensch sein und irgendeine Schuld begleichen, derer ich mir gar nicht bewusst war? Wollte ich ein Besser-Mensch sein und anderen zeigen, ob meinen eigenen Eltern oder sonst wem, in dieser riesigen unverstandenen Welt, wer besser ist und damit etwas in mir selbst aufwerten? Wollte ich kein eigenes Kind auf die Welt bringen, weil ich zu feige war, den ganzen Aufwand an Nähe zu betreiben? Wenn dies nicht ein Trugschluss war.

Eine Aufgabe der Jugendämter ist es, dass die Fachkräfte in den Vermittlungsstellen dabei helfen, sich über die eigentlichen Ambitionen klar zu werden. Aber ist es das, was Eltern und Kind brauchen? Unsere Ambitionen lagen klar auf der Hand. Ich wollte mit achtzehn Jahren das Leid der verlassenen Kriegskinder aus Vietnam lindern, indem ich es mittrug. Horst wollte etwas gutmachen, was ihm bei Svenja nicht gelungen war, und er sich zutraute, mit mir zusammen zu bewältigen. So jedenfalls erschien es mir. Ich sehe heute einen Unterschied zwischen Ambition und ehrlicher Absicht. Und ich fürchte, dass das im Verhältnis zum Kind Verwirrung stiftet. Wir würden niemals nur annähernd nachvollziehen können, wie Manuel sich fühlte. Wir waren beide nicht adoptiert, wir konnten mit unseren Eltern schimpfen, hadern, wir konnten sie befragen nach ihrer Geschichte. Dalia, Horst und ich wünschten uns, Manuel eine neue Chance auf ein erfülltes Leben zu geben, das er in einer Familie leben durfte, die sich genau das ersehnte. Zu der er sein Leben lang gehören würde – wie ein leibliches Kind. Wir waren uns einig, aber war Manuel es auch? Glaubte er uns und las er in uns keine anderen Beweggründe, die ihn verunsicherten und kränkten? Ich möchte nicht zu sehr mit uns ins Gericht gehen, denn diese wichtigen Fragen sollten sich auch Eltern leiblicher Kinder stellen. Viel zu wenige tun es. So wie wir eben auch. Aus Angst vor Entzauberung. Hermann Hesse hatte die passenden Zeilen gefunden: »(…) Und jedem Anfang wohnt ein Zauber inne, der uns beschützt und der uns hilft, zu leben. (…)«

Wir hätten mutiger sein dürfen, ehrlich zu uns und damit zu Manuel zu sein. Und das hat nichts mit der Wahrheit zu tun. Davon – also von der Adoption – berichteten wir Manuel von Anfang an, das heißt in dem Maße, wie er es altersgemäß begriff. Als wir die deutschen Adoptionspapiere und seinen Pass mit unserem gemeinsamen Familiennamen erhielten, war Manuel drei Jahre alt. Er reagierte darauf nicht sichtbar emotional, vielmehr uninteressiert. Als wüsste er das alles bereits, also warum darüber reden. Ging uns im Prinzip ähnlich. So verhielt es sich eigentlich sein Leben lang und bis auf ein paar Ausnahmen machten wir mit. In dem Eifer, alles richtig machen zu müssen, in dem Eifer, das Leben geschehen zu lassen, übersieht man manche Stufe und läuft Gefahr zu straucheln.

Das Leben in Italien war – gerade in den Monaten der langen Nächte – luftig, leicht, besonnen. Manuel hatte einen Bollerwagen geschenkt bekommen, in dem er seine Tiere und wichtigen Utensilien stolz durch die Marina spazieren fuhr und sie jedem zeigte. Es herrschte ein reges Treiben, wir waren beschäftigt, hatten viele nette Gespräche, es war ein Leben, das in unserer kleinen Familie sesshaft, aber dennoch ständig in Bewegung war. Zwischendurch wurde uns das Haus zu klein. Wir nahmen einen Kredit bei meinen Eltern und der Bank auf und kauften kurzerhand ein etwas größeres Haus in einem der Wohnblocks der Marina. Damit war die Sache erledigt. Wir hatten mehr Platz, leider keinen direkten Zugang mehr zu einem Pool, die Terassentür war gleichzeitig unser Eingang. Wir fühlten uns wohl in den eigenen vier

Wänden, Manuel schien den Wechsel gar nicht mitbekommen zu haben, denn der äußere Rahmen und Tagesablauf waren für ihn der gleiche geblieben. Im Grunde genommen wurden Horst und ich Berufspendler zwischen München und Italien. Stoffe, elektronische Geräte, bestimmte Lebensmittel, mein Engagement bei dem Verein für bedrohte Völker, ließen uns regelmäßig in die Bayerische Metropole fahren. Wir hatten beide kein Problem, Strecken hinter uns zu lassen, aber das Hin und Her war zeitraubend.

An einem Donnerstagabend, es war der 9. November 1989, war ich allein in München und wohnte bei Freunden, die auf Reisen waren. Ich hatte in der Metro eingekauft, es mir vor dem Fernseher mit einem Appenzeller Käse gemütlich gemacht, als alle Kanäle nur ein Thema zeigten: die Wiedervereinigung. Ich war aufgeregt, ich war fasziniert, ich war die ganze Nacht wach und schaute bewegt zu, wie die Massen an Menschen sich durch die Grenzöffnungen drückten, auf der Mauer tanzten, sich weinend in den Armen lagen, und ich schluchzte mit, mein grenzenloses Herz war tief berührt. Im September hatte ich mit Herbert, der uns in Italien besuchte, diskutiert, ob wir auf die Öffnung der Mauer zusteuerten. Wir hatten damals Die Zeit abonniert und ich interpretierte die Lage zu unseren Gunsten. Ich hoffte inbrünstig, dass dieser paradoxe Wahnsinn, Menschen, die zusammengehörten, zu trennen, und die einen davon in einem Gefängnis zu halten, endlich aufhörte. Herbert verneinte vehement. »Marion, Du bist wie immer herrlich gutgläubig, ich glaube, Du überschätzt Gorbatschows Einfluss und die Krise der Diktatur des SED Regimes.« Ich lachte auf und konterte: »Damit hast

Du wohl Recht. Was Du aber außer Acht lässt, sind die Menschen, denen die ganze Geschichte zu dumm wird und die ihre Familien zu sehr vermissen, als weiter darauf zu verzichten, wenn sich ein kleiner Streifen Licht am Horizont befindet.« Dann war es so weit. Das, was niemand erwartet hatte, aber viele erhofften, bündelte sich in dem unglaublichen Mut und der Kraft der Menschen, denen es reichte, sinnlos gegängelt zu werden, und die es schafften, ihre Angst zu überwinden. Ich verbrachte den nächsten Tag vor dem Fernseher, denn viele hatten das Wunder verschlafen und machten sich erst nach dem Erwachen aus diesem bösen Traum auf den Weg. Immer wieder wurde ein Grenzübergang geöffnet. Die Menschen machten sich auf. Auf ihrem Weg in die Freiheit und in die Verantwortung.

Später schickte mir Herbert eine Kassette mit dem Titel »History was made tonight«, auf der er die Sendung aufgezeichnet hatte, weil er davon ausging, dass ich dieses wunderbare Stück Zeitgeschichte in Italien ohne Fernseher verpasst hatte. Ein großer Schatz.

Silvester 1989/90 verbrachten wir mit Friedl und Susi am Achensee in Achenkirch. Die beiden waren Kunden von Horst und vermieteten Zimmer in dem kleinen Skiparadies Christlum, nur eine Stunde Autofahrt von den Ballungszentren München und Innsbruck entfernt. Für die Münchner ist es ein attraktives Wochenendziel, nah und ohne Vignette erreichbar. Ich fand das verschneite Alpenpanorama herrlich, die kalte Luft, den knirschenden Schnee unter den Füßen, es war eine Abwechslung zum langweilig unentschlossenen grauen Adriaklima. Manuel setzten wir auf einen Schlitten, um mit der höchsten Gaudi den Berg runterzusausen. Er kannte keine Angst und keinen Schrecken. Je wilder, desto herzhafter sein Lachen und Glucksen.

Den Jahreswechsel verbrachten wir unter eisigem Sternenhimmel am Berg oben in einer Almhütte. Wir saßen zu dritt an einem Tisch inmitten vieler anderer, aßen ein zünftiges Essen, während Manuel, fesch in Hemd und blau karierter Latzhose, die Luftschlangen von den Lampen zerrte und von Tisch zu Tisch tapste, um sich aus allen Tellern das Leckerste herauszuzupfen. Später tanzte er auf den Armen fremder junger Frauen oder rockte als Co-Star der Band ins neue Jahr, bis wir unseren liebenswerten Charmeur fest einpackten, auf den Schlitten schnallten und mit ihm ins Tal in unsere warmen Betten sausten. In einer inneren Übereinkunft stellten Horst und ich bei den Aufenthalten in Deutschland die Weichen für unsere nächste Heimstätte. Wir fuhren oft nach München, Horst wegen seiner Arbeitskontakte, ich wegen der Stoffe, Lebensmittel und meinem Engagement für die Gesellschaft für bedrohte Völker. Horst bekam das Angebot, in München für Ferropilot als Geschäftsführer eine Niederlassung zu eröffnen. Ich schloss mich der Münchner Arbeitsgruppe an, die bereits in den Vorbereitungen für die 500-Jahr-Feier anlässlich Christoph Columbus' Amerikaentdeckung war, die 1992 stattfand. Ab Oktober fuhren wir jedes Wochenende nach München, um uns Häuser anzuschauen. Wir waren auf zig Hausbesichtigungen, ließen uns taxieren, beantworteten viel zu private Fragen und fanden am Ende nichts, was einem angemessenen Preis/Leistungsverhältnis entsprach. Wir waren in einer

Branche selbstständig, die kein festes, dauerhaftes Einkommen garantierte, kamen aus Italien und erschienen nicht seriös. In Benediktbeuern fanden wir dann endlich ein Haus, das uns freundlich erschien. Eine Doppelhaushälfte im alpenländischen Stil gebaut, im Erdgeschoss gemauert, im oberen Geschoss mit Holz verkleidet und mit Fensterläden verziert.

Während wir uns mit der Häusersuche rumschlugen, verbrachte unser Sohn seine Wochenenden bei Zia und Zio. Natürlich hatten wir ihm von unserem Umzug erzählt, er half eifrig die Kisten mit einzupacken, richtig bewusst war es ihm nicht, was die Trennung von Zia und Zio bedeutete. Zu diesem Zeitpunkt litten die beiden mehr als er, der jeden Tag mit einem Herzen voller Sonne begrüßte.

Zurück zu deutschen Wurzeln

Dann war es so weit. Am 1. Dezember 1990 packten wir mit Hilfe meiner Eltern unsere sieben Sachen. Ich fuhr mit Mama, Manuel und Mienchen im PKW, Horst und mein Vater kamen mit dem LKW nach. Unsere erste Nacht im neuen Heim mussten wir schlafend, oder auch nicht schlafend, was mich betraf, auf dem Boden verbringen, weil Horst erst der Tank leerlief, und er dann noch in Deutschland im Schneesturm stecken blieb. Die beiden kamen am nächsten Morgen völlig erschöpft an. Die Zeit war stürmisch, es gab viel Schnee, der uns heftig durchschüttelte. An die eisigen Temperaturen mussten wir uns gewöhnen. Manuel packten wir in viele Schichten ein, bis er sich wie ein Michelinmännchen breitbeinig wankend durch die weiße Winterlandschaft bewegte. Mienchen schien das nicht zu jucken, sie schlief tagsüber bei uns im Bett, nachts wollte sie raus, doch sobald wir ins Bett gingen, rief ich nach ihr, weil ich mir Sorgen machte, dass sie als »Mit-Spaziergängerin« den falschen Menschenbeinen folgte. Viele helfende Hände erleichterten uns den Start. Meine Eltern bauten uns die Möbel auf, Tante Lotte kam und unterstützte mich im Haushalt. Wir gingen zum ersten Mal auf Weihnachtsmärkte und ließen uns von der heimeligen Atmosphäre in die neue Heimat tragen.

Horst fing am 2. Januar 1991 bei der neuen Firma an, ich war vorübergehend ohne Arbeit, was bedeutete, dass ich Hausfrau und Mutter war. Saugen, Putzen, Einkaufen, Räumen. Nicht gut. Langweilig. Auf Dauer. Für ein kleines Segelboot – okay. Aber für ein Haus! Wenn ich eine Persenning nähte, fühlte ich andere Elemente in mir. Der erste Kontakt zum Kunden, spüren, wie er mit seinem Schiff lebte, wo es ihn am liebsten mit den Winden hintrieb, sein Schiff vermessen, seine Ecken und Kanten erfassen, das richtige Tuch auswählen, die genauen Daten darauf übertragen, es ausschneiden, nähen, um dann das Schiff damit einzudecken, die Zufriedenheit über den Schutz seines Schatzes beim Kunden erleben, den eigenen Stolz aufflammen lassen und dann zufrieden das Projekt schließen. Ob Christo im Anblick des Berliner Reichtags genauso fühlte, wie ich im Kleinen?

Horst hatte uns den ersten Fernseher gekauft, so dass ich mich dabei erwischte, wie ich tagsüber in die Glotze schaute. Von Null auf Hundert. Mir wurde ganz schwindelig von dem ganzen Serienmüll.

Da Deutschland im Vergleich zu den USA wesentlich rigider im Umgang mit Bildungsnachweisen, Zertifikaten, Gewerberegelungen umging, beschloss ich, bei der Handwerkskammer eine Prüfung zur Meisterin für Sattlerei zu machen. Das erlaubte mir, ein Gewerbe zu eröffnen; ausbilden durfte ich mit diesem Zertifikat nicht. War aber eh nie mein Plan. Das Ganze absolvierte ich in einer Autosattlerei in Dachau. Zuvor musste ich mich in die theoretische Materie, die zur Prüfung erforderlich war, einarbeiten und konnte das völlig relaxed bei einem Urlaub im Mai auf Elba tun. Ich Glückskind hatte auf der Bootsmesse CBR im Januar einen einwöchigen Hotelurlaub auf der italienischen Mittelmeerinsel gewonnen. Wir waren alles andere als der typische Hotelgast, genossen dennoch die Zeit, uns verwöhnen zu lassen. Ich paukte, Horst und Manuel gingen auf Abenteuerpfaden, um ja nicht zu viel Verderbtheit durch Luxus in unser Leben färben zu lassen. Nachmittags kamen sie mit aufgeschrammten Knien vom Felsenklettern zurück, wo sie Muscheln (Cellana nigrolineata) sammelten, die sie aufbrachen und roh aus den Flügeln schlürften. Horst bildete sich ein, seinem Sohn das Leben der Urmenschen nahezubringen, die in jeder Wildnis überleben konnten. Männerkram. Geschadet hat es nicht.

Vom Lerncamp zurück, ging es schnurstracks in die Sattlerei. Wenn ich etwas gewohnt war, dann mich unter Männern problemlos aufhalten zu können. Ich habe Männer ängstlich, kotzend, weinend, saufend, heldenhaft, fies, feige und berechnend gesehen, habe ihnen in die Augen geschaut und wir wussten: keiner ist schlechter oder besser. Auch in der Sattlerei verstand ich mich mit den Männern gut, der

Chef hatte Machoallüren, aber mein Gott, es gibt Schlimmeres. Das Grauen begegnete mir auf den Toiletten, dort verlor ich jeglichen Halt. So etwas war mir noch nie begegnet. Man sagt Frauen nach, dass sie die gleichen, wenn nicht noch schlimmere Schweine als Männer sind, mag sein, doch diese Toiletten schienen einer Parallelwelt entsprungen. So etwas konnte nicht real sein. Wenn es nicht mehr anders ging – und ich bin wahrlich eine Leistungsträgerin im Pippi-zurückhalten-Kampfsport –, musste ich auf das Unisex-Klo und trat in eine braune, gekachelte, eisige Hölle. Meine Sinne spielten verrückt: Ich roch Scheiße, ich sah Scheiße, ich fasste auf Scheiße, ich schmeckte Scheiße, und ich konnte sogar Scheiße hören. Es war schrecklich und es war absurd. Nach diesem Besuch ging ich, das Kinn an die Brust gedrückt, im schnellen Zwergenschritt an meinen Arbeitsplatz zurück, ich konnte niemandem in die Augen schauen. Die Mutter des Chefs – die sicher Bescheid wusste und mir nie anbot, im Privathaus die Toilette zu benutzen – war eine Goldgrube an Wissen und geizte nicht, es zu teilen. Sie erzählte von früher, vom Gerben des Leders, vom Verarbeiten, vom Schinden, davon, das schwere Material über Objekte zu ziehen, zu vernähen, von den Möglichkeiten verschiedener Passformen, von ihren sinnlichen Schönheiten und wie sie dem jeweiligen Auto einen persönlichen Charakter verliehen. Ich hörte ihr gerne zu. Es waren abwechslungsreiche Inseln der Geschichte, auch wenn ich sie für mein Gewerbe nicht brauchte; da ich nicht mit Leder arbeitete, waren sie für meine theoretische Prüfung wichtiges Grundlagenwissen. In der Woche der Prüfung fertigte ich einen Bootssitz, ein Schiffspolster zum Schlafen und eine Ganzpersenning für ein Motorboot an. Die Zeit war knapp bemessen, aber es war machbar. Bee hatte mich längst meisterlich ausgebildet, und mit meiner Erfahrung war es kein Problem, das Zertifikat über »meisterliche Kenntnisse« zu erlangen. Endlich konnte ich wieder tätig werden, um einen Ausblick zu haben, Geld in die Kasse fließen zu lassen, um reisen zu können, um Manuel die Welt zu zeigen. Und es war ja so einfach. Flyer wurden gedruckt, die ich in den kleinen Häfen am Starnberger See verteilte. Es dauerte nicht lange, bis es bei mir an der Tür klingelte und sich ein Bootssattler aus Weilheim vorstellte. »Klöckler-Alarm!« schrillte es durch meinen Kopf, trotzdem bat ich ihn freundlich rein und wurde im Laufe unseres Gesprächs angenehm überrascht. Er hatte einen Großhandel für Stoffe, die ich nach unserem Treffen bei ihm bezog, damit Frieden herrschte. Es war ein Kompromiss, es gab Stoffe, deren höherer Preis durch seinen Lieferservice ausgeglichen wurde. Die Geschichte mit Klöckler hatte Spuren hinterlassen. Es war für mich nach wie vor unfassbar, wie Neid und Missgunst einen Menschen antreiben, anderen Schaden zuzufügen. Und es ein Leichtes gewesen wäre, nebeneinander zu existieren.

Manuel lebte sich schnell in Benediktbeuern ein. Das lag auch an Christian, dem Nachbarsjungen. Christian war zwei Jahre älter als Manuel, was die beiden nicht daran hinderte, gute Kumpels zu werden. Nord traf Süd. In aller Freundschaft. Christian war blond, dünn, lang – Manuel schwarzhaarig, klein und stämmig. Was schweißt Männer besser zusammen als Motoren? Herren über Technik, Geschwindigkeit, Fahrgeschick, den Asphalt. Parameter, an denen sich echte Jungs maßen. Ein Kettcar und ein Bobbycar standen ihnen zur Verfügung, mit denen sie ihre ersten Gehversuche im Motorenbetrieb auf dem Pflaster unserer Hausstraße machten. Manuels Hintern saß sattelfest auf dem Bobbycar, für das Kettcar waren am Anfang die Beine noch zu kurz, und er scheuchte das Vehikel über Schotterpisten, Kopfsteinpflaster, gerne auch Gefälle jeglicher Neigung. War es nicht kurvengeschmeidig genug, riss er das Vorderteil gekonnt um Ecken, Biegungen und Kanten. Mit seinen Beinen holte er kräftig Schwung, sie entwickelten eine Kraft und Schnelligkeit, der ich gar nicht folgen konnte, wenn er wieder mal Gefahr lief auf etwas zuzurasen; doch verließ er sich gekonnt auf sein Schuhwerk, das als Bremsklotz diente und daher regelmäßig ausgetauscht werden musste. Das alles begleitet von einem ohrenbetäubenden Lärm. Alternativ hauten die beiden sich in vertrauter Zweisamkeit auf die Couch und spielten Tetris oder schauten fern. Also, Christian spielte auf seinem Gameboy Tetris und Manuel schaute ihm über die Schulter. Ich weiß nicht, ob er mit seinen dreieinhalb Jahren verstand, worum es bei dem Spiel ging, doch er klebte an Christian, der selbst in einer Bauklotz-Sortier-Trance schien und verharrte für seine Verhältnisse lange an seiner Seite. Hatte Christian keine Zeit, spielte Manuel stundenlang mit seinem Lego oder Playmobil. Es herrschte ein Riesenchaos, alles schien durcheinandergeschmissen, doch Manuel war mit einem inneren Radar ausgestattet, der ihm zeigte, wo jedes noch so kleine Männchen lag.

Wir gewöhnten uns langsam an die oberbayerische Kulisse, an deutsche Klänge, der Frühling zauberte ein buntes

Alpenpanorama vor unsere Tür und wir liebten es, die Almwiesen zu durchstreifen. Wobei man Manuel schon mal, wie einem Esel die Karotte vor der Nase, das Eis auf der Hütte schönreden musste, um ihn zum Weiterlaufen zu motivieren. Irgendwann landete er dann auf den Schultern von Horst, der ihn tapfer nach oben trug, wenngleich Manuel seinen Hintern von links nach rechts schob, in den Haaren von Horst raufte und seinem Gaul unter ihm gerne die Sporen gab. So verhielt es sich an einem schönen Sonnentag, als wir zusammen mit meinen Eltern und meinem Bruder von Benediktbeuern aus auf dem Höhenwanderweg von Pfisterberg über Ried spazieren wollten, der vier Kilometer lang ist und wir rechneten dabei mit einer Stunde Wegzeit. Als Routenneulinge trafen wir nur eine falsche Entscheidung und befanden uns auf dem Weg Richtung Tutzinger Hütte, was eine Wanderung von dreizehn Kilometern beinhaltete, teilweise steile Serpentinen hinauf, und es bedeutete für uns mehrere Stunden, die mehr zu gehen waren. Begegneten uns Leute, fragten wir hoffnungsvoll, wie lange es noch dauern würde, doch jedes Mal bekamen wir mitleidige Blicke, zumindest Horst mit Manuel auf den Schultern, mir gegenüber waren sie eher verständnislos, da ich als Schuhwerk nur Schlappen anhatte, doch wir hatten ein gemeinsames Versprechen: das Eis. Also mussten wir da durch. Auch meine Eltern. Ich fürchtete ständig, sie zu überfordern, umso erstaunter war ich, wie fit sie mit ihren 55 Jahren waren. Oben angekommen, bekam jeder eine Belohnung. Wir Erwachsene ein Bier und eine herzhafte Mahlzeit und Manuel sein lang ersehntes Eis, oder auch zwei, drei. Dennoch traute er uns von diesem

Erlebnis an nicht mehr über den Weg. Wandern hieß ab da manipulative suggestive drohende Überzeugungsarbeit.

Das Spielzeug

Der Vertrieb der Boots-Elektronik erforderte von Horst, regelmäßig nach Italien oder Kroatien zu fahren. Wenn nichts Außerordentliches geplant war, begleiteten wir ihn, denn Manuel vermisste seine Zia und seinen Zio. Als Horst einen Auftrag in Kroatien abwickeln musste, beschlossen wir, ein paar Sonnentage am Meer zu genießen. Bei Umag in Istrien lag das Schiff von Manfred, einem Kunden von Horst, der ihn gebeten hatte, bei ein paar Nacharbeiten und Reparaturen behilflich zu sein. Wir fuhren mit dem VW Bus, unserem fahrbaren Schneckenhaus, in dem wir eingerichtet waren und die Nächte verbrachten. Nachdem die Männer bereits zwei Tage werkelten, hatten wir Lust auf Abwechslung und spazierten gemeinsam ins Dorf, um etwas zu bummeln und in einer typisch kroatischen Taverne essen zu gehen. Ich hatte Lust auf die istrische Küche mit ihren leckeren kroatischen Mangoldkartoffeln, Blitva genannt. Wir schlenderten durch die Gässchen, Manuel trippelte immer ein paar Meter vorweg, sondierte das Jagdgebiet, um schließlich punktgenau auf einen der Ständer zuzusteuern und das Zielobjekt an sich zu reißen. Meistens waren es Touristenläden, die Unmengen von Nippes anboten, aber es war so herrlich leicht, sich von der Meeresbrise einfangen zu lassen, die Wärme, die in den Steinen gespeichert war, auf der nackten Haut zu spüren, leichte Konversation zu betreiben und zu wissen, dass alles gut war. Horst kaufte Manuel endlich an irgendeinem dieser vielen Stände ein Spielzeug, so war auch er zufrieden und stolz auf seine neue Errungenschaft. Ab da lief er hinter uns, scheinbar taub, denn alle Aufforderung schneller zu gehen flog mit dem Wind durch die Gassen davon. Leider dauerte es nicht lange und ein Teil von dem Spielzeug brach ab. Das war nicht weiter verwunderlich, weil es ein Plastikklump aus China war und es vorhersehbar war, wann Eltern gezwungen waren, ein weiteres Teil zu kaufen. Das soll man mal einem Kind erklären, nicht willens, noch eine müde Mark zu investieren. Manuel war entsetzlich traurig. Und empört. Das hatte zur Folge, dass es ein Mordsgezeter, Geweine und Getobe gab, bis ich entnervt das Restspielzeug in den Müll warf und meinen Sohn anschnauzte, es wäre jetzt Schluss. Wie ich mich täuschen sollte. Wir gingen mit einem völlig außer sich geratenen Sohn zum Schiff zurück. Horst arbeitete mit Manfred weiter und ich unterhielt mich mit seiner Frau Brigitte. Bis mir auffiel, dass es bereits eine geraume Zeit ruhig war. Sehr ruhig. Ich suchte mit meinen Augen die Gegend ab, doch mein Blick blieb an keinem kleinen Zwacken in pinkfarbenem Hemd hängen. Die anderen hatten ihn auch nicht gesehen. Ein dumpfes Bauchgefühl stieg langsam den Körper hoch. Erst zerflossen die unteren Organe, schickten Impulse durch alle Eingeweide in den Brustbereich, der sich sofort verengte, das Herz schlug schneller, aufgepeitscht von einer Menge Adrenalin. Ich rannte zum Spielplatz, halluzinierte Manuel auf die Schaukel, auf der er aber nicht saß, rannte weiter durch die gesamte Marina auf der Suche nach einem kleinen Geist oder einer angeschwemmten Wasserleiche. Als ich zurück aufs Schiff kam, hatte noch keiner meine Lage wirklich ernst genommen, bis ich die Tränen nicht mehr zurückhalten konnte und losheulte. Da ich das selten tat, bedeutete das für Horst Alarmstufe Rot. Alle schwärmten aus. Manfred setzte sich auf sein faltbares Moped und fuhr Richtung Dorf. Wir verteilten uns in der Marina. Nach einer halben Stunde, in der auch Horst unruhig wurde, hörten wir das knatternde Husten von Manfreds Moped, bis er um die Ecke fuhr, Manuel auf seinem Schoß, von seinen kräftigen Armen gehalten. »Nicht schimpfen!«, riefen seine Augen vorweg. Er lachte und rief: »Ich habe den kleinen Ausreißer. Alles ist gut!« Wir standen betreten da, ratlos, wie wir reagieren sollten. All meine Gefühle von Sorge, Fassungslosigkeit, Panik, Wut über mich, über Manuel wollten sich äußern. Ich nahm ihn auf den Arm, steckte meine Nase zwischen Ohr und Haaransatz, sog einen tiefen Atemzug gesunder Kinderduft ein, um mich zu beruhigen. Trotzdem konnte ich den Vorwurf nicht zügeln, hielt ihn auch erzieherisch notwendig, schaute ihm in die Augen und äußerte mit belegter Stimme: »Wie kannst du nur so weglaufen! Wir haben uns alle Sorgen gemacht.« Stumm blickte er auf sein Spielzeug in der Hand. Mit seinen knapp vier Jahren wusste er, dass er Mist gebaut hatte. Und ich wusste, er würde es wieder tun. Am Abend, bei einem ruhigen Glas Wein auf dem Vordeck, erzählte uns Manfred, dass Manuel wohl die ganze Bucht am Meer entlanggelaufen war. Kein Mensch hatte ihn aufgehalten, niemand wunderte es, ein kleines Kind alleine am Meer spazieren zu sehen. Auf Manfreds Frage, was er da im Dorf so alleine mache, reckte Manuel siegessicher seine Hand mit dem Spielzeug in die Höhe und rief: »Ich wollte mein Spielzeug holen. Lieber kaputt als gar nicht.«

Türkische Segellaune

Bildete sich Manuel etwas ein, bediente er sich eines genialen Tricks. Ein Beispiel: Das abendliche Bettritual gestaltete sich mit unserem kleinen Südländer zäh. Eines Abends waren schon einige Märchenbücher gelesen, als Manuel mit unschuldigem Blick zu mir hochschaute: »Mama, ich habe Hunger. Ich mag eine Apfelsine.« Ungläubig schaute ich ihn an: »Manuel, es ist jetzt nach zehn Uhr, es ist stockdunkel, alle schlafen und jetzt willst Du noch was essen? Kommt überhaupt nicht in Frage.« Langsam schob sich seine Unterlippe nach vorne und zwischen einem dünnen Lippenspalt stieß er entrüstet vor: »DU sagst doch immer, ich soll Vitamine essen! Ich brauche noch Vitamine!« »Aber doch nicht abends um halb elf!«, entschied ich souverän. Um Mitternacht schlief mein Sohn, in seinem Blut ein dichter Strom Apfelsinenmoleküle. Warum ich das erzähle? Wenn ich ehrlich bin, war auch ich nicht unbefleckt von subtilen Methoden, etwas mir Wichtiges zu erreichen. Ebenfalls ein Beispiel: Ich vermisste das Segeln, ich vermisste den offenen Ozean, den 360-Grad-Blick in die unbebaute Ferne. Das Gefühl, ungebunden und frei zu sein. Also lenkte ich es so, dass es Horst ebenfalls fehlte. Er war nicht subtil, er war der, der meinte, die Entscheidungen zu treffen und sie traf. Da wir kein Schiff besaßen, mussten wir eines chartern und hielten es für ratsam, für uns und Manuel Gesellschaft mit an Bord zu nehmen. Im Yacht Magazin gaben wir eine Anzeige auf, dass wir eine Familie mit Kind zum Mitsegeln durch die Türkische Riviera suchten. Es meldete sich eine Familie aus Idar Oberstein, der Stadt der Edelstein Manufakturen in Rheinland Pfalz. Vater,

Mutter, Kind. Vater etwas Segelkenntnisse, Mutter keine, dafür Allgemeinärztin, Kind eine Tochter von vier Jahren. Schien passend. Horst duldete eh keinen Besserwisser an seiner Seite, eine Ärztin war nicht notwendig, aber konnte sicher mit Geschichten zur Unterhaltung beitragen und Manuel war das Geschlecht seiner Spielkumpanen grundsätzlich egal.

Wir flogen von München nach Dalaman, von dort fuhren wir mit einem Taxi zum Hafen Göcek, um das Schiff in Empfang zu nehmen. Zu diesem Zeitpunkt war Göcek noch eine relativ freie, aufstrebende Bucht, heute ist der Hafen von Dalaman über einen Tunnel schnell erreichbar, und in der Bucht eröffnet die fünfte Marina. Wir wurden von dem Angestellten des Charterunternehmens über die Stege zum Schiff geführt, es war angenehm warm, mein Herz hüpfte vor Freude auf die zwei vor uns liegenden Wochen, so dass ich Manuel anstachelte, über die Stege zu springen. Ulkig, wie der hochgewachsene drahtige Horst neben dem untersetzten kleinen Guide hinterherschlenderte, eine schaukelige Angelegenheit zwischen den Köpfen. Beide waren still. Horst rechnete ständig mit dem Stoppen, doch wir passierten ein Schiff nach dem anderen. Und dann standen wir da. Zwei Kunstfiguren aus dem Kabinett von Madame Tussauds am Steg mit erstaunt wächsernem Blick auf ein Schiff, das bestenfalls ein abgewrackter Fischkutter war. Schockiert betraten wir das Deck und ließen uns stumm von dem Angestellten in alles einweisen. In der Kombüse strich ich zaghaft über die Küchenoberfläche, zurück blieb ein klebriger Film auf den Fingern. Instinktiv kniff ich meinen Zeigefinger und Daumen zusammen, die sich erst mit ein wenig Widerstand voneinander lösten. Es war alles dreckig und klebrig, es stank furchtbar und wir schämten uns, die Familie aus Idar Oberstein auf diesem Schiff zu empfangen. Wir wussten, dass wir aus der Nummer nicht mehr rauskamen, es half kein Toben, Reklamieren, wir mussten das Beste aus der Situation machen, obwohl es sich so ungerecht und geleimt anfühlte. Der Mitarbeiter hatte noch nicht den Fuß vom Schiff gesetzt, als wir alles von uns warfen und anfingen, das Schiff zu putzen. Manuel verzog sich mit einem »Mama da stinkt es, ich gehe nach oben.« nach draußen, seine feine Nase hatte sofort den Gestank im Inneren wahrgenommen. Auf dem Schiff störte ihn weniger der sichtbare Dreck, sein Geruchsinn reagierte von jeher empfindlich und impulsiv, mit dem Ergebnis, seine Analyse sofort vorzutragen. Keine noch so leichte Knoblauch oder Kaffeefahne blieb unbemerkt und man durfte sich ihm nicht mehr nähern. Keiner. In jugendlichen Jahren weitete er diese Abneigung auf fremde Toiletten aus. Auf dem Dreckskutter blieben wir davon noch verschont, das hätte uns vor logistische Herausforderungen gestellt. Wir wienerten, putzten, schrubbten ohne ein sichtbares Ergebnis, wenigstens fühlten wir uns nicht mehr wie lästige Schmeißfliegen in einer Leimfalle. Als besagte Familie dann – wieder von dem freundlichen türkischen Mitarbeiter – zu unserem Schiff geführt wurde, reichten drei Minuten, und ich wusste, dass es nicht einer meiner Lieblingsurlaube wurde. All die Menschen, mit denen ich das Leben in den Jahren auf dem Schiff teilte, hatten irgendwelche Macken, so wie ich auch. Doch hier formte sich keinerlei Resonanzkörper. Die Frau hatte null Interesse am Segeln, sie hatte sich dem Mann zuliebe darauf eingelassen, doch im Prinzip langweilte sie sich. Ihre Ehe schien ein Leck zu haben, aus dem die Liebe, der Trost und die Hoffnung rannen. Wir nahmen die Tochter oft mit zum Strand, sie hielt sich am liebsten dort auf und baute stundenlang im Sand, mit festem Boden unter den Füssen, der ihr eine Pause vor der Übelkeit auf dem Schiff verschaffte. So hatten die Eltern Zeit füreinander, ob sie sie genutzt haben, hat das Rauschen des Ozeans davongetragen. Mit Manuel kam das Mädchen nicht gut aus, er war ihr zu wild und ungebärdig. Er litt übrigens nie unter der Seekrankheit, turnte wie ein Äffchen über die Ruderpinne vom Heck bis in den Bug, legte sich mit Horst in den Baum und ließ sich vom Großsegel tragen. Setzte sich die Taucherbrille auf seine Nase, richtete sich den Schnorchel, sprang ins Meer, tauchte ein und maß sich mit den Kräften der Natur.

Glücksmomente, unser Kind in unserem Element so vertraut zu erleben. Das Ehepaar ließ nie auch nur ein Wort über den Zustand des Schiffes verlauten, es kam kein Vorwurf, kein Groll. Nachts schliefen wir alle an Deck, weil der Gestank und der Zustand der Kojen unerträglich waren. Um für ein wenig Abwechslung im Urlaubsbetrieb zu sorgen, meldeten wir uns für eine Tour ins Landesinnere an. Im Südosten der Landschaft Karien lag die antike Stadt Kaunos (10 Jh. v. Chr.), in der Nähe des Ortes Dalyan. Sie lag ursprünglich am Meer, durch Verlagerung der Küste jetzt acht Kilometer vom Meer entfernt, jedoch nicht vollständig verlandet, sondern über Sumpfgewässer und Wasserwege erreichbar. Manuel saß mit einem türkischen Jungen im Bug eines kleinen Motorboots für Touristen und tauschte sich fachmännisch über alles Sichtbare der Gegend aus. Weder konnte er türkisch noch der Junge deutsch, für beide gab es keine Sprachbarrieren, sie sprachen die Sprache der Begegnung, des Moments. So entdeckten sie schnell die in Fels geschlagenen Häuser und machten uns aufgeregt darauf aufmerksam. Dort angekommen, besichtigten wir Felsengräber, eine Kirchenruine, ein Theater sowie Tempelanlagen der einst reichen Handelsstadt, deren Verkaufsschlager getrocknete Feigen waren. »Beliebt war sie nicht«, erzählte uns der Guide. »Du musst wissen, Luft feucht von Sumpf – bähhh – Du immer bist krank.« Die Kinder balancierten über die Ruinen, krabbelten in kleine Höhlen, die die Zeit übriggelassen hatte, sie machten das, was Jahrhunderte vor ihnen andere Vierjährige machten. Wir trotteten durch die Hitze, ich nahm weniger die Worte wahr, die der Guide über die Gruppe streute, als vielmehr die Vergänglichkeit eines verlassenen Ortes, der vor langer Zeit Menschen beherbergte, die dort geboren wurden und ihre Lebenszeit in diesem Raum gestaltet hatten, die liebten und hassten und mit den Generationen, die folgten, gegangen waren. Bei einer kleinen Wanderung kamen wir an ein Schlammloch mit heiliger Sumpferde. Andere würden es als Suhle bezeichnen, in der Hängebauchschweine ein ausgiebiges Bad nehmen, um sich das Ungeziefer vom Leib zu halten. Jedenfalls zogen wir uns aus, schmierten uns gegenseitig mit Schlamm ein und hatten den höchsten Spaß dabei. Eigentlich nicht nachvollziehbar. Auch Manuel reagierte befremdlich, zurückhaltend. Was man an anderer Stelle verboten bekommen hätte, galt nun als erlaubt. Schrubbte Mama den Dreck mittels Wasser in der Regel vom Leib, schmierte sie denselben nun mit glitschiger grauer Erde ein. Die Arme von sich gespreizt, schaute er erstaunt an seinem Körper runter, der Kinderbauch wölbte sich nach vorne, wo die ersten getrockneten Erdkrusten brachen. Wenn die Leute von dem Schlamm als Jungbrunnen sprachen, meinten sie es weniger im Sinne einer optischen Verjüngungskur, sondern vielmehr einer Regression zum einjährigen Kind, das die größte Freude daran hat, die Elemente der Welt über den Körper zu erfahren. Als wir auf das Schiff zurückkehrten, stülpte sich Manuel seine Taucherbrille über, schobbte sich die Schwimmflügel auf seine Oberarme und sprang ins kühle Nass. Wir legten uns in den Bug, ließen die restliche Zeit vom Tag verstreichen und schauten ihm entspannt zu. Irgendwann hörten wir ein Motorboot anfahren, mittlerweile ein vertrauter Klang, der meinen Magen knurren ließ. Es waren Angestellte aus den umliegenden Restaurants, die ihre Küchen anwarben. Eine äußerst praktische Angelegenheit. Sie nahmen uns auf ihren Booten mit, fuhren uns zum Restaurant, dort durften wir direkt in die Küchen, um unser Essen – meistens Fisch – auszusuchen, um ihn anschließend bei einem Gläschen Wein zu verkosten, bis wir abends wieder aufs Schiff zurückgebracht wurden. Herrlich, wenn man sich im Urlaub um nichts kümmern muss.

Wer kommt denn da geflogen...

»...ein kleiner Regenbogen. Er isst heut bei uns mit. Guten Appetit!«, trällerte Manuel mit sieben anderen Kindern in die Runde und biss herzhaft in sein Brot. Seit September war er bei den Regenbogen Kindern, einer von Horst und mir initiierten privaten Kindergruppe. Das Ganze war das schöne

Ergebnis einer fehlgeschlagenen frustrierenden Kindergartenanmeldung. Als wir im Januar unsere Zelte in Benediktbeuern aufschlugen, wollten wir Manuel zügig die Möglichkeit geben, Anschluss zu Gleichaltrigen zu finden. In Italien hatte er sich jeden lieben Morgen für Zia und Zio entschieden und hätte uns am liebsten die Bremsen ausgebaut, wenn wir am Kindergarten hielten. Jetzt hier aber war Manuel gerne unter Kindern, deshalb packten wir ihn eines schönen Wintertages ein und spazierten zum Kindergarten, um uns die Einrichtung anzuschauen und mit den Erziehern zu sprechen. Doch so selbstbestimmt kann man das KIGA Projekt nicht angehen. Man muss sich telefonisch ankündigen, auf Tage der offenen Tür warten oder im Gemeindeanzeiger die Anmeldetermine nachlesen. Jedenfalls wimmelten uns die Erzieher schnell ab mit dem Hinweis, dass es laut Liste im September für Manuel keinen freien Platz geben würde. Unser kleiner Mann klebte mit seiner Stirn und Nase an der Glastür, links und rechts vom Kopf seine beiden Hände abgestützt und beobachtete das bunte Treiben, während mein Groll auf das unflexible, typisch deutsche Ämtersystem stieg. Das mögen ungerechte Vorurteile gewesen sein, das war mir in diesem Moment aber egal. Ich konnte meine Scheren mit einer bissigen Bemerkung schon ausfahren, allerdings schnappten sie ins Leere, weder die Erzieher noch der Bürgermeister konnten und wollten nichts machen. Auf dem Rückweg blaffte ich vor mich hin, dass ich einfach selbst eine Gruppe gründen würde; doch als Horst und ich zuhause mit einem Tee am Esstisch saßen, gingen uns erstmal die Ideen aus. Es gab noch nicht das World Wide Web, auf das man heute selbstverständlich zugreift, um Informationen aus dem

Schwarmwissen der Erdenbürger mit Internetzugang abzugreifen. Wir gingen den klassischen Weg, setzten eine Anzeige im gelben Wochenblatt auf, mit dem Aufruf, dass wir eine Kindergruppe gründen wollten und Gleichgesinnte suchten. Innerhalb einer Woche meldeten sich sieben Eltern. Damit ließ sich was machen. Wir beraumten in unserem Wohnzimmer eine Sitzung ein, und nach einem kurzen gegenseitigen Beschnuppern bei Käsesticks und Salzstangen gründeten wir einen Verein und verteilten die Aufgaben. Der Schwarm hatte die perfekte Größe, nicht träge bzw. auffällig zu sein und verfügte über so viel Kapazität, dass man gut vorankam. Im Kloster Benediktbeuern, das eine sozialpädagogische Hochschule beherbergte, bekamen wir einen Raum zur Verfügung gestellt, den wir allerdings renovieren mussten. Das war so weit kein Problem, wir trafen uns zum Malern, besorgten Möbel und Spielzeug, Horst kümmerte sich um die Elektroinstallation. Dann stellten wir Lydia ein, eine dreißigjährige Erzieherin, die jeden Vormittag gemeinsam mit einem Elternteil von uns die Kinderbetreuung übernahm. Die Regenbogen Gruppe war geboren. Es war ein netter Kinderhaufen, Manuel fühlte sich wohl und geborgen, natürlich war er auch hier der Wildeste, in seinem Windschatten Matthias, der ihn für sein ungestümes mutiges Wesen bewunderte. Die meiste Zeit spielte sich draußen auf den Feldern und Wiesen ab, zum Essen und Basteln versammelte sich die Gruppe im Raum. Lydia stellte das Programm zusammen. Manuel war vorher ein paar Wochen lang in eine anthroposophische Kindergruppe gegangen, obwohl Lydia klassisch ausgebildet war, merkte ich keinen Unterschied. Es war eine schöne, intime Zeit, die im Sommer 1992 bei einem Ausflug an den Lainbach ihren Abschluss fand.

Familienurlaub in Florida

Nachdem wir im Juli 1991 in der Türkei waren, wollte ich im Oktober nochmal Sonne in Florida tanken. Der lange bevorstehende Winter ließ mich Trübsal erahnen. Ich sah mich in langen dunklen Wochen im Keller nähen, Horst hatte sich unter dem Dach sein Büro und Elektroniklager eingerichtet, und unser kleines Pendel in der Mitte tauchte ab und an aus seinen Legowelten auf und besuchte uns je nach Stimmung und Bedürfnis. Bei Horst wurden Wehwehchen verarztet und getröstet, bei mir wurde die Langeweile mit Aktionen, wilden Turnübungen oder Musik weggetanzt. Horst fühlte sich mit den Arbeitsbedingungen durch die Anstellung bei Ferropilot zunehmend eingeengt. Der Nine-to-five-Anzug schnürte ihn zunehmend ein, er war Vertreter eines Casual Looks, der ihm vermittelte, frei zu sein. Die tägliche Fahrstrecke zwischen Benediktbeuern und München, auf der Autobahn in einer endlosen, giftigen Karosserieschlange machte ihn zunehmend unzufrieden. Es war ein sinnloser Verbrauch der Ressource Zeit. Er spielte mit dem Gedanken, diesen engen, unbequemen Anzug abzulegen, zu kündigen, um sich etwas Eigenes, Passendes aufzubauen. In Chicago gab es eine Elektronik Messe für den Segelmarkt, ein absoluter Hot Spot für Kontakte in dem Geschäft. Ein Grund, sich auf die Reise zu begeben.

Wir fragten meine Eltern, ob sie Lust hätten, uns zu begleiten. Das war nicht ganz uneigennützig. Ich wollte unbedingt mit, die Nähsaison wäre im Herbst nahezu gelaufen, das lange Grauen des oberbayerischen Winters lag vor mir. Meinen kleinen süßen Rucksack, der zu meinen 12 kg dazukam, wollte ich nicht zwei Wochen zurücklassen, deswegen mussten meine Babysitter mit. Beide waren sehr aufgeschlossen. Meine Mutter hatte ihr ganzes Leben reisen wollen, jetzt nutzte sie jede Chance auf etwas Abwechslung, die durch uns organisiert war, mein Vater beherrschte mir zuliebe erneut seine Flugangst, so dass wir uns im Oktober gemeinsam auf den Flug nach Miami in Florida machten. Wir mieteten ein Auto, mit dem wir durch die Everglades nach Key West fuhren. Der Weg über die Brücke der schmalen Landzunge, die häufig durch das Meer in Inseln durchbrochen ist, vermittelt das Gefühl über den Ozean zu schweben. Der gemütliche Kolonialstil von Key West lud uns zwei Nächte lang ein, in dieser lockeren, toleranten Atmosphäre der Bewohner mitzuschwingen. Ich weiß nicht, was es ist, womit es beginnt, wenn eine Stadt einen eigenen Charakter entwickelt. Vielleicht erhielt Key West diesen »We are one family« Ausdruck, weil es am Ende der Welt liegt, für die sich die USA irrigerweise hält, jedenfalls an ihrem südlichsten Zipfel, der bis zum Brückenbau erstmal nicht über Land erreichbar war. Hier baute sich früh eine offene homosexuelle Szene auf, und dort, wo Großzügigkeit gegenüber dem Anderssein herrscht, entsteht Raum für Kreativität. Mich wunderte es nicht, dass sich Autoren wie Ernest Hemingway, Tennessee Williams und Truman Capote eine Zeitlang einmieteten und ihren

Geist wirken ließen. Nachdem wir zwei Tage durch die Gassen schlenderten, fuhren wir weiter nach Naples und von dort nach Saint Petersburg. Es war ein sonniger Strand- und Natururlaub, mit ein paar eingestreuten, kulturellen Leckerbissen. In St. Petersburg, an der Westküste Floridas, gibt es ein Salvador Dali Museum, die größte außerhalb Europas befindliche Sammlung seiner Werke. Ich war fasziniert von der Überlegenheit seiner Technik, die Dinge so gekonnt und klar darzustellen. Ob seine zerfließenden Uhren, Krücken, brennenden Giraffen oder sonst etwas Surreales. Dass er die Welt des Unbewussten, der Träume darstellte, brachte mir seine Bilder näher. Meine Mutter war der Auffassung, mit drei Bildern alle gesehen zu haben und ging kopfschüttelnd aus der Ausstellung nach draußen, Manuel fest an ihrer Hand, der sich dankbar erwies, mit dem ersten Schritt in die Sonne wieder laut und wild sein zu dürfen. »Absurd«, entgegnete sie mir, als Horst und ich eine Stunde später das Museum verließen, während sie und Manuel genüsslich an einem Eis schleckten. »Genau«, grinste ich und wir gingen weiter.

Ein paar Tage später, wir waren bereits wieder in Miami, flogen Horst und ich für zwei Tage nach Chicago, um die Messe für Bootselektronik- und -zubehör zu besuchen. Manuel ließen wir bei meinen Eltern. Sie versprachen ihm den Himmel auf Erden, was gar nicht nötig war, denn er fühlte sich mit ihnen wohl und vertraut. Den Beweis erbrachte er selbst. Bei unserer Rückkehr fanden wir sie am Hotelpool. Mein Vater entdeckte uns als Erster, drehte Manuel in unsere Richtung, und als ich seinen Blick fing, schrie er über die Anlage hinweg »Mama, ich kann schwimmen! Ohne Flügel!«, so dass das Echo seines Könnens in die Welt getragen wurde. »Und ich mache das Wasser gelb!« setzte er aufgeregt hinterher, rannte auf uns zu und schmiss sich in meine Arme. »Eins nach dem anderen«, ermahnte ich ihn sanft, küsste ihm fest seine leckeren Pausbacken und trug die sehnlichst vermissten 18 kg zu den Liegen, bei denen meine Eltern warteten. Horst und ich mussten sofort ins Becken und unser kleiner stolzer Junge schwamm abwechselnd in unsere Arme. Im weltweit bekannten »Strampel-schnapp-tauch-hust-Stil«. Ich grinste breit über meinen tapferen Buben. War es nicht eine Vorhersehung, dass gerade er uns komplett machte? Und es war ein gutes Gefühl, dass er meinen Eltern so zugetan war, so dass es möglich wurde, diesen Schritt mit ihnen gegangen zu sein.

Ach, noch etwas zu dem gelben Wasser. Vielleicht sollte ich es gar nicht erzählen, aber es gehört, so ungehörig es ist, mit in unser launiges Repertoire an Kindheitserinnerungen. Mein Vater hatte Manuel aus Jux und Dollerei gezeigt, wie sich gechlortes Poolwasser färbt, wenn man reinpinkelt. Wie gelblichgrüne Schwaden um die Badehose entstehen, die sich langsam lichten und verteilen, bis – Hokuspokus – nichts mehr da war. Ich wage meinem Vater zu unterstellen, dass die Aktion nicht nur den Charakter eines wissenschaftlichen Experiments hatte, sondern es ihm lästig war, alle halbe Stunde mit Manuel zur Toilette zu rennen und das Kind von der Siffe dort abzuhalten. Bei unserem halbwegs entrüsteten »Wenn das jeder macht, trinken wir nur noch Pipiwasser!«, winkte er lässig ab und retournierte mit einem »Aber nicht jeder macht das«. Manuel bekam als Gute-Nacht-Geschichte eine Gute-Jungen-Geschichte über das strikte Einhalten von

Baderegeln erzählt. Wer weiß, ob er sich die zu Herzen genommen hat.

Auf den Spuren von Kolumbus

Initiiert durch Herbert hatte ich mich vor Jahren der Gesellschaft für bedrohte Völker angeschlossen, eine internationale Menschenrechtsorganisation, die sich für verfolgte und bedrohte ethnische und religiöse Minderheiten, Nationalitäten und indigene Gemeinschaften einsetzt. Durch die Entfernung war ich lange Zeit nur passives Mitglied, erst als wir in Italien waren, besuchte ich bei meinen Aufenthalten in München einige Veranstaltungen. Dort lernte ich Anka K. kennen, eine hochgewachsene, schlanke, aparte Ethnologin. Anders als ich war sie radikal engagiert, sie war durchdrungen von dem Wunsch, allen Menschen einen Platz im Schauspiel Menschheit zu sichern. Sie inspirierte mich, mein etwas lahmes, punktuell aufflammendes Engagement in einen konstanten Fluss münden zu lassen. Wie praktisch, dass unser Zusammentreffen in die Vorbereitungen zur 500-Jahre-Columbus-Feier fiel. Das passte mir gut in den Kram, ich war amerikaaffin und seit jeher eine Unterstützerin indigener Kultur. Und allzeit bereit, in den Westen zu ziehen. Wir trafen uns monatlich, um eine Veranstaltungsserie zu planen, zu der klassische Konzerte, Rockkonzerte, Vorträge gehörten. Ich musste den Ball etwas flach halten, ich war nicht an der vordersten Front der Entscheider dabei, das war mit Anfahrt nach München, Mutterpflichten und Berufstätigkeit nicht möglich, doch ich fand den passenden Anknüpfungspunkt, der hieß Tigre, war ein indigener Schriftsteller und initiierte den Lauf »Run for peace and dignity«. Diesem Lauf liegt ein indianischer Gedanke zugrunde, ausgehend von der Prophezeiung, die der Adler und der Kondor verkörpern, und die besagt, dass alle einheimischen Gemeinschaften der westlichen Hemisphäre auf spirituelle Weise friedlich miteinander vereint werden, um die Welt zu heilen und unseren Kindern und kommenden Generationen eine Zukunft zu ermöglichen. Indem wir gegenseitig und miteinander unsere spirituellen und traditionellen Wurzeln respektieren und leben, ist eine friedliche Koexistenz möglich, indem wir in Verantwortung für Mutter Erde, Vater Himmel, unsere Gemeinschaften und uns selbst gehen.

»Ja, ja, ja!« jubelte eine innere Stimme. Das klang so logisch, so einfach, zugegebenermaßen naiv, aber es berührte meine Überzeugung des »leben und leben lassen«, ebenfalls eine einfache Grundformel, für mich der Schlüssel zum Frieden.

Dieser Lauf sollte alle vier Jahre unter einem bestimmten Motto und einer Anerkennung stattfinden. 1992 war es »Saat« (spätere Läufe wurden für Ältere, Jugend, Familie, Frauen, Wasser abgehalten). Gestartet wird mit Läufern von gegenüberliegenden Enden zweier Kontinente, zum einen in Chickaloon, Alaska, und von Tierra del Fuego in Argentina. Eine dritte Gruppe startete 1992 vom Osten aus, so dass sich sternförmig alle nach einem halben Jahr in Kuna Nation in Panama City in Panama zu einem großen Fest trafen. Während der Reise läuft man durch einheimische Dörfer und Gemeinden und nimmt an zeremoniellen Riten, Gebeten und Diskussionen zum Erhalt der Existenz teil. Jeder Mitläufer entscheidet über seine eigene Distanz, die er zurücklegt, und sein eigenes Tempo. So hatten auch nicht trainierte Menschen und Menschen mit Behinderung die Möglichkeit teilzunehmen. Begleitet wurde das Ganze von Versorgungsbussen.

Für mich lag es auf der Hand, daran vor Ort teilzunehmen. Manuel sollte im September in den Kindergarten wechseln, also blieb uns nur der August, ein heißer Monat im Süden der USA, für diese Herausforderung war ich bereit, zumal mir nach den langen bayerischen Wintern jede Form von Sonne gelegen kam. Horsts Tochter Svenja wurde in diesem Jahr volljährig. Horst versuchte auf seine Art die unverarbeiteten Beziehungsprobleme zu bewältigen und hat sie immer mal wieder zu uns eingeladen. Svenja ließ sich darauf ein, doch die Annäherung verlief schleppend. Man konnte einiges auf die Pubertät schieben, aber nicht alles dafür verantwortlich machen. Horst wollte einen erneuten Versuch starten und sie anlässlich ihres 18ten Geburtstags zu der Reise einladen. Svenja wäre blöd gewesen, sich diese Reise entgehen zu lassen. Wir beschlossen uns zu viert auf die Spuren von Columbus zu begeben. Wir flogen von München aus über London, wo wir einen langen Zwischenaufenthalt hatten, nach Phoenix/Arizona. Wir kamen dort an, nur leider unser Gepäck nicht. Nach zwei Tagen Warterei teilte uns die Fluggesellschaft mit, dass das Gepäck im Bermudadreieck des Flugverkehrs abhandengekommen sei, drückte jedem 300 Dollar in die Hand, womit aus ihrer Sicht der Fall erledigt war. Svenja bekam leuchtende Augen, die ganze Müdigkeit der Anreise war vergessen mit der Aussicht, sich neu einkleiden zu können. Aus ihrer Sicht konnte ich das nachvollziehen, trotzdem waren Horst und ich genervt. Shoppen war noch nie unser gemeinsames Hobby gewesen, geschweige denn eine unserer Stärken. Jammern half auch nichts, also tigerten wir durch die Malls und deckten uns mit amerikanischen Klamotten ein. Mit einem Mietwagen fuhren wir nach Santa Fe in New Mexiko und von dort weiter nach Taos Pueblo, das wir mit dieser Reise zum dritten Mal besuchten. Es fühlte sich wie eine Heimkehr an, es war ein spiritueller Ort, in einem anderen Leben hätte ich mir vorstellen können, dort zu leben. Wer weiß, vielleicht hatte das meine Seele auf ihrer Wanderschaft bereits abgehakt. Der Lauf war als Staffellauf organisiert, wir schlossen uns in Taos Pueblo der nördlichen Gruppe an. Wir liefen sechs Tage mit, an denen wir jeweils ca. zwanzig km zurücklegten. Einmal durfte jeder von uns Staffelführer sein, was uns mit kindlichem Stolz erfüllte. Svenja fuhr meistens unser Auto, lief manchmal auch mit, Manuel durfte in dem Planwagen, der den Lauf begleitete und von Pferden gezogen wurde, mitfahren. In diesen ersten Lebensjahren erfuhr Manuel in aller Gänze, von Fremden in ihrer Mitte aufgenommen zu werden, verschmolz in den Augenblicken der Begegnung mit ihrer Welt und bewegte sich darin ganz selbstverständlich. Er war eine Pore auf einem Blatt, die die Sonne und Feuchtigkeit in sich aufnahm und daran wuchs. Er saß auf dem Kutschbock, quasselte mit den zwei Kutschern in einem fort, keiner verstand, was er sagte, doch in seinen Sätzen verteilte er Freude, die dankbar Anklang fand. Auf dem Planwagen stand »Free Leonard Peltier«.

Weil Leonard Peltier eine so wichtige Schlüsselfigur war und ist, möchte ich ihm einige Gedanken widmen. Seit 1976 sitzt der wohl prominenteste indianische Aktivist Leonard Peltier im Gefängnis. Er soll im Februar 1973 an der Erschießung zweier FBI-Agenten beteiligt gewesen sein. Keine Protestaktion seit der Indianerkriege mit dem Massaker am Wounded Knee Creek im Dezember 1890 hat die indigene Welt derart aufgerüttelt und geeint wie jener Aufstand, und zwar dort, wo der Mord an fast dreihundert Männern, Frauen und Kindern der Minneconjou Lakota begangen worden war: am Cankpe Opi, dem Flüsschen Wounded Knee im Reservat Pine Ridge. Es waren die alten Frauen der traditionell gesinnten Bevölkerung gewesen, die den Rassismus außerhalb des Reservats, die fortschreitende Zerstörung der Landwirtschaft im Reservat, die extreme Armut, die Arbeitslosigkeit, die hohe Selbstmordrate, die kulturelle Entfremdung der Kinder, die Bevormundung in allen Lebensbereichen durch eine Diktatur der korrupten Stammesregierung nicht mehr hinnehmen wollten. Am 7. Februar 1973 zogen die Aktivisten von AIM, dem American Indian Movement, singend und die Trommeln schlagend nach Wounded Knee, erfüllten alle stereotypen Bilder, die Hollywood in den Köpfen der AmerikanerInnen verankert hatte: trugen Federn in den langen Haaren, hatten Fransen an ihren Lederjacken und sangen Lieder, die nur sie verstanden. In Washington wurde der Protest als Angriff auf die nationale Sicherheit eingestuft, denn das AIM galt als »kommunistisch unterwandert«. Absurd: Das Militär rückte mit Panzern, Helikoptern und Phantombombern und Munition an. Es herrschte Ausnahmezustand, der 71 Tage dauerte. Danach wurde im Reservat der Krieg zwischen »Traditionalisten« und »Progressiven« vom FBI immer weiter geschürt, um die Anwesenheit des FBI notwendig erscheinen zu lassen. Letztendlich ging es auch hier um wertvolle Bodenschätze wie Uran, Öl, Kohle, Gold, die es im Reservat gab. In diesem Umfeld war Leonard Peltier am 26. Juni 1975 in eine Schießerei verwickelt gewesen. Diese wurde von zwei FBI Agenten ausgelöst, die – so die Verlautbarung des FBI – einen Jugendlichen verhaften wollten, der bei einem Überfall ein Paar Cowboystiefel gestohlen hatte. Den genauen Hergang wird man nie erfahren. Am Schluss des Schusswechsels lagen die zwei FBI Agenten und ein junger Indianer tot am Boden. Von den drei steckbrieflich gesuchten AIM Mitgliedern wurden zwei – Bob Roubideau und Dino Butler – kurz darauf in South Dakota gefasst; der dritte – Leonard Peltier – war nach Kanada geflohen. Wäre er in den USA geblieben, wäre er heute frei. Denn Roubideau und Butler wurden beim Prozess in Iowa freigesprochen; die Geschworenen erkannten die Selbstverteidigung an. Leonard Peltier wurde Anfang 1976 in Kanada aufgespürt, gefasst und aufgrund von Zeugenaussagen, die das FBI selbst verfasst hatte, an die USA ausgeliefert. Peltier wurde zu zweimal »lebenslänglich« verurteilt, mit dem Zusatz: hintereinander abzuleisten. Peltier kam in den Hochsicherheitstrakt von Marion im US Bundesstaat Illinois. Nichts von dem, was Peltiers Schuld beweisen sollte, hielt einer Überprüfung stand. Selbst ballistische Berechnungen waren verändert. Ein neuer Prozess wurde ihm verweigert. Da der Vorwurf des zweifachen Mordes nicht zu halten war, verwandelte das Gericht die Anklage in Beihilfe zum Doppelmord. Das Strafmaß gegen ihn blieb unverändert. Leonard Peltiers Geist ist ungebrochen.

Aber er ist 75 Jahre alt, ergraut, gebeugt, hat Diabetes, hohen Blutdruck und Verdacht auf Prostatakrebs. Dazu kommt die Erblindung auf einem Auge infolge eines Schlaganfalls. Ärztliche Versorgung muss er sich erkämpfen. Die AIM und andere Aktivistengruppen sehen ihn als politischen Häftling an, Amnesty International hat sich für seine Freilassung eingesetzt. Eine mögliche Begnadigung von Peltier durch Barack Obama wäre als Signal zur Aussöhnung zwischen den Vereinigten Staaten und ihren Ureinwohnern angesehen worden, leider ist dies nicht geschehen.

Doch nun zurück zu unserem »Run for Peace and Dignity«. Abends wurden in den Zieldörfern an Lagerfeuern rituelle Zeremonien abgehalten, mit Trommeln, Gebeten und dem Herumreichen der Friedenspfeife. Manuel saß neben einem großen alten Indianer, in dessen Nähe er sich traute, kleine Stöcke ins Feuer zu werfen. Wir saßen ein paar Plätze weiter und beobachteten, wie ihm die Pfeife gereicht wurde, er daran nuckelte und sie weitergab. Er war schon ein ganz Großer, unser Kleiner. Svenja freundete sich mit ein paar jungen Indianern an, was so normal war wie eine Nacktschnecke auf dem Salatblatt. Und ebenso normal reagierte Horst auf das lästige Eindringen fremder Kreaturen auf 'seinem Besitz', eifersüchtig kommentierte er ihre Flirts mit blöden Kommentaren, die natürlich zu Streitereien führten. Das Ganze legte sich nach unserem Abschied von dem Lauf wieder. Wir fuhren zum Grand Canyon, meinem ganz persönlichen Delta an Naturfaszination. Ich ergriff die Gelegenheit, endlich in die tiefen Schluchten zu wandern. Bei den ersten drei Besuchen mit Hermine oder Horst und mir und Manuel mit anderthalb Jahren und meinen Eltern war das nie möglich gewesen. Jetzt hatten wir sogar eine Genehmigung erhalten, denn pro Tag bekommen diese nur ca. 225 Personen. Bei 40°C Grad Hitze und 2-LiterFlaschen pro Person marschierten wir auf dem steil abfallenden, zum Teil nur einen Meter breiten Pfad, der unsere ganze Aufmerksamkeit abverlangte. Die Felswände links und rechts neigten sich beinahe senkrecht. Zwei Millionen Jahre Erdgeschichte säumten unseren Weg, der Colorado River, der vor neun Millionen Jahren diese Gegend noch sein Eigen nannte, grüßte uns in den Segmenten der Felsen, die uns mit ihren kräftigen Farben in ein intensives Lichtspiel hineinzogen. Horst und ich fanden das großartig und hatten unseren Spaß, Svenja und Manuel bildeten eine Gegenallianz, die sich in eine dauermotzende Endlosschleife hinein ereiferte. Die Kunst, Dinge an einer Wachsschicht abperlen zu lassen, um sich die Lebensfreude zu erhalten, sollte in den Schulen als Fach gelehrt werden. Horst und ich hielten uns unter den ständigen Schimpfattacken wacker, wir erreichten mit unseren Kindern gemeinsam das Ziel, und als ich Svenja sagte, wie stolz sie auf sich sein kann, flog ein Funken Verständnis für die Einmaligkeit dieses Erlebnisses zu mir. Svenja und Manuel hatten nicht nur dort eine Allianz gebildet, sie waren auch sonst sehr nett miteinander, was daran lag, dass Manuel mit seinen fünf Jahren sehr erwachsen tun konnte, neunmalklug daherredete, aber auch für jeden verbalen und aktiven Blödsinn zu haben war.

Die Reiseroute lenkte uns weiter durch das Death Valley, in den Yosemite Park nach San Francisco, gingen auf die Golden Gate Bridge, ließen den Wind der grandiosen Bucht durch unsere Haare wehen anschließend nach L.A. und dann zurück nach Phoenix. In den üblichen Metropolen revanchierte ich mich bei Svenja und ging mit ihr zum Shoppen. Sie suchte nach einer Levis 501, bis wir sie endlich in der passenden Größe hatten. Wir gingen zum Walk of Fame, tanzten von einem roten Stern zum nächsten, ließen uns im Hard Rock Café Burger servieren, verließen die heiligen Hallen mit einem Original T-Shirt und hielten nach Stars und Sternchen Ausschau. Es war ein schöner Kokon Familienzeit, mit Höhen und Tiefen, ganz gewöhnlich und normal.

Wechselzeiten

Im September 1992 sollte Manuel dann endlich in den Kindergarten. Die Initiative unserer kleinen gegründeten Kindergruppe war vorübergehend ein schönes gemeinschaftliches Engagement gewesen. Mich beschlichen zuweilen Geldsorgen; das deutsche Leben, zumal mit einem Kind, das größer und anspruchsvoller wurde, forderte andere Rahmenbedingungen. Horst bemühte sich mit dem Aufbau seines Vertriebs für Schiffselektronik sehr, doch spürten wir beide die Abhängigkeit von Wind, Position und Ort, um damit richtig Fahrt aufnehmen zu können. Zu zweit hätten wir uns in die größte Flaute gelegt und der Dinge geharrt, unser kleiner Sohn allerdings wuchs zu einem berechtigten Besatzungsmitglied heran und erinnerte uns auf ungeahnte Weise an unseren Erziehungsauftrag. Wer weiß, ob das von unserem Eintauchen in fremde Kulturen der letzten Jahre herrührte, vielleicht war es schlicht und ergreifend Faulheit oder eine Überforderung, die sich nach Verteilung von Verantwortung sehnte, beide beseelte uns die afrikanische Idee, »um ein Kind großzuziehen, braucht es ein ganzes Dorf«, und wieder waren wir bereit, Manuel dem Gemeindekindergarten von Benediktbeuern anzuvertrauen. Dummerweise war dieser noch immer nicht bereit, Manuel aufzunehmen. Zu viele Kinder, zu wenig Kapazitäten, Wartelisten. Mein Gemütspegel sprang von Orange auf Rot, man hatte das Gefühl, die arroganten Nonnen in den Einrichtungen hätten sich gegen uns verschworen und wären von fremdenfeindlichen Ressentiments getrieben. Schließlich war Manuel kein Kind des Dorfes. Das war völliger Quatsch, doch in der Not rekrutiert man eine gewaltige Armee an Argumenten, um sich zu verteidigen oder zum Gegenangriff auszuholen. Dass dies in der Regel nicht zielführend ist, weiß die gesamte Menschheit und scheint dennoch diese Erfahrung immer wieder aufs Neue machen zu wollen. Nachdem Benediktbeuern auch zu diplomatischen Verhandlungen nicht bereit war, versuchten wir Penzberg zu erobern. Wir waren sogar bereit, uns dort eine Wohnung zu suchen, denn so liebevoll und einladend uns das Haus nach unserem Wechsel von Italien nach Deutschland aufgenommen hatte, war es uns zu groß und zu teuer im Unterhalt. Unter diesen Umständen erhielt Manuel einen Kindergartenplatz. Als uns die Wohnungssuche jedoch nicht auf Anhieb glückte, vermutete die Kindergartenfront trojanische Machenschaften und wollte Manuel wieder aus der Gemeinschaft entlassen. Ich wurde verrückt. Letztendlich baten wir unseren Versicherungsmakler, uns bei ihm als zweiten Wohnsitz anmelden zu können, was den Kindergartenleuten sauer aufstieß, doch wir waren an ein Verhandlungslimit gestoßen, an dem wir keine andere Möglichkeit mehr sahen. Unser Preis dafür waren tägliche, sieben km lange Hin- und Rückfahrten. Wir waren dankbar, dass sie Manuel diesen Hickhack nicht spüren ließen, er ging gerne in den Kindergarten, schloss schnell Freundschaften. Zunächst zu einem Namensvetter und dessen Bruder Matthias, der später in Penzberg in der Schule sein bester Freund wurde. Während Manuel jeden Vormittag in diesen Paradiesgarten aus Singen, Basteln, Staunen und Kameradschaft eintauchte, wollte ich, als ich ihn an der Tür abgab und einen Blick hineinwarf, ein eigenes kleines – naja, sagen wir mal – Beet und überlegte, wie dies beschaffen sein könnte. Es dauerte nicht lang und ein inneres Bild tauchte auf. Es sah weitaus nüchterner aus, unscheinbar, klar umgrenzt und abgeschieden. In Erwartung, von mir mit guter Nährerde gefüllt zu werden, mit Wissbegier und dem Wunsch nach Veränderung. Zaudern war noch nie meine Art, ich meldete mich bei der Industrie und Handelskammer in München zu einer Fortbildung zur Betriebswirtin des Handwerks an und pendelte nun jeden Tag mit dem Zug nach München. Horst unterstützte mich, indem er einen Großteil der Betreuung von Manuel übernahm. Gott, machte mir das spaß. Wieder unter jungen Leuten, die motiviert waren, die Ziele hatten, ein Lernumfeld, das sich durch gegenseitigen Austausch und Ehrgeiz beflügelte. Die meisten waren HandwerksmeisterInnen und sahen ihre Zukunft als BetriebseignerInnen mit Angestellten, denen sie Arbeitsplätze schaffen wollten. Meine Träume trugen mich nach Afrika. Ich wollte ein paar Jahre für den Deutschen Entwicklungsdienst nach Afrika, solange Manuel noch ein Kindergartenkind war. Nachdem ich die Prüfung ablegte, wurde ich vom DED zu einem Vorstellungsgespräch eingeladen. Voraussetzung für Einsätze war, dass der Ehepartner damit einverstanden war. Leider hörte an dieser Stelle die Unterstützung von Horst auf, denn er wollte weder mit nach Afrika noch wochenweise allein in Penzberg den Strohwitwer spielen. Damit verlor ich die Chance beim DED. Ich war nicht direkt zornig, eher eingeschnappt und ein wenig traurig, dass ich der Möglichkeit von Abenteuer, Engagement und eigener Reifung durch eine solche Erfahrung nicht nachgehen konnte. Der bequeme Teil in mir griff beschwichtigend ein und fragte mich, ob ich wirklich meinte, dass sich der ganze Aufwand lohnen würde. Letztendlich war der Betriebswirt ein wichtiges Standbein, womit wir zukünftig Lehrlinge einstellen konnten, nicht zuletzt Manuel in einigen Jahren.

Nach der Ablehnung des Deutschen Endwicklungsdienstes und der Erfahrung in der Türkei mit dem Chartern der Rostlaube beseelte uns wieder der Wunsch, unser kleines Familienkleeblatt mit einem Schiff zu bestücken. Bei einem unserer Arbeitsausflüge in die Aprilia kam Helmut Gottwald, ein Schiffsmakler, auf uns zu und bot uns die Anhinga, ein dreijähriges Schiff, an. Es war Liebe auf den ersten Blick. Vielleicht hormonell durch langjährige Schiffsabstinenz und Unterversorgung gesteuert. Wer weiß. Die Anhinga nahm uns in ihrem Schiffsbauch mit einer komfortablen Kombüse, einer gemütlichen Sitzecke und drei Kojen bereitwillig auf. Manuel hatte sein Reich unter dem Vorschiff in der Bug-Koje. Dort lagen auf 2,90 m Breite zwei Matratzen, die vorne spitz zuliefen. Das Lager teilte er sich mit einer riesigen Mannschaft aus Playmobil Gesellen, Legobauten und einem Kassettenrekorder, aus dem wahlweise Rolf Zuckowski, Bibi Blocksberg, Benjamin Blümchen, Regina Regenbogen und andere Hörgeschichten über die Luke zu uns raufklang. Manuel gefiel das Segeln, wobei sich abzeichnete, dass er schnelle Motoren vorzog. Sobald wir im Hafen Motoryachten sahen, oder auf dem Meer die Schiffe an uns vorbeizogen, leuchteten seine Augen. Diese Schwärmerei nötigte Horst, einen Schwall an empörten Erklärungen zu Umwelt und Sportlichkeit über ihn zu ergießen. Ein junger, wacher Geist wie der von Manuel ließ sich nicht so leicht von vorgefassten Meinungen einfangen und von ihnen okkupieren. Diese Erfahrung wurde zu einer der zentralsten Haltungen in seinem Leben. Die absolute Verweigerung gegenüber rigiden Konzepten und Regeln und die Hingabe an eine eigene Erfahrungswelt, ob ekstatisch oder schmerzhaft.

Einen Großteil der Segelsaison vercharterten wir die Anhinga. Selbst verbrachten wir mit Freunden, Verwandten, Chartergästen wunderschöne Auszeiten auf dem Schiff, das uns im Mittelmeerraum über das Meer wahlweise nach Italien, Kroatien oder nach Slowenien trug. Vertraut und wohl fühlten wir uns, wenn wir mit Burgis, Frédéric und Hélène segelten. So trafen wir uns in diesem Sommer zu einem Segeltörn mit ihnen, um von Italien nach Kroatien zu schippern. Mit zwei gebrauchten Surfbrettern im Gepäck. Aufregende Zeiten. Gleich als Erstes mussten wir in einem Nachttörn von unserem Dauerliegeplatz Aprilia Marittima nach

Pula in Kroatien segeln. Zu dieser Zeit war Kroatien ein absolutes Segelparadies, da es nach dem dortigen Bürgerkrieg zwischen Kroatien und Serbien noch nicht viel Boote an der kroatischen Küste gab. Als Erstes hatten wir bei unserer Ankunft in Pula Stress beim Zoll, weil der Reisepass von Burgis in Frankreich wohlverstaut in ihrem Travelpack auf oder in irgendeiner Kommode lag. Als Bruder meckerte Horst penetrant vor sich hin, ich versuchte zu schlichten, war aber eigentlich auch genervt, und Burgis schaute uns teilnahmslos aus riesigen Pupillen an, denn sie hatte sich gegen ihre Reiseübelkeit Pflaster hinters Ohr geklebt und war völlig stoned. Naja, also nicht wirklich. Aber für einen Außenstehenden auf den ersten Blick nicht anders zuzuordnen. Vor allem für einen kroatischen Zollbeamten. Wir versteckten sie, nebst Frédéric und Hélène, im Schiff und behaupteten, nur zu dritt gereist zu sein. Alles andere machte für uns erstmal keinen Sinn. Durch halb Europa zurückzufahren wegen eines blöden Passes, wo wir doch friedliebende Bürger waren, die lediglich einen gemeinsamen Familienurlaub verbrachten, stand in keinem Verhältnis zum zeitlichen, ökologischen und wirtschaftlichen Aufwand. Aber ganz so einfach ist es halt nicht. Obwohl wir mit dieser Notlüge erstmal davonkamen.

Von Pula fuhren wir weiter über den Kvarner Kanal, ohne Land in Sicht, zur Insel Ilovic. Kurz bevor wir die Insel erreichten, begegnete uns ein herrenloses, leeres, graues Schlauchboot mit einem fünfzehn PS Außenbootmotor. Aufgereiht standen wir an der Reling und beobachteten die Meeresoberfläche, ob der Kopf oder Rumpf eines Tauchers sich zeigte, doch nichts tat sich.

»Ist er tot?«, fragte Manuel, und der Satz hallte über das Wasser. Mein Blick fiel auf Hélène, sie sprach kein Deutsch, erschloss sich aber schnell den Sinn aus dem Wortklang. Sie regte sich nicht. »Quatsch«, raunzte Horst, »dann würde er ja oben schwimmen. Es passiert öfter, dass sich ein Boot vom Heck des Schiffes unbemerkt losreißt.«

»Warum würde er dann oben schwimmen?« Manuels Neugierde war geweckt, was sich in hartnäckigen Reporterfragen äußern konnte. »Das ist doch jetzt nicht wichtig, keiner ist tot«, grätschte ich dazwischen, um ausufernde Wasserleichen Geschichten zu unterbinden. Manuel konnte mich sehr gut lesen, erkannte an meiner Stimmlage und Körperhaltung die Aussichtslosigkeit. Es kam vor, dass er es ignorierte, doch schwenkte er kurzerhand ein aussichtsreicheres Projekt an.

»Papa, wenn das den schnelleren Motor hat, dann können wir es doch einfach behalten«, schlug Manuel hastig vor, bevor seine Chance davonschipperte. »Man kann nicht einfach alles behalten, was einem vor den Bug schwimmt«, meinte ich lahm, war ich mir aus all den Jahren doch sicher, dass es ein fast hoffnungsloses Ansinnen war, den Besitzer ausfindig zu machen. Horst holte das Boot bei, vertäute es und suchte nach Hinweisen auf den Besitzer oder den Ort. »Nix zu sehen«, rief er uns zu. »Wir nehmen es jetzt mal mit, vielleicht erkennt es ja jemand in den Häfen und meldet sich.«

»Jaaaa«, rief Manuel feixend. »Los Papa, lass uns damit fahren!« Drehte sich zu Frédéric, riss ihn am Arm und schubste ihn Richtung Boot: »Très rapide! Viens avec moi!«

»Ich weiß«, entgegnete Frédéric grinsend, der bereits mehr deutsche Vokabeln konnte als Manuel französische.

Zum täglichen Badevergnügen kam nun Bootsurfen hinzu, bei dem die beiden Bretter an das Boot gehängt wurden, die Kinder darauf balancierten, während Horst in einem Affentempo in den Buchten herumfuhr. Ich beobachtete diese Szenen mit gemischten Gefühlen. Ich freute mich über diese wilde unbändige Freude, wie sehr es Manuel gefiel, über seinen Körper diesen Zustand rauschhaften Vergnügens zu erleben. Ich freute mich auch, wenn Vater und Sohn Geschichten erlebten, vor allem, wenn Horst sich dadurch selbst auf die Schliche kam, wie groß seine eigene Sehnsucht nach Motoren, Geschwindigkeit und Grenzüberschreitungen war. Daneben stand ein Rosenstrauch an Sorge, eine schöne und gütige Wächterin, doch kamen ihr die Seifenblasen zu nahe, drohten sie zu platzen. Es hielt uns niemand auf. Weder die anderen Gäste, die in der Bucht ankerten und von dem Geräusch und dem Wellenschlag genervt waren, noch der Besitzer des Motorbootes. Irgendwann entschieden wir, unsere lahme Krücke von Beiboot zu verschenken und das schnittige Schlauchboot zu behalten. Übrigens: havarierte Schiffe, vom Meer aufs Land geworfene Güter und an den Strand angetriebene Gegenstände als herrenlos zu betrachten und sich anzueignen, reizte Küstenanwohner und -staaten von jeher, waren es doch leichte, zusätzliche Einnahmequellen. Die Kirche drohte mit Exkommunikation, das Heilige Römische Reich deutscher Nation erließ mehrere Reichsgesetze und deklarierte die Aneignung von Strandgut als räuberische Tat. Kaiser Karl V. versuchte dieser Praxis mit Artikel 218 der

Halsgerichtsordnung Einhalt zu gebieten, dem auch das Strandungsrecht des östlichen Mittelmeerraums folgte. Der preußischdeutsche Staat versuchte mit der Strandungsverordnung von 1874, an den Stränden endlich Ordnung zu schaffen. Sie regelte, dass an den deutschen Küsten Strandämter zur Verwaltung der Strandungsangelegenheiten einzurichten seien mit einem Strandvogt, der zur Not die Zollbehörden hinzuziehen sollte. Seitdem der Bundesgesetzgeber 1990 die Strandungsordnung aufhob, hat dieses Gesetz nur noch rechtshistorischen Wert. Man nehme, was da komme, geht natürlich nicht. Fundbüros gibt es in den Häfen in der Regel allerdings auch nicht. Deswegen waren wir mit dem Umgang unseres Fundstücks im Reinen.

Dann kam der Tag der Abrechnung. Wenn man so will. Jedenfalls ankerten wir in einer Bucht ohne Hafen und das Gas ging uns aus. Was bedeutete, dass wir unsere hungrigen Mäuler nicht stopfen, die Mägen nicht füllen konnten. Horst und ich beschlossen, gemeinsam an Land zu gehen und mit den Gasflaschen nach Sali zu wandern. Das bedeutete, bei 30°C Grad Hitze sechs Stunden über den Bergkamm zu gehen. In Sali angekommen gab es kein Gas. Niemand konnte die Flaschen auffüllen, so dass wir uns mit zunehmender Frustration und Sorge auf den Rückweg machten. Auf dem Schiff ließ ich mich erschöpft in die Cockpit Bank fallen und trank gierig einen Liter Wasser. Burgis bemühte sich liebevoll uns zu umsorgen und aufzurichten. Hörte unserem wortkargen Bericht zu, strich sich von Zeit zu Zeit ihre blonden Haare aus dem Gesicht, wies ruhig die Kinder an, uns für einen Moment in Ruhe zu lassen, bis wir wieder bereit für unsere drei Plagegeister waren. Den Kindern war der Ernst der Lage entgangen, sie hatten den ganzen Tag im Meer verbracht und ihre Bäuche mit Müsli vollgeschlagen. Unverrichteter Dinge segelten wir nach Piskera und erhielten die nächste Absage, denn es gab auch hier kein Gas. Es war kurz nach dem Bürgerkrieg in Kroatien, die Menschen lebten noch im absoluten Notstand. Wir segelten weiter bis nach Murter, in der Nähe des von Serbien besetzten Gebiets. Soweit südlich segelte zu diesem Zeitpunkt kaum einer, es war für uns eine Grenzerfahrung, bei der wir den Auswirkungen des Krieges ausgeliefert waren. Dass wir wussten, dass wir es selbst verschuldet hatten, machte es nicht besser. Horst und ich liefen durch Murter, die anderen hatten wir zur Sicherheit auf dem Schiff gelassen. Ich hatte wirklich Angst, mich durch die Stadt zu bewegen. Wir waren schon vorher in Zadar Blauhelmsoldaten begegnet, die in den Cafés rumlungerten, hier stellte sich die Gefahr subtiler dar. Der Ort war nahezu leer und man spürte die Angst, die durch die permanente Bedrohung in der Luft lag und sich schnell entzünden konnte. Irgendwann fanden wir einen Händler, der uns Gas verkaufte, und so flink wie die Mäuse, die am fremden Käse erwischt werden, huschten wir zurück.

Und noch ein Erlebnis, das bedrohlich die Grenze von Leben und Tod markierte, brannte sich unwiderruflich in meine Erinnerungen ein.

Manuel kannte es bereits aus unserem Urlaub in der Türkei, sich an einer Leine hinten ans Schiff zu hängen und mitziehen zu lassen. Wie ein Delphin brach er durch die Wasseroberfläche und tauchte gekonnt zwischen Himmel und Wasser ein. »Komm, jetzt hängen wir uns hinten dran und lassen uns ziehen«, sprang er aufgeregt um seinen Cousin rum, um dann lautstark auf Horst einzureden. Hélène wollte natürlich auch mitmachen. Die drei bekamen einen Gurt um den Bauch geschlungen, an dem das Seil befestigt wurde. Das Schiff war zwei bis drei Knoten schnell, während die Kinder sich an der Leine über Wasser ziehen lassen sollten. Der Körper muss unter Spannung sein, man muss sich mit beiden Händen an dem vom Schiff kommenden straffen Seil festhalten, sonst hängt man wie ein Sack im Wasser und droht unterzugehen. Frédéric und Hélène beherrschten es nicht auf Anhieb. Burgis schrie auf französisch Anweisungen rüber, die vom Rauschen der Wasserstrudel verschluckt wurden. »Hélène! Utilise tes bras! Utilise tes bras!« »Mon dieu! Sie schafft es nicht!« Und dann passierte sehenden Auges das Unerwartete. Frédéric ging bei einem Rückstoß, einer kurzen Flaute, unter Wasser. Bei dem Versuch, als das Boot anzog, wieder aufzutauchen, schlang sich das Seil von ihm um den Hals von Manuel. Den Kopf nach hinten gerissen, seine Hand noch am eigenen Seil, verschwand er augenblicklich unter Wasser. Burgis und ich standen im Schock erstarrt am Heck und schrien, verrückt vor Angst. Mir war klar, dass mein Sohn in den nächsten Sekunden vor meinen Augen sterben wird. Ich wusste auch, dass das Schiff zu lange braucht, um anzuhalten. Ohne seinen Vater wäre Manuel an diesem Tag wahrscheinlich gestorben. Horst reagierte sofort richtig, machte einen Aufschießer, stellte das Schiff in den Wind und konnte mit dem Manöver die Fahrt stoppen. Ich sprang ins Wasser, lockerte den Seilzug und zog mein Kind an Deck in meine zitternden Arme. Manuel schaute mich mit nassen, verklebten Wimpern aus großen Kulleraugen an. »Mama, das Seil von Frédéric war einfach da. Ich kann nichts dafür!« Das war typisch für ihn. Er hatte Angst, schuld zu sein und etwas verboten zu bekommen, was ihm so viel Vergnügen bereitete. Angst um sein Leben kam ihm gar nicht in den Sinn. Ich lächelte ihn an und drückte ihn an meine Brust: »Du kleiner verrückter Junge. Hast mir einen ganz schönen Schrecken eingejagt, aber alles ist gut.« Kurz schmiegte er sich zufrieden an mich, dann schüttelte er sich, um sich von der erstarrten Laune der Besatzung loszumachen und neue Geschichten zu schreiben. Frédéric erfasste die Gefahr, in der sie sich befanden hatten, steckte das Ganze aber gut weg. Hélène war völlig schockiert und weinte lange. Tage später noch tauchten Angstpfützen auf, in die sie für Momente sprang. Eine ganze Zeit lang ging sie nicht mehr ins Wasser, bis sie das Erlebnis verarbeitet hatte. Dabei halfen ihr ausgiebige Kosmetik, Mal- und Bastelstunden mit ihrer Mutter in der Sicherheit des Cockpits. Manuel war stolz, der Gefahr getrotzt zu haben, sprang stattdessen vom Bug des fahrenden Schiffes ins Wasser, ließ sich nach hinten treiben, um das Seil, an dem ein Fender befestigt war, zu fangen. Oder er schnorchelte mit uns in einem untergegangenen Wrack, das auf der Seekarte eingezeichnet war. Frédéric musste gegen Ende des Törns eine Wasserpause einhalten, denn er bekam lästige und ihm leider bekannte Ohrenschmerzen, doch lange UNO Runden, das Kartenspiel, das Generationen verbindet, halfen ihm über das verlorengegangene Planschvergnügen hinweg.

Trauriger Jahreswechsel

Im Herbst besuchte uns Renate mit einer neuen Bekanntschaft. Renate war 69 Jahre alt, lebte, seit sie vor zwölf Jahren von ihrem Ehemann verlassen wurde, allein, warum also nicht? Enttäuscht von den Männern hatte sie es sich in ihrem Groll all die Jahre bequem gemacht. Anscheinend war sie es satt, mit niemandem ihre Gedanken und die Routine des Alltags teilen zu können. Sie kamen jedenfalls zu zweit. Es ist seltsam, wenn Eltern ihren erwachsenen Kindern den neuen Partner vorstellen. Man tut so, als wäre es das Normalste von der Welt, dabei ist es das nicht. Das kann man weglächeln, wie in meinem Fall oder wegbocken, wie im Fall von Horst. Zu unserer Verteidigung muss ich sagen, dass uns die Liaison von null auf hundert präsentiert wurde. »Hallo hier sind wir, wo bitte ist unser Gästezimmer?« Aber gut, alles ist machbar, und so verbrachten wir ein paar Tage miteinander, bis die beiden wieder von dannen zogen.

Weihnachten begaben wir uns abseits der Gewohnheit nicht auf die Reise und verbrachten Heiligabend gemütlich zu Hause. Wir meldeten Manuel zu einem Skikurs an, doch unser Paket wurde postwendend an uns zurückgeliefert. So sehr Manuel Wasser liebte, mit der gefrorenen Form und Brettern an den Füssen weigerte er sich Kontakt aufzunehmen. Wohlwissend, dass unsere Worte Schall und Rauch waren, redeten wir ihm das Skifahren paradiesisch schön, unser Sohn wusste besser, wann für ihn der richtige Zeitpunkt gekommen war. In diesem Jahr sollte es nicht sein.

Silvester verbrachten wir bei Burgis und ihren beiden Kindern in Frankreich. Die Schnauze vom Bus hatte noch nicht die Ziellinie vor Burgis Haustür erreicht und einen erleichterten Seufzer ausgestoßen, da schnallte sich Manuel bereits los und machte sich auf den Weg. Dieses Jahr wurden Zaubertricks einstudiert und vorgeführt. Eine zauberhafte Entzauberung. Manuel glaubte noch so viel, ganz sicher bin ich mir nicht, ob er verstanden hatte, dass Frédéric den Ball nicht wirklich wegzauberte, obwohl er ihr Zauberlehrling war.

Im Februar 1993 besuchte uns Renate, weil Horst und ich mal wieder auf die CBR Bootsausstellung in München mussten. Das erforderte von uns beiden hundertprozentige Man- und Womanpower, so dass wir dankbar den »Oma-bester-Babysitter-Dienst« von Renate annahmen und wussten, dass sich Manuel in ihrer Obhut – zumal zuhause – wohlfühlte. Verschnupft wuselte sie geschäftig in der Küche, sie hatte eine Erkältung mitgebracht, was zu dieser Jahreszeit übliches Handgepäck war und worüber wir uns keine Gedanken machten. Manuel präsentierte der Oma seine Freizeitpläne, während wir den ganzen Tag auf der Messe verbrachten. Messen sind anstrengend, gefüllt von Gebäck, Kaffee, Small Talk, Segelerinnerungen, schlechter Luft, grenzwertigen Dezibelgemischlagen, sie versprechen erstmal nicht den schnellen Reibach, allerdings eine Menge Kontakte. Flüchtige. Die man sich flink, wie ein Gecko mit langer Zunge einverleiben muss. Entsprechend gesättigt, gefüllt und müde kamen wir abends immer von der Messe zurück. Renate wirkte zwar etwas angeschlagen von einer Erkältung, berichtete aber munter im Duett mit Manuel, was sie an dem zurückliegenden Tag unternommen und erlebt hatten. Einige Tage nach der

Messe blieb sie noch bei uns, dann reiste sie in eigene Gefilde nach Wehrendorf zurück. Umbaupläne am eigenen Haus für den Einzug ihrer neuen – wenn auch reifen – Liebe riefen laut nach ihr.

Dann gab es diesen Anruf. Zwei Tage nach ihrer Abreise. Man geht ganz selbstverständlich zum Telefon, in Gedanken blitzen ein paar mögliche Namen von Anrufern auf, man raunt noch ein »Manuel, nicht so wild!« über die Schulter, greift den gebogenen Hörer, gibt sich mit Namen zu erkennen, eine Nummer im Display gab es nicht, und lauscht dem Gesagten am anderen Ende der Leitung. Es war die Nachbarin von Renate. Von unten. Renate hatte ihr Heim aufgeteilt und vermietet. Sie rief an und teilte uns aufgelöst mit, dass Renate tot sei. Sie hätte sie im Wohnzimmer aufgefunden. Der Rettungsdienst sei alarmiert gewesen. Ihre Rettung kam leider zu spät. Während sie die Bilder ihres Funds über mich ergoss, rief ich nach Horst, der oben in seinem Büro saß. Es blieb mir nichts anderes übrig, als in den wenigen Sekunden, in denen ich den Hörer an ihn übergab, fassungslos den Grund des Anrufs mitzuteilen, ihn vorzuwarnen. »Deine Mutter ist tot.« Ich reichte ihm den Hörer, der etwas klebrig von meiner verschwitzten Hand in seine fiel.

Die Erkältung schien Renate schlimmer in ihren Klauen gehalten zu haben als wir vermutet hatten und ließ sie eines fiebrigen Tages heimtückisch in ihrer Küche los. Dort fiel sie geschwächt in sich zusammen und landete mit dem Kinn auf dem Heizkörper, was ihr das Genick brach. Da lag sie, in ihren eigenen vier Wänden, wo ihre Seele Zeit hatte, sich von diesem Körper und aus diesem Leben zu verabschieden.

Vielleicht klopfte sie auch bei der Nachbarin an, denn die schaute, nachdem sie sich wunderte, nichts von Renate zu hören und zu sehen, nach ihr und fand sie. Horst stand unter Schock und fiel in eine schweigende Trauerblase, aus deren Membran an einigen Stellen Tränen hervortraten. So sehr Renate versucht hatte, ihn als Sohn zu beeinflussen, ihn geliebt hatte, und Horst sie als Mutter geärgert und geliebt hatte, erlebten wir durch sie mit unserem Lebensstil und Manuel ein Angenommen-Sein, für das wir dankbar waren. Wir fuhren sofort nach Wehrendorf. Manuel hatten wir dabei. Mit seinen fünfeinhalb Jahren begriff er nicht die Tragweite der Geschehnisse, sondern freute sich, Frédéric und Hélène zu sehen, die mit Burgis aus Frankreich angereist kamen. Burgis hatte schwere Schlagseite abbekommen. Ich fühlte mich hilflos, dieser Trauer, diesem Schmerz in irgendeiner Weise adäquat zu begegnen – gegenüber beiden Geschwistern. Burgis nahm ich in den Arm, für Horst war ich fest an seiner Seite, ich tröstete ohne Worte, wir funktionierten für den Ablauf der Trauerfeier und versteckten die Tragik und damit verbundenen Gefühle in einer Kiste im letzten Eck tief unter dem Bett. Für Burgis war es am schwierigsten, sie hatte zu ihrer Mutter ein enges Verhältnis, nicht zuletzt nach dem Tod von ihrem Ehemann Henri war Renate regelmäßiger Gast in ihrem Haus. Burgis nahm ihre Mutter auf ihrer letzten körperlichen Reise mit nach Frankreich, um sie neben Henri zu begraben, als gemeinsames Familiengrab. In Wehrendorf hätte keiner die Grabstätte besucht, es war ein verständlicher Akt.

Übrigens ließ sich ihre neue Bekanntschaft bei der Beerdigung nicht blicken, er holte lediglich ein paar Tage später Tapetenrollen ab, die für die Renovierung vorgesehen waren und die er angeblich besorgt hatte. Das ließ das Ganze in keinem guten Licht erscheinen, und wir waren nach dieser Begegnung froh, dass es die letzte gewesen war. Und noch etwas muss ich anschließen, für diejenigen, die nicht an Zufälle glauben oder bei denen die Aneinanderreihung von Zufällen einen unheimlichen Beigeschmack auslöst. Die zweite Frau von Renates Ex-Mann und Vater von Horst, Margot, verstarb ebenfalls an einem Genickbruch durch einen Haushaltsunfall in der Küche.

Manuel sollte in diesem Herbst in die Grundschule wechseln. Damit er wie alle Kinder am Religionsunterricht teilnehmen konnte, wollten wir vorher den kirchlichen Segen einholen. Zusammen mit Resi und Karl-Heinz, die auch ein Kind in unserer Regenbogengruppe hatten, bereiteten wir die Taufe für die 2 Kinder vor. Für Horst eine unsinnige Angelegenheit, dennoch teilte er meine Befürchtungen, im oberbayerischen Benediktbeuern Manuel als adoptierten Heiden die Integration nur unnötig zu erschweren. Im Mai trafen wir uns im Kloster von Benediktbeuern in einem kleinen Nebenraum, um unserem Sohn in die christliche Gemeinschaft aufzunehmen, mit dem Ritual »Ich taufe dich im Namen des Vaters und des Sohnes und des Heiligen Geistes«, den Segen Gottes zu empfangen sowie zu geloben, dass wir Eltern sowie Burgis und Marcus als Taufpaten, ihn im christlichen Glauben erziehen. Manuel stand verschüchtert und peinlich berührt der Gruppe gegenüber. Er war im Zentrum der Aufmerksamkeit und eines Zeremoniells, das ihm fremd war. Hunderte Stoßgebete schickte ich mit der Bitte an den gütigen Vater gen Himmel, es seinem Sohn und uns als Eltern leicht zu machen, Teil seiner Herde zu werden. Der Priester leierte stur seine Liturgie runter, zeichnete ihm mit dem Daumen ein Kreuz aus Wasser auf die Stirn, ohne dass er protestierte oder entrüstet zurückzuckte. Der Druck entlud sich beim gemütlichen Grillen in unserem Garten und schon war die Geschichte fast vergessen.

Schulzeiten

Manuel war ein kleiner Falter, der von den Angeboten des Lebens magisch angezogen wurde. Strahlte ein Licht am Haus der vielen Möglichkeiten, wollte er es besuchen. Er fuhr Fahrrad, ging Skifahren, spielte Fußball, konnte toll Schlittschuh- und Rollschuhlaufen, später Skateboarden. Talent zeigte er auch beim Gitarrespielen und ging eine Zeitlang gerne in den Unterricht, das alleinige Üben liebte er nicht und bald lag die Klampfe staubig im Eck. Verbuchte er kleine Erfolge, wurde das Konto gelöscht, der Falter verschwand in die Nacht.

Im September 1993 wurde Manuel eingeschult, worauf er sich sehr freute, war es ihm doch wichtig, »ein Großer« zu sein. Er steckte noch in seiner Pink-Phase, deshalb musste sein Schulranzen, damals von nichts anderem als der Marke Scout, in den Farben Flieder und Blau gehalten sein. Seine

Schultüte kaufte ich in Blau und Rot, sie war voll mit Süßigkeiten und Krimskrams, wie es sich für einen Schulanfänger gehörte. In schwarzer Hose und weißem Hemd, das konnte ich dem Anlass entsprechend durchsetzen, denn in Pink – seiner absoluten Lieblingsfarbe – wollte ich ihn nicht in seinen ersten Schultag schicken, so stand er adrett dem Zeremoniell gegenüber und ließ sich – zumindest an diesem ersten Tag – darauf ein. Er kannte keinen seiner Mitschüler, weil er von Penzberg wieder nach Benediktbeuern in die Schule ging, wo wir immer noch mit dem Hauptwohnsitz gemeldet waren. Seine Lehrerin war eine alteingesessene, altbayerische Benediktbeuerin, nicht unsympathisch, doch man spürte schnell, dass für sie Routine und feste Strukturen ein sicherer Handlungsrahmen waren. Ich war mir nicht sicher, ob Kinder ihr grundsätzlich liebenswert erschienen, oder es einfach Hühnereier waren, die in eine Schachtel sortiert gehörten. Sie scheuchte die Schüler aufmunternd, aber bestimmt in das Klassenzimmer und wies ihnen ihre Sitzplätze zu. Eltern mussten draußen bleiben.

Die ersten Wochen liefen wie erwartet unkompliziert, doch es tauchte schon bald ein Schatten auf, den wir im hellen Schein der ersten Jahre nicht wahrgenommen hatten und auch nicht sehen wollten. Zunächst erschien er mit dem Fach Mathematik, das sich mit seinen starren Zahlenreihen zu einem durchtriebenen Monster aufbaute. Manuel sah sich ihm hilflos ausgeliefert und gab ziemlich schnell auf, er kapierte nichts und die Hausaufgaben gestalteten sich zu einer schrecklichen Stunde, in der ich mich oft mit ihm heimlich verbündete und in den Busch wünschte, wo man lebte und nicht übermäßig viel zählte. Auf der anderen Seite gab es auch eine Wut, die sich zu seinem Schatten gesellte und ihm gut zusprach. Das war schrecklich, ich fühlte mich machtlos, dachte ich doch, dass ein Minimum an Schulbildung für das Wesen eines Menschen die beste Voraussetzung für seine Entwicklung war. Ich denke, ich bin nicht die einzige Mutter auf diesem vermaledeit herrlichen Planeten, die in ihrer Fehlerhaftigkeit Dinge ausprobiert, nur um sie auszuprobieren und nicht zu fragen, woher etwas kommt, es anzunehmen und vielleicht daraus etwas weit Besseres für sich selbst und den anderen zu entwickeln. Während Manuel am Tisch saß oder sonst wo mürrisch rumlümmelte, stand ich am Herd und bettelte in den Topf, ich stand bedrohlich vor ihm und malte Horrorszenarien in die Zukunft, ich nahm ihn, wenn er heimkam in den Arm und manipulierte ihn mit wilden Versprechungen, doch das Ergebnis war immer das gleiche. Verfängt man sich in einem Strudel, ist es schwer, sich aus ihm zu befreien und aus eigener Kraft nach oben zu schwimmen. Lesen und reden war Manuels Stärke, er war rhetorisch vielen Gleichaltrigen überlegen, doch konnte er damit schulisch nicht punkten. Es war verhext, irgendwas machte er immer falsch. Er schrieb einen Vierzeiler, gestaltete ihn ausgesprochen schön, und als Antwort erhielt er von der Lehrerin in knappen Worten: »Manuel, das war nicht verlangt!« Frust breitete sich aus, der Schatten wuchs in rasantem Tempo. Dann folgte ein Erlebnis, das aus seinem Schatten einen Dämon machte, der es schaffte, meinem mutigen Krieger Angst einzujagen.

Es gab zwei Manuels in der Klasse, den großen Manuel, das war meiner. Kaum zu glauben, denn ansonsten war er immer bei den Kleinsten. Dann gab es noch den anderen Manuel, der etwas kleiner war und deshalb »der kleine Manuel« genannt wurde. Anscheinend war der Name ein Kitt, die beiden verstanden sich jedenfalls prima und rauften sich gemeinsam durch die Last und Freude des Schulalltags. Doch dann flog ein Vogel vorbei oder es fiel ein Blatt von einem Baum, fing im Fallen den Sonnenstrahl ein und veränderte die Welt. Zumindest die Welt von Manuel. Es war halb eins, als ich an diesem Tag aus dem Fenster schaute und hinter den Latten des Zauns ein pinkes Auf und Ab wahrnahm. Mein Herz machte einen Sprung, der sofort ein Lächeln auslöste, ein Automatismus, gegen den ich machtlos war. Manuel bog ums Eck in die breite gepflasterte Einfahrt und augenblicklich machte mein Herz eine Vollbremsung, kam aus dem Takt und versuchte verzweifelt wieder in einen normalen Rhythmus zu kommen. Manuel schluchzte mit hängenden Schultern, sein Gesicht war tränenüberströmt, das Rotzeträlengemisch lief ihm übers Kinn den Hals runter und hatte bereits dunkle Flecken auf dem Sweatshirt hinterlassen. Alarmiert – mein Sohn weinte nie, also wirklich fast nie – ging ich schnell zur Tür und mit dem Öffnen streckte ich die Arme aus, fiel in die Hocke, um Manuel gleich an mich zu ziehen.

»Hey, mein Schatz, was ist los? Hast Du Dir weh getan?« sprach ich in sein Genick, während ich den kleinen bebenden Körper an meiner Brust drückte.

»Hey, hey, hey – alles gut, alles gut«, beruhigte ich mantraartig, bis das Beben etwas nachließ.

»Hast Du Dir weh getan oder eine schlechte Schularbeit rausbekommen?« orakelte ich, bekam aber als Antwort ein heftiges Kopfschütteln.

»Okay, was ist los?« stellte ich ihn zur Rede.

»Der…der…«, schluchzte er auf.

»Manuel, jetzt werde mal ruhig. Alles ist gut«, munterte ich ihn auf und wurde zunehmend neugierig, was sich ereignet hatte. Mit einem Taschentuch wischte ich den Tränenrotz von seinen Wangen und lächelte ihn an. Mit hängendem Kopf rang er nach Atem, während sein Körper immer wieder von Schluchzern geschüttelt wurde.

»Der Manuel…, der kleine Manuel, …hat mich Negerbaby genannt.«

Da war es raus. Das böse Wort. Doch lediglich der Klangkörper, sein Spiel blieb im Herzen meines Sohnes auf eine Weise, die er nie vergaß.

Am Tisch, mit einem tröstenden Kakao, erfuhr ich zwischen Rühren, Löffeln der braunen Schokoinseln und Schlucken bruchstückhaft das Drama. Kinder ärgern sich, rangeln und raufen im besten Fall die Dinge aus und vertragen sich wieder. Meiner stand dem in Nichts nach. Wie gesagt, auf den Mund gefallen war er nicht und benannte die Dinge gerne direkt beim Namen. Doch benutzte er dabei lediglich einen weich gepolsterten Boxhandschuh, um den Gegner niederzustrecken, aber nicht zu verletzen. Der kleine Manuel hatte zu einer weit schärferen Waffe gegriffen, die gehörige Wunden hervorbrachte. In dem Streit fiel nicht nur das Wort »Negerbaby«, sondern auch der Zusatz: »Mein Papa hat gesagt, dass alle Ausländer raus sollen und da sollten sie mal mit Dir anfangen.« Peng, das saß! Und da änderte auch mein Abwiegeln nichts, der Versuch, es zu korrigieren und in die richtige Verhältnismäßigkeit zu bringen. Horst sprach es bei einem Elterngespräch mit der Lehrerin an, die winkte nur ab, dass Kinder nun mal so seien. Seit Jahrhunderten und in Jahrhunderten. Man spürte, dass Manuel als Unruhegeist und Schulleistungsverweigerer nicht ihre Rückendeckung bekam. Manuel nahm es persönlich, so, dass er es auf sein Verhalten zurückführte. Und dabei blieb er auch. Leider.

Die körperlichen Blessuren nahm Manuel wesentlich männlicher. Männlicher an dieser Stelle, weil sich Manuel eines Tages den Penis im Reißverschluss einklemmte. Passiert so etwas tatsächlich? Werden darüber Statistiken geführt? Ich vermutete bis dato, dass ein solches Ungeschick nur in lächerlichen Slapstick Komödien vorkam. Uns passierte es prompt real! Uns! Denn ich spürte sofort einen Schmerz, nicht in meinem nichtvorhandenen Penis, aber an jeder anderen empfindlichen Körperstelle. Manuel weinte, doch begriff er schnell, dass jede überflüssige Bewegung mehr Schaden anrichtete. Jedes Ziehen, Zerren, Hoch und Runterschieben des Reisverschlusses würde die zarte Vorhaut verletzen. Also packte ich meinen Sohnemann ins Auto und fuhr zum Hausarzt. Der schüttelte erschrocken den Kopf und verwies uns ans nächste Krankenhaus. Männer! Einer hatte Erbarmen, beförderte Manuel mittels Narkose in einen schmerzfreien Zustand und befreite seinen kleinen Zipfel aus der eisernen Klemme. Der hatte etwas gelitten, so dass Manuel ein paar – schulbefreite – Tage breitbeinig durchs Leben ging und mit dem Reißverschluss von da an einen großen Bogen um sein bestes Stück machte.

Ein Lichtblick in den Schuljahren war der Schullandheimaufenthalt zum Skifahren. Nach unserem ersten Skikurs Fiasko hatte Manuel ein Jahr später zusammen mit Helene und Frederic ein Skikurs absolviert und geradezu eine große Leidenschaft für das Skifahren entdeckt. Da Manuel tendenziell faul war, oder keine Bereitschaft zeigte, sich für eine gute Sache auch mal zu quälen, gefiel es ihm, vom Lift auf den Hügel gezogen zu werden und ohne viel Energieverlust in einem Höllentempo nach unten zu rasen. Der kleine Manuel war eine große Konkurrenz, der vor ihm den ersten Platz beim Zwergerlrennen machte. Was ihn fuchste, aber nicht weiter störte. Das Geld, das wir ihm mitgegeben hatten, um sich Getränke und Süßigkeit zu kaufen, sparte er und brachte mir eine Vase mit. Sich in seltenen Momenten durch liebevolle Überraschungen der Zuneigung, der Verbundenheit des anderen zu versichern, beherrschte er gut.

Die Schule bestimmte den Wind, mit dem unser Leben Fahrt aufnahm. Es waren oft orkanartige Böen, die uns schüttelten, und träge Flauten, die uns lähmten. Daneben gab es ein Leben mit vielen schönen Momenten. Ob das unsere Urlaube auf dem Meer waren oder das Leben zu Hause, dem Manuel mit vielen Naturerlebnissen Lebendigkeit verlieh. Mit seinem Freund Lukas ging er an die Loisach oder den

Lainbach zum Angeln. Was natürlich verboten war. Das wusste auch Lukas, der mir einen fingierten Angelschein zeigte, den er angeblich von seinem Vater besorgt hatte. So spielten sie Räuber Hotzenplotz mit ebenso wenig Erfolg, denn einen Fisch fingen sie nie. Manuel angelte seitdem auch gerne auf unseren Segeltörns, fing dort aber auch nichts. Einmal erregte er bei einem Fischer so viel Mitleid, dass dieser ihm zwei Aale schenkte. Mich schüttelte es bei ihrem Anblick, nicht von ungefähr bezeichnete »aalglatt« etwas Unangenehmes. Sie waren voller Gräten, und machte man sich die Mühe, dauerte es stundenlang, bis man einen Fitzel Fleisch aus dem Fischkörper gepökelt hatte.

Im April 1996 feierten wir Manuels erste heilige Kommunion. Die kirchliche Feier brachte etwas in mir zum Schwingen. Die steifen Zeremonien der Kirchen sind überholt und stellenweise absurd, doch sie vermögen einem Ereignis eine feierliche Note zu geben, die gleichzeitig sehr sinnlich ist. Der Geruch in der Kirche, freigesetzt durch die Wärme der Menschen, die Kerzen, die sie hineintrugen, das Gemurmel, Geraschel, das von den Kirchenliedern liebevoll verschluckt wurde, die harten Sitzbänke, die die Steifheit der Festtagskleidung kraftvoll in die langsam schmerzenden Knochen übertrug, der Glanz und Pomp blattgoldverzierter Engel, Putten, überragt von Jesus am Kreuz, verbanden sich zu einem besonderen, einzigartigen Geschmack. Hinzu kam, dass solche Feste Menschen an einen Ort zusammenfinden ließ.

Man kann einräumen, dass die Klosterkirche von Benediktbeuern mit ihrem Prunk und Glanz der Geschichte keinen unerheblichen Anteil an der Stimmung hatte. Als drittgrößter Wallfahrtsort in Europa kommt der Basilika große Bedeutung zu. Die Armreliquie des Hl. Benedikts von Nursia, die Speiche des rechten Unterarms, die nach Überlieferung Karl der Große kurz vor 800 dem Kloster geschenkt hatte, ließ Benediktbeuern neben Monte Casino und St. Benoit sur Loire zum wichtigsten Kultort des Patrons Europas werden. Dieser mit Edelstein bestückte silberne Armtorso ist beeindruckend und zog die Besucher, auch uns, in seinen Bann. Als die 37 Jungen und Mädchen durch das stuckverzierte, mit schwerem Holz vertäfelte Kirchenschiff einzogen, flatterte das Licht ihrer Kerzen nur leicht, so ehrfurchtsvoll wurden sie von der Menge zum Altarraum begleitet, der sie breit und einladend, mit schwerem italienischem, schwarzweißen Marmor verlegt, empfing. Der Ernst hatte auch Manuel ergriffen. Sonst für jeden Unsinn aufgelegt, schritt er bedächtig im strengen Gänsemarsch der Kinder mit und ließ den langen Gottesdienst nahezu unbewegt über sich ergehen. Dass er von einer Schar Menschen beobachtet wurde, blendete er wohl aus, doch ab und zu riskierte er einen Blick zu uns, um sich zu vergewissern, dass wir das Ganze mittrugen. Stolz nahm er seine erste Oblate und den Segen in Empfang, war etwas enttäuscht, als statt des Weines Wasser im Kelch seine Lippen benetzte, doch insgesamt konnte er dem Ganzen als Mittelpunkt der Feier Einiges abgewinnen. Nach der Eucharistie und Aufnahme in die Gemeinschaft der Christen gingen wir in ein Lokal gemeinsam essen. Zio und Zia waren extra aus Italien angereist und feierten ausgelassen mit. Burgis mit Frédéric und Hélène aus Frankreich, Herbert und Camilla, Marcus, meine Eltern, umringten unseren kleinen Star, aßen sich satt und anschließend schnitten wir bei uns noch eine üppige Torte zum Kaffee an. Ein perfekter Tag.

Die Existenzsorgen wurden drückend. Horst machte viel Werbung für den Verkauf der Navigationselektronik, was damals unglaublich teuer war. Der Druck von Visitenkarten kostete dreihundert DM, wir brauchten zwei Autos und die Miete sowie Unterhaltskosten des Hauses waren hoch. Die Ausgaben entsetzten mich. Manuel bekam davon wenig mit. Wir erinnerten ihn ab und an daran, was Geld bedeutete und versuchten, ihm einen umsichtigen und sicheren Umgang vorzuleben. Eine Zeitlang liebte er es mit Christian, seinem Freund aus der Nachbarschaft, Skateboard zu fahren. Es dauerte keine drei Wochen, da waren die Rollen abgefahren und er verlangte ganz selbstverständlich einen Ersatz. Der Rollen oder des Boards. 1997 beschlossen wir, Manuel war in der dritten Klasse, das Haus aufzugeben und umzuziehen. Horst schlug vor, gleich alle Zelte abzubrechen und in die noch ihm gehörende Hälfte von Renates Haus nach Wehrendorf zu ziehen. Warum nicht, es war nicht mein erster Umzug in neue Gefilde, und ganz neu waren sie ja nicht. Als die Möbelwagen schon fast vor der Tür standen und mir deutlich wurde, dass ich die rauen und so tröstlich beständigen Bergketten, die üppigen Almwiesen, die steten Gewässer und die Nähe nach Italien gegen eine trostlose Landschaft in Mitteldeutschland austauschen sollte, überfiel mich eine Schwermut, die mich derart in ihren Abgrund zog, dass Horst fragte, was los sei. Ich wollte diesen Schritt nicht mehr gehen. Man kann sich vorstellen, was mein plötzlicher Gesinnungswandel für Reaktionen hervorrief. Wir hatten ja bereits das Haus gekündigt. Ich wurde zwar nicht in die nächste Psychiatrie eingewiesen, der Preis war allerdings eine langgestreckte schlechte Laune meines Ehegatten. Nahm ich in Kauf. Es gab Schlimmeres. Wie gesagt, Mitteldeutschland. Unbestritten, dass es dort schöne Flecken gibt.

Wir kauften auf die Schnelle eine Wohnung in Penzberg und durften zum Glück einen Monat länger im Haus bleiben, um den Umzug vorzubereiten. Unser neues Haus im Glück war eine Parterre Wohnung mit einem großen Garten. Horsts Büro und meine Werkstatt lagerten wir in das Gewerbegebiet in Penzberg aus. Die Trennung fühlte sich gut an. Manuel wechselte auf die Grund- und Hauptschule, und zum ersten Mal hatten wir den Eindruck, dass er im Schulbetrieb angekommen war. Strahlend kam er von der Schule nach Hause und erzählte von seinem neuen Lehrer, der ihn an einer Stelle abgeholte hatte, von der Manuel ihm vertrauensvoll folgte. Sie drehten mit der Klasse einen Film über Mobbing, in dem Manuel die Hauptrolle spielte. Kein Wunder, dass mein Sohn aufblühte. Agieren, reden, im Rampenlicht stehen waren Diamanten in seiner persönlichen Schatzkiste. »Sonst bist Du dran!« hieß der Film, in dem Manuel bereit war, sich seinen Kopf in eine Kloschüssel drücken zu lassen. Wäre der Dämon in dieser Zeit nicht so schnell gewachsen, wäre die Schauspielerei ein Rettungsring gewesen. Doch es kam anders. Der Lehrer erkrankte an Krebs und verstarb in dem Schuljahr. Die Schüler trauerten, mit ihm ging ein begabter Pädagoge verloren. Mit dem Nachfolger nahm das Drama weiter seinen Lauf, so weit, dass er uns empfahl, Manuel Ritalin zu geben und auf ein Internat zu schicken, weil er ein Störenfried sei. Abschiebung. Was soll ich sagen. Es ist nicht so, dass ich einem Lehrer einen solchen Schüler, wie Manuel es augenscheinlich war, wünschte. Es ließ sich nicht leugnen, dass er in dem System Schule verhaltensauffällig war. Er wehrte sich gewaltig gegen diese Zwangsjacke. Jetzt war es aber so, dass wir erlebt hatten, dass es einen Lehrer gab, der es schaffte, ihn zu erreichen und mit auf die anstrengende Reise durch Zahlenlandschaften und Leistungsnachweise zu nehmen. Alle anderen Lehrer hatten es nicht geschafft. Wir waren wütend auf Manuel, dass er sich nicht besser kontrollierte. Wir waren aber auch sauer auf die vielen Pädagogen, die es fachlich besser hätten bewältigen müssen, vielleicht einfach keine Lust hatten, ein Problemkind zu integrieren, im Gegenteil, es wie ein Geschwür loswerden wollten. Natürlich richtete ich immer und immer wieder die Frage an mich, ob meine Liebe ausreichte, ob meine tiefe Sehnsucht nach bedingungslosem Angenommensein ihm eine Brücke in sein Leben bauen konnte, das schon einmal abgelehnt und verpflanzt wurde.

Nach der roten Karte durch den Lehrer wechselte Manuel auf eine Privatschule nach Krailingen. Ich halte mich nicht lange auf, das ging genauso in die Hose. Horst und ich waren am Ende, Manuel reagierte verstockt und verzog sich immer mehr zurück auf sein Zimmer. »Mama!«, kam es gelegentlich »hör endlich auf, mit mir über die Schule zu diskutieren. Ich mag sie nicht und das wird sich nie ändern.«

Noch immer war Mienchen unser treuer Begleiter. Mit sechs Jahren äußerte Manuel jedoch zum ersten Mal den Wunsch nach einem Hund, doch unsere Sternstunde kam erst 1996, als wir seinen Vater so weit hatten, einzuwilligen. Horst hatte zugegebenermaßen berechtigte Einwände, denn für die Segelei war nicht jeder Hund geeignet, und da wir bar jeglicher Hundeerfahrung waren, trugen wir den totalen Anfängerstempel. Was für ein Gewese. Ich sah das alles nicht so eng, das konnten wir immer noch tun, wenn sich tatsächlich Probleme auftaten. Unsere erste Chance auf einen eigenen Hund ergab sich, als unser Freund Walter H. seinen vier Wochen alten Retriever abgeben wollte. Ich weiß nicht mehr, was Walters Grund dafür war, ich weiß nur noch, dass Horst dagegen war. Wenn schon ein Hund, dann doch selbst ausgesucht. Walter, die gute Seele, zeigte Verständnis für unsere Absage und gab uns sogar ein Hundebuch, um einen für uns geeigneten Hund auszusuchen. Da wir keine Ahnung von Hundeerziehung hatten (was Erziehung anbelangt, waren wir schon mit Manuel Laisserfaire), schauten wir zunächst nach den Kriterien »Familienfreundlichkeit« in Kombination mit »leicht zu erziehen«. Wenn möglich, sollte der Hund eigentlich gleich verstehen »so viel Regeln wie nötig, so wenig wie möglich«, also quasi: wenn Du brav und folgsam bist, darfst Du alles machen, was Du willst. Beim Durchblättern einigten wir uns auf einen Hovawart, der von der Veranlagung als ausgeglichen und ruhig beschrieben wurde, mit einem mittleren Temperament und einer besonderen Bindung an seine Familie. Das hörte sich gut an und hübsch war er auch. Da es damals noch kein Internet gab (hätten wir da reingeschaut, hätten wir gelesen, dass er kein »Anfänger Hund« ist, doch was solls, das hätten wir wahrscheinlich sogar ignoriert), schauten wir im Tiermarkt der Süddeutschen Zeitung nach und fanden in Richtung Deggendorf einen Züchter. Wir fuhren hin und sofort sprang eine der blonden Wollkugeln auf Manuel zu. Damit war die Entscheidung schneller gefallen als angenommen, denn ich wollte ursprünglich ein Weibchen und so wurde es ein Rüde. Da es ein A-Wurf war, entschieden wir uns für den Namen Arkos. Obwohl wir sicherheitshalber noch zu einem anderen Züchter fuhren – den Weg hätten wir uns sparen können –, blieb es bei »Arkos«. Wir luden ihn ein, und unser Ausflug führte uns weiter zu Manfred und Susi, unsere Segelfreunde in Italien und Kroatien, die wir zum ersten Mal auf Land besuchen wollten. Arkos saß wie ein Häufchen Elend kläglich im Auto, aber von dort an nahmen wir ihn überall ganz selbstverständlich mit. Arkos war ein wunderbarer Hund und Freund. Meine Bindung zu Tieren lag in der Begleitung und Fürsorge, bei Manuel kristallisierte sich im Laufe der Jahre und Hunde heraus, dass er einen absolut treuen und ergebenen Weggefährten suchte. Diese Sicherheit gaben ihm die Hunde, die Manuel dem Menschen nie völlig abgenommen hatte, weshalb er zu Anhänglichkeit und Eifersucht neigte. Mich beschlich wieder mal das Gefühl, ob dies nicht ursächlich mit seiner ersten Beziehungserfahrung als Adoptivkind zusammenhing.

Arkos war also unser neues Familienmitglied. Bedauerlicherweise war Arkos nicht seetauglich und sein gesamter Mageninhalt landete regelmäßig im Cockpit oder in der Koje. Für ihn als große Hunderasse war es schwer, während des Segelns das Gleichgewicht zu halten, vor allem weil das Deck rutschig und bei Schräglage für ihn nicht mehr begehbar. Als Schutzhund wollte er unbedingt in unserer Nähe sein, doch es kam vor, dass wir nach dem Lichten des Ankers ein schwimmendes Fellknäuel in Richtung Land paddeln sahen. Trotzdem war es lustig mit ihm.

Manuel kümmerte sich um Arkos wie ein Heranwachsender das tut. Es wurde gespielt, getollt und – wenn Manuel was Besseres vorhatte – entsprechend ignoriert. Sie waren ein gutes Team und passten aufeinander auf. Manuel ging regelmäßig mit Arkos Gassi, so auch eines Tages, als er sich auf die Runde in unserer Penzberger Siedlung begab. Dabei musste er an einem Haus mit drei Schäferhunden vorbei. Ich weiß nicht, was sie befiel, denn normalerweise sind Schäferhunde intelligente Tiere. Doch in diesem Moment sprangen zwei davon über den Zaun und fielen Manuel, damals gerade mal zwölf Jahre alt, an. Was sie in diesem Moment rochen, ist mir schleierhaft. Ein zwölfjähriger Teenager, der nicht angriff oder das Gelände betrat. Ich kann mir auch nicht vorstellen, dass sie Angstschweiß eines Niederrangigen rochen, denn Manuel war Hunden gegenüber nicht ängstlich. Sie attackierten zunächst auch nicht Arkos, den sie vielleicht als Konkurrenz hätten sehen können. Manuel erlitt eine kleine Verletzung an der Hand. Arkos folgte seinem Instinkt und verteidigte ihn, woraufhin auch er gebissen wurde. Ihn traf es in der Sehne an seiner Läufe, die vom Tierarzt behandelt werden musste. So mussten wir zwei Verletzte trösten und beruhigen, wobei Manuel mit Wut reagierte. Sehr verständlich und auch gut, da er keine Angst den Tieren, sondern eher den Haltern gegenüber aufbaute. Bei den Nachbarn haben wir uns nie beschwert. Ich weiß nicht mehr warum, vielleicht sahen wir keinen Sinn darin, uns mit Leuten auseinanderzusetzen, die ihre Tiere nicht zu friedvollen Wesen erziehen. Jedenfalls wechselte Arkos seitdem die Straßenseite. Der Klügere gibt bekanntlich nach.

Auszeit in Costa Rica

Im Winter 1997 besuchten uns Hans Duprée mit Carmen und ihrem Sohn Nigel, der ein Jahr älter als Manuel war, in Penzberg. Hans flog von Costa Rica in regelmäßigen Abständen nach Emden zu seinen Eltern. Dieses Mal schlossen sie den Weg in die weiße bayerische Winterlandschaft an. Die Jungs verstanden sich auf Anhieb gut, wenn sie auch nicht die gleiche Sprache beherrschten, Hans hatte es leider verpasst, seinem Sohn Deutsch beizubringen. Manuel zerrte Nigel in den Schnee, gab entsetzlich an, wie todesmutig er sich mit dem Schlitten den Hang hinabstürzte, wobei ihm Nigel in nichts nachstand. Gameboyspiele standen als Nächstes auf der Liste, danach wurde der Fernseher angemacht oder sie spielten UNO, bei dem laute Unkenlaute zur Verständigung ausreichten. Außerdem laberte er in einem fort auf Hans ein, der sich geschmeichelt fühlte, doch nach ein paar Tagen in seinem trockenen, ostfriesischen Humor räsonierte: »So, du Knöttfröter, nu isses für ne jung Keerl wie mi genoog gesnackt. Mach di vom Kutter.« Und stupste ihn freundlich bestimmt aus dem Raum.

Die Erzählungen der beiden über Costa Rica, die Wärme, die Natur in Costa Rica, ließen meine Schmetterlinge im

Bauch Flügel schlagen. Die Freiheit rief, mein Vagabund packte eifrig den Rucksack. Geschultert stand er in meinem inneren Raum, hielt, nachdem Hans und Carmen sich seit Wochen verabschiedet hatten, das Schild mit dem Wegweiser nach Costa Rica in die Höhe und wedelte damit wild in meinen Träumen herum. Es gab noch eine andere Motivation. Die Stimme, die mich daran erinnerte, nicht Manuels leibliche Mutter zu sein, die mich ermahnte, ihm den Weg zu seinen Wurzeln zu ermöglichen. Erzählungen zu Dalia, seiner biologischen Mutter, begleiteten ihn von klein auf. Wir schauten gemeinsam die wenigen Bilder an, die wir von ihr und den beiden Töchtern aufgenommen hatten. In Manuel reifte eine Sicht, die mich bestürzte. Manuels Wortlaut in der Angelegenheit war folgender: »Die wollte mich nicht haben, dann will ich auch nichts von ihr wissen.« Bei dieser Aussage blieb er konsequent. Und ich? Welchen Anteil trug ich dazu bei? Vorspielen wollte ich niemandem etwas, zumal Manuel durch seinen dunklen Teint selten als unser leibliches Kind durchging. Im Sommer, wenn Horst schwarzgelockt und gebräunt war, kam es mitunter bei flüchtigen Bekanntschaften zu Zuordnungen, die wir belächelten und die uns glücklich machten. Auf meinen Schultern saßen das Engelchen und das Teufelchen. Der Engel säuselte: »Ich bin dankbar für dieses Kind, das in unser Nest aus Liebe gelegt wurde.« Der Teufel höhnte: »Wie können Eltern nur bereit sein, ihr Kind an wildfremde Menschen abzugeben. Ha! Du unterstützt das!« Ich wusste, es gab nichts zu entschuldigen. Wer war ich, jemand anderen von Schuld freizusprechen, in die ich selbst verstrickt war. Manuel wollte mir gegenüber loyal sein und lehnte ein weiteres Eintauchen in die Geschichte seiner nicaraguanischen Familie ab.

Auf meinen Reisevorschlag antwortete er knapp: »Können wir machen, müssen aber nicht. Ist mir egal.« Nicht motivierend, trotzdem buchte ich für August den Flug. Horst stieg von Anfang an aus, die Flüge seien zu kostspielig und er sei geschäftlich nicht abkömmlich. Es hatte den Anschein, dass meine beiden Männer nicht mitzogen, dennoch gaben sie grünes Licht. Möglicherweise dachte Horst, sich nicht in eine Mutter-Sohn-Geschichte einzumischen. Das ganze Thema Adoption war ihm lästig, und zwar, es wieder und wieder zum Thema zu machen, er hatte sich für etwas entschieden – Punkt. Manuel stand dabei felsenfest an seiner Seite, jedenfalls gab er uns das zu verstehen.

Ich hatte ein paar Monate vorher eine Anstellung beim deutschen Garmin Importeur angefangen. Mein Chef Axel wollte im Geschäftsfeld der Marine Produkte expandieren, wollte dazu mein Knowhow, im Gegenzug hatte ich eine sichere Anstellung. Damals war es noch eine völlig neue Technologie, der Markt boomte, wir verkauften auf den Messen Unmengen von Geräten. Eine spannende Zeit und für mich faszinierend, wie einfach es geworden war, sich auf dem Meer zurechtzufinden. Immer genau zu wissen, egal ob in der Nacht oder bei schlechtem Wetter. Aber es gab da auch ein inneres GPS-Gespür, dessen Ortung auf magische und tragische Weise funktionierte. Ihn konnte ich überzeugen, dass ich im August schon wieder Urlaub brauchte.

Der Juli kam, die Wärme lullte uns ein, machte uns träge, nur die Luft surrte vom beständigen Summen und Zwitschern. Aus den geöffneten Fenstern der Klassenzimmer tönten Lieder, die sich mit der Luft vermischten und die Ferien ankündigten. Lehrer und Schüler sehnten gemeinsam die Auszeit herbei, genossen die Tage ohne Prüfungsstress mit Ausflügen und einem wohlwollenden Miteinander. Das Zeugnis von Manuel blieb unkommentiert, was sollten wir viel dazu sagen zu dem, was nicht bereits während des Schuljahres geschehen war.

Die Rucksäcke waren schnell gepackt, Horst brachte uns zum Münchner Flughafen, von wo wir mit der Iberia Airline über Madrid nach San José ins feuchtschwüle Wetter Costa Ricas flogen. Wir landeten nachts, krallten unser Gepäck vom Band und tapsten müde aus der Flughalle. Ermattet lehnte sich Manuel auf der Rückbank eines Taxis in meine Arme und schimpfte leise vor sich hin. San José fand in seiner Nase keine Gnade. Das tropische Klima, das nachts wenig Abkühlung fand, vermischte sich mit den Gerüchen der Großstadt, ein Gemenge aus Abgasen, Abfällen, Absonderungen von Menschen und Getier. San José war für meinen geruchsempfindlichen Sohn gestorben. Da ich wusste, wie starrsinnig er eine einmal gefasste Meinung vertrat, versuchte ich ihn gar nicht vom Gegenteil zu überzeugen, steckte ihn im Hotel ins Bett und war guter Dinge, mit ihm das Land und seine Schönheit von anderer Seite her zu erschließen.

Meinen Vorschlag, uns auf die Suche nach Dalia zu machen, also an den Ort, wo Horst und ich sie das letzte Mal gesehen hatten, schmetterte er ab. Da ein Wiedersehen ohne

Bedrängnis stattfinden sollte, beharrte ich nicht weiter auf den Besuch, mein größter Wunsch war es, ihm sein Herkunftsland zu zeigen. Wobei ich mir im Klaren darüber war, dass das in letzter Konsequenz nicht stimmig war, denn Dalias Familie hatte nicaraguanische Wurzeln. Die Vorstellung mit Manuel dort einzureisen, beschwor in mir alte Erinnerungen und Ängste herauf. Die Zeiten naiver Sorglosigkeit waren vorbei. Und Manuel sollte nicht in die Gefahr politischer Verstrickungen gebracht werden. Das Land hatte unter Daniel Ortega nicht zur Ruhe gefunden und war entsprechend empfindsam und unberechenbar.

Ein Teil seiner Wurzeln entdeckte Manuel am nächsten Morgen unbemerkt bei einem herzhaften Frühstück, bestehend aus einem großen Teller Reis mit Hühnchen und Bohnen. Lächelnd sah ich meinem Sohn dabei zu, wie er löffelweise das Gallo Pinto genussvoll in seine Backen stopfte, nicht lange kaute und den Brei mit einer neuen Portion durch seinen Schlund beförderte. Zu diesem Zeitpunkt wusste ich nicht, dass mir das recht bald auf den Geist gehen würde, denn ab Tag eins ernährte Manuel sich ausschließlich von diesem Gericht, wenn nicht gerade ein Eis auf seinem Speiseplan stand.

Mit dem Taxi fuhren wir zu Carmen, die mit Hans und Nigel in einem der Vororte von San José wohnte. Hans war mal wieder bei einem Einsatz in der Werft in Panama City. Manuel und Nigel schlossen schnell an ihre erste Begegnung bei uns im winterlichen Bayern an. Carmen kochte für uns, natürlich gab es bei ihr Gallo Pinto in einer herrlich schmackhaften Variante, womit sie sich die lebenslange Zuneigung meines Sohnes erkocht hatte. Wir blieben ein paar Tage und genossen das Nichtstun, ohne Schulzwang, Verpflichtungen und Reibereien. Bei meiner Reiseplanung folgte ich inneren Impulsen, die mir gute Führer waren, wann ein Aufbruch bevorstand und wohin es gehen sollte. So stiegen Manuel und ich eines Tages in den Bus zu einer geführten Drei-Tages-Tour zum Schildkröten-Beobachten an die Ostküste. Zu diesem Zeitpunkt war die Möglichkeit, bei einem solchen Naturphänomen dabei zu sein, ungewöhnlich, mittlerweile ist es eine weitere Plage im Ranking der Touristenattraktionen. Allerdings sorgen sie dafür, dass die Strände in der Zeit der Eiablage geschützt sind und weder von Wilderern noch von unachtsamen Strandbesuchern heimgesucht werden.

Der Sonnenuntergang in der Karibik beginnt ganzjährig gegen 18 Uhr. In einer urigen Blockhütte untergebracht, mussten wir nicht lange warten, bis uns der Guide mit einem leisen Klopfen signalisierte, sich ihm anzuschließen.

In radebrechendem Englisch erklärte er seiner Gefolgschaft aus zwanzig älteren Herrschaften, unter denen Manuel das einzige Kind war, dass die Masseneiablage unter den Einheimischen »Arribadas« genannt wird, was Ankünfte bedeutet. Genau wie ihre Vorfahren vor Millionen von Jahren schleppen sich auch heute noch Schildkröten an den Strand von Costa Rica und suchen nach der Stelle, an der sie selbst geboren wurden. Warum sie diese lange Tour auf sich nehmen und wie sie ihren genauen Geburtsort wiederfinden, wusste auch der Guide nicht zu erklären. Wir folgten ihm durch das Dickicht an den Strand, wo man nur das leise Knirschen der Schuhsohlen im Sand hörte. Nach einigen hundert

Metern erreichten wir die Legeplätze der Schildkröten. Das Adrenalin hatte Manuel fest im Griff. Wie eine Feder auf Spannung schlich er aufgeregt dem Licht des Anführers hinterher und konnte es kaum ertragen, nicht reden zu dürfen. Aus einer Entfernung, in der wir die Tiere beobachten konnten, ohne sie in ihrer biologischen Aufgabe massiv zu stören, sahen wir, wie diese riesigen Panzer hin und her schwankten, als sie am Rückenende mit ihren hinteren Flossen unter sich Löcher buddelten. Als wäre das nicht anstrengend genug, pressten sie anschließend die Eier aus ihrem Körper. Manuel zählte mit. »Mama, ich bin bei 57!« zischte er. »Wo haben die die bloß alle untergebracht?«

»Keine Ahnung.« Ich drehte mich zu dem Guide um, der uns erklärte, dass sie bis zu 100 tischtennisballgroße Eier ablegten, um dann schnell wieder in den Schutz des Wassers zu flüchten in der Hoffnung, dass ihre Nachkommenschaft es ebenfalls schaffte und nicht von den Fressfeinden aus der Luft und im Wasser geschnappt wurden. »Die haben keine feste Schale wie die Hühnereier und werden im Körper zusammengepresst. Das kommt bestimmt noch auf die Größe der Schildkröte an«, mutmaßte ich in die Zähltrance meines Sohnes hinein.

Wohlig gesättigt von den Eindrücken dieser Nacht legten wir uns einige Stunden später in unsere Betten. Ich war froh, keine Schildkröte zu sein, Manuel träumte davon, eine in unseren Penzberger Garten einzuschmuggeln.

Auf dem Rückweg nach San José besuchten wir riesige Bananenplantagen. Unter den Wellblechdächern hingen endlose Reihen grüner Bananentrauben, die von Reinigungsanlagen gesäubert und für die Verschiffung nach Europa vorbereitet wurden. Wir rechneten uns aus, dass wir sie in zwei Wochen nahezu zeitgleich mit unserer Ankunft in Deutschland, gelb und reif, kaufen könnten.

Südöstlich von San José befindet sich die Region Cartago mit ihrer gleichnamigen Stadt. Oberhalb von ihr liegt der mächtige Vulkan Irazú. Sein Name stammt aus dem Indianischen. Der zitternde und donnernde Berg. Der mit 3.432 Metern höchste Vulkan Costa Ricas kommt dem gerne nach, zuletzt 1963 ganze zwei Jahre lang. Klar war, dass ich Manuel dieses Naturspektakel zeigen wollte, welcher elfjährige Junge findet diese Mischung aus Abenteuer, Faszination und Natur nicht begehrlich, zumal, wenn es direkt greifbar ist. Mit dem Bus fuhren wir ca. 35 km von Cartago bis zum Nationalpark, der rund um den Vulkan angelegt ist, wenige hundert Meter an die Lagune des Hauptkraters. Mein Sohnemann musste nicht wie in heimischen Bergwelten die schwindelnden Höhen erwandern. Es lohnt den Besuch, von hier oben war es bei gutem Wetter möglich, beide Ozeane zu sehen. Mit Blick auf das Tal breitet sich ein langgezogener Teppichläufer aus, wild gemustert aus Städten, Dörfern, Straßen und Naturelementen, der einen in das Haus Erde einlädt. Manuel interessierte sich nur für den Hauptkrater, mit seinem einen Kilometer langen Durchmesser, den 300 Metern steilen Felswänden, die in eine Tiefe führten, aus der jederzeit heiße Lava explodieren konnte. Mit wilder Fantasie peppte ich das Abenteuer Vulkan auf und zog Manuel zu dem kleineren Krater, in dessen Tiefe sich ein grüngelber See befand. Seine

Farbe wechselte durch den Schwefel und die verschiedenen Gase im Minutentakt.

»Hier wird Rotz und Pups gekocht und freche Kinder drin gebadet, wenn sie Scheißendreck machen«, drohte ich mit einem Zwinkern in den Augen und wuschelte ihm durch sein dichtes Haar.

Manuel lehnte über dem Holzgeländer und gab lakonisch, seine Nase angewidert nach oben gezogen, zurück: »Ach Mama, so ein Quatsch. Das sieht aus wie auf dem Mond. Da stinkt´s nur bestimmt weniger.«

»Wenn Du mal Astronaut bist und zum Mond fliegst, in deinem Schutzanzug, indem Du nur deinen eigenen Schweiß riechst, kannst Du ja vergleichen, wo es Dir besser gefällt«, gab ich zurück. Manuel zuckte mit den Schultern, rückte seine schwarze Sonnenbrille gerade und drehte sich zum Gehen: »Ich fliege nicht zum Mond. Ich weiß ja, wo es mir gefällt.«

Tiere hatten eine größere Anziehungskraft auf ihn. Im grünen Dickicht des Nationalparks, unter dem Dach riesiger Blätter, schrien, kreischten und maunzten Vögel, Kojoten, Insekten, Füchse, Coatis. Füttern war verboten, aber die kleinen Nasenbären waren freche und geschickte Diebe. Da wir keine Lust hatten, uns beklauen zu lassen, lockte Manuel sie mit Bananen an. Wo immer wir bei unserer Reise Tieren ansichtig wurden, schlummernden Geckos auf Ästen, bunten keckernden Äffchen, war Manuels Interesse geweckt, und er lockte, maunzte und keckerte zurück. Wir hätten einen ganzen Zoo mitgenommen, wenn es nach ihm gegangen wäre.

Ich fand die kleinen Scheißer eigentlich nervig. Es gab dort aber auch traurig-tierische Begegnungen.

Auf Costa Rica sind Hunde nicht besonders beliebt. Sie leben neben der Bevölkerung als lästige, dreckige, verlauste Straßenköter. So kam es, dass wir eines Tages in einem Kleinbus fuhren und Manuel und ich vor uns einen Hund auf der Straße wahrnahmen. Wir warteten, dass er zur Seite ging oder der Busfahrer durch Hupen oder Ausweichmanöver versuchte, einen Unfall zu vermeiden. Doch das Gegenteil war der Fall. Der Fahrer hielt auf den Hund zu, es erschien, als wolle er ihn im wahrsten Sinne des Wortes plattmachen. Mit Erfolg. Er überfuhr den Hund gnadenlos. Wir waren über diese Kaltblütigkeit völlig entsetzt. Ich forderte den Fahrer aufgebracht auf, anzuhalten, wurde jedoch ignoriert, denn es interessierte niemanden, was gerade passiert war. Für mich war das ein Akt sinnloser Grausamkeit und unbegreiflich. Ich weiß nicht mehr genau, wie Manuel über die Situation hinaus das Geschehen wahrnahm und verarbeitete. In späteren Jahren beobachtete ich, dass ein Teil dieser Mentalität auch in ihm steckte. Nicht in der Kaltblütigkeit, mehr in der Ersetzbarkeit, in der gelassenen Annahme der Vergänglichkeit der Dinge. Heute denke ich, dass Manuels Beziehung zu Hunden seine Suche nach einem Komplementär von ihm selbst war. Er brauchte an seiner Seite einen starken vertrauensvollen Partner, dann empfand er sich ganz und konnte aus dem Vollen seiner tiefgreifenden Weisheit, seiner inneren Ernsthaftigkeit und seinem Charisma schöpfen. Die Hunde entsprachen diesem Bedürfnis, die Sehnsucht nach dieser engen Ergänzung zeigte sich auch in Beruf und Partnerschaft. Aber dazu an anderer Stelle.

Am Nachmittag plantschten wir im Hotelpool. Das Wasser spielte uns um die Hüften, während wir uns kühle Fruchtcocktails die trockenen Kehlen runterrinnen ließen. War der Durst gelöscht, forderte Manuel mich zu einem Wasserduell heraus, bei dem es galt, den anderen als Ersten mit dem Kopf unter das Wasser zu drücken. Es war ein Heidenspaß, vor allem für mich, denn ich gewann fast jedes Mal. Manuel konnte und wollte das nicht auf sich sitzen lassen und ließ nicht locker, an mir zu reißen oder zu versuchen, mir ein Bein zu stellen. Lachend gewährte ich ihm einige Momente, bis ich ihn mit einem Griff in den Nacken und einer flinken Drehung abtauchen ließ. Von der körperlichen Statur her waren wir nicht mehr weit voneinander entfernt, mein Körpergedächtnis griff jedoch blitzschnell auf die Jahre ohne festen Boden und schneller Reaktionsabläufe auf dem Schiff zurück.

Wohnten wir bei Carmen, verdrückten sich die beiden Jungs gerne in die Spielhallen vor Ort. Ausflüge waren in dieser Zeit tabu. In kleinen Garagen waren hunderte blinkende, ratternde, klingelnde Geräte untergebracht, die sich genüsslich mit Münzen füttern ließen und nur spärlich an Brechdurchfall litten. Ich wechselte in Costa Rica etwas Bargeld in Colones, der Landeswährung, um. Der Colón hatte seinen Namen von seinem Patron Cristóbal Colón, oder Christoph Kolumbus, wie wir sagen würden. In San José und größeren

Läden konnte man mit US Dollar zahlen, fuhr man in kleinere Dörfer, sollte man mit Colones ausgestattet sein. Manuel steckte in einem fort Münzen in die Geldschlitze und haute im Sekundentakt vehement auf die Stopp- oder Risikotasten, um den Spielablauf zu seinen Gunsten zu beeinflussen. Ich redete auf ihn ein, wie schwachsinnig das Ganze sei. »Die verarschen Dich, merkst Du das nicht?« raunzte ich ihn an. »Gewinnst mal ein paar Münzen und hast das Gefühl, du stehst vor dem Mega Gewinn und schmeißt ständig was nach, wie bescheuert!«

»Ach Mama, lass mich!« gab er genervt zurück. »Zuhause gibt´s so was nicht. Also alles gut!« Ich deutete auf die Einheimischen, die gebeugt, faltig und desillusioniert ihre letzten Münzen verspielten. Völlig umsonst. Das, was ich ihm zuteilte, verspielte er. Einzige Abwechslung waren die Automaten, an denen er mit Tasten eine dicke, silberne Kugel durch ein Labyrinth jagte und Punkte sammelte, bis sie sich davon machte und von dem dunklen Schoß verschluckt wurde.

Das, was ich nochmal erleben wollte, war die Oper von San José. Natürlich mit Manuel, diesmal nicht in einer Babytasche, sondern auf dem Sitz neben mir. Das Orchester wurde nach all den Jahren von dem gleichen Dirigenten geleitet, der mit seiner Art zu dirigieren, an seinem Stehpult zu tanzen, einen besonderen Eindruck bei mir hinterlassen hatte. Manuel begeisterte der Gedanke an »die schreien nur rum und ich verstehe nichts« in keinster Weise, doch begab er sich in sein Schicksal, denn er ahnte wohl, dass seine Garagenspiele ansonsten ein jähes Ende finden würden. Wir bummelten durch die Innenstadt von San José, um für die

Daheimgebliebenen und natürlich für Carmens Gastfreundschaft Geschenke zu besorgen. Manuel war ein wunderbarer Ratgeber, er griff selbstverständlich zu Dingen, die mir nie ins Auge gefallen wären. Erschöpft und zufrieden standen wir nach ein paar Stunden an der Bushaltestelle und diskutierten unsere Errungenschaften durch, als in der Schlange der Wartenden ein paar junge Männer anfingen, Manuel herumzuschubsen. Er schaute sich verwirrt um, ob es ein Versehen war, doch der Costa Ricaner grinste ihn an, als von der anderen Seite ein weiterer Schubser kam. Wieder drehte Manuel sich um, bis ich mit einem lauten »Hey« dazwischenging und sie sich auf mich konzentrierten. Das alles ging so schnell, dass auch die anderen Wartenden nicht reagierten. So wie es aus dem Nichts anfing, ließen sie plötzlich von uns ab und rannten davon. Verdattert blieben wir zurück, Manuel konnte schlecht einordnen, ob es ihm galt und war geknickt. Ich nahm ihn in den Arm und sagte, dass das hierzulande nichts Ungewöhnliches sei und griff nach meinem Geldbeutel, um das Busticket zu bezahlen. Wie dämlich ich war! Wenn man gewahr wird, was man vorher in einem versteckten Eck seines Bewusstseins ahnte, wusste, aber nicht fassen konnte, durchschwemmt einen eine Welle von Unglauben, Hektik und wachsender Wut. »Scheiße! Scheiße, Scheiße, Scheiße!« fluchte ich, während ich meine Taschen durchwühlte. Ich begriff, dass die Schubserei nicht Manuel galt, sondern ein Ablenkungsmanöver war, um an meine Tasche ranzukommen. Der Geldbeutel war mitsamt Inhalt, Kreditkarten und Opernkarten weg! Wie bitter. »Diese Idioten haben tatsächlich meinen Geldbeutel aus der Tasche rausgeholt. Ich fasse es nicht!« zeterte ich auf meinem Platz in der

Schlange, die keine mehr war, denn der Bus war abgefahren. Eine alltägliche Szene, wie der tropische Regen am Nachmittag.

»Was machen wir jetzt?« fragte Manuel kleinlaut.

»Wir gehen zur Polizei. Wenn die meinen, die könnten sich auf meine Kosten einen reinpfeifen, haben sie sich verrechnet. Diese Idioten.«

Mehr als über die jungen Männer ärgerte ich mich über mich selbst. Bei der Polizei erhielten wir eine Bescheinigung der Anzeige. Die konnten auch nicht mehr machen, meine Karte ließ ich sperren.

Carmen wollte ich den Vorfall nicht erzählen. In ihrer Herzenswärme hätte sie uns sofort Geld angeboten, das sie selbst zu wenig hatten, und ich wollte uns vor der unangenehmen Patt-Situation des Gebenwollens und des nicht Annehmenwollens bewahren. Ein rauchiger Hauch Scham begleitete mich die letzten Tage unseres Zusammenseins, in denen ich darüber nachsann, wie ich an das Geld für die Ausreise – zwanzig DM – kam. Die Costa Ricaner erhoben am Flughafen eine Gebühr, ohne die man das Land nicht verlassen durfte. Langsam nahmen Manuel und ich Abschied von unserer Reise. Manuel besuchte noch einige Male die Spielhallen, ich spazierte durch die Gegend und lümmelte durch den Tag. Carmen und ich waren keine Freundinnen, die sich jedes intime Detail ihres Lebens anvertrauten. Carmen nahm mich in den Arm, drückte mich an ihre Brust und beteuerte mir in dieser stillen Umarmung die offene Tür zu ihrem Herzen und Heim.

Am Flughafen stießen wir wie erwartet auf die Unerbittlichkeit der Vorschriften der Flugbehörden, die den Ausreisebetrag einforderten. Allerdings hatte ich einige Asse im Ärmel. Und ich war gewillt, sie mit all meinen Möglichkeiten auszuspielen. Erst versuchte ich es auf die informative Weise und berichtete von dem Diebstahl. Das konnte aber ja jeder behaupten. Ich legte meine bestätigte Anzeige der Polizei vor, was sie jedoch nicht beeindruckte. Ich war als Mutter allein mit Kind unterwegs, was kein Mitleid, eher Unwillen erzeugte. Mein stärkstes Ass im Ärmel war meine penetrante Diskussionslust, die mit aggressiven Untertönen gespickt, nervtötend sein konnte. Die steigerte sich mit den verrinnenden Minuten und als Boarding Time war, hatte ich sie endlich weichgekocht und wir durften in den Flieger. Hauptsache weg. Darin waren sich beide Parteien einig. Diese Seite an mir, die ich wiederholt erfolgreich in meinem Leben einsetzte, war Manuel zutiefst peinlich. Er selbst hätte sie oft verhindern können. So flogen wir über den Atlantik zurück in die Heimat, eine schöne gemeinsame Zeit hinter uns lassend. Ich bedauerte noch den Verlust der Operntickets.

Venezianischer Jahrtausendwechsel

Manchmal überkamen mich Ideen, von denen ich so begeistert war, sie auf Biegen und Brechen durchzusetzen, obwohl sie im Nachhinein betrachtet von vorneherein nicht diese Brillanz besaßen, von der ich dachte, sie hätten sie. Im Herbst 1999 bildete ich mir ein, ein einmaliger Jahrtausendwechsel in meinem und unserem Leben musste auch einmalig gefeiert werden. Ich schlug Horst vor, mit Manuel, Arkos, meinen Eltern und Marcus die Silvesternacht in Venedig zu verbringen. Während wir in der Aprilia Marittima lebten, sind wir an jedem Faschingsdienstag zum Karneval von Venedig gefahren. Die einzigartigen Masken und Kostüme hatten mich immer wieder fasziniert. Venedig hatte nach längerer Pause erst 1979, ausgelöst durch den Film „Casanova" im Jahre 1976 von Federico Fellini den Karneval von Venedig wiederbelebt. Inzwischen wird die Lagunenstadt ganzjährig von Touristenschwärmen heimgesucht, das wusste ich, und trotzdem malte ich mir inmitten der Menschen, umringt von einem schillernden Wasserspiel, ein lebhaftes, lautes, knallendes und irgendwie romantisches Silvesterfest aus. »Du bist sentimental«, brummte Horst, freute sich aber, sein Schiff wiederzusehen.

Gesättigt von den Weihnachtstagen fuhren wir nach Kroatien in die Marina. Die Anhinga lag eingepackt im Wasser und schaukelte überrascht auf, als wir die Persenninge lösten und an Bord gingen. Manuel verschwand in seiner Koje, bis ich ihn zurückpfiff und erklärte, dass er sein neues Playmobilspielzeug nicht über die komplette Matratze verteilen konnte, weil er sich die Schlafstatt mit Marcus teilte. Der winkte gutmütig ab: »Lass nur, solange ich nicht wie Gulliver in der Nacht gefesselt werde, schlafe ich gerne mit einer Horde Playmobilmenschen im Bett.« »Wer ist Gulliver?« fragte Manuel, und die beiden vertieften sich in die Geschichte von Gullivers Reise ins Land der Zwerge.

Anstatt in Badehosen und luftigen Shirts, machten wir uns dick eingemummt auf die zweitägige Fahrt über die Adria. Der Motor unterstützte uns, zügig nach Venedig zu gelangen. Dort überraschten uns die Mitarbeiter am Hafen mit der Mitteilung, dass kein Strom vorhanden sei. Schlechte Nachrichten. Die Marina wechseln machte keinen Sinn, denn an den Stegen hingen Trauben wartender Gäste für die Wassertaxis. Es war eiskalt, die feuchte Kälte kroch durch jede Ritze in unsere Knochen und wir froren langsam komplett durch. Um wieder warm zu werden, gingen wir an Land und aßen ein astronomisch teures Essen in einem der vielen überfüllten Restaurants. In den engen Gassen drängten sich die Massen und schoben uns in Richtung Markusplatz. Die Nacht teilten wir uns mit tausend anderen Menschen. Es glich einem Inferno. Die Hand von Manuel fest umklammert, hatte ich beständig Angst, ihn in der Menschenmenge zu verlieren. Horst und Marcus voraus, meine Eltern hinter uns, schlossen wir einen eigenen Kokon um ihn. Man wurde geschubst, von Alkoholfahnen angespuckt, es war laut und die Stimmung für die Besonderheit dieser Zeitenwende hielt sich in Grenzen. Um Mitternacht war es endlich so weit, die Köpfe reckten sich unisono nach oben und die Blicke, manche bereits glasig, tauchten in ein buntes Spektakel am Himmel. Der Jahreshöhepunkt für Pyrotechniker ergoss sich in ein einstündiges Schauspiel, bei dem einem der Kopf schwirrte, denn man wusste nicht, wohin man schauen sollte. Es war einfach irre. Irre schön. Menschlich verrückt. Horst hatte Manuel auf dem Arm, irgendwann drückte ich mich an die beiden, küsste sie und flüsterte ihnen eine gutes Neues Jahr zu. Bestimmte Wünsche hatte ich nicht. Ich glaubte nicht an Neujahrsschwüre, sondern ließ mich lieber auf das neue Jahrtausend ein.

In den Morgenstunden war der Markusplatz mit einer dicken Schicht Glasscherben bedeckt, so dass Horst Manuel auf den Schultern zum Schiff trug und Marcus Arkos auf den Arm nahm, damit er sich nicht die Pfoten verletzte. Jeder verkrümelte sich in seine Koje, um noch etwas Schlaf zu bekommen, bevor wir wieder Richtung Kroatien fuhren.

Zwischenzeiten

Obwohl wir täglich zusammen waren, fiel ich in großes Erstaunen, wenn ich bemerkte, dass Manuel langsam aus dem Jungenalter wuchs. Er hatte immer noch eine kindliche Figur, er war schlank mit etwas Babyspeck an Bauch und – köstlich – an den Wangen. Seine Stimmlage war noch nicht gereift, er hatte weder Pickel noch Haare an der Oberlippe. Dann hörte ich Mädchennamen fallen, ich hörte, wie er sich mit dem Telefon ins Zimmer verkroch. Gerne auch nachts. Da er wahnsinnig gerne erzählte, erfuhr ich zu gegebener Zeit, dass es sich meist um »Seelsorgetelefonate« handelte, wenn ein Mädchen in einen anderen Jungen verliebt war, es aber nicht auf Gegenliebe stieß. Es veränderte sich etwas.

In den Pfingstferien – Manuel war nach dem Rausschmiss aus der Schule in Krailling für drei Monate, bis zum nächsten Schulwechsel, wieder in Penzberg untergekommen – beschlossen wir, in Kroatien zu segeln. Frank S., ein alter Freund mit einer herzlichen, unkomplizierten Frohnatur, begleitete uns auf der Reise von Slowenien nach Izola bis runter in die Kornaten. Frank hatte einen solch lustigen Schalk, dass er mit seinen Sprüchen, die er dem Wind über das Meer mitgab, einen Ausgleich zu Horsts ernstem Mienenspiel schaffte. Mit Manuel feixte und kabbelte er, hatte eine langmütige Geduld, wenn er auf ihn einquasselte und spornte ihn an, über sich hinauszuwachsen. Manuel sprang von einem zehn Meter hohen Felsen mit einem Kopfsprung ins Meer. Vorher testeten wir den Wasserstand, dann kraxelte er den Felsen nach oben. Am Absprung winkte er uns wild entschlossen, ich rief noch »weit abstoßen«, er fackelte aber nicht lange damit, sich in die Tiefe zu stürzen. Mir blieb schier das Herz stehen, doch pumpte das Blut rechtzeitig eine gehörige Portion Stolz warm durch meine Adern. Manuel kam nach ein paar Sekunden prustend an die Oberfläche und grinste von einem Ohr zum anderen. Es war Frank, der uns zurückhielt, wenn Manuel Landgänge machte, um heimlich zu rauchen. Ich meine, »heimlich« ist relativ. Welcher Raucher bleibt schon unentdeckt. Obwohl Horst selbst rauchte, konnte ich an Manuel den eigenen Qualmgeruch identifizieren. Ich wollte daraus kein Drama machen, als Mutter wird wohl dennoch ein Knopf gedrückt, mit der Freigabe für bissige bis drohende Bemerkungen. Aussichtslos. Alleine Frank kommentierte bei seiner Rückkehr in Mundstuhl Manier (ein deutsches Comedy Duo): »Ey, was rauchst du diesen Scheissendreck?« Und nahm damit den Wind aus den Segeln.

In einer Ankerbucht trafen wir auf ein anderes Schiff mit deutscher Besatzung. Ein Elternpaar mit zwei Töchtern – vierzehn und zwölf Jahre alt. Hübsche Mädchen, die Beine hölzerne Stelzen, lang und braungebrannt. Es war wie eine Szene aus Stolz und Vorurteil von Jane Austen. Kichernde junge Damen, mal verschämt, mal provozierend, mit sehr lebendigem Ausdruck. Sie steckten sich gegenseitig Früchte in den Mund und schubsten sich übermütig ins Wasser. Die Eltern riefen von Zeit zu Zeit mahnende Worte, doch überspielte das Gefühl des Sommers die Launen. Manuel beobachtete sie, bis er seine Chance bei einem Landgang bekam und sie ansprach. Von da an wurde reger Kontakt gehalten. Per UKW Funk. Unser Sohn igelte sich in seiner Kajüte ein, sah über die Legowelten hinweg in einen neuen Kosmos und führte Gespräche. Wir hätten mit den Eltern durchaus auch Kontakt aufgenommen, stießen jedoch auf ablehnende Kühle, nein, vielmehr totales Desinteresse. Die Schnittmenge der Motorboot- und Segelboot-Welt war gering. Jane Austen hätte ein solches Klassenphänomen mit Freude ausgeschlachtet. Frank spielte unterdessen die Rolle des Heiratsvermittlers. »Ach kommt, den gehen wir richtig auf den Sack. Lasst uns halt hinterherfahren. Ist doch lustig. Und der Kleine hat seinen Spaß«, lachte er und setzte die Segel. So stalkten wir die Eltern und Manuel flirtete mit den beiden Damen, die Jüngere wurde seine Favoritin.

Zurück in Penzberg wurden neue Segel gesetzt. Der Wind um Manuels Schullaufbahn wurde stärker, wir waren gezwungen zu handeln. Horst war ein Nordlicht, ihn zog es zurück in die steife Brise. Er erhielt das Angebot, einen Wassersportladen für Bootssport in Hamburg zu übernehmen. Ich deutete es als Wink des Schicksals und war bereit, meinen Teil beizusteuern, obwohl ich ahnte, wie sehr ich meine bayerische Wahlheimat vermissen würde, so sehr, dass ich TV

Nachmittage damit verbrachte im Schatten von Ottfried Fischer auf Mörderjagd durch Bad Tölz zu streifen und ihm einflüsterte, wer der Bösewicht war. Manuel fand unsere Umzugspläne in Ordnung, in einer Mischung aus Schuldbekenntnis und jugendlicher Ignoranz. Wir meldeten ihn in einem Internat am Plöner See an, das bereit war, ihn mit oder besser trotz seiner Vorgeschichte aufzunehmen. Die Schule organisierte vorab im Juni einen Jugendtreff in Südtirol. Mit einem Kleinbus fuhren sie von Hamburg in den Süden und holten Manuel bei uns ab. Ich weiß nicht mehr, was ich beim Nachwinken dachte. Hoffentlich verbockt er es nicht? Hoffentlich mobben sie ihn nicht? Hoffentlich geht alles, was mit Schule zu tun hat, einfach mal gut, mal leicht.

Horst und ich lösten in der Zeit den Hausstand auf, meine Werkstatt, sein Büro und Lager. Beide neigten wir nicht dazu, Besitz anzuhäufen, wir waren es gewohnt, wenig auf wenig Raum zu verstauen. Erstaunt stopften wir eine Kiste nach der anderen in das schwarze Loch der beiden LKWs. Es schien kein Ende zu nehmen, ich verlor bald die Lust und hätte am liebsten den Rest an Ort und Stelle gelassen. Über die Zeitung fanden wir ein Reihenhäuschen mit Obstgarten in der Gemeinde Pinneberg. Richtig schwer fiel mir die Kündigung bei Axel. Wenn man einem Menschen, den man schätzt, etwas mitteilen muss, was einem selbst leidtut, in dem Wissen, dass der andere darüber bekümmert ist, fühlt man eine doppelte Last.

Nordlichter

Manuel kam von der Freizeit zurück. Der Bus fuhr ihn bis zu unserer Haustür. Meine Sinne waren angespannt, darauf ausgerichtet, an Manuels Mimik und Körpersprache abzulesen, wie es gelaufen war. Mit einem Seufzer öffnete sich die Bustür und spuckte Manuel nach draußen. Er grinste lässig in meine Richtung, nahm jede Stufe betont lässig und sprang die letzte mit einer Drehung nach unten, um ein »Servus« in den Bus zu rufen, aus dem ein Mix an Radio, Gemurmel und Rufe hervorquollen. Der Aufsichtslehrer folgte ihm. Während Manuel auf das Gepäck wartete, das der Busfahrer aus dem Kofferraum hievte, teilte uns der Lehrer freundlich mit, dass es eine nette Truppe gewesen sei und Manuel sich gut eingefunden hätte. Er wünsche uns einen guten Abschied aus Bayern, ein gutes Ankommen im Norden und es würde schon alles gut gehen. Ich glaubte ihm kein Wort, und es schrie innerlich danach, es Wahrheit werden zu lassen.

Wir verbrachten noch ein paar Tage mit einigen Formalitäten, dann machten wir uns Anfang August auf den Weg. In Pinneberg angekommen, richteten wir uns in unsere neue Umgebung ein und waren eine Woche damit beschäftigt, das Haus einzuräumen. Lange danach lagerten noch Kisten im Keller, die ich erfolgreich ignorierte. Manuel hatte nicht viel Zeit, irgendwo anzukommen. Ende August musste er sein Zimmer im Internatsgymnasium Schloss Plön beziehen. In dieser Zeit befand sich der Internatsbetrieb auf Schloss Plön, während der Unterricht in der Prinzenstraße abgehalten wurde. Ich fuhr ihn im Auto hin und ließ ihn den letzten Kilometer selbst fahren. Ja, er war erst dreizehn Jahre alt, aber er machte das prima und ich wünschte mir, dass er mit frohem Herzen zu seiner neuen Schule fuhr. Das rote Backsteinhaus stand erhaben und einladend im Grünen, Erker, Vorsprünge und Türmchen gaben ihm eine freundliche Silhouette. Manuel schulterte seine Sporttasche und gemeinsam bezogen wir sein Zimmer im ersten Stock, welches er sich mit einem anderen Mitschüler teilte. Damit ich nicht mütterlich überflüssig rumstand, nahm ich ihn nochmal in den Arm, was er duldsam über sich ergehen ließ, verkniff mir ein »benimm dich ordentlich« und ließ mein Paket zurück. Im Auto umklammerte ich das Lenkrad, wie in Trance fuhr ich den Kiesweg entlang, nahm die anderen Eltern und Schüler nur unwirklich wahr, fragte mich, ob sie mir bereits ansahen, dass mein Kind ein Problemkind, ein Schulverweigerer war. Wieder hatte ich die Hoffnung, dass sich nun alles zum Besten wenden würde.

Unter der Woche waren wir drei mit Arbeiten beschäftigt. Horst in dem Wassersportladen, in dem er jetzt probeweise arbeitete, ich bei der Firma Ferropilot, was wirklich gut anlief, und Manuel im Internat. Am Wochenende kam er nach Hause und ich nahm auf leisen Sohlen Veränderungen wahr. Zunächst an der Sprache. Er redete so schnell, dass ich ständig nachfragen musste, weil ich ihn nicht verstand. Er hetzte durch seine Sätze mit einer eigenartigen Sprachmelodie, die mich in keinster Weise in seine Erzählungen einlud. Es klang noch nicht nach der aufkommenden Rap Kultur, von der ich nur wenig verstand und beim Radio sofort den Sender wechselte, sobald der unmelodiöse Sprechgesang ertönte. Im

Nachhinein waren es Manuels unbewusste Vorübungen und Einstimmungen auf seiner musikalischen Reise.

Silberne Ringe stapelten sich an seinen Händen. Egal welcher Finger an welcher Hand, bei jeder Bewegung blinkte es theatralisch. Seine golden schimmernde Haut hätte gut dezenten Schmuck tragen können, in dieser Masse verschmolz der Schmuck zu Schlagringen. Und wirklich: es schien, dass jeder Ring sein Rückgrat stärkte und ihm Halt gab. Es war mir ein Rätsel, wie er beim Schreiben einen Stift in der Hand hielt. Was leider sein geringstes Problem war, wenn es um schulische Leistungen ging. Skaterhosen zogen ebenfalls in Pinneberg ein. War bislang nur die Farbe wichtig, legte er plötzlich Wert auf die richtige Marke. Jede Generation hat ihren eigenen Modestil. Mag sein, dass ich überhaupt keinen hatte, dessen bezichtigte mich Manuel bei Diskussionen. Ich befand mich eher auf neutralem Schweizer Gebiet, doch diese Hosen, die knapp unter dem Hinterteil gebunden wurden, deren Schritt in der Kniekehle hing, empfand ich als eine Wüste des guten Geschmacks.

Manuel gefiel Hamburg sofort, am Wochenende nutzte er jede Gelegenheit, mit der S-Bahn in die Stadt zu fahren. Wovon wir nichts ahnten, waren die Art der Kontakte, die er dort schloss. Gaben wir ihm den Freiraum, in der Hoffnung langsam in normale Bahnen zu gleiten, suchte er hauptsächlich Kontakt zu Russen und Arabern. In diesem Milieu fühlte er sich zu Hause. Der Schluss liegt nahe, dass er ähnlich verlorene Seelen suchte, wie er selbst eine war. Manchmal kroch eine brennende Wut in mir hoch, ich war der Auffassung, dass jeder in seiner Hand hatte, das Beste aus seinem Leben zu machen. Es gab Momente, in denen ich es nicht fassen konnte, wie undankbar Manuel sich verhielt. Es war, als hätte ich zwei Söhne, den einsichtigen, der zu allem Ja & Amen sagte, und der auf unsere Kosten Mist baute.

Wieder glitt uns etwas aus der Hand, von dem wir glaubten, wir hätten es an einem langen vertrauten Band, und es dauerte nicht lange, bis wir ein Schreiben von der Schule erhielten, mit der Aufforderung, sich zu einem Gespräch mit dem Direktor einzufinden. Darauf angesprochen, mimte Manuel zu Hause den beschämten, verständnisvollen, reuigen Sohn. Wieder einmal musste er die Schule wechseln.

Zu einer Karriere als Schulversager zählt in vielen Fällen als zuverlässige Konstante der Drogenkonsum. Dieser Logik entsprechend fing Manuel das Marihuana-Rauchen an. Den Stoff organisierte er sich auf einem Spielplatz um die Ecke. Er hätte besser schaukeln sollen. Ich roch nicht nur den Dreck, ich sah an seinem debilen Eindruck, dass er kurz vorher gekifft hatte. Meine Mutter war so naiv, sie nahm rein gar nichts wahr und sagte mir jedes Mal ungläubig, dass der Junge doch völlig normal sei. Ich ging die Wände hoch. Abends, am familiär angeordneten Abendbrottisch, schob ich Manuel das Buch von Christiane F. »Die Kinder vom Bahnhofszoo« unter, auf das er einen kurzen Blick warf, es seinerseits wegschob, um es dann zu ignorieren.

»Mama, Du brauchst mir so ein blödes Buch nicht zu geben. Ich les das eh nicht. Ich nehm kein Heroin. Für wen hältst Du mich?« blaffte er mich wütend an. Entgeistert lehnte ich mich auf meinem Stuhl zurück.

»Ja toll, dass Du kein Heroin nimmst! Soll ich jetzt dankbar sein? Dass der Sohnemann so schlau ist? Mit Marihuana fängt es an. Egal, was man Dir erzählt. Die wollen Dich doch nur abhängig machen! Deswegen ist es eine Einstiegsdroge. Vielleicht nicht der Wirkstoff, aber das ganze Drumherum. Warum glaubst Du, Herr Schlaumeier, warum es in Deutschland verboten ist?«

»Mama, Du redest so 'nen Mist. In Holland ist es erlaubt und da gibts weniger Drogentote oder Kriminelle als hier.«

»Jetzt redest Du Mist.« Ich geriet in Rage. »Von was willst Du das denn bezahlen, wenn Du schon nicht in die Schule gehst? Machst Du Dir irgendwelche Gedanken über Deine Zukunft?«

Manuel schaute mich mit seinen dunklen schwarzen Augen funkelnd an und schwieg.

»Machst Du Dir irgendwelche Gedanken, was wir hier alles mit Dir aushalten müssen?« funkelte ich zurück. »Hast Du eine Ahnung, wie es ist, ständig zum Direktor gerufen zu werden und zu hören, dass der Sohn ein Störenfried ist? Und nicht nur das. du trägt nichts, null Komma nichts zur Schulfamilie bei. Hätte ja sein können, dass Du in der Musikgruppe bist oder in irgendeiner anderen sinnvollen AG. Aber nein, unser Sohn ist sich dafür ja zu schade und geht lieber Drogen kaufen.« Mittlerweile war ich vom Stuhl aufgesprungen und lief hektisch durch den Raum.

»Marion, lass gut sein«, versuchte Horst mich zu beruhigen. »Ich denke, die Botschaft ist angekommen.«

»Was soll ich gut sein lassen? Es geht doch so nicht weiter! Bin ich denn die Einzige, die hier mal die Sachen auf den Tisch bringt?«

Manuel hielt den Kopf gesenkt, Tränen liefen ihm die Wangen hinunter. Salzige Streifen auf bartloser Haut. Alle schwiegen betreten. Irgendwann stand Manuel auf, brachte seinen Teller in die Küche und murmelte im Gehen: »Mama, Du redest immer so lange, bis ich weinen muss.« Peng. Mein Schuldspruch war gesprochen. Ich ließ mich kraftlos auf meinen Sitz fallen. Ich fühlte mich leer. Was hatte ich falsch gemacht, was konnte ich anders tun? Ich wusste es nicht. Ich wusste es einfach nicht.

Nachdem er das dritte Mal mit Marihuana in der Schule erwischt wurde, schmiss ihn der Internatsleiter raus. Sein Auffanglager war die siebte Klasse Hauptschule in Pinneberg.

Horst ist ein Eigenbrötler, ein Freigeist und ein 'Eigentümler'. Er tat sich schwer mit zwischenmenschlichen Beziehungen, mit Nähe, Kontakt, Austausch. Die Einzige, die seinen Radius betreten durfte, war im Prinzip ich. Natürlich hatten wir immer wieder Gäste auf dem Schiff, doch es konnte durchaus entspannt schieflaufen, und in einigen Situationen fühlte ich mich berufen auszugleichen. Dabei war er in vielen Bereichen unglaublich aufgeschlossen, tolerant, hilfsbereit und ein sehr kluger Gesprächspartner. Todeszone waren seine Hoheitsgebiete. Wenn man die in Frage stellte oder ungebeten eindrang, wurde er ungemütlich. Diese Territorien waren nicht nur menschlicher Art, er wollte in allen Bereichen sein Ding, in das ihm niemand reinredete oder Ansprüche anmeldete. Das betraf sein eigenes Schiff, seinen eigenen Laden, sein eigenes Haus. Sein eigenes Schiff besaß er bereits. Bei Horst kamen nach kurzer Probezeit im Laden Zweifel auf, ob er den Schiffszubehörladen wirklich kaufen sollte. »Kurz vor knapp soll ich den Laden übernehmen. Und dann noch für diesen hohen Preis. Man kann bei Weitem nicht so viel umsetzen, wie er kostet«, lauteten seine Argumente gegen eine Übernahme. »Dann lass es eben. Du muss ihn ja nicht kaufen«, entgegnete ich trocken. Horst wandte sich innerlich. Es war eine Chance, in Hamburg sesshaft zu werden, er kannte die Branche und dennoch ließ ihn etwas zögern. »Ich kann mich umhören, ob es etwas in der Bootsbranche gibt«, bot ich an. »Vielleicht hilft Dir das bei Deiner Entscheidung, wenn Du weißt, dass Du eine Alternative hast.« Kurz darauf erfuhr ich von einem Jobangebot als Verkäufer bei der A.W. Niemeyer GmbH, einem Yacht- und Bootsausrüster. Er nahm die Stelle an, nach einem halben Jahr war die Luft bereits draußen, Horst war einfach kein leichter Angestellter. Von Vorteil war, dass Manuel in der Zeit ein Praktikum dort machte. Ohne Vorfälle, ohne Absenzen. Allerdings kaufte er sich einen Haufen Segelklamotten, die er sich anschreiben ließ und für die später sein Vater zur Kasse gebeten wurde.

Sein Job war weg, sein eigener Laden ließ noch auf sich warten, warum also nicht ein eigenes Haus planen. Er fackelte nicht lange, kaufte einen Baugrund in Pinneberg und fing mit aller Kraft das Planen und Bauen an. Schöner Nebeneffekt war, dass mein Vater viel auf der Baustelle half und auch Manuel sich eine Mark dazu verdiente. Unseren Sohn hielt es allerdings nicht davon ab, weiter Scheiß zu bauen, alle Regeln und Grenzen über Bord zu werfen, um sich frei zu fühlen. Sein bester Kumpel Dennis O. war sein bester Kumpel, weil er die gleiche Schulkarriere hinter sich hatte und ebenfalls ADHS diagnostiziert war. Beide erhielten Ritalin. Manuel von einem renommierten Arzt auf der Rothenbaumchaussee. Er entschied sich allerdings dafür, dass Marihuana ihm besser tat und vertickte sein Ritalin, um sich das Kraut zu kaufen. Meine Grenze war bei Weitem überschritten, als er mir ein teures GPS-Gerät klaute und es an einen Dealer verkaufte bzw. eintauschte. Ich zwang ihn, mit mir zu dem Haus des Dealers zu gehen und es zurückzufordern. Ich drohte entsprechend mit der Polizei, bis ich bekam, was mir gehörte. Es waren überhaupt harte Jahre in Hamburg, bis erst Ronald Schill und anschließend Ole von Beust als Bürgermeister kamen und ordentlich aufräumten. Manuel fuhr grundsätzlich schwarz mit der S-Bahn und wurde ständig erwischt. Wir mussten vierzig DM zahlen. Gespräche über den Vorteil von gekauften Karten schüttelte er ab wie ein Hund das Wasser aus dem Fell. Imaginäre Stimmen anderer Eltern, der Lehrer, der Polizei, meiner Familie überfluteten meinen Kopf und quälten mich: »Du hast alles falsch gemacht, was man falsch machen kann. Sei strenger. Sei konsequenter. Lass ihn, das ist eine Phase. Der Arme kann doch nichts dafür, adoptiert und ADHS! Ihr seid ja auch Vagabunden.« Je stärker die Stimmen tobten, desto mehr liebte ich mein Kind, das gerade das und alles in Frage stellte.

Manuel liebte Autos und natürlich liebte er Mädchen. Chantal, eine Schulkameradin, war eine Sirene und mein

Odysseus trotzte der Geschichte und ließ sich von ihr betören. Einmal brachte sie Manuel den Autoschlüssel von ihrem Nachbarn, der seinen Schlüssel zusammen mit dem Wohnungsschlüssel am Türschloss hängengelassen hatte. Er liebte Autos und ich wusste, dass er das Fahren bereits gut beherrschte. Gemeinsam schlichen sie kichernd und feixend zu dem Objekt der Begierde und Manuel startete den Motor, jetzt musste er ihn nur noch ausparken, um auf dem Highway der Freiheit einen starken Ritt hinzulegen. Zu diesem Zeitpunkt des Vergnügens rechnete er noch nicht damit, dass der Nachbar Lunte gerochen hatte. Bewaffnet mit einem Besenstiel hatte er sich an sein Gefährt nebst Inhalt rangeschlichen, um dann schimpfend und zeternd, um seine menschliche Falle zu rennen und den beiden den Garaus zu machen. Leider war ich bei dieser Szene nicht anwesend. Es hätte mir einen Funken Genugtuung verschafft, die Gesichter der beiden Missetäter zu sehen. Herr Nachbar machte sie ordentlich zur Sau, anders kann man es nicht bezeichnen, und brachte den Fall sogar zur Anzeige, die er allerdings zurückzog, weil er belehrt wurde, nicht darauf geachtet zu haben, dass die Kinder keinen Zugriff auf den Schlüssel haben. Natürlich war ich froh, dass es nicht zu einem Verfahren kam, zu Horst sagte ich in einem intimen Moment, dass es Manuel vielleicht erzieherisch nicht geschadet hätte, und wie absurd es sei, seinen Autoschlüssel vor Nachbarskindern verstecken zu müssen.

Im Hintergrund summte Wilhelm Busch: »Dieses war der erste Streich, doch der zweite folgt sogleich.« Mein Max suchte sich für jede Gelegenheit einen passenden Moritz, der mir nicht immer bekannt war. Auf meinen Schlaf konnte ich mich in der Regel verlassen, ich schlief an allen Orten und Zeiten gut und tief. Eines Nachts flüsterte mir eine innere Stimme resolut zu, aufzuwachen. Bis meine Abwehr aufgab, dauerte es einige Minuten, und als der Schlaf dem Wachsein wich, spürte ich schnell, dass in der Wohnung etwas fehlte. Es war eine andere Ruhe. Ich schlich zu Manuels Zimmer, öffnete leise die Tür und blickte auf ein leeres Bett. Mein Herz sackte nach unten, mein Blutdruck klammerte sich in der Höhe fest. Schnell durchquerte ich das dunkle Zimmer zum Fenster und blickte auf die menschenleere, von den Laternen schummrig beleuchtete Straße. Meine Augen tasteten die parkenden Autos ab bis zu der Lücke, in der unser BMW zuletzt gestanden hatte. »Oh, dieser Idiot!« stampfte ich wütend auf, rannte zu Horst zurück und rüttelte unsanft an seinen Schultern.

»Wach auf! Manuel hat den BMW und ist weg!«

»Lass mich. Ich will schlafen. Der kommt schon wieder!« murmelte er genervt. »Das können wir doch nicht machen. Der ist vierzehn Jahre alt! Wenn er erwischt wird oder einen Unfall baut, sind wir dran.« Ungehalten riss ich die Decke weg.» So ein Blödsinn. Jetzt beruhige Dich mal wieder. Manuel kann Auto fahren. Du baust in Deiner Aufregung nur selbst einen Unfall.« Horst zupfte das Ende der Decke zu sich, igelte sich wieder ein und drehte sich um. »Ich halte das nicht aus. Ich gehe ihn jetzt suchen.«

Wild schlüpfte ich in eine Hose, zog mir eine Jacke an, angelte mir den Opel-Schlüssel aus dem Schüsselkasten am

Eingang und knallte die Tür hinter mir zu. Nur einige Seitenstraßen weiter konnte ich den Übeltäter stellen. Ich erkannte den BMW an seinen Lichtern, versperrte ihnen die Straße und ging zum Auto. Manuel kam freiwillig raus, er wusste, dass seine Stunde geschlagen hatte und seine komplette Körperhaltung und Mimik schaltete auf reuigen Sünder. Meine Angst, dass etwas passiert war, verwandelte sich in tiefrote lodernde Rage und meine Furie riss die Beifahrertür auf, zerrte den Jungen raus, stellte ihn neben Manuel und beide kassierten eine ordentliche Abreibung. Die Straße verwandelte sich in eine Opernbühne, mit jedem Satz meiner Arie leuchtete ein Fenster – mal links mal rechts – auf, Vorhänge wurden beiseitegeschoben, Fenster öffneten sich und ein Trobador, dergestalt als Rentner in Unterhemd, beschwerte sich stimmgewaltig über die Litanei. Das Ende vom Lied war, dass wir den BMW auf der Bühne dieses Dramas stehen ließen, Manuel mit der Schmach, sich von mir im Opel nach Hause fahren lassen zu müssen, den Abgang machte, und sein Freund ums Eck nach Hause schlich. Was für ein unwürdiges Ende. Das es nicht mal war, dem Akt folgte ein weiterer.

Meine Eltern waren zu Besuch und ein obligatorischer Besuch auf dem Hamburger Fischmarkt in Altona stand an. Er war zu einer Touristenattraktion herangewachsen, aber gar nicht schlecht. Die Fischstände, die fangfrische Ware auf Eis drapiert, lockten mit köstlichen Gerüchen. Man schlenderte an Obst und Gemüseständen vorbei, andere boten verschiedenen Tand, und in der benachbarten Fischauktionshalle spielten Jazz und Rockbands. Ein frühmorgendlicher

Ausflug, der uns das Meer wieder näherbrachte und von dem wir immer wohlgenährt und gutlaunig zurückkamen. An diesem Morgen machten wir uns Dank Manuel erst mal übellaunig auf den Weg, denn er hatte die Nacht wieder mal ohne Erlaubnis aushäusig verbracht, und nicht nur das, er war auch noch mit dem BMW unterwegs gewesen. Dumm, dass er morgens um sechs Uhr von seinem Nachttrip nach Hause kam und überrascht vier fragende Gesichter im Hausgang vorfand. Horst und ich schossen direkt mit Vorwürfen auf ihn, mein Vater versuchte zu vermitteln, doch ich war es leid. Unerbittlich zerrte ich ihn trotz seiner sichtbar abgekämpften Statur und Müdigkeit mit auf den Fischmarkt.

Auch die Gutmütigkeit meiner Eltern nutzte Manuel hin und wieder aus. Horst und ich waren gemeinsam auf der jährlichen Bootsmesse in Düsseldorf, meine Eltern bezogen bei uns zu Hause Stellung. Nun konnte ich nicht von ihnen verlangen, eine Tag- und Nachtwache einzurichten. Jedenfalls büxte Manuel nächtens mit fünf Freunden aus, enterte den BMW und fuhr ihn prompt in einen Graben. Unerfahren wie er war, versuchte er mit durchgedrücktem Gas sich aus der misslichen Lage zu befreien, machte dadurch nur einen Mordsradau, was Leute aus der Umgebung auf den Plan rief. Die alarmierten die Polizei und alle sechs ergriffen mit der Ankündigung durch das Blaulicht die Flucht. Die Polizei ermittelte über das Kennzeichen unsere Adresse und stand mitten in der Nacht vor einem verschlafenen Ehepaar im Morgenmantel, die völlig schockiert die Nachricht entgegennahmen. Sie fanden die Mitteilung auch durch sein leeres Bett bestätigt. Da sie sich nicht anders zu helfen wussten, riefen sie uns an. Als wir am folgenden Morgen zu Hause eintrafen, war Manuel noch nicht da, weiß der Geier, wo er sich verkrümelt hatte. Mein Vater und ich fuhren zu dem BMW und zogen ihn aus dem Graben. Später mussten wir uns mit Manuel auf der Polizeistation in Pinneberg melden. Der zuständige Polizist kannte uns bereits durch einen Vorfall in der Schule, bei dem Manuel als Zeuge, wegen eines gestohlenen Handys, aussagen musste. Im Laufe dieses Treffens hatten wir einen entspannten Umgang miteinander gefunden, der auf einer gegenseitigen Sympathie beruhte. Da ich an der Schreibmaschine flinker war als er, überließ er mir das Aufnehmen des Protokolls und übernahm dafür die Standpauke an Manuel. Er redete auf ihn freundlich, aber bestimmt ein, ob er wüsste, was er mir damit antat, da ich doch so eine nette Mutter wäre. Ich ließ ihn gewähren, obschon ich wusste, dass Manuel sich durchaus darüber im Klaren war, wie sehr ich litt, dass er selbst jedoch keine Macht hatte, gegen diesen starken inneren Impuls anzukommen. Es kam zu einer Gerichtsverhandlung, bei der er zu vierzig Stunden Sozialdienst auf dem Friedhof verdonnert wurde.

2002 beendete Manuel die achte Klasse ohne den Quali, weil er durch die vielen Fehlstunden nicht zugelassen wurde. Der Rektor empfahl uns das Programm »Schule & Lehre«, zu dem angeblich alle zugelassen wurden, nur Manuel nicht. Es war zum Verrücktwerden. Eine Lösung musste her. Zurück nach Bayern ziehen? Ich hatte nichts dagegen. Felix, ein Freund aus alten Tagen, machte zufällig bei uns eine Stippvisite, hörte sich unser Jammern und Hadern an, bis er dem Ganzen ein Ende setzte und vorschlug, eine Zeitarbeitsfirma in München zu eröffnen. Er betreute ein Franchiseprogramm, das in den Markt strebte und Niederlassungsleiter in größeren Städten suchte. Das klang verlockend. Nicht so sehr für mich, doch traute ich es meinem Mann mit seinem Streben nach Unabhängigkeit und Erfolg zu. Bayern schien für mich der Sehnsuchtsort zur Lösung all unserer Probleme. Ich schaute ihn auffordernd erwartungsvoll an. Er hatte vom Personalmarkt keinen blassen Schimmer, was kein Hinderungsgrund sei – laut Felix. Horst willigte ein und brach kurze Zeit später nach München auf. Ich musste kündigen, den Hausstand auflösen, das Haus verkaufen und wieder mal Kisten packen.

Reifezeiten

Im Mai 2003 zogen wir nach Bayern zurück. Manuels Bedingung war Penzberg, also kauften wir von dem Erlös unseres Hauses in Pinneberg eine Doppelhaushälfte in unserer bayerischen Heimat. Manuel und ich blühten auf, ich war so glücklich, Gretchen und Pletchen auf der Straße ratschen zu hören, ich liebte die Mundart und merkte, wie sehr ich sie vermisst hatte. Aus jedem Fenster sah ich die Berge, das Grün der Almen, die in mir Geborgenheit und Schutz auslösten. Leider hatten wir einen Erbsenzähler als Nachbarn. Ich konnte das relativ gut ignorieren, doch Horst brachte der erhobene Zeigefinger zur Weißglut. Wir hatten gemeinsam eine Doppelgarage. Wenn nun ein Päckchenfahrer kam und im fliegenden Wechsel von Lieferung und Unterschrift schräg dahinter parkte, dauerte es keine dreißig Sekunden, bis

Herr »Ich-sorge-für-die-Einhaltung-von-Recht-und-Ordnung-und-fühle-mich-ganz-wichtig-dabei« auf der Bildfläche erschien und moralinsauer daraufhin wies, man möge sich doch an die Regeln, an Anstand und Sitte halten. Horst drehte am Rad, und war der Reifen abgefahren, platzte er, und es pfiffen messerscharfe Wortgeschosse über den Zaun.

Untätigkeit war für mich schwer auszuhalten, weshalb ich meine Sattlerei wieder aufmachte und nebenher Bootselektronik verkaufte. Die Branche war mir inzwischen vertraut, ich bewegte mich sicher und mit Freude, denn die Entwicklungen in der Technik waren spannend und die Menschen boten erstaunliche und dienliche Kontakte, so dass es unsinnige Verschwendung von Ressourcen gewesen wäre, hätte ich diesen fruchtbaren Boden ungenutzt gelassen. Ich firmierte wieder unter dem Namen Waypoint und legte den geschäftlichen Schwerpunkt auf Navigationselektronik. Horst indessen eröffnete seine Firma unter Lehmann Zeitarbeit, hatte umgehend vier Angestellte und vermittelte Personal. Mit einem Geschäftsführer und meinem Betriebswirtin des Handwerks hatten wir die Möglichkeit, kaufmännisch auszubilden. Was für eine Erleichterung, unserem schulisch in Not geratenen Sohn eine Lehrstelle zu verschaffen. Was wir sofort in die Wege leiteten.

Ab September 2003 bildete Horst seinen eigenen Sohn als Büro- und Kommunikationskaufmann aus. Wer hätte das gedacht. Manuel hatte seine Drogenzeit hinter sich gelassen. Eines Tages kam er nach Hause und verkündete freimütig, dass er den letzten Trip nicht vertragen habe. Halluzinationen hätten ihn in Angst und Schrecken versetzt, so eindrücklich real, dass er ab dem Zeitpunkt abrupt den Konsum einstellte. Völlig verblüfft registrierte ich den Sinneswandel, hielt aber geflissentlich den Mund und schickte demütige Dankeshymnen ins Universum.

Morgens schälten sich zwei müde Männer aus den Betten, trotteten durch die Küche, schlürften ihren Kaffee, setzten sich schweigsam ins Auto Richtung München, und ich hoffte, dass sie spätestens in der Lindwurmstraße, wo sich das Büro befand, ihre Sprache wiedergefunden hatten. Horst biss die Zähne zusammen und war für seine Verhältnisse sehr geduldig. Die Berufsschule bewältigte Manuel mit Ach und Krach, wie nicht anders erwartet. Bei einem anderen Arbeitgeber wäre er wahrscheinlich rausgeflogen, doch Horst kämpfte sich mit ihm durch.

Manuel nahm seine Freundschaft zu Christian wieder auf. Gemeinsam entdeckten sie ihre Leidenschaft für das Musikmachen. Es entstanden Texte, aus denen sie einen Sprechgesang mit Musik vom Band gestalteten. Hier erlebte ich Manuel kraftvoll. Sein rebellisches Ich hatte ihn die letzten Jahre stark dominiert und ihn immer wieder in einen zerstörerischen Raum gezerrt. Die Musik brach ihn auf, schaffte etwas Lebendiges, wenngleich die Texte die alten Erfahrungen sichtbar machten. Sie organisierten einen Gig in der Stadthalle von Penzberg, bei dem mit ihnen weitere Hip Hop Bands auftraten.

Als Eltern dachten wir, unserem Sohn die Aufwartung machen zu müssen, alles andere hätten wir als pädagogische Ignoranz aufgefasst. Wir standen am Rande einer Menge wippender, schwitzender, grölender Sechzehnjähriger, die

Musik ohrenbetäubend laut, ich strengte mich an, ein Rhythmusgefühl herauszuhören. Bei den Texten gab ich schnell auf. Totalausfall. Die Musiker sprangen vornübergebeugt über die Bühne und stocherten mit ihren Armen zu den vorwurfsvollen Lauten, die aus ihren Kehlen kamen, Richtung Publikum. Keiner nahm ihnen das übel, im Gegenteil, jeder fühlte sich als Verbündeter und nickte zustimmend im Takt. Irgendwann strömte in die für mich erlebte musikalische Hektik ein Gefühl des Stolzes, der Zuversicht und der Freude an Manuels Engagement, die jungen Menschen an diesem Ort zu versammeln und mit ihnen Spaß zu haben. Ihm selbst war unsere Anwesenheit sichtlich peinlich und er ließ sich von der Menge verschlucken. Überhaupt erschien er nicht als der Draufgänger, für den wir ihn hielten, sondern bewegte sich im Hintergrund und zog dort die Fäden.

In dieser Zeit ließ Manuel sich ein Tattoo stechen. Natürlich ohne Rücksprache mit uns, weil ich versucht hätte, es ihm auszureden. Meine altmodische Seite, ich hielt nichts von der Körperbemalung, die in der Regel aus uninspirierenden Prints bestand. Letztendlich prangte auf seiner Brust ein blumiges Geschnörkel mit zwei chinesischen Schriftzeichen, deren Bedeutung er mir nicht erklären konnte oder wollte. Später fand ich heraus, dass es etwas mit »Musik spielen« und der »Seele« zu tun hat. Es war sein Wunsch, dort eine Heimat zu finden, auf dem rechten Fleck an seiner Brust, sein Stolz, seine Würde, wie nah er sich dort gekommen war. Er hatte die Bereitschaft, dafür zu leiden, zu leben; Momente des tiefen Glücks, der Zufriedenheit, der Bestimmung zu erfahren.

In der logischen Konsequenz der Selbstverstümmelung kam als nächstes ein Nasenpiercing im rechten Nasenflügel. Mein Sohn ließ da nichts aus. Ich musste fast schon lachen, so seltsam empfand ich es, dass ein kultivierter Mitteleuropäer Körperschmuck von Ureinwohnern trug. In der Geschichte der Menschheit fand alles eine Wiederholung, bis dasjenige durch besondere Umstände in ein Zeitloch der Vergessenheit geriet, aus dem es neu geboren wurde. Nun gut, ich war machtlos, ein Sechszehnjähriger bekommt ein Piercing, wenn er es sich in den Kopf gesetzt hat, Volljährigkeit hin oder her.

Bei all diesen Erfahrungen, die er machte und mir voraushatte, ihn auf seltsame Weise erwachsen erscheinen ließen, fragte ich mich, wie sein Verhältnis zu Frauen aussah. Mädchen begleiteten ihn von klein auf, er kannte keine Scheu, mit ihnen Zeit zu verbringen. Jemanden an seinem Gefühlsleben teilhaben zu lassen, seine intimen Verletzungen, seine Körperlichkeit zu offenbaren, waren aus Sicht der Mutter schier unüberwindbare Hürden. Wer weiß, vielleicht geisterte in der Symbiose von Gehirn und Hoden eines Sechszehnjährigen erstmal nur das Vögeln, wie es der Volksmund, Film und Fernsehen uns weismachen. Ich war mir nicht sicher, Manuel erschien mir als ein sehr empfindsamer Mann, der sich auf allen Ebenen nach Streicheleinheiten und vollkommener Annahme sehnte. Mit der Ausbildung veränderte sich etwas, nicht greifbar, vielmehr spürbar. Er war nicht mehr ein kindischer Rebell, sondern ein heranwachsender Sturkopf, er war nicht mehr anhänglicher Quälgeist, sondern wortgewandter Verführer.

Das erste Mädchen, das er mit nach Hause brachte, war Lisa. Lisa war eine bildschöne, zarte Gymnasiastin und Nachbarin von Matze, einem Freund, den Manuel durch seinen Namensvetter und ehemaligen Kindergartenfreund Manuel kennengelernt hatte. Sie flirteten bereits seit einem Vierteljahr, bis Manuel sich entschloss, ihr Einlass in seine Trutzburg zu gewähren, in der sich ein anderes Leben abspielte als jenes, das er in der Welt fern der Saalangerstraße vorgab. Wir durften spärlich Kontakt zu ihr aufnehmen. Sie übernachtete bei uns, was mich bei ihren gerade mal vierzehn Lenzen wunderte. Sie selbst schien darüber ebenfalls erstaunt, so wie sie ins Haus huschte, huschte sie wieder raus, eine Elfe, der es unangenehm war, Aufsehen zu erregen. Die Sorge hätte ich ihr gerne erspart, ich fand sie auf Anhieb sympathisch und hoffte, dass ihr kluges Wesen einen guten Einfluss auf Manuel ausübte. Vielmehr wünschte ich, dass er es nicht verbockte und ihr weh tat. Zu diesem Zeitpunkt nahm ich, nicht greifbar, ein diffuses dunkles Licht wahr, das die Beziehung in der Ferne umhüllte.

Manuel liebte Autos, gerne verbunden mit einem Statussymbol, etwa in Form eines Sterns, drei Ringen oder eines Rautenmusters, viel PS und Soundmaschinen mit Kawumms. Sollten diese Voraussetzungen nicht gegeben sein, war ihm jedes andere Gefährt genauso recht, das ihm die Aussicht auf Freiheit und kontrollierter Macht verlieh. Die Aussicht per Gesetz die Erlaubnis zu haben, zu jeder Tages- und Nachtzeit ein Fahrzeug zu steuern, hätte reichen sollen, ein Höchstmaß an Engagement aufzubringen, um die Führerscheinprüfung zu bestehen. Nicht so bei Manuel. Er flog zweimal durch, bis er beim dritten Anlauf bestand. Den Führerschein bekam er dennoch nicht, weil er beim Schwarzfahren erwischt worden war. So konnte er sich selbst seinen sehnlichsten Wunsch, an seinem achtzehnten Geburtstag Auto zu fahren, nicht erfüllen und ging stattdessen mit uns und Lisa auf ein Vanessa Mae Konzert. Doch was scherte meinen Häuptling das Gesetz. Als er offiziell fahren durfte, fuhr er eine Leuchtreklame um und haute ab. Dann plagte ihn das schlechte Gewissen und er fuhr wieder zurück. Dummerweise erwartete ihn am Tatort bereits die Polizei, die für sein Geständnis kein Verständnis hatte, unerlaubtes Entfernen ist und bleibt unerlaubtes Entfernen. Also war der Führerschein wieder ein halbes Jahr weg. Das wiederum interessierte Manuel nicht, dann fuhr er eben ohne Fahrerlaubnis. Und eines Abends passierte, was kommen musste. Er und Lisa waren gemeinsam unterwegs, als ihn die Polizei anhalten wollte. Manuel gab Gas und ergriff die Flucht. Ein gefundenes Fressen für die gelangweilte Wolfratshauser Verkehrspolizei, um deren Örtlichkeit eine wilde Verfolgungsjagd stattfand. Weiß der Geier was in dem Auto stattfand, Lisa schrie wahrscheinlich wie am Spieß, Manuel war mit Adrenalin durchflutet und landete irgendwann in einem Graben. Bei der folgenden Gerichtsverhandlung mussten beide aussagen. Manuel machte das erstaunlich routiniert und nahm das Urteil schweigend hin. Ein Jahr Führerscheinentzug und Ablegen des MPU-Tests, die medizinisch-psychologische Untersuchung zur Überprüfung der Fahreignung – im Volksmund auch »Idiotentest« genannt. Ja, Horst und ich waren mal wieder frustriert, Manuel schüttelte das Ganze ab wie ein junger

Hund das Wasser aus dem Fell und stieg wieder ins Auto. Von wem er das nur hatte? Lisa war betroffen und schwieg.

Manuel hatte sich als Regisseur seines Lebens für das Drama entschieden, was er mit großer Konsequenz inszenierte. Es gab keinen Bereich, in dem er dem Genre nicht treu blieb und es zelebrierte. Die Schulkarriere ist hinlänglich beschrieben, bleibt zur Vervollständigung, dass er die Lehre mit Hängen und Würgen bestand. Aber immerhin. Ich meine, das kostete uns eine Menge Überzeugungsarbeit. Ein Jahr vor Abschluss der Lehre war Manuel der Meinung, eine Musikkarriere wäre genau das Richtige für ihn. Christian und er beschlossen, gemeinsam eine Art Tonstudio zu betreiben, in dem sie Stücke aufnahmen und Videos produzierten. Eine Lagerhalle im Randgebiet von München, in der sie auf alten Garnituren rumlümmelten und ein kleiner schallgedämmter Raum mit der Aura großer Träume. Sie waren jung, sie waren überzeugt, auf dem richtigen Weg zu sein.

Für den Mai 2006 planten sie eine große Musikveranstaltung. Zur Organisation und für die Werbekosten nahmen sie bei Horst einen hohen Kredit auf. Meine Sorge wuchs wie Unkraut, das man vehement aus dem Bodenreich kratzte. Lästig und schnell wucherte das Grünzeug unerbittlich nach und überdeckte das Schöne, das sich zart der Herrschaft unterwarf. Manuel wollte die Lehre in der Euphorie bereits hinschmeißen. Doch Horst vereinbarte mit ihm einen Deal, den Erfolg der Musikveranstaltung abzuwarten. Stellte er sich ein, konnte er abbrechen, andernfalls machte er den Abschluss.

Das Ganze endete in einem Desaster und verwandelte sich in eine Hydra. Bei tausend erwarteten Gästen standen dreißig Leute verloren in der Halle. Das elektronische Gerät zum Zählen der Gäste, ein unabdingbares Messinstrument ihres Erfolgs, ging leer aus. Pure Verzweiflung. Die auch ich spürte; gedämpft von dem Teil, der erleichtert war, stand dem Ausbildungsabschluss damit nichts mehr im Weg. Das Zarte und Schöne der Musik im Herzen Manuels war der Schlange erlegen. Was musste dieser Junge nur sühnen, vor solch schwere Aufgaben im Leben gestellt zu werden, die ich nicht sah, und wenn ich sie gesehen hätte, aus dem Weg geräumt hätte. Doch weder er noch ich hatten göttliches Blut, waren zu Helden geboren wie Herkules, sondern mussten als Menschen dieses Schicksal annehmen lernen.

Im Februar 2007 machte er die Prüfung und hatte zumindest die Kapitel Schule & Lehre abgeschlossen.

Auszeit in Afrika

Der Jahreswechsel stand an. Trübe Nebeldecken legten sich über die Landschaft und hüllten uns in ihre feuchtkalte Kluft, die uns träge und müde machte. Einzelne Meisen und Spatzen besuchten unsere Fensterbretter, pickten und scharten nach den letzten Krumen, die das Herbstlaub nicht verschluckt hatte. Arkos trottete gemütlich an meiner Seite, er fand den kühlen Hauch, der sich an seinem Fell festkrallte, angenehm, seine Nase schnaufte und buddelte feuchte Hundeträume zu Tage, er schaute gar nicht erst in die Höhe.

Ich bereitete mich auf die „boot" im Januar vor. Meine Aufgabe war es, am Garmin Stand GPS-Geräte für die Seefahrt zu beraten und zu verkaufen, und ihre Marke als führenden Brand im Segelsportbereich zu positionieren. Bei einigen Messen in Hamburg und Friedrichshafen konzipierte und organisierte ich sogar selbst den kompletten Messeauftritt und Stand. Die „boot" war die wichtigste internationale Wassersportmesse in Düsseldorf, auf der ich, neben Geschäftsterminen, Freunde und Bekannte traf. Horst stieß in der Regel für ein paar Tage dazu, um sich neue Schiffe und technische Entwicklungen anzuschauen und Ersatzteile zu kaufen. Die Routine stand mir zuverlässig zur Seite, so dass notwendige Messebesuche und organisatorische Belange zum Verkauf der Navigationsgeräte nach nur wenigen Telefonaten in trockenen Tüchern lagen.

Horst und Manuel kümmerten sich um ihre Firma, in der es saisonal ruhiger wurde, da alleine die Baubranche wetterbedingt kürzertrat. Die Kundenpflege fiel in Horsts Aufgabenbereich, Manuel betreute die Zeitarbeiter, die er zu den Einsatzorten fuhr und recherchierte Käufe für die Firmenflotte. Ein Tummelplatz für seine motorisierte Leidenschaft, auf dem er keiner Marke die Treue versprach, sondern nach Lust und Laune Querbeet durch alle Marken ein Objekt der Begierde auswählte. Einen Kia, einen Golf mit Gasantrieb, einen Passat Kombi oder meinen privaten Cabrio Beetle, ein geheimer Wunschlisten-Favorit.

Dann kam die Einladung von Felix, der uns nach Kapstadt einlud, wo er mit seiner Frau Claudia und den gemeinsamen zwei Kindern halbjährig lebte. Horst hatte ihn 1988 auf einer Messe in München kennengelernt. Felix war Unternehmensberater, ein geselliger Mensch, mit dem man wunderbar reden und diskutieren konnte. Dass ihn Horst damals spontan zu uns in die Marina nach Italien einlud, war für meinen in sozialen Kontakten zurückhaltenden und spröden Mann eine Auszeichnung. Also für Horst, nicht für Felix, den das gar nicht juckte. Er kam auch prompt mit seiner damaligen Partnerin Fee, woraus sich eine langjährige Freundschaft entwickelte. Die beiden waren unserem kleinen Schlawuzi Manuel sehr zugetan und schlenderten mit ihm stundenlang durch den Hafen, während Horst und ich arbeiteten. Felix und Fee trennten sich im Laufe der Jahre, und wie es oft der Fall ist, verliert man als Freunde damit den Partner, der nicht der beziehungsspendende Teil war. Als Felix Claudia kennenlernte und mit ihr zwei Kinder bekam, freuten wir uns sehr für ihn. Er war es auch, der Horst das Franchise System mit der Zeitarbeitsfirma empfahl, wofür wir ihm sehr dankbar waren. Eine Freundschaft, die so völlig im Lot war.

Warum Afrika nicht eines meiner beliebten Reiseländer wurde, konnte ich mir selbst nicht erklären, es war ein Gefühl, das mich mit diesem Kontinent keine Verbindung aufnehmen ließ. Wahrscheinlich war ich in früheren Leben schon so oft dort gewesen, dass mich nun meine Erfahrungen woanders suchen ließen. Aber jetzt, wo Felix uns einlud, zwei Wochen Deutschland mit der eintönigen, nebelfeuchten Kälte in einem Loch aus Langeweile zu entkommen, sprach nichts dagegen, nach Südafrika zu reisen. Karg lagen die krümeligen Reste des Frühstücks auf unseren Brettchen und wir huschten durch die Blätter der Sonntagsausgabe, als ich Horst vorschlug, der Einladung von Felix zu folgen. Ich hatte bereits die Garden Tour von Kapstadt nach Port Elisabeth im Internet recherchiert. Die Garden Route liegt in der südlichsten Region des Landes und ist der perfekte Ort für einen Roadtrip als Selbstfahrer. Im Gegensatz zum eher braunen Norden des Landes ist die Natur deutlich grüner, saftiger und farbenfroher. Hohe Berge, raue Küsten, kilometerlange Strände, wilde Tiere und das türkisblaue Meer im Blick. Die inoffizielle Tour von Kapstadt aus – und nicht von Port Elizabeth nach Mossel Bay – beträgt um die 800 Kilometer mit dem Auto. Schien mir machbar, wusste ich doch, dass wir spontan unsere eigene Route reisen würden. Horst nickte ab und ich buchte die Flüge. Manuel klinkte sich aus, reines Sightseeing war nicht sein Ding und er versprach uns, die Stellung zu Hause und in der Firma zu halten.

Die Feiertage verbrachten wir gemütlich mit meinen Eltern in Penzberg. Manuel brauchte keine großelterliche Überwachung mehr, dennoch blieben sie in Bayern, ihnen gefiel der Tapetenwechsel, meine Mutter kochte immer noch gerne für ihren Enkel, wenn er denn mal da war, und sie kümmerten sich um Arkos.

Mit dem Duft von Braten, Plätzchen und Weihrauch im Haar und an der Kleidung, fuhr Manuel uns zum Flughafen. Er schloss seine Arme um mich und ich legte mich für einen kurzen Augenblick in seine Liebkosung. Mein Sohn war nicht groß, hatte mich aber mittlerweile eingeholt. Ich gab ihm einen Kuss und flüsterte: »Pass auf Dich auf!« Worauf er knapp zurückgab: »Das macht ihr mal besser. Nicht dass ihr mir in der südafrikanischen Wildnis verloren geht.« Grinste mich breit an, stieg ins Auto und fuhr aus der Kurzparkzone raus.

Der Flug war ruhig, wir dösten, hingen unseren Gedanken nach. Kurz vor der Landung breitete sich die Hauptstadt unter uns aus. Horst nah an meiner Seite, teilten wir uns den Blick – Wange an Wange – und sahen aus dem Fenster auf den mächtigen felsigen Tafelberg, vor dem sich eine weiße Häuserlandschaft, durchzogen von begrünten Straßenfugen, in Richtung Meer erstreckte.

Felix begrüßte uns lachend und winkend am Ausgang. Willig ließ ich mich in seine herzliche Umarmung schließen, müde und gerührt, mit so viel freundlicher Wärme empfangen zu werden. Draußen waren es angenehme 25 Grad, mein Verstand wusste zwar, dass er sich in Südafrika befand, mein inneres Ich aber drehte sich schwindelig im Kreis und brauchte noch ein wenig Zeit und Bilder, um sich zu entspannen. Ganz ohne Jetlag-Einbußen, die dank der gleichen Zeitzone nicht zu befürchten waren.

Wir verbrachten Silvester mit den beiden und besuchten ein Konzert von Musikern, die auf Instrumenten, die sie aus Schrott angefertigt hatten, spielten. Eine Stunde konnte ich mir das gut anhören, nach zwei Stunden mit ähnlichen Rhythmen ging es mir auf die Nerven, jedenfalls versetzte es mich nicht in eine ekstatische Silvester Trance.

Zurück in Felix' Haus, fielen Horst und ich müde ins Bett, ich kuschelte mich an ihn, dankbar, dass ich das alles erleben durfte und 13.000 km weiter nördlich unser Sohn war, mit dem ich mich verbunden fühlte und den ich zutiefst liebte. Den Neujahrstag verbrachten wir mit Felix und Claudia und deren Freunden bei einem Picknick am Strand. Es war extrem windig. Dennoch erschien es mir nicht als das perfekte

Segel-Revier, das Wasser in der Gegend war zu wild für meinen Geschmack. Horst und ich lagen relaxed auf unserer Decke. Über uns hingen dicke Gedankenblasen. Ich wagte einen Blick in Horst's Gedankenwelt und natürlich war er damit beschäftigt, ein Schiff durch das aufgebrachte Meer zu navigieren. Der alte Seebär.

Zwei Tage labten wir uns noch gesellig am Tisch unserer Freunde, dann stiegen wir in unseren gemieteten Camper. Die Tour begann. Sie begann auf der Stadtautobahn, die uns aus Kapstadt führte, an deren Leitplanken sich kilometerlange Wellblechhütten reihten, deren Bewohner bei einem nachbarschaftlichen Besuch völlig unbedarft und selbstverständlich über die Autobahn sprangen. Es riss mich jedes Mal aus meinem Autositz, angespannt warnten wir uns gegenseitig, sobald wir fürchteten, einer der Menschen, geschweige denn der Kinder, könnte plötzlich vor uns die Straße queren. Obwohl wir neugierig waren, fuhren wir nicht direkt in die Slums. Ähnlich wie bei einem Besuch der Reeperbahn in Hamburg, ohne zahlender Gast zu sein, wären wir uns wie Voyeure vorgekommen, chancenlos etwas zum Wohl der Menschen vor Ort beizutragen.

So fuhren wir weiter, bis wir zu einem Campingplatz kamen, auf dem wir uns einmieten wollten. Dort erfuhren wir, dass alle Plätze seit einem Jahr im Voraus ausgebucht seien. Ungläubig schüttelte ich den Kopf, ich sah weit und breit leere Flächen. Horst parkte den Camper vor dem Eingang, stellte unsere Klappstühle auf, und gemeinsam machten wir erstmal Brotzeit. Revolution! Sitzblockade! Wir kamen uns vor wie lungernde Hippies, die nichts Besseres im Sinn hatten, als andere Leute zu ärgern, nur weil wir uns selbst ärgerten.

Nach ein paar Stunden winkte uns der Wächter aus seinem Häuschen zu sich her, öffnete den Schlagbaum und wies uns einen der leeren Plätze zu. Heilfroh, dass wir nicht gleich umgedreht waren, rollten wir auf unsere Stellfläche. Zu diesem Zeitpunkt folgten wir noch dem Rat anderer Afrikareisender und auch Felix, auf einem bewachten Gelände zu campieren. Diese Sorge verloren wir angesichts der nervenden Umstände der Vorreservierungen auf den Campingplätzen allerdings schnell. Wie bei den Hotelliegen, die mit einem Handtuch von Gästen drohend markiert werden, während sie sich am Strand oder sonst wo befanden. Jedenfalls übernachteten wir nach ein paar Tagen nach Lust und Laune in der südafrikanischen Buschsavanne oder auf den sich im Norden der Garden Route angrenzenden Outeniqua Bergzuges im Vertrauen darauf, nicht gelyncht, gemeuchelt oder ausgeraubt zu werden. Das klappte ausgesprochen gut. Wir erlebten keinen offenen Rassismus, zumindest nicht wie wir ihn bis dato von den Weißen gegenüber den Schwarzen kannten.

Bei der Überquerung des Montagu Passes mussten wir immer wieder anhalten, weil große Landschildkröten bewegliche, sehr langsam bewegliche Hindernisse darstellten. Ich stürzte jedes Mal nach draußen, weil ich sie so gemütlich und süß fand.

Beim Verlassen der Bergregion fuhren wir abends auf der Suche nach einem Platz zum Übernachten an einer Farm vorbei. Wir waren in den Bergen bereits seit mehreren Tagen ohne richtige Waschgelegenheit unterwegs Wir beschlossen, den Farmer zu fragen, ob wir auf seinem Gelände übernachten könnten. Der Farmer und seine Frau waren weiße Südafrikaner, mit kolonialen holländischen Wurzeln. Sie waren sichtlich überrascht, dass zwei Deutsche plötzlich an ihrer Tür läuteten und darum baten, auf ihrem Gelände mit dem Camper übernachten zu dürfen. Spontan luden sie uns ein, bei ihnen im Gästezimmer zu übernachten. Er hatte gerade auch seinen Bruder, ein Professor der Psychologie an der Universität in Johannisburg zu Besuch und freute sich, uns zu einem gemeinsamen Abendessen einzuladen. Beim Essen kamen wir auf die Apartheid, die erst 1994 beendet wurde, zu sprechen. Er beschrieb uns einen umgekehrten Rassismus, der dazu führte, dass sich viele Weiße überlegten auszuwandern. »Es ist gar nicht so einfach hinzunehmen, dass das Land, das Du als Deine Heimat kennst, das Du liebst, in dem Du leben und Deine Kinder zur Welt bringen möchtest, Dich nicht mehr will«, sinnierte er traurig. »Es ist eine beschissene Geschichte. So verstrickt, ich weiß nicht, wie wir uns jemals daraus befreien können. Die gesamte Welt denkt noch immer, dass wir der schwarzen Bevölkerung keine wirtschaftliche und gesellschaftliche Teilhabe in Südafrika ermöglichen.« Betroffen schwiegen wir einen Moment. »Schwierig«, setzte ich an. »Horst und ich segeln seit Jahrzehnten und reisen sehr viel. Wir haben bisher fast ausschließlich ein freundliches Miteinander-Auskommen erlebt. Klar, mag man mal den einen mehr, den anderen weniger, das hieß aber nie, dass man jemandem etwas neidete, Übel nahm oder ausschloss. Interessanterweise verhält es sich dort, wo wir uns niederlassen, wo wir uns ein Stück Recht auf Heimat wünschen, anders, denn auch wir in Bayern haben mit unserem Sohn hin und wieder Rassismus zu spüren bekommen.« Ich ließ den Rotwein im Glas kreisen. Der Farmer schnalzte kurz und schüttelte den Kopf: »Vielleicht hatte Darwin ja recht. Der Stärkere setzt sich durch. Vielleicht ist das einfach im Menschen zu fest verankert. Was wir lernen müssen, ist nicht, den Schwachen zu beherrschen oder auszunutzen, sondern für ihn gut zu sorgen. Unabhängig von Rassen, Ethnien oder Religionen. Aber setz das mal um. Welche zuverlässigen Arbeiter bekommst du hier? Keine!«

Horst zog hinter seinen dicken Brillengläsern die Augenbrauen hoch und schaute ihn mit Bedauern an: »Diese Theorie ist ja nicht neu, aber dazu braucht es an anderen Stellen weniger Machenschaften und Korruption.«

»Mag sein, das ist aber nicht alles. Es fehlt die Einstellung, die Haltung. Der Bruder erzählte von seinen Erfahrungen an der Universität. Die meisten seiner Studenten sind Weiße. Es ist heute kein Problem mehr, dass Schwarze studieren, aber sie tun es noch viel zu wenig. Die Familien lassen es nicht zu, weil Geld und soziale Standards zu unterschiedlich sind. Da braucht es Zeit und die richtigen Leute, um Brücken zu bauen und eine friedliche Koexistenz zu ermöglichen.

»Mich regt der ganze Rassismus-Scheiß auf. Das ist so was von unnötig, wir müssen das endlich hinter uns lassen. Mich nervt das schon, wenn unser Sohn Manuel damit anfängt, wenn er so hellhörig und dünnhäutig ist und blöde Bemerkungen ernst nimmt.«

»Heute werden wir das Problem nicht mehr lösen.« Der Farmer wollte offensichtlich das Thema wechseln.

Seine Frau fragte uns nach unseren weiteren Reiseplänen. Wir erzählten Ihnen, dass keinen festen Plan hatten, außer dass wir die Garden Route entlangfahren wollten. In Port Elisabeth hatten wir unsere Route dann in die Outeniqua Berge mit unserem 4-Rad-Camper ausgeweitet. Sie waren verwundert, dass man ohne eine festgelegte Route mit festen Buchungen einfach drauflosfährt. Bei ihnen in Südafrika würde immer alles bis aufs Detail geplant und vorgebucht sein. Das erklärte auch die vorbestellten ausgebuchten Campingplätze.

Es war spät geworden, am nächsten Morgen wollten wir früh los. Der Farmer hatte uns angeboten, dass einer seiner Mitarbeiter uns mit auf eine Safari nahm. Mit einem Schluck nahmen wir den Rest Rotwein aus unseren Gläsern und gingen auf unser Zimmer.

Die Morgendämmerung weckte uns mit vereinzelten Tierlauten. Mein Schlaf war nicht tief gewesen, der Wein hatte mich zwar kurz in eine Traumschlucht gezogen, doch meine innere Uhr, deren Laufwerk mit der Vorfreude und Neugierde schneller tickte, hatte mich früh wieder rausgeholt. Mit dem offenen Jeep fuhren wir eine längere Zeit auf Feldwegen im Busch entlang, um nach Tieren Ausschau zu halten. Als endlich eine Elefantenherde auftauchte, mussten wir still auf unseren Plätzen verharren, damit er möglichst nah an sie ranfahren konnte, ohne sie aufzuscheuchen. Das

Zusammenspiel aus freier Natur, diesen grauen Riesen in der Weite der Landschaft ohne einen schützenden Zaun zwischen uns, setzte enormes Adrenalin frei. Still betrachteten wir das friedliche Grasen, das liebevolle Zupfen und Streichen mit dem Rüssel an den Flanken der anderen, das unbeholfene tapsige Tollen der Kleinen und waren gerührt über diese besonderen Geschöpfe in ihrem natürlichen Habitat.

Durch ein Fernglas konnten wir an einem Wasserplatz Gnus und Antilopen sichten, mit deren Leben ich nicht tauschen wollte. Man sah die Anspannung in den Sehnen und Muskeln, wenn sie sich zwischen den gespreizten Vorderläufen zum Wasser beugten. Nicht einmal für einen kurzen Augenblick, um den Durst zu löschen, vergaßen sie, dass die Gefahr im und außerhalb des Wassers lauerte. Das Schicksal in Form reißender Zähne sprach in diesem Moment das Urteil über Leben und Tod. Hatten sie Glück, konnten sie noch eine Weile leben, sich fortpflanzen, hatten sie Pech, dienten sie als Nahrung zum Erhalt einer anderen Art. Eine davon waren Geparde, deren Eleganz, Schönheit und Schnelligkeit mich beeindruckte. Die Models unter den Tieren! Vom Auto aus sahen wir einen Gepard durch die Steppe sprinten, man konnte nicht erkennen, ob er auf der Jagd war. Wie ein gespannter Bogen flog er durch die Luft, hochkonzentriert mit atemberaubender Präsenz. Bis er plötzlich abdrehte und im Busch verschwand. Cheetah lautet Gepard auf Afrikaans. Während wir dem Schauspiel noch beiwohnten, warteten, ob er sich mit oder ohne Beute zeigte, reifte in mir der Entschluss, unser nächstes Schiff Cheetah zu taufen.

Nach der Safari beschlossen wir, weiterzuziehen. Der Farmer gab uns für die Weiterreise noch den Tipp, ein Weingut zu besuchen, was wir beherzigten, und so nahmen wir an einer Verkostung teil. In launiger Runde probierten wir uns durch verschiedene Rebsorten. Die meisten Gäste waren nicht bereit, einen der kostbaren Bacchus-Tropfen wieder auszuspucken, so dass es bald eine weinselige Gesellschaft wurde. Das ließ den Rand, die südafrikanische Währung, rollen. Wir kauften ein paar Flaschen für Felix. Wein nach Hause schicken zu lassen, schien uns ökologisch absurd.

Missverständnisse

Bislang hatten wir meine Eltern gebeten, in unserer Abwesenheit Kind, Haus und Hund zu hüten. Nachdem Manuel volljährig war, hatte sich das erledigt. Direkt nach unserer Rückkehr aus Afrika musste ich wie jedes Jahr wieder auf die »boot« in Düsseldorf. Da Horst mich am letzten Wochenende der neun Messetage besuchte, baten wir Manuel, zu Hause zu bleiben und sich um Arkos zu kümmern.

»Das geht klar Mama, mach Dir keine Gedanken, ich pass auf Arkos auf«, versicherte er mir. »Und schau mich nicht so an, ich mach das schon«, setzte er nach.

Beim täglichen Telefonat erinnerte ich ihn daran für seine Abschlussprüfung zu lernen. Im Februar war seine Abschlussprüfung und er hatte noch nicht viel in die Bücher geschaut.

»Mama, das nervt, wenn Du jeden Tag damit ankommst.«

»Ich will nur, dass es mit der Prüfung reibungslos klappt.«

»Was soll denn nicht reibungslos klappen?« erwiderte Manuel schmatzend, ich hörte ihn kauen, es war morgens, wahrscheinlich schob er sich ein Salamibrot in den Mund.

»Ich lerne schon und pass auf Arkos auf und gut ist.« Ich hörte, wie der Stuhl zurückgeschoben wurde, über den Holzboden kratzte, Manuel mit dem Brettchen hantierte und ungeduldig mit einem kurzen »Ich muss Schluss machen, Tschüss Mama« das Gespräch beendete.

Betrete ich die Messehallen in Düsseldorf, in der die Yachten wie eine Herde Blauwale nebeneinander liegen, umschwärmt von einem Schwarm neugieriger Besucher, die hier und dort zupfen, streichen, staunen, packt mich ein Fieber, rieche ich förmlich die Freiheit, sauge sie tief in meine Lungen und wünsche mich auf den Ozean. Den Luxus, der dort zur Schau gestellt wird, brauche ich nicht, wenngleich Glanz und Gloria beeindruckend sind. Kraft und Technik strotzen einem verchromt unverschämt entgegen, edle Hölzer werden von eifrigen Hostessen unauffällig nachpoliert.

Horst spielte mit dem Gedanken, ein neues Boot zu erwerben. Mit Manuel hatte er sich bereits beraten, die beiden konnten sich stundenlang über technische Ausstattungen und Wünsche austauschen. Während ich bereits sieben Tage auf dem Garmin-Stand beschäftigt war, kam er wie besprochen am letzten Wochenende der Messe nach Düsseldorf, traf Bekannte, knüpfte Kontakte, führte Gespräche über unentdeckte Segelrouten und verlorene Paradiese, fachsimpelte über technische Erneuerungen, bis er ein Schiff ins Auge fasste. Später erzählte er mir, wie er hartnäckig um den Preis feilschte, was ich hasste, konnte man doch einfach einen fairen Preis für beide Seiten festlegen, als mich in diesem Rauschen ein Anruf von Manuel erreichte.

»Mama, reg Dich nicht auf, ich bin mit Christian und Arkos ganz spontan zu einer Freundin nach Münster gefahren. Uns geht's gut.« Er wusste genau, dass ich damit nicht einverstanden war. Aber der Messetrubel ging weiter, so dass dieser Anflug von Zorn sich sofort wieder verflüchtigte.

Nach neun Tagen Messe war ich am Sonntag dann auch froh, als es wieder nach Hause ging. Es war gut, dass Horst auch da war und wir zu zweit zurückfahren konnten, nach einem langen Messetag ist es anstrengend, abends noch 700 km allein mit dem Auto zu fahren.

Der nächste Anruf von Manuel erreichte uns während der Rückfahrt. Er war von Münster nach Hause auf der gleichen Autobahn wie wir unterwegs. Empört berichtete Manuel, dass sie kurz vor Nürnberg auf der Autobahn von der Polizei angehalten worden seien. Zuerst fuhren die Polizisten eine Zeitlang neben ihnen her. Irgendwann mussten sie dem Polizeiauto auf einen Autobahnparkplatz folgen. Die Papiere wurden kontrolliert und schließlich behaupteten die Verkehrspolizisten, dass das Auto nicht versichert sei. Sie machten kurzen Prozess, kratzten die TÜV-Plakette ab und ließen die beiden Jungs verwirrt und hilflos auf dem Parkplatz zurück. »Dein Freund und Helfer« klärte nicht etwaige Missverständnisse auf, wir wurden nicht informiert, geschweige denn die beiden jungen Männer samt Hund in die nächste Ortschaft gebracht. Manuel orderte ein Taxi und ließ sich und

Christian in den nächsten Ort in eine Pension fahren. Wir waren Gott sei Dank gerade ganz in der Nähe des Ortes, als uns sein Anruf erreichte und fuhren dort hin. Er wartete rauchend vor der Tür. Der Januar hatte sein kaltes Hemd angelegt, frierend stampfte er von einem Bein auf das andere. Seine warmen, braunen Augen schauten mich hilflos und schuldig an, er konnte nicht einordnen, welche Richtung mein Temperament einschlagen würde. »Mama, das waren Rassisten. Ey, die haben mich nur aufgehalten, weil ich eine dunkle Hautfarbe habe. Das war reine Schikane! Die dachten, wir wären Autoschieber«, ereiferte er sich. Ich nahm den Faden auf, ich wollte nicht auf ihn wütend sein, da war es einfacher, jemand anderem meinen Frust und Ärger zu überlassen. Also rief ich bei der zuständigen Polizeistation an und beschimpfte den ersten Teilnehmer am anderen Ende der Leitung wie ein Rohrspatz, was sie für Rassisten seien, wie es sich eine deutsche Polizei leisten könne, solche Vorurteile zu haben und überhaupt, wie sie meinen Sohn behandelt hätten, wäre unter aller Sau. Ich glaube, die ganze Pension, ja die ganze Straße konnte das Gespräch mithören, so laut wurde das Gespräch. Ich ließ denjenigen, glaub ich, gar nicht richtig zu Wort kommen. Und es dauerte nicht lange, da hallte mir ein beständiges Tuten entgegen. Aufgelegt. Ich war kurz vorm Explodieren und rief prompt erneut an und schimpfte weiter. Irgendwann einigten wir uns darauf, dass ich die Versicherung am nächsten Morgen anrief, die aufklären sollte, dass von ihnen eine Falschinformation weitergegeben wurde.

Horst und ich fuhren nachts noch mit Arkos weiter nach Hause, während Christian und Manuel in der Pension übernachteten, um am nächsten Tag den VW Bus nach Hause zu fahren. Gedanken blitzten auf, ich erinnerte mich an das Gespräch mit dem Farmer in Afrika und verwickelte Horst in ein Gespräch, damit er wach blieb. Rassismus war für mich überholt, ich konnte nichts damit anfangen, ich konnte diese Gefühle, jemand wegen seiner Herkunft, Sexualität oder Hautfarbe abzulehnen, nirgendwo in mir abrufen. Ich verstand nicht, warum ich mich dieser Aufgabe mit Manuel nochmal stellen musste.

Am nächsten Tag klingelte ein Polizeibeamter an der Tür mit dem Auftrag, den VW Bus stillzulegen. Von dem Vorfall in der Nacht auf der Autobahn hatte er noch keine Ahnung. Nicht zu fassen, mein Topf war nun völlig am Überkochen, in einem Gemisch aus Geschimpfe und völliger Auflösung. Der Polizist völlig überrascht von meinem Gefühlsausbruch, reagierte jedoch gelassen und souverän. Mit beruhigenden Worten holte er sich die nötigen Informationen, was in der Nacht genau vorgefallen war. Das Auto konnte er nicht stilllegen, da es gar nicht da war. Horst rief inzwischen bei der Versicherung an, um herauszufinden, wie es zu dieser Situation kommen konnte. Klar war, dass das Auto versichert gewesen war und eine bürokratische Verwechslung vorlag.

Am Ende besorgten sich die Jungs am Tag darauf eine neue TÜV-Plakette, fuhren den VW Bus nach Hause, die Versicherung bezahlte die gesamten Kosten und die Geschichte war gegessen. Verdaut war sie lange nicht, denn Manuel verstrickte sich nun seinerseits in feindseligen Einbildungen, alle Deutschen seien ausländerfeindlich.

Grenzerfahrungen

Cheetah – Gepard wurde das Schiff genannt, das Horst auf der Messe in Düsseldorf bestellt hatte. Im Herbst 2007 segelten wir drei mit Cheetah von Montpellier, dem Auslieferungshafen, nach Hammamet in Tunesien. Diese Jungfernfahrt mit der Cheetah wurde fast zum Albtraum. Beim Auslaufen hatten wir den perfekten Wind. Es machte uns zunächst viel Spaß zu spüren, wie viel schneller Cheetah als unsere Anhinga war, das GPS zeigte manchmal elf bis zwölf Knoten an. Noch nie waren wir so schnell gesegelt. Zum Abend hin frischte der Wind weiter auf und wir hatten mal wieder keinen Wetterbericht vor dem Auslaufen abgehört. Die Wellentürme wurden bedrohlich höher und mir dabei immer schlechter. Als Horst draußen nach dem Rechten sehen wollte, brach der Niedergang vom Cockpit in die Kajüte aus der Verankerung raus. Er fiel rückwärts in die Kajüte und zog sich dabei eine schwere Quetschung der Finger zu. Nach mir war nun auch er ausgeknockt. Manuel musste die Nachtwache fast alleine übernehmen. In dieser Nacht wurde mir zum ersten Mal bewusst, wie er so auf dem Niedergang stand und nach dem Rechten draußen Ausschau hielt, dass er kein Kind mehr, sondern ein junger Mann geworden war. Am nächsten Morgen war der Spuk vorbei, der Wind legte sich komplett bis zur absoluten Windstille und wir mussten die letzten Seemeilen bis Sardinien unter Motor weiterfahren.

Dort erfuhren wir, dass wir gerade den Ausläufer eines Orkans, laut Zeitungsberichten eines der schlimmsten Unwetter der letzten Jahrzehnte über Mallorca, mitbekommen hatten. Naja, was vorbei ist, ist vorbei.

Nach einem gemütlichen Abend mit tollem Essen im Süden von Sardinien ging es am nächsten Morgen weiter Richtung Tunesien. Das Wetter war wieder ganz in Ordnung und auch ich war wieder ganz in Ordnung. Nach ein paar Stunden herrlichem Segeln brach erneut das Unwetter über uns herein. Nicht ganz so schlimm wie vor zwei Tagen, aber dieser Wechsel beutelte nicht nur unser Schiff, auch unsere Stimmung. Höhepunkt war eine Gehirnerschütterung von Horst, die er sich bei einem Kontrollgang auf dem Vorschiff zuzog, als er bei hohem Wellengang und einer unkontrollierten Schiffsbewegung die Haltung verlor und kopfüber hinfiel. Unsere Stimmung war auf dem Nullpunkt. Horst war schwindlig und schlecht und musste liegen. Manuel hatte inzwischen komplett die Lust am Segeln verloren und legte sich väterlich loyal in seine eigene Koje, so dass ich fast die ganze Nacht allein im Cockpit saß, um Nachtwache zu schieben. Am frühen Morgen, als es hell wurde, trafen wir auf die tunesische Küste, wieder hatte der Wind am Morgen nachgelassen und ich schipperte gemütlich an der Küste entlang. Über das Meer klangen die Rufe des Muezzins, der die Muslime zum Gebet aufforderte. Ein ganz besonderer Moment für mich; so allein im Cockpit sitzend, fühlte ich mich für die ganze Aufregung der vergangenen Tage entschädigt.

In Kelibia klarierten wir in Tunesien ein. Auf Manuels Wunsch hin liehen wir zwei uns dort Quads aus, um die Gegend zu erkunden. Ich stellte mich aber so ungeschickt an, dass ich schließlich nur als Klammeräffchen am Rücken des jungen Guides mitfahren konnte. Manuel fand das extrem lustig, ich natürlich weniger. Wir lernten schnell die Touristen-Regeln kennen. Zunächst umkreisten uns die Einheimischen wie bluthungrige Mücken, um uns Teppiche und chinesischen Nippes zu verkaufen. Nach einem Museumsbesuch, bei dem wir kein Wort verstanden hatten, obwohl der Museumsguide uns sowohl englische als auch deutsche Sprachkenntnisse zugesagt hatte, war ich von diesem ewigen Kampf der Abwehr, nichts kaufen zu wollen, total erschöpft und wollte nur noch zurück aufs Schiff. Auf dem Weg zu unserem Mietwagen holte uns der Museumsguide ein, um uns in sein Restaurant, das er zusammen mit einem Freund gleich in der Nähe des Museums unterhielt, einzuladen. Mir platzte der Kragen, ich klapperte mit meinen berühmtberüchtigten Krebsscheren, womit ich mitteilte, nie und nimmer etwas zu kaufen, bis er uns beschwichtigend versprach, nichts verkaufen zu wollen. Wir sollten uns nur bei ihm ausruhen. Manuel fand die Idee hervorragend, wir folgten also der Einladung, bei der sich das Restaurant als gemütliches Teppich-Zelt entpuppte. Zunächst ließen die zwei Freunde uns in Frieden und brachten uns drei etwas zu trinken. Wir erzählten ihnen, dass uns Brik, eine tunesische Teigtasche, besonders gut schmecken würde. Ein Schwall tunesischer Worte ergoss sich auf uns, unterstrichen mit wildem Gestikulieren, und wir mussten ihnen in ihre kleine Küche folgen, wo wir in die Kochkunst von Brik, so wie ihn ihre eigenen

Mütter zubereiteten, eingeweiht wurden. Langsam lockerte sich unsere Habacht-Stellung, die Mägen waren gefüllt mit den leckeren, würzigen Teigtaschen mit Thunfisch, Kartoffel-Eierstampf, die Zeiger der Uhr sprangen lustig voran, bis der Abend eine ausgelassene interkulturelle Runde wurde. Sie erzählten uns von all ihren Träumen und Zukunftsplänen (es war ja noch vor dem arabischen Frühling). Sie wollten ein Outdoor Camp für Rucksackreisende aufmachen. Zu meinem Erstaunen schloss der Besuch mit dem Kauf von zwei Teppichen, welche die Mutter eines der beiden Jungs geknüpft hatte. Es gab zwischenmenschliche Gesetze, die man in diesen Ländern beachten musste. Je öfter wir dort segelten, desto leichter wurde es.

Ostern 2008 flogen wir ein weiteres Mal – Lisa war unser Gast – nach Tunesien mit dem Ziel, von Hammamet nach Monastir zu segeln. In Monastir mieteten wir einen kleinen Ford Fiesta, um einen Ausflug Richtung Süden durch die Wüste zu der Oase Ksar Ghilane zu machen. Manuel hatte zwar zu dieser Zeit keinen Führerschein, aber wen juckte das in Afrika, wir ließen ihn fahren. Zunächst fuhren wir an der Küste entlang. Als wir bemerkten, dass wir zu weit südlich gefahren waren, um nun über die offizielle Pistenstraße von Douz nach Ksar Ghilane zu kommen, entschieden wir uns blauäugig, wie wir waren, einfach direkt die nächste Pistenstrasse in die Wüste zu nehmen, um nicht zurückfahren zu müssen. Mit unseren mageren Französischkenntnissen versuchten wir noch bei einem Tunesier herauszufinden, ob wir auf der von uns gewählten Piste auch nach Ksar Ghilane kommen, er nickte nur heftig mit dem Kopf und meinte, wir sollten nur immer geradeaus fahren. Manuel hatte einen Heidenspaß, durch den Sand zu cruisen, Lisa saß kreidebleich neben mir, traute sich wohl nichts zu sagen. Eine der hohen Sanddünen schluckte dann die Vorderreifen unseres kleinen Ford Fiestas, der eben doch kein Offroad Auto war. Horst und Manuel fingen lautstark und wild gestikulierend das Streiten an und ereiferten sich über die Fähigkeit beziehungsweise Unfähigkeit ihrer jeweiligen Fahrtauglichkeit. Verzweifelt versuchten wir, das Auto wieder aus der Sanddüne rauszuschieben, aber außer, dass uns viel Sand beim Hinten-Anschieben ins Gesicht spritzte, passierte nichts, das Auto saß fest. Irgendwann stapfte Manuel mit Lisa im Schlepptau durch den Sand, um Hilfe zu holen. Er hatte in der Ferne eine kleine grüne Oase entdeckt und war der Meinung, dass er dort eine Hütte gesehen hätte.

Horst und ich versuchten weiter die kleine Klapperkiste noch aus dem Sandhaufen zu bergen. Ich musste meine ganze Wut, die in mir aufstieg, beim Sandschaufeln abreagieren. Ich, eine der ersten GPS-Verkäuferinnen Deutschlands, ärgerte mich maßlos. Da standen wir, mitten in der Wüste, ohne GPS-Gerät, wussten absolut nicht, wo wir waren, wohin wir notfalls zu Fuß gehen könnten, obwohl ich in den letzten Jahren allen Leuten predigte, sie sollten NIE ohne GPS in unbekanntem Gelände und schon gar nicht in der Wüste unterwegs sein. Und weil das alles offenbar noch nicht aufregend genug war, kam einer der typischen überfallartigen Sandstürme auf. Der Sturm war heftig und brannte mit tausend kleinen Nadelstichen unangenehm im Gesicht, als wir in einer Endlosschleife panisch den Sand vom Auto schoben, das zunehmend unter der enormen Sandmenge verschwand. Manuel und Lisa waren noch nicht zurück, die pure Verzweiflung häufte sich in Sandhügeln vor uns auf, bis wir endlich zwei Gestalten auf uns zuwanken sahen und wir uns schnell zu viert im Fiesta einschlossen. Wir sahen uns alle 4 mit großen Augen an, so langsam wurde uns der Ernst der Situation richtig bewusst. Lisa war im Schockzustand, es tat mir unendlich leid, sie bei unserer ersten Reise einer solchen Gefahr auszusetzen. Wir konnten leider auf sie keine Rücksicht nehmen, denn wir mussten besprechen, welche Entscheidungen wir für die Nacht trafen, die in der Wüste bitterkalt wurde und nicht selten im Tod endete. Wir hatten nichts dabei, kein Wasser zum Trinken und nichts zum Essen oder irgendwelche Decken zum Zudecken. Wir hatten es gewagt ohne jegliche Ausrüstung, mit einem kleinen Ford Fiesta in die Wüste zu fahren, wo eigentlich nur ein Allrad Geländewagen für geeignet war.

Stumm und benommen starrten wir in die Gegend, jeder der Knecht seiner Anschuldigungen, seines Frusts und seiner Angst. Inzwischen wurde es stockdunkel. Wer weiß, wer von uns gebetet hatte, ich war es nicht, doch nach ein paar Stunden schickte uns ein Engel ein Licht vorbei, dass wir im Rückspiegel wahrnahmen und aus dem in kurzer Zeit sechs Lichterpaare wurden. Wir konnten es kaum fassen und stiegen sofort aus. Ich weiß bis heute nicht, womit wir dieses Glück verdient hatten, denn die sechs SUVs mit spanischen Touristen und tunesischen Fahrern fuhren direkt an uns vorbei. Feixend amüsierten sie sich über die dusseligen deutschen Touristen. Die Spanier zückten sofort ihre Kameras, um uns mit unserem kleinen Ford Fiesta gestrandet in der tunesischen Wüste zu fotografieren. Wir ließen es uns gefallen, wollten nicht preisgeben, dass wir etwas Spanisch verstanden. Zunächst halfen uns die tunesischen Fahrer das Auto aus der Sanddüne wieder rauszuziehen. Sie bedeuteten uns, mit unserem Auto zwischen zwei SUVs zu bleiben. Aber nach ein paar Metern blieben wir erneut in einer Sanddüne stecken. Wieder sprangen alle aus dem Auto, wieder war der Spaß bei den Spaniern groß, und wieder konnten wir alle zusammen das Auto rausheben. Nach dem dritten Steckenbleiben wurden die spanischen Touristen so langsam ungehalten, dass wir sie mit unserem kleinen Auto zu lange aufhielten. Kurzerhand holte ein Fahrer ein Seil und hängte den Fiesta an die Anhängerkupplung eines der SUVs. Jetzt wurde es richtig heftig. In der kleinen Blechschüssel wurden wir durch den Sand von links nach rechts geschleudert. Man hatte das Gefühl, dass ständig irgendein Teil vom Auto abfiel. Nach ein paar Kilometern löste sich der Knoten des Seils und musste nochmals an die Anhängerkupplung angebunden werden. Schon wieder hielten wir den gesamten Konvoi auf und die Spanier verloren immer mehr die Lust, auf uns warten zu müssen. Es war hochinteressant zu beobachten, welche Dynamik hier entstand, wie aus den zuerst belustigten Spaniern nahezu aggressive Rowdys wurden, die uns in der Wüste zurücklassen wollten, um – angeblich – Hilfe zu holen. Später erfuhren wir, dass sie pünktlich zu ihrem Abendessen in der Oase sein wollten. Nachdem wir das vierte Mal anhalten mussten, um das Auto wieder anzuknoten, war die Stimmung auf dem Gefrierpunkt und eine Meuterei der Spanier nicht mehr zu vermeiden. Sie verlangten vehement von den tunesischen Fahrern, uns zurückzulassen. Wir brachten die Fahrer in ein großes Dilemma, sie wussten genau, dass sie uns nicht allein in der Wüste zurücklassen können, das hätte unseren sicheren Tod bedeutet, aber sie mussten auch ihre spanischen Gäste zufriedenhalten. Jetzt verwandelte sich Manuel binnen weniger Sekunden in einen charmanten Chefdiplomaten. Erstaunt beobachtete ich, wie geschickt er mit den tunesischen Fahrern verhandelte, indem er ihnen in einem Verhackstück aus Mimik, Gestik und Worthülsen bedeutete, dass ich Seglerin sei und die besten Knoten könnte und es einen Versuch wert sei. Er sollte Recht behalten, ich machte den Knoten, und tatsächlich hielt er, bis wir dann endlich die Oase mitten in der Nacht erreichten. Wir feierten noch mit den tunesischen Fahrern und Wüstenbewohnern und verbrachten eine ausgelassene kurze Nacht mit Kreistänzen. Das war auch gut so. Es war wirklich bitterkalt in den Schlafzelten trotz der vielen Kameldecken, die fürchterlich stanken, was Manuels wahr gewordener Albtraum wurde.

Am nächsten Morgen riefen wir den Autoservice an und erhielten für die Rückfahrt ein anderes Vehikel versprochen. Manuel und Lisa beschlossen, die Wartezeit auf den Ersatzwagen zu nutzen und unternahmen eine geführte Kameltour in die Wüste. Hoffend, dass es kein weiteres übellauniges Desaster für die zwei wird, sondern eine beglückende Camouflage nach der letzten Nacht. So schaute ich ihnen nach, bis sie wankend auf ihren Wüstenschiffen im Dunst verschwanden. Nach ihrer Rückkehr, erschöpft aber strahlend, begaben wir uns mittags mit der Ersatzkarre folgsam auf die offizielle Wüstenpiste Ksar Ghilane – Douz, bis wir . . . wieder liegen blieben. Fünf Stunden warteten wir am Straßenrand auf weiteren Ersatz und endlich, endlich kam ein Fahrer – mit dem Fiesta, den wir am Vortag mehr oder weniger geschrottet hatten. Egal. Monastir fest im Blick, fuhren wir zurück, und verließen nicht wie die Ratten das sinkende Schiff, im Gegenteil, schnell verkrümelten wir uns in unser heimisches Nest und ließen uns erschöpft in die Kojen fallen.

Wir verbrachten ein paar sonnige Tage in der Marina. Manuel schlenderte mit Lisa durch die Gässchen und Einkaufsstraßen, sie schauten sich die Stadtmauer und den Ribat an, eine islamische Verteidigungsstruktur, die ältesten Reste von arabischen Eroberern, während der muslimischen Eroberung des Maghreb errichtet. Schließlich segelten wir nach Hammamet zurück, leider nicht unter idealen Bedingungen, denn wir hatten Gegenwind. Ich plädierte aus Rücksicht auf Lisa für den Motor, doch Horst blieb stur und arbeitete mit Kreuzen. Lisa hatte schreckliche Angst und segelte nach dieser Erfahrung nicht mehr mit uns.

Cheetah begleitete uns nicht lange. Cheetah quietschte und stöhnte, ich weiß nicht, ob sie sich beschwerte und mit uns unzufrieden war. Jedenfalls tauchten ständig neue Wehwehchen auf. Wir hatten mit ihr diese zwei furchtbaren Ereignisse auf See erlebt, was als solches nicht ungewöhnlich ist. Doch hinterließen sie auf beiden Seiten Wunden und Narben, die zu lange benötigten, um vollständig abzuheilen. Horst und Cheetah hatten die Geduld und das Vertrauen füreinander verloren. Zornig schimpfte er zunehmend beim Reparieren, und eines Tages belauschte ich erstaunt ein Zwiegespräch: »Mit Dir Dreckskahn kann man noch nicht mal über den Atlantik segeln. Ständig ist was. Mit der Cachalot würde ich heute noch über das offene Meer fahren.« Er verließ die Cheetah bereits, als wir noch mit ihr segelten, vielleicht nahm sie uns das übel. Daher entschieden wir uns, Cheetah im August 2008 wieder nach Italien zurückzusegeln, um das Schiff dort zu verkaufen. Wir luden Freunde ein, Segelanfänger, die wissbegierig waren, andere, die faul dem Nichtstun frönten, Gesellige und Angeber, ein buntes Ensemble an Persönlichkeiten mit netten und absonderlichen Macken. Auch wenn ich dazu neigte, in bestimmten – wirklich wenigen – Ausnahmefällen die Contenance zu verlieren und lautstark meine Meinung zu äußern, hatte ich ebenso die Fähigkeit, meinen Ärger in einem riesigen inneren »Leck-mich-am-Arsch-Tank« zu füllen, dessen Ampullen, die ich daraus destillierte, ab und an homöopathisch verteilte, wenn es um Gerechtigkeit, Toleranz und Menschenfreundlichkeit ging.

In Erinnerung blieb mir, dass wir an Lampedusa vorbeikamen und ich das erste Mal Angst hatte, einem Flüchtlingsboot zu begegnen. Für mich ein moralisches Dilemma, das mich in den Nächten meiner Nachtwache unwohl das dunkle Meer absuchen ließ. Ich wusste, und wir hatten das in der Mannschaft besprochen, dass wir sie nicht hätten aufnehmen können. Der Raum war begrenzt, natürlich nicht so eng wie für die Menschen auf dem Boot, doch allein eine Auswahl zu treffen, sendete hilflose Schauer durch meine Gedanken. Zumal wir medizinisch nicht ausgestattet waren. Weder zu unserem Schutz noch zu ihrer Rettung. Eine strafrechtliche

Verfolgung bei unerlaubter Aufnahme wegen Beihilfe zur illegalen Einreise wäre mir egal gewesen. Doch unsere unerfahrene Crew war auf Seenotbergungen nicht vorbereitet. So einigten wir uns darauf, bei Sichtung per UKW die Seenotrettung zu rufen und in ihrer Nähe zu bleiben, sie mit Wasser zu versorgen, bis Hilfe in Sicht war. In all den Jahren begegnete uns nie ein Boot. Manchmal bedauerte ich es, in mir rührte sich das Bedürfnis etwas abzugeben, wovon wir, Horst und ich, die Deutschen, Europa im Übermaß besaßen, das nicht alleinig auf unserem Mist gewachsen war. Eine Zweisamkeit aus Scham und tiefer Dankbarkeit, dem Schwächeren die Hand zu reichen, auch wenn sie fremd war und womöglich zuschlug, weil sie es nicht besser wusste. Ein seltsames Gefühl, das ich nicht zuordnen konnte. Gleichzeitig bemerkte ich eine Schwäche, mich für etwas zu engagieren, mich ihm ganz zu verschreiben. Ich hasste den Gedanken mit Manuel etwas beglichen zu haben, ihm womöglich meine Schuld und Angst aufgebürdet zu haben, die ihn und uns viel Kraft kostete. Doch was nutzten diese Gedanken? War ich Zeit meines Lebens jemand gewesen, der sich dem Wind anpasste und sich von ihm forttragen ließ. So auch jetzt.

Da die Cheetah nun in unserem alten Hafen Aprilia Marittima lag, äußerte Manuel den Wunsch, das Schiff allein mit seinen Freunden einen Urlaub lang zu segeln. Dafür machte Manuel am Tegernsee den Sportbootführerschein. Alles, was über sechs PS hatte, war führerscheinpflichtig, und durch den Außenbordmotor musste er den Nachweis erbringen. Gemeinsam mit Lisa, Dennis und dessen Freundin segelten sie in der nördlichen Adria. Ich traute es seinem Orientierungssinn zugegebenermaßen nicht zu, den er in den Jahren durch unsere Begleitung nie schulen musste, es funktionierte jedoch ausgesprochen gut.

Dann suchte er mit seinem Vater ein neues Schiff. Es musste hochseetauglich sein. Wenn auch eine weitere Atlantiküberquerung nie im Gespräch gewesen war. Ich protestierte schwach, mit dem Wissen, dass ein Aufbegehren sinnlos war. Um es kurz zu machen: Beide interessierten sich für Schiffe der Firma Wauquiez. Nach einem Probesegeln waren sie beide sehr begeistert. Ich staune, wie Momente einer glücklichen Fügung zustande kommen. Dreht da jemand im Universum an einem Rädchen, bekommt man ehrliche Wünsche an die Schöpfung von dieser postwendend erfüllt, oder ist das der völlig unerwartete Zufall, der wohlwollend den Gabentisch bereitet? Jedenfalls kam unser Glücksmoment in Form eines Schiffseigentümers, der ein Schiff bestellt, angezahlt aber nie abgeholt hatte. Das Modell gefiel Horst und Manuel auf Anhieb. Ganz in Weiß hob es sich als Kontrast zum Meer aus den Wellen, seine schnittige Linie nahm das Spiel von Wind und Wellen auf, den der Gennaker stolz in den Farben Hellblau, Lila und Dunkelblau einfing. Es war ordentlich verbaut, mit einem erhöhten Deckshaus, das eine wohlige Wärme und Gemütlichkeit ausstrahlte. Es besaß einen Targa-Bügel zum Festhalten, der seine Sportlichkeit unterstrich und Manuel besonders gefiel. Die beiden ließen von dem erleichterten Verkäufer lediglich einige Änderungen und Anpassungen vornehmen und wurden glückliche Besitzer unserer Awenasa. Der Name stammte aus dem indianischen und bedeutet »Mein Zuhause«. Mir gefiel er sehr. Für diese kurze Zeitspanne besaßen wir drei Schiffe. Die Anhinga, mit 16 Jahren unsere längste Begleiterin, die Cheetah, die wir baldmöglichst loswerden wollten, und unsere neue Liebe, die Awenasa, mit der nun die zweite Atlantiküberquerung geplant wurde. Und wenn es schon so sein sollte, dann war es mein unumstößlicher Wunsch, dass Manuel uns begleitet.

Neue Arbeitszeiten

Manuel war selten krank. Ich denke, völlig normal für einen jungen Menschen. Krankheiten gab es in meinem Repertoire nicht. Natürlich wusste ich, dass es sie gab, hielt es aber für selbstverständlich, dass ich sie in meinem Leben nicht brauchte, und tauchte eine auf, verging sie wieder. Es nervte mich gewaltig, wenn Horst mich bei einer Erkältung für seine Krankenschwester hielt und den Dahinsiechenden mimte. Ich wollte leben und dachte weniger über das Sterben nach. Manuel hatte einen Hang zum Drama und Krankheiten hatten eine gewisse Bühnenrelevanz. Bei einem Kind ist man gewillt, in die Rolle miteinzusteigen, dennoch blieb sie mir fremd.

Knapp 21jährig klagte Manuel über Schmerzen in den Fingern und zeigte mir in regelmäßigen Abständen die Haut seiner Fingerkuppen, die an den Spitzen schrundig wurde. Sie wirkten schlecht durchblutet, dennoch dachte ich mir bei kalten Fingern nichts ernsthaft Bedrohliches. Manuel ließ es keine Ruhe, er suchte einen Arzt auf. Für einen kurzen Augenblick des Triumphs, der von einem Fall in ein tiefes Loch abgeklatscht wurde, kam er mit der Diagnose einer Systemischen Sklerodermie, die sich durch ein Raynaud-Syndrom zeige, zurück. Diagnosen und Fremdwörter wirken wir Brandzeichen. Ärzte stempeln sie auf die Stirn des Patienten, wahlweise mit einer zusätzlichen Botschaft »leider Pech gehabt, der Nächste bitte«, »es gibt weitaus Schlimmeres« oder »bin ich froh, dass ich nicht so einen Scheiß habe«. Die Ärzteschaft weiß viel zu wenig, wie viel Angst sie damit verbreitet und Leid anrichtet. Anstatt den Patienten – bei einem Befund – aufzurichten, hauen sie mit der Keule der eigenen Angst noch einen drauf. Ich wollte mir keine übertriebenen Sorgen machen. Ich dachte grundsätzlich in der Kategorie »Gesundheit«. Den potenziellen Krankheits-Ordner entsorgte ich geflissentlich. Was nützte es, wenn man sie füllte, hegte und pflegte. Manuel wünschte sich etwas anderes von mir. Ihm konnte ich mein Vertrauen in seine Gesundheit nicht vermitteln, im Gegenteil, er fühlte sich von mir im Stich gelassen. Er beschwerte sich bei mir, dass ich mir keine Sorgen machte und schickte mir regelmäßig Links, damit ich mich mit ihm beschäftige. Überhaupt wollte er mir noch sehr nah sein. Er beschwerte sich.

»Immer, wirklich immer Mama, muss ich anrufen. Du lebst in Deiner eigenen Welt. Nie, nie, nie meldest Du Dich.«

Ruhig entgegnete ich: »Andere junge Menschen in Deinem Alter sind froh, wenn sich die Eltern nicht ständig in ihr Leben einmischen. Aber darum ging es ihm nicht. Er wollte sich im Fokus meines Interesses sehen. Er verstand nicht, dass er im Fokus stand, unabhängig von den Dingen, die wir taten. Kam er nach Hause, beschlagnahmte er meine ganze

Präsenz, indem er ohne Punkt und Komma auf mich einredete. Gingen wir zusammen weg, durfte mich kein fremder Mann anschauen, ohne dass er besitzergreifend wurde und regelrecht eifersüchtig reagierte. Dieses tiefe Urvertrauen, geborgen zu sein im Leben und in seinen Beziehungen, nie mehr verlassen zu werden, kann man Kindern, die einmal weggegeben wurden, wohl nie wieder ganz vermitteln. Es brachte mich zum Verzweifeln und machte mich zutiefst traurig

Auf Krankheiten oder Zipperlein, begleitet von Wehklagen, reagierte ich allergisch. Auch Horst mutierte von Zeit zu Zeit ebenfalls gerne zur Memme. Kurz auf Manuels Diagnose bekam er plötzlich Schwindelanfälle, die ihn völlig aus dem Gleichgewicht brachten. Lange schon begleitete ihn ein Händezittern, dass er zunehmend weniger kontrollieren konnte. Nachts fing er an zu reden, was mir unheimlich wurde. Ich drängte ihn, in eine Klinik zu gehen, um sich gründlich untersuchen zu lassen. Der Arzt wollte seinen Verdacht auf Multiple Sklerose durch eine Rückenmarkuntersuchung bestätigt wissen. Horst stieg gar nicht darauf ein und lehnte jede weitere Untersuchung kategorisch ab. Ich fühlte mich wie in einem Druckkessel. Von beiden Männern bekam ich Vorwürfe, sie beanspruchten meine Aufmerksamkeit und Geduld, keiner war jedoch bereit, sich dem zu stellen und die Verantwortung zu übernehmen. Waren die Zeiten von Manuels Rebellion nahezu vorbei, bekam ich kaum eine Verschnaufpause. Ich träumte mich oft auf ein Schiff mitten im Meer in eine Blase heiterer Zuversicht, für den Moment der

Sonne auf meiner Haut, den Wind in meinem Haar und mit Gezeiten, die mich trugen.

Horst entschied sich für einen anderen Schritt. Er verkaufte die Firma. Abends saßen wir zusammen, ich blätterte beiläufig durch ein Magazin, spürte, dass mein Mann mit inneren Widersprüchen kämpfte, bis er mir endlich mitteilte, was ihn bewegte. Er jammerte nicht, es war eine Müdigkeit, die sich leise in seine Haltung geschlichen hatte, er war so vielem überdrüssig geworden. Die ganze Bürotätigkeit ödete ihn an, die Verhandlungen, unzufriedene Kunden, unfähige Mitarbeiter. Horst war und blieb ein Einzelgänger. So verrückt der Vergleich klingen mag, doch Geigenbauer wäre etwas gewesen, wenn er einen Weg in das Handwerk gefunden hätte, denn eine Verbindung zur klassischen Musik hatte er. Eine totale Utopie, doch stellte ich sie mir ideal für ihn vor. Allein in seiner Werkstatt, mit Liebe zum Detail, Kunden, die sein Handwerk schätzten, fachsimpeln, mit langen Wechseln aufs Schiff, aufs Meer. Aber gut, jetzt hieß es erstmal, eine Firma gewinnbringend zu verkaufen. Doch so verlor Manuel seinen Arbeitsplatz in Bayern. Horst hätte Manuels Stelle zwar mitverkaufen können, doch die Position, die er bislang als Sohn vom Chef in dem Unternehmen einnahm, hätte er bei dem neuen Firmenbesitzer niemals einfordern können. Horst war sich dessen bewusst und schlug ihm vor, eine kleine Startup-Zeitarbeitsfirma in Hamburg zu eröffnen. Die Idee fand ich völlig absurd. Manuel war 22 Jahre alt. Meiner Meinung nach sollte er ein Auslandsjahr einlegen, nach Australien reisen, die Freiheit genießen. In dem Alter tingelte ich durch die USA. Ihm reichten vier Tage Polen, um sein Weltbild vom Ausland zu festigen. Er machte dort den Führerschein, um den MPU Test zu umgehen, was sich allerdings als komplizierter herausstellte als es von ihm angedacht war. Er kam frustriert zurück und schimpfte über das Chaos, sein Auslandshunger war damit gesättigt. Zudem wollte er Lisa, die noch in der Ausbildung war, nicht so lange allein lassen. Gemeinsam mit seinem Vater plante er also die neue Firma in Hamburg, war voll motiviert und verkannte die Notwendigkeit kaufmännischen Wissens sowie die Verantwortung, die man als Geschäftsführer trug. Allerdings sollte bis Januar 2010, bis alles abgewickelt war, noch einiges passieren.

Auszug

Weder Horst noch ich lebten in einem Elternhaus, in dem Gleichberechtigung oder Emanzipation ein Thema gewesen wären. Bei Horst Eltern herrschte eine klare Rollenverteilung. Vater Arbeit, Mutter Hausfrau, später mit einer Würze Arbeit als Krankenschwester. Meine Eltern lebten etwas moderner, ohne allerdings eine Einstellung dazu zu haben. Sie arbeiteten beide und bestritten beide den Haushalt, in dem meine Mutter das Regiment führte und Arbeiten zuteilte. Ob sie glücklich waren, weiß ich nicht, sie behaupteten es nie, sagten aber auch nicht das Gegenteil. Zumindest hielten sie bis zuletzt zueinander. Warum ich Horst wählte, wissen wahrscheinlich nur das Universum und kluge Psychologen. Ganz davon abgesehen, dass eine körperliche Anziehungskraft den ersten Impuls gibt, wird wohl mein Vaterbild, das geerbte und das sozialisierte, eine Rolle spielen. In meinen

Augen war Horst – schlank, hochgewachsen, mit dunklen Locken, einem verhaltenen Lächeln unter seinem Schnurrbart und einem sensiblen, klugen Blick hinter der Brille – sehr attraktiv. Er besaß einen widerspenstigen Charakter, dem ich mit einer stillen Bewunderung für seine Überzeugung, stets zu wissen was er wollte, gegenüberstand. Da ich dasselbe von mir nicht behaupten konnte, ergänzten wir uns ideal. In den politischen Ansichten waren wir uns weitgehend einig, ohne uns einem bestimmten Lager zuzuordnen. Gleichberechtigung war nie ein Thema, sondern eine gemeinsame Haltung, wo auch immer sie herkam. Wer wann wie was arbeitet, wer was macht, teilten wir nach persönlichen und zeitlichen Ressourcen ein, nicht nach alten Geschlechterkonzepten. So teilten wir uns den Haushalt und auch den Garten. Horst ging in der Regel einkaufen, weil ich – gelinde ausgedrückt – keinen Gefallen daran fand. Ich konnte nicht nachvollziehen, dass jemand Freude dabei empfand, die Schachteln zu studieren, die Preise zu vergleichen oder Inspirationen für Gerichte zu bekommen. Ich irrte durch ein Labyrinth von Angeboten und empfand es eher so: ich musste diverse Schachteln in den Einkaufswagen einräumen, anschließend auf dem Band wieder ausräumen, dann wiederum in den Einkaufskorb einräumen, um all das zu Hause wieder auszuräumen. Es nervte mich schlicht und ergreifend. Auch andere Arbeiten gingen zwischen Horst und mir Hand in Hand mit nur wenigen Ausnahmen. Es gab Zeiten, in denen ich unter Hochdruck Persenningen fertigstellen musste und mich zu 100% auf Horsts Unterstützung verlassen konnte. Er schnitt die Stoffbahnen zu, während in einem Affentempo die Nähmaschine bis in die Nächte die Fäden in den schweren Stoff hinein hämmerte. Auch auf dem Schiff war er mir eine helfende Hand, etwa dabei, die schweren Planen anzupassen. Manuel wartete währenddessen die ein oder andere Stunde und musste sich mit sich selbst beschäftigen.

Ich kann mich erinnern, dass die Spülmaschine eines Tages streikte, was bei vielen ein frustriertes »ach Mensch, nicht schon wieder ein Teil kaputt« hervorruft. Als wir abends nebeneinander an der Spüle standen, fühlten wir uns neben dem Abwaschen, Klappern, Räumen wie junge Existenzialisten und genossen diesen intimen Augenblick unserer Zwiegespräche. Rangeleien gab es natürlich auch. Gerade wenn wir gegensätzlicher Ansicht waren, wie etwas praktisch umzusetzen sei. Horst predigte mir ein ums andere Mal, wie ich seiner Meinung nach, eine Bohrmaschine oder einen Hammer halten solle. Wie genau der Hebewinkel sein müsse, damit ich richtig treffe. Gratis-Lehrstunden bekam ich auch beim Kartoffelschälen. Alles, was in seiner Welt keine Logik hatte, musste bekämpft werden, da konnte er nicht aus seiner Haut; und nicht nachgeben, den anderen nicht so machen lassen, wie er gerne wollte. Meine Waffe war sture Ignoranz bis auf ein paar Ausnahmen, in denen ich mich wehrte. Dann maulte ich, dass ich kochen könnte und keine Ratschläge bräuchte. Es kam auch vor, dass ich mich rächte, indem ich ihn zurechtwies, wenn er einen Stoff nicht gerade zuschnitt. Gelegentlich stieg er sogar von seinem hohen Ross und verkündete, dass man auch mal auf Frauen hören könne.

Geld spielte in unserem Leben keine bedeutende Rolle. Es gab, bis auf wenige Momente, keine existenziellen Sorgen mehr. Wir lebten sparsam und investierten das Geld in das, was wir am meisten liebten: in die Freiheit auf dem Wasser.

Das änderte sich ein wenig, als Manuel auf die Welt kam und wir ihn adoptierten. Als Eltern trägt man eine andere Verantwortung. Dachten wir vorher nur an das Heute, wanderten unsere Gedanken mit Manuel auf vielen Pfaden ins Morgen. Damit war das Thema »Sicherheit« auf dem Tisch. Ich weiß nicht, wie wir auf unser Umfeld wirkten. Horst gönnte sich für sich selbst sehr wenig, sein Kleidungsstil entsprach einem schmucklosen, praktischen Habit, seine Schuhe waren ausschließlich Billigtreter, was er mit zunehmendem Alter büßen musste. Mich prägte das Schwabenländle, wo bekanntlich gespart wird. Ich verhielt mich Horst gegenüber schon mal schofelig, wenn Ausgaben keiner notwendigen praktischen Natur entsprachen. Eines Tages überraschte er mich zu einem Geburtstag mit einem Karton, um den eine rote, samtene Schleife gebunden war. Mir war sofort bewusst, dass etwas Besonderes darin enthalten war. Und zack, saß ich in einer Falle. Zögernd und sperrig zupfte ich an der Schleife. Horst saß mir neugierig gegenüber, gespannt wartend auf meine Reaktion. Als ich den Deckel hob, schimmerte es rot unter dem Seidenpapier und mein Herz rutschte ins letzte Eck hinter eine Wand aus Scham. Knisternd schob sich Luft unter das Papier, das sich aufwölbte und einen feinen Duft nach außen trug. Ich zog das kleine edle Etikett, das garantierte, nur von dem Beschenkten geöffnet zu werden, langsam ab. Ein seidenes Nachthemd, das fein glänzend mit dem Licht wellige Schatten warf, hauchte mir eine Geschichte von Luxus und Erotik entgegen. Ich hob es an den

Trägern heraus und sah im Augenwinkel wie der Kopf von Horst mit nach oben folgte. »Was soll ich denn mit so einem Nachthemd?« stieß ich hervor. Schützend stellte sich die Verachtung vor die Scham, wie man so blöd sein kann, dermaßen an meiner Persönlichkeit vorbeizuschenken. Bereits damals rührte sich etwas in mir, dass dies zutiefst bedauerte. Horst sackte in sich zusammen. »Dir kann man einfach nichts recht machen«, sagte er frustriert und ging für die nächsten Stunden in sein Büro. Später bedauerte ich sehr, so kleinmütig gewesen zu sein, in dieser Geste seine Wertschätzung nicht erkannt zu haben.

Manuel hatte dies nicht übernommen. Er war großzügig zu sich und zu anderen. Von einem Schulausflug kam er mit einer Vase für mich zurück, für die er sein ganzes Geld ausgegeben hatte. Horst bekam Schnapsgläser. Aus Italien brachte er mir mal eine venezianische Maske mit. Bis zur Pubertät war er selbst ein Kleidermuffel. Maximal Skater-Hosen durften es sein, mussten aber nicht bestimmte Modelabels tragen. Später schon.

Am Haushalt beteiligte sich Manuel nur auf Zuruf und sehr verhalten. Diese ganzen Streitereien mit Kindern waren es für mich nicht wert, durchgefochten zu werden. Horst und ich hatten unseren Rhythmus, ein ständiges Einfordern hätte uns mehr gestört als es eine Hilfe gewesen wäre. Das Leben ist der beste Lehrmeister. Ich wartete darauf, dass Manuel eines Tages sein Ränzlein packte und für sich selbst verantwortlich war. Das Größte im Haus war sein Reich. Als er im Alter von sechzehn bis siebzehn Jahren mit seinen Penzberger Freunden – allen voran Benni und Matze – LAN-Partys feierte, machten wir einen großen Bogen um die Zockerhöhle. Testosterongefüllte Schweißdrüsen kombiniert mit Rauch, kalter Pizza, Red Bull und Bier ist nichts, was die Nase braucht.

Der Tag kam, an dem Manuel beschloss, in die Welt zu ziehen. An dem er verkündete, uns zu lieben, aber es an der Zeit sei, das Nest zu verlassen. Auf eigenen Beinen zu stehen, den Gefahren des Alltags mutig entgegenzutreten. Sie, wenn nötig, in den Wind zu schlagen. Ein Ziel hatte er bereits ins Auge gefasst. Unsere Penzberger Wohnung, 2,5 km von uns entfernt. Das war doch mal eine Ansage. Manchmal beschleicht mich das Gefühl, dass Kinder überzeugt seien, ihren Eltern mit dem Auszug zu drohen und schreckliche Entzugssymptome erwarteten. Zu dieser Kategorie zählten wir nicht. Manuel saß bei uns am Tisch, und wir sagten ihm zu, dass er die Wohnung zu einem geringen Eigenanteil mieten konnte.

»Du weißt schon, dass Dich dein Vater jeden Morgen weckt, weil Du sonst verschlafen würdest«, neckte ich ihn. Manuel grinste mich schief an.

»Pfff, du kannst mich ja anrufen, wenn er sich auf den Weg macht, um mich mit nach München zu nehmen. Da habe ich locker Zeit, bis er ums Eck schleicht.«

»Ich glaub, Du spinnst. Papa ist mit Dir eh schon bewundernswert geduldig. Du hast nicht mehr Rechte als ein anderer Mitarbeiter, nur weil Du der Sohn vom Chef bist. Silvia aus der Disposition hat sich schon beschwert«, reagierte ich sauer.

»Was hat die Ziege eigentlich zu meckern«, gab er aufgebracht zurück. »Jeder macht seinen Job, und wie er ihn macht, ist ihm doch überlassen.«

»Das stimmt einfach nicht, Manuel.«

»Marion, lass gut sein, das regeln wir schon«, warf Horst beschwichtigend ein. »Darum geht's ja jetzt auch nicht«, wehrte Manuel ab.

»Du wirst sehen, dass das auf Dich zukommt, dass Du jeden Morgen zu spät kommst, oder durch München hetzen musst, weil Manuel nicht aus den Federn kommt.«

»Mama. Ich verspreche Dir, dass das nicht vorkommt.« Erstaunt schaute ich ihn an. Er strich sich beiläufig durch sein dichtes Haar und schüttelte leicht seinen Kopf. Ein junger hübscher Mann, gerade mal 1,62 Meter groß, mit einem Körperbewusstsein, das allen Latinos gemein war, in dem eine selbstbewusste erotische Komponente mitschwang. Horst war stolz auf seinen Sohn. Nicht auf seine schulischen Leistungen und ein paar seiner verqueren pubertären Ausbrüche, sondern auf seine offene Art, mit der er auf Menschen zuging und sie für sich einnahm. Selbst eine Silvia aus der Disposition konnte gegen seinen Charme nichts ausrichten, wenn er ihn gegen oder vielmehr für sie einsetzte.

Er zog mit Lisa los, um die Wohnung einzurichten. Mit dem elterlichen Portemonnaie ging das ganz wunderbar, vor allen Dingen bei Möbel Mahler, einem ansässigen Einrichtungshaus in Wolfratshausen. Ein moderner Glastisch wurde für das Esszimmer gekauft, ein paar Rahmen mit Fotografien von schwarzen gestapelten Steinen aufgehängt, das Schlafzimmer ohne viel Romantik oder Schnörkel in klaren Konturen und in Schwarz gehalten. Horst monierte abends, dass er noch nie so ein Schlafzimmer besessen hätte, worüber ich lächeln musste, weil es daran lag, dass er so etwas gar nie wollte. Die Küche war noch unsere aus Italien, passte natürlich vom Stil nicht, Manuel war aber klar, dass er eine neue nicht von uns finanziert bekam. Er kaufte sich einen Fernseher, dessen Größe mir wie ein riesiges schwarzes Loch erschien, das Nonplusultra für Videos und seine PlayStation.

Ich erinnere mich, dass wir eines Abends beide Lust hatten, einen Film auszuleihen und auf der Coach zu lümmeln. Es kam selten vor, dass wir bei ihm waren, worüber er sich regelmäßig beschwerte. In der Videothek wusste er allerdings nicht, welchen Film er wählen sollte, weil er bereits fast alle gesehen hatte. Da ich keine Ballerfilme mochte, einigten wir uns auf einen spannenden Thriller, den ich mit dem Gefühl sah, mitten im Geschehen zu sein, weil dieser Fernseher nahezu den gesamten Raum einnahm. So modern der Geschmack unseres Sohnes war, die Wohnung war das reinste Chaos und nur für Lisa wurde eine Besucherschneise geschlagen.

Apropos Lisa. Eines Tages klingelte es, meine Eltern waren gerade zu Besuch, und vor der Tür standen zwei Polizisten, die fragten, ob ein Manuel Lehmann hier wohne. Natürlich wohnte er in Penzberg, war noch bei uns als Erstwohnsitz angemeldet, aber inzwischen schon in seine eigene Wohnung ausgezogen. Einer der beiden klärte mich auf, dass eine Anzeige vorliegen würde, Manuel hätte jemanden mit einer

Pistole bedroht. In Sekundenschnelle griff mein altes Muster; ein Cocktail aus Panik, Verdrossenheit und Abwehr schoss durch meine Adern. Die Polizisten fragten, ob sie sich das Zimmer von Manuel anschauen dürften. Es war nicht so, dass sie einen Durchsuchungsbefehl hatten. Irgendwie fühlte es sich wie im Krimi an, doch was ist schon als Normalbürger Realität und was Fiktion. Ich fragte jedenfalls nicht nach einem offiziellen Bescheid. In seinem Zimmer fanden sie nichts, es war ihnen auch sofort klar, dass der junge Mann nicht mehr hier wohnt, woanders im Haus wollten sie seltsamerweise nicht nachschauen. Sie hatten die Tür noch nicht verlassen, da griff ich zum Hörer und rief Manuel an.

»Manuel, hier stand gerade die Polizei in der Tür und sagte, dass gegen dich eine Anzeige vorliegt, dass Du jemanden mit der Pistole bedroht hast. Was ist das jetzt schon wieder für ein Scheiß? Mein Gott, nimmt das eigentlich nie ein Ende?« pulverte ich los.

»Mama, jetzt beruhige Dich doch mal. Das war nur eine Schreckschusspistole.«

»Schreckschusspistole oder nicht, das ist mir egal«, schrie ich in den Hörer, »Pistole ist Pistole, was machst Du überhaupt damit?«

»Die hatte ich mir aus Neugierde gekauft. Und kürzlich haben Freunde von Lisa versucht einen Keil zwischen uns zu schieben. Sie erzählten ihr Unwahrheiten, dass ich mich mit einem anderen Mädchen treffen würde. Haben mich dann unter einem Vorwand zu einem Ort hinbestellt, wo das Mädchen auch war. Und dann auch noch Lisa dorthin bestellt, um ihr zu beweisen, dass sie die Wahrheit sagen würden. Da habe ich halt mal mit der Pistole vor ihrer Nase rumgefuchtelt, dass sie nicht so einen Scheiß verzapfen sollen. Mehr war nicht.« Stumm hörte ich ihn atmen. Ich war fix und fertig.

»Du sagst mir jetzt sofort, wo das Scheißteil liegt. Ich habe der Polizei gesagt, dass Du in München arbeitest, doch die kommen mit Sicherheit heute noch bei Dir vorbei. Wenn die die finden, bist Du geliefert.«

Ich warf meinen Mantel über, fuhr zu seiner Wohnung, nahm die Pistole an mich und schmiss sie ins nächstgelegene Wasser. Wie man das in Krimis ebenso macht. Ich kam mir wie eine Schwerverbrecherin vor, schaute um mich, wohl wissend, dass das am auffälligsten war. Am Abend erwartete die Polizei Manuel bereits an der Türschwelle. Natürlich fanden sie nichts. Man muss ihnen zugutehalten, dass sie ihn freundlich warnten, die Geschichte nicht auf die leichte Schulter zu nehmen und vorsichtig zu sein, weil er Gefahr lief, seinen Führerschein auf Lebzeiten zu verlieren.

Als Horst am Abend nach Hause kam, war er sehr betrübt und in Sorge um seinen Sohn. Er berichtete, dass Manuel ihm während der Heimfahrt erzählte, dass er die Sache gleich hätte klären müssen, sonst wäre mit Lisa lange Zeit Stress gewesen. Das Ende vom Lied war unverschämtes Glück, die Anzeige wurde aus Mangel an Beweisen zurückgezogen.

Manuel war also ausgezogen. Erwachsen geworden war er deshalb noch nicht.

Hundewechsel

Arkos verbrachte bis 2009 ein gutes Hundeleben. Eines Tages erlitt er einen schweren Bandscheibenvorfall, den er nur unter großen Schmerzen ertrug. Es ist schrecklich, ein Tier leiden zu sehen. Was für eine Erleichterung, dass in der Beziehung zwischen Mensch und Tier Euthanasie einen Platz hat. Auch wenn sie nicht frei von Schuldgefühlen ist, entschlossen wir uns, Arkos einschläfern zu lassen. In der Nacht gruben Horst und Manuel heimlich ein Grab in unserem Garten aus, wir drei wollten Arkos in unserer Nähe wissen. In seinem Andenken pflanzten wir eine rosa Rose, die uns an unseren ersten Hund und wirklich tollen Hovawart erinnerte. Manuel ersetzte Arkos nach dieser Trennung rasch durch eine junge Dame. Es dauerte nicht lange, da äußerte er den Wunsch nach einem neuen Gefährten. Und man staune – diesmal bekam er von seinem Vater Rückenstärkung. Horst wollte zwar auch wieder einen Hund, doch die beiden Männer waren völlig unterschiedlicher Ansicht, was die Rasse anging. Horst wollte einen seetauglichen Hund, der klein und handlich überall Platz fand. Er kam schnell auf einen Cavalier King Charles Spaniel, der ein munterer, fröhlicher, anpassungsfähiger und folgsamer Hund ist. Der Menschen liebt, gut mit Kindern auskommt und ein idealer Wegbegleiter ist. Er verträgt sich im Allgemeinen auch mit anderen Hunden und Haustieren gut. Das perfekte Gesamtpaket für Reisen mit dem Segelboot. Doch obwohl die Rassebezeichnung königliches Blut versprach, war dieser kleine Wicht unter Manuels Würde. Er wollte einen stattlichen Hund an seiner Seite. Am liebsten einen Rottweiler. Damit drückte er bei mir die Stopp-Taste. Rottweiler sind freundliche und friedliche Hunde, wenn man sie entsprechend fördert. Es herrschen viele Vorurteile, dennoch gibt es Biss-Statistiken, in denen sie präsent vertreten sind. Trotz meines zierlichen Körperbaus kann ich kräftig zupacken, doch bei der Vorstellung, einen solch schweren und stämmigen Hund zu führen, verließ mich der Mut. Ich stritt heftig mit Manuel, der dafür kein Verständnis zeigte. Die Stopp-Taste funktionierte mit der Drohung, dass ich mich nicht um ihn kümmern würde, wenn er weg wäre.

Horst setzte sich für uns mit dem King Charles durch und es wurde ein rotgefärbter, sogenannter Ruby aus einem S-Wurf. Da wir keinen normalen Namen wollten, spielten wir mit den Buchstaben, bis wir auf Sidow kamen. Das »W« fügte Manuel hinzu, um nicht in den Vergleich mit dem großen bekannten deutschen Rapper Sido zu kommen. Als Musiker war ihm das unangenehm nah. Unsere erste Reise mit Sidow Anfang Juli 2009 ging nach Sardinien. Er konnte im Flugzeug nach Sardinien mit uns dreien in der Kabine mitfliegen. Im Flugzeug ließ Horst den armen Sidow sofort aus der Tragetasche raus, um ihn auf den Schoß zu nehmen. Das ging natürlich nicht, es gab sofort eine heftige Diskussion zwischen Flugbegleiterin und meinen zwei Männern, die nur dadurch beendet wurde, dass man uns fast des Flugzeuges verwiesen hätte. Manuel brachte ihm Pfötchen geben bei und schien seinen Frieden mit der Wahl gefunden zu haben. Er flog eine Woche eher als wir nach Hause. Danach kam meine Freundin Gabi noch für eine Woche, um mit uns nach Sizilien zu segeln. Sie redete ständig davon, dass der arme Michael Jackson gerade gestorben war.

Wir kamen gut gelaunt und erholt aus Sizilien zurück. Als Manuel uns besuchte, folgte seinem Grinsen ein großer grinsender Schatten. Sila. Eine altdeutsche Schäferhündin. Manuel hatte die Woche genutzt, um sie in Mecklenburg Vorpommern bei einem Züchter abzuholen. Er sprudelte vor Erzählfreude, denn er fand Sila zwar nicht besonders hübsch, aber sie hatte ihm auf Anhieb gefallen. Und auch ich konnte mich ihrem Charme nicht entziehen. Sidow ebenfalls nicht, der bis zu seinem letzten Schnaufer ihr bester Freund war. Mich erstaunte, wie viel Wissen Manuel über Hunde besaß. Anscheinend hatte er sich gründlich eingelesen und bereits einen Namen für seine langhaarige schwarzbraune Gefährtin gefunden. Sila, weil er zu Sidow passte, aber mehr noch, weil er die Buchstaben seiner damaligen Freundin Lisa trug. Ein kleines Friedensangebot, denn Lisa hatte etwas Angst vor Hunden. Er erzog Sila sehr streng, sie ging niemals mit Leine und folgte ihm aufs Wort. Sogar kleine Kunststücke wie »Toter Seemann« konnte sie und schmiss sich auf Befehl reglos auf den Rücken, was uns immer wieder zum Lachen brachte. Das Erstaunlichste war, dass sie Manuels Wesen entsprach. Sie war anhänglich, eine alte Quasselstrippe und fürchterlich geschleckert. Sie aß ausschließlich Pferde, Känguru oder Büffelfleisch. Ich möchte ja nicht behaupten, dass sie sich dafür extra eine Allergie zulegte, aber zuzutrauen war es ihr. Wenn Manuel etwas schmeckte, blieb er ebenfalls unerschütterlich dabei. Ich erinnere mich an seine Gallo Pinto-Orgien auf

Costa Rica, bei denen er sich dreimal täglich Reis mit roten Bohnen und Kochbananen einverleibte.

Natürlich nahm ich Sila auf, wenn Manuel mit Lisa in Urlaub war. Nach jedem Sitteraufenthalt war allerdings mein Garten umgegraben, Silas Lieblingshobby in ihrem Exil. Vielleicht grub sie nach Spuren von ihrem Herrchen, vielleicht roch sie Arkos oder irgendwelches Getier. Es war ihr jedenfalls nicht auszutreiben. Vielleicht war ich aber auch so inkonsequent, weil es ihr Spaß machte und ich ihr diesen nicht in Gänze nehmen wollte.

Sidow erwies sich als perfekte Segelbegleitung. Wenn sein Herz auch später – was typisch für die King Charles Rasse ist – asthmatisch litt, bewies er immer ein mutiges Herz. Auf den niederländischen Antillen Isla del Aves in der Karibik wurde er von einer Viper gebissen, wodurch sein Hinterteil gelähmt war. Man sah den Dreizack der Schlange, die er heldenhaft überlebte. Auf Costa Rica wurde er von einer Hundemeute am Genick gepackt und über ein Korallenriff geschleppt, bis ihr Besitzer sie zurückpfiff. Was so typisch für Sidow war, dass er sich abschüttelte, zurückkam und regelrecht fragte, wo das nächste Abenteuer sei oder ob es einen interessanten Hausmeisterjob gab, den er geschäftig erledigen könne. Im Großen und Ganzen war Sidow unser unabhängigster und freiheitsliebendster Hund. Er büxte regelmäßig aus, sobald er in die Nähe von Gewässern kam, die ihn magnetisch anzogen und eine Leidenschaft in ihm entfachten, die alles andere in Vergessenheit geraten ließ. Selbst Krokodile in Costa Rica oder Giftköter in Kolumbien, die er Gott sei Dank überlebt hatte, konnten dem kleinen Herrn keine Angst einjagen.

Man muss nicht glauben, dass die Gefahren für Sidow nur in tropischen Gefilden lauerten, denn auch in Deutschland stellte uns sein Temperament vor lebensbedrohliche Abenteuer und meine Nerven auf eine starke Geduldsprobe. Hier greife ich etwas vor. Im Frühling 2010 besuchte ich Manuel in seinem Hamburger Büro, das er kurz vorher bezogen hatte. Als ich ins Gebäude trat, kam mir ein Herr aus dem offenen Aufzug entgegen. Sidow war wie immer vorne dran und trippelte in die Kabine. Was dann geschah, kann ich nicht mehr genau erinnern. Sekundenbruchteile, die am Ende des Tages nicht mehr als Puzzle zusammenzufügen sind. Jedenfalls schloss sich in diesen Sekunden die Aufzugstür. Sidow an einem Ende der Leine im Aufzug, ich am anderen Ende der Leine außerhalb. Dann fuhr der Aufzog los. Gezwungenermaßen musste ich die Leine loslassen, die oben am Aufzugsrahmen hängenblieb. Das mutet wie eine Filmparodie an. War es aber nicht. Ich schrie wie am Spieß. Ich war so außer mir, der Regisseur in meinem Kopf drehte in Sekundenschnelle einen strangulierten, zerquetschten Hundehorror-Streifen. Schreiend rannte ich durch das Gebäude und verfolgte den Aufzug. Die Leute kamen aus den Büros gestürmt und einer drückte geistesgewärtig den Aufzugknopf, damit er wieder zurückkam. Der Hausmeister, der hinzugeeilt war, wollte mich nicht in den Aufzug schauen lassen, in Erwartung, dass er neben einem toten Hund noch eine hysterische oder bis dahin ohnmächtige Frau versorgen musste. Dann ging die Tür auf und sie war – leer. Leer. Bis auf einen kleinen Teil Leine, der am Karabinerhaken gerissen war. Von Sidow und seinen hündischen Überresten keine Spur. Anstatt mich zu beruhigen, rannte ich – im Schlepptau das halbe Bürohaus – weiter durch das Gebäude, in dem sich mittlerweile rumgesprochen hatte, dass wir einen Hund suchen. Unerwartet tauchte Sidow auf, als wäre nie etwas gewesen. Ohne Traumata, ohne Würgemale, völlig gelassen. Im Gegensatz zu mir, denn meine Aufregung löste sich später in Tränen auf. So hatte ich zwar das Vertrauen, mit Sidow an jedes Fleckchen dieser Erde zu gelangen, doch dieser kleine Attentäter schaffte es immer wieder, meinen Puls ausbrechen zu lassen.

Das Meer und der Junge

Die Awenasa war ein Traumboot, Manuel 21 Jahre alt, uns schien die Zeit reif, gemeinsam über den Atlantik zu segeln. Im November 2009 fand die Atlantic Rally for Cruisers (ARC) Regatta statt, zu der wir uns anmeldeten. Sie startete in Las Palmas auf Gran Canaria, wo sich hunderte Boote aus der ganzen Welt trafen, um im Verbund mit anderen Yachten den Atlantik zu überqueren. Zielhafen in der Karibik war die Rodney Bay auf St. Lucia, einer der schönsten Inseln der Kleinen Antillen. Für die 3.200 Seemeilen rechneten wir bei unserer Bootsgröße, und je nach Stärke des Passatwindes, an die drei Wochen. Der Hafen von Las Palmas war ein bunter Reigen an Bootsklassen zwischen Einrumpfbooten ab 27 Fuß und Fahrtenkatamaranen zwischen 27 und 60 Fuß. Teilnahmevoraussetzung war ein leitender Skipper, das Mitführen von Sicherheitsausrüstungen wie Rettungsinsel, EPIRB-Seenotfunkbake, UKW-Seefunk und Satellitentelefon, damit man über ein tägliches Funknetz in Kontakt bleiben konnte.

Verglichen mit unserer ersten Atlantiküberquerung waren wir in Watte gepackt.

Unsere Crew bestand aus sechs Personen. Horst, Manuel und ich, sowie unsere Freunde Axel und Franz. Unser sechstes Mitglied war eine spanische, dreißigjährige Frau, die von Horst und Axel aufgenommen wurde, als sie um eine Mitfahrgelegenheit bat. Für mich war das okay und eine wunderbare Gelegenheit etwas zurückzugeben, denn ich war in meinen jungfräulichen Segelzeiten von Burkhardt und Helga ebenfalls freundlich auf- und mitgenommen worden. Sie stellte sich für uns, also den Großteil der Crew, als Glücksfall heraus, weil sie selbst bei starkem Seegang wunderbar kochen konnte. Klar, gab es auch Schattenseiten. Sie hatte grottenschlechte Essmanieren, hing mit ihrem Oberkörper über dem Teller, der linke Arm baumelte unter dem Tisch, dann fing sie eine Affäre mit Franz an, und Axel konnte sie nicht leiden. Sie war scheu wie ein kleines Kätzchen und duckte sich devot ins kleinste Eck. Versuchte man sie in die Gemeinschaft zu locken, war unser Spanisch nicht vertrauenserweckend genug. Auf engem Raum vertrugen sich die zwischenmenschlichen Macken zueinander wie ein vergessener Silvesterkracher auf dem Dach eines Heuschobers. Die Kojen-Einteilung folgte dem Gesetz der Anziehung, Horst und ich, Manuel und Franz, Axel und die Spanierin, die ich hier Cristina nenne, ihr richtiger Name – sie möge mir verzeihen – ist im großen Meer meiner Erinnerung versunken.

Morgens um zehn Uhr fuhren alle Schiffe mit Blaskapelle und großem TamTam aus dem Hafen. Sobald wir den Hafen verlassen hatten, wurde der Gennaker aufgezogen, das größte

Segel, mit dem wir sehr schnell Fahrt aufnahmen und bei den Ersten mitfuhren. Manuel stand am Ruder, und wenn er auch nicht einen Kapitän Blaubart mimte, war er stolz, vorne dran zu sein. Eine Regatta ist und bleibt ein Wettbewerb, auch wenn das Erlebnis der Weite auf dem Meer im Vordergrund steht. Das bekamen wir schnell zu spüren. Beobachtete Manuel, unser Rennfahrer, noch beseelt, wie sich das blaugelbweiße Segel Backbord über das Meer wölbte, so dass wir die Wellen mit unserer 47 Fuß langen Awenasa durchpflügten, machte es plötzlich einen lauten Rumms. Dinge passieren schnell, unvorhergesehene, unkontrollierbare Veränderungen, die eine völlig neue Situation heraufbeschwören. Plötzlich landete der Gennaker aus unerklärlichen Gründen im Wasser. Hektik brach aus. Mühsam mussten wir das riesige Tuch, immerhin 140 Quadratmeter groß, einholen, während die anderen Boote an uns vorbeifuhren. War man nicht in Seenot, half auch niemand, wie gesagt, es war eine Regatta, und jeder wollte vorne dabei sein. Wir hievten das nasse, zerrissene Segel zurück ins Cockpit, packten den Gennaker weg und setzten die normale Genua. Auch mit der Genua schafften wir ein recht ordentliches Tagesetmal. Wir waren so im Mittelfeld, was wir durch unser Satellitentelefon täglich in Erfahrung bringen konnten. Nach 1.600 Meilen schoss jedoch ein anderes Schiff mit gehisstem Gennaker mitten auf dem Atlantik direkt an uns vorbei. Anhand des Schiffnamens konnten wir ersehen, dass es auch ein an der ARC beteiligtes Schiff war. Es dauerte keine drei Atemzüge, da hatte ich meine transportable Industrie-Nähmaschine ins Cockpit gestellt, so dass ich das gerissene Tuch des Gennakers nähen konnte. Es war eine echte Schinderei, auf so engem Raum diese 140 Quadratmeter Stoff zu nähen, wenn draußen fünf Meter hohe Wellen jedes präzise Arbeiten erschwerte. Ich war am Nähen und Franz und Axel mussten den Stoff immer nachschieben. Kurze Zeit darauf wurde unser Gennaker wieder aufgezogen. Wir waren genau in der Mitte der Regattastrecke – 1.600 sm hatten wir zurückgelegt, 1.600 sm lagen noch vor uns. Die Winde wurden ruhiger, also mussten wir jedmöglichen Fetzen Segel hissen, um eine höhere Geschwindigkeit aufzunehmen und Seemeilen gutzumachen.

Nach dieser Aktion fühlte ich mich herrlich ausgeglichen, ich spürte die Elemente aus Wasser und Luft sowie die Kraft der Awenasa und unsere Gemeinschaft wie Lichtkristalle durch meine Adern fluten. Manuel und Axel feixten und kabbelten sich, Franz und Horst fachsimpelten am Vordeck und Cristina bereitete eine Mahlzeit zu.

Die Awenasa surrte geschmeidig über das Wasser. Irgendwann löste sich die Runde auf. Wir hatten beschlossen, den Gennaker nicht einzuholen, die Nacht erschien ruhig, und wir wollten Rückstand aufholen.

Nach dem Abendessen hatten Cristina und Franz die erste Nachtwache und saßen draußen im Cockpit. Manuel schaute einen seiner tausend Filme an. Wir hatten ihn genötigt, Kopfhörer aufzusetzen, allerdings schauerte es mich, diese Geräuschkulisse direkt an seinen Bewusstseins-Pforten zu wissen. Axel und Horst legten sich beide hin, um schon mal vorzuschlafen, da die Nächte mit der Nachtwache immer so anstrengend waren. Ich machte es mir im Salon gemütlich und las auf meinem iPad in den Tagesblättern der Heimat. Eine Zeitlang wischte ich mich durch die Nachrichten, die hauptsächlich aus Terroranschlägen bestanden. Eine Anschlagserie auf öffentliche Gebäude in Bagdad, eine Brandkatastrophe in einem Nachtclub der russischen Stadt Perm reihte sich an weitere Katastrophenmeldungen. Zwischen der digitalen Druckerschwärze tat sich mit einem Mal ein kleiner Lichtblick auf, als ich las, dass die Regierung der Vereinigten Staaten nach jahrelangem Rechtsstreit den Vertretern von rund 300.000 Indianern eine Entschädigung von 3,4 Milliarden US-Dollar für die Ausbeutung ihrer Bodenschätze und das Missmanagement in den Reservaten zusagte. Wenn wir davon ausgehen, dass wir alle von einem Zellhaufen abstammen, einer kleinen, noch minderbemittelten Amöbe, aus der sich verschiedene Linien etabliert und weiterentwickelt haben, also unter anderem die Hominini, könnten einige meiner späteren Vorfahren auch Indianer gewesen sein. Dieser Gedanke führt jeden Kampf gegeneinander, gegen ein sogenanntes Volk, gegen eine Sippe ad absurdum, da wir alle möglicherweise von der gleichen abstammen. Aber die Menschen hauen sich halt gerne gegenseitig aufs Maul, und damit sie einen Grund dafür haben, müssen sie vorher stänkern. Mein Interesse für die indigenen Völker Nordamerikas versuchte ich natürlich Manuel näherzubringen und nahm ihn zu Veranstaltungen der »Gesellschaft für bedrohte Völker« mit. Ich musste schmunzeln, als ich nun, über den Text gebeugt, daran dachte, denn bei einem dieser Events kam »Mitch Walking Elk« und gab ein Konzert. Manuel machte sich lustig über ihn und nannte ihn »Michi und der wartende Elch«, obwohl die Übersetzung »Gehender Hirsch« bedeutet. Horst schmiss sich weg vor Lachen. Und ich hätte ihnen am liebsten eine aufs Maul gegeben. So funktioniert das eben. Ich habe es nicht getan.

Noch unentschlossen, ins Bett zu gehen, wunderte ich mich, dass das Schiff immer wieder aus dem Ruder lief. Ich spürte, wie der Wind weiter zunahm und das Schiff sich immer weiter auf die Seite legte. Die Awenasa, mit einer viel zu großen Segelfläche nicht richtig getrimmt, kämpfte erbittert gegen den Druck des Windes, musste sich jedoch irgendwann geschlagen geben, legte sich komplett steuerbord auf die Seite und Tonnen von Wasser strömten in den inzwischen im Wasser liegenden Gennaker und drückten die Awenasa noch weiter auf die Seite und unter Wasser. Alles ging in Sekundenschnelle. Franz machte in seiner Verzweiflung den Motor an. Er versuchte, mit der Kraft des Motors das Schiff wieder auf Kurs und das Segel aus dem Wasser zu ziehen, machte es allerdings noch schlimmer. Da es jetzt schon sehr warm war, hatten wir alle seitlichen Luken geöffnet, was fast unseren Untergang bedeutet hätte. Durch die offenen Luken strömte so viel Wasser, dass ich glaubte, es hätte die seitlichen Fenster komplett eingedrückt. Manuel kam sofort aus seiner Koje gestürzt und wir versuchten die Klappen zu schließen, fast ohne den Hauch einer Chance gegen die Wassermassen. Inzwischen kamen auch Horst und Axel verdattert aus ihren Kojen – Horst hatte so fest geschlafen, dass er den Ritt auf den Wellen der Awenasa nicht bemerkt hatte, und Axel hatte erst Schwierigkeiten, aus seiner Koje zu kommen, weil das Schiff komplett auf der Seite lag. Im Salon standen wir schon mit den Füßen im Wasser. Wir rannten alle nach oben, um die Lage draußen zu erkunden. Wir mussten sofort anfangen, das Wasser mit der Handpumpe im Cockpit und der Duschpumpe in unserer Koje auszupumpen, damit das Schiff sich wiederaufrichten konnte. Die elektrische Pumpe funktionierte natürlich nicht in dieser Notsituation. Nachdem wir einige Zeit gepumpt hatten, richtete sich das Schiff langsam wieder auf. Wir schauten uns alle mehr oder weniger erleichtert an, wir waren mitten auf dem Atlantik, und jetzt zu sechst in die Rettungsinsel steigen zu müssen, ängstigte mich gewaltig. Aber da der Gennaker noch im Wasser lag, konnte sich die Awenasa nicht ganz aufrichten. Also fing Horst mit Franz zusammen an, den Gennaker zu retten. Ich hätte den Gennaker einfach abgeschnitten. Wir arbeiteten drei Stunden lang mit der Kraft der Verzweiflung, holten das Segel langsam ein und pumpten das Schiff immer weiter aus.

Anschließend hatten Axel und ich Nachtwache, mein Adrenalinpegel war konstant auf höchster Alarmstufe, so dass Axel in regelmäßigen Intervallen bei jedem ungewöhnlichen Geräusch Beruhigungsmantras auf mich rieseln ließ. Die anderen gingen nach dieser Anstrengung wieder schlafen. Franz war zerknirscht, konnte leider die Geschichte für sich nie ins Reine bringen. Die Bilanz der Nacht war erschütternd: Den größten Teil der Lebensmittel mussten wir wegschmeißen, das komplette Gemüse, Zucker, Mehl, alles was nicht dicht verpackt war, so dass uns einzig die Konserven blieben. Der Laptop von Manuel war hinüber, die digitale Spiegelreflexkamera von Franz war auch hin, dennoch hatten wir Glück im Unglück. Es war nur die Lebensmittelseite betroffen, nicht die Elektronikseite mit der gesamten Navigation.

Außer der Wasserdruckpumpe: Duschen war nicht mehr möglich, stinken war also Ehrensache. Aber auch das konnte dann noch repariert werden. Von siebzehn Tagen hatten wir noch neun vor uns. Wir waren alle auf der Hut. Als Kapitän bestimmte Horst, mit kleinerer Besegelung zu fahren, und bei jeder Brise die Segel zu verkleinern. Es dauerte nicht lange, da kam der Tag x, an dem wir meuterten. Wir wollten schneller vorankommen, wir befanden uns ja nicht auf einem Floß, sondern immer noch auf einer Regatta. Irgendwann hatten wir Land in Sicht und gaben über UKW Bescheid, dass wir kurz vor der Zieleinfahrt waren. Im Hafen erwartete uns ein Begrüßungskomitee mit einem Cocktail und ein Fotograf. Wir feierten die ganze Nacht auf dem Steg, es war ein ständiges Ankommen, zumindest waren wir nicht die Letzten. Das ist ein besonderer Moment, es belohnt all die Mühen.

Manuel vermisste seine beiden Damen Lisa und Sila. Das Abenteuer war errungen, nun hieß es zu Hause nach dem Rechten zu schauen. Sila war zu dem Zeitpunkt ein knappes halbes Jahr altes Fellknäuel, offen für jede vernachlässigte Erziehungsmaßnahme. Meine Eltern passten zwar auf Sila und Sidow in Penzberg auf, was allerdings nicht das Amt eines Hundetrainers beinhaltete. Im Gegenteil, die Ärmsten waren völlig aus dem Häuschen, denn Sila war zum ersten Mal läufig und Sidow spielte verrückt. Zwei Hunde auseinanderzuhalten, wovon einer jaulend und japsend seiner Natur 24 Stunden, rund um die Uhr, freien Lauf lassen möchte, ist eine nervenaufreibende Aufgabe.

Eine Woche genossen wir den festen sandigen Boden auf Sankt Lucia, bevor wir nach Frankfurt zurückflogen und von dort aus mit der Bahn nach Hause fuhren. Diese Zeit mit meinem erwachsenen Sohn auf dem Meer trage ich als festen Anker in meinem Herzen. Manuel focht unerschrocken mit uns auf hoher See, er war ein fauler Maat, aber mutig und voller Vertrauen.

Trennung Nord – Süd

Der Verkauf der Firma hatte Horst ein wohliges finanzielles Polster verschafft. Zum richtigen Zeitpunkt in der richtigen Branche zu investieren, ist die Begegnung von Kunststück und Glücksfall. Zum richtigen Zeitpunkt ein Objekt gewinnbringend abzustoßen ist ein Geniestreich. Ihm war es gelungen. So waren wir von Segelnomaden zu gediegenen Mittelständlern gereift. Ganz ohne jegliche Fassade und doch für viele vorhanden, die hinter etwas blicken wollten, was es nicht gab, in der Hoffnung etwas anderes vorzufinden. Es gab keine anderen Autos, keine anderen Kleider, keine anderen Restaurants oder dergleichen. Es verlagerte sich lediglich der inhaltliche Aktionsradius. Die Mitarbeiter wurden von dem Käufer übernommen, doch Manuel hatte mit Horst bereits andere Pläne geschmiedet. Er wollte in den Norden zurück. Nachdem ich in meiner Berufstätigkeit im Vertrieb bei Waypoint fest eingespannt war, übrigens ein Bereich, in dem Horst und ich uns gegenseitig nicht reinredeten, suchte er sich andere Tätigkeitsfelder. Angestellt, der Willkür von jemand anderem ausgesetzt zu sein, behagte Manuel gar nicht. Er wollte sein eigener Chef sein und zusammen mit Horst in Hamburg eine kleine Zeitarbeitsfirma eröffnen, die Lehmann Personalmanagement GmbH. Ganz schön weit aus dem

Fenster gehängt, zwischendurch bekam Horst nasse Füße, denn in Manuels Vorstellung lief das Büro bereits vor der Eröffnung erfolgreich. Alles kein Problem. Horst war oft oben, also oben aus bayerischer Sicht, und sorgte für die Grundlagen, was mich angenehm beruhigte. So sehr, dass ich zunächst kein Verständnis dafür hatte, dass Horst nicht wollte, dass Manuel mit uns im Mai für vier Wochen segeln ging. Seiner Ansicht nach sollte Manuel nicht nur ein gutes Führungsvorbild sein, sondern einen festen Kundenstamm aufbauen, der es einem erlaubt, überhaupt an Urlaub zu denken. Nachvollziehbar. Klar. Dennoch gibt es eine Stimme in mir, die das deutsche Bedenkenträgertum anklagt, steif, langweilig und burnoutgefährdet zu sein. Vielmehr erzeugte damals jedoch ein tiefes inneres Gefühl den Wunsch, wertvolle Zeit mit meinem Sohn zu verbringen. Wie schnell gibt man das zugunsten der äußeren Umstände auf. So segelten Horst, Burgis und ich von St. Lucia über das karibische Meer zu den Holländischen Antillen, wo wir zuerst Grenada und die grenadische Inselwelt mit wundervollen Riffen anliefen. An den Riffen schwammen Schildkröten. Große Körper schwebten mühelos durchs Wasser, ihre kleinen Stummelbeine brauchten nur wenige kräftige Stöße, um unser Schiff zu begleiten. Fasziniert beobachteten wir, wie sie uns beobachteten. Nachdem wir unsere Scheu überwunden hatten, schnorchelten wir in ihrer Begleitung und erlebten, wie friedlich sie uns in ihrem Element begegneten. Burgis suchte ständig ihren Kontakt, streichelte fassungslos über ihre Panzer und war nur mit Hunger und dargebotenen Mahlzeiten aus dem Wasser zu locken.

Auf dem Weg nach Curacao näherten wir uns den vorgelagerten Inseln entlang der Küste Venezuelas. Spätestens dort war ich froh, nicht auf Manuels Begleitung bestanden zu haben. Die Gegend war so arm, es herrschte Piraterie, nachts schalteten wir die Positionslichter und das AIS aus, um nicht geortet zu werden. Die Menschen hangen lethargisch in Hängematten am Strand. Besser Gestellte lebten in Bretterverschlägen. Ein Virus der Trostlosigkeit trieb sein Unwesen, lähmte Körper und Geist, und starre Masken begegneten den Blicken von Fremden. Ich habe mich gefühlt, wie ich mich sonst noch nie auf Reisen gefühlt habe. Horst und Burgis ging es auch so, wir alle hatten auf diesen Inseln ein starkes Unbehagen: Es gibt Gegenden, in denen Armut herrscht, die Menschen in ihrem Leben dennoch einen Sinn sehen und glücklich sind. Pure Hoffnungslosigkeit waberte zwischen Gebüsch, Gebein und Feuerstelle. Aus reiner Not unternahmen wir Landgänge, um Sidow Pinkelpausen zu gönnen, flüchteten aber spätestens nach fünf Markierungen schnell auf die Awenasa zurück, lichteten den Anker und segelten weiter Richtung Westen nach Curacao.

Manuel fühlte sich in Hamburg wohl, mit seiner Kontaktfreude hatte er alte Freundschaften aufgenommen und ausgebaut. Das einer von den Kumpels eine Shisha-Bar leitete, wollte ich gar nicht wissen. Mit Dennis Otto ging er jeden Samstag in den Stadtpark zum Spazieren. Sehr zur Freude von Sila, die Ausflüge ins Grüne genoss. Als Stadthund war sie weniger geeignet, sie spürte die genervten Blicke oder Reaktionen von ihrem Herrchen auf selbige. Der Informationsgehalt an Gerüchen pro Quadratmeter war im Vergleich zu unseren ländlichen Einsiedlerwegen exponentiell gestiegen, doch die Grünflächen und Flecken für ihr Geschäft hundsgemein wenig.

In einem launigen Telefonat sagte er mit einem Lachen: »Jetzt müsst nur noch ihr zwei hier raufziehen, dann bin ich komplett glücklich.« Horst wäre dem Ruf gefolgt, ich fand es unnötig, denn Bayern hielt ich für das schönste Bundesland. Da ich mit meinem Beruf mobil war, stand regelmäßigen Besuchen nichts im Weg.

Seine Leiharbeiter führte Manuel gut und gegebenenfalls mit Strenge. Fehlte unserem Erziehungsstil im Großen und Ganzen die konsequente Disziplin, forderte er ohne Mühe Leistung ein. Eine logische Konsequenz, denn sein Lotterleben konnte er nur führen, wenn andere Leistungen erbrachten, die er delegierte. Vielleicht gehe ich mit ihm ein wenig zu hart ins Gericht, denn die Akquise, wovon das Geschäft lebte, machte hauptsächlich er. Leute vollquasseln, bis sie zu allem Ja und Amen sagen, beherrschte er in Vollendung. Zudem stellte er seinen alten Schulfreund Andy ein, was gut klappte, und genoss sein Leben. Mal fuhr er von seiner Pinneberger Wohnung erst um elf Uhr ins Büro, und wenn ihn die Sehnsucht nach Lisa plagte, folgte er seinem inneren Bedürfnis und verbrachte eine Woche in Bayern. Leider hatten die beiden den Drive verloren, auf dem gemeinsamen Weg zu bleiben. Lisa hatte ein enges Verhältnis zu ihrer Familie und war ihrer Heimat sehr verbunden. Sie wollte nicht nach Hamburg ziehen, sondern erst ihre Ausbildung beenden. Nach ihrer Lehre als Bürokauffrau war sie nochmals auf die Schule gegangen. Manuel saß mit hängenden Schultern an unserem Küchentisch, völlig frustriert. »Ich verstehe nicht, warum sie nicht mitkommt.« Er schnaubte verächtlich und knallte seine Kaffeetasse auf den Tisch. Der Käsekuchen, der vor uns stand, verstrich ein leichtes Zitronenaroma. Genüsslich schob ich meine Gabel in die Spitze meines Stücks, bis sie auf den Mürbteig stieß und ich mit Kraft den Boden teilte. Während ich mich auf die säuerliche Süße freute, gab ich zurück: »Ich kann Lisa verstehen. Bevor sie hier alle Zelte abbricht, möchte sie eben erst etwas in der Hand haben. Die kennt in Hamburg ja wirklich niemanden.«

»So ein Quatsch, Mama, die kann alle meine Freunde kennen lernen. Man kann wirklich mal aus seinem Heimatkaff raus.« Er drehte sich um, kippte seinen Stuhl nach hinten und angelte nach der Kaffeekanne.

»Das sagst Du so. Die fühlt sich hier wohl. Ich finde es gut, wenn eine Frau auf eigenen Füssen steht. Ich war auch froh, um meine Jahre und Erfahrungen nach der Enge meines Elternhauses.«

»Siehst Du, Du bist eben auch weg.«

»Ach Manuel, ich meine, dass Lisa erstmal eine Basis braucht. Sie ist auch jünger als Du. Lass sie doch erstmal ihre Ausbildung machen. Dann könnt ihr immer noch sehen, wohin es Euch zieht. Überfordere sie nicht gleich mit deinen Ansprüchen.«

Es dauerte nicht lange, es war 2010 und ein elend verregneter August, da bekamen wir die trotzige Information, die Beziehung sei beendet. Erinnerung an gemeinsame Sonntage, den Urlaub mit Lisa tauchten auf. Eltern werden willkürlich aufgefordert, in die Intimität einer Beziehung ihrer Kinder hineinzuspringen, sie anzunehmen, zu lieben und gleichfalls spontan zu lösen. Lisa war mir vertraut, sie war ein liebenswerter Mensch, der Manuel umhüllte und erdete. Menschen muss man ziehen lassen; wenn sie das Schiff wechseln, gibt es für sie einen Grund, den man nicht in Frage stellen darf. In vertrauter Umarmung standen sie, in einen silbernen Rahmen gefasst, bei uns auf dem Fensterbrett. Die beiden passten gut zusammen.

Im November fuhr ich, wie jedes Jahr, zur Hanseboot Messe nach Hamburg und quartierte mich bei Manuel ein. Kam ich abends hundemüde von der Messe nach Hause, gingen wir in der Regel zusammen essen oder fläzten uns gemeinsam aufs Sofa und schauten einen Film. Mit Manuel konnte man wunderbar nichts tun und sich treiben lassen, Pausen füllte er, indem er mich laut an seinen Gedanken über Gott und die Welt, in dessen Zentrum er stand, teilhaben ließ. An einem Montagmorgen verabschiedete er sich und kam abends nicht zu unserem gemeinsamen Stelldichein zurück. Ich fand weder eine Nachricht vor, noch war er erreichbar. Nach vier Tagen kam er frustriert zurück. Er war spontan nach Bayern gefahren, um Lisa zurückzuerobern. Erfolglos.

Kuna-Hochzeit an Silvester

Gleich nach der Messe ging es wieder auf die niederländischen Antillen, um die Awenasa weiter nach Kolumbien zu segeln. Auch dieses Mal wieder ohne Manuel. Von Curacao ging es zunächst auf die Islas Aves, wo Sidow, wie bereits erwähnt, von einer Viper gebissen wurde. Fast einen Tag lang war sein Hinterteil gelähmt. Wir waren weit weg von jeglicher Zivilisation, nur ein venezolanischer Zollposten und ein paar Fischer. Sowohl für die Zollleute als auch für die Fischer plünderten wir unsere Lebensmittelvorräte, besonders Kaffee und Zigaretten waren gefragt. Axel, der die ersten Wochen mit seiner Frau Smiljana dabei war, musste an seine rosaroten Crocs glauben. Im Gegenzug brachten uns die Fischer am nächsten Tag tolle Langusten, die uns Smiljana zu einem zauberhaften Abendessen zubereitete. Wir alle beobachteten besorgt Sidows Lähmung, bis sie ein paar Stunden später langsam nachließ. Leider mussten uns Axel und Smiljana nach zwei Wochen wieder verlassen.

Jetzt waren es nur noch Horst, Sidow und ich. Sidow brauchte regelmäßige Landgänge, damit er keinen Pieselkoller bekam, als Rüde musste er schließlich sein Beinchen heben, riesige Reviere markieren in der Hoffnung auf ein Tete-a-Tete mit einer kolumbianischen Strandpromenade. Auf dem Schiff war er so rücksichtsvoll, nicht unbedingt das eigene Nest zu beschmutzen. Nach zwei Tagen auf See ohne Landgang kamen wir auf dem Festland im Norden von Kolumbien an und suchten uns die erstbeste Bucht, um zu ankern. Wir mussten vorsichtig in die Bucht einfahren, da diese auf den Seekarten noch ein blinder Fleck war. Wir schipperten mit dem Schlauchboot Richtung Strand, Sidow stand wagemutig auf der vorderen Spitze, hielt Ohren und Nase in den Wind und zitterte vor Vorfreude auf das olfaktorische

Schlaraffenland, das vor ihm lag. Nur wenig Mensch wohnten dort, Häuser in gutem Zustand standen leer, eine Geisterstadt, die vermutlich aus einem gescheiterten Entwicklungsprojekt hervorgegangen war. Sidow war ein Freigänger und nutzte das gierig aus. Er sprang durch Wiesen und Büsche, während wir am Strand warteten, bis er genug hatte. Sand rieselte durch meine Hand, ich fühlte mich wohl so bei mir und mit mir. Ich hörte, wie sich Sidow uns grunzend und plätschernd am Strand in den angespülten Wellen näherte und hob meinen Blick. Mich packte das schiere Grausen. Das war nicht Sidow. Eine unbekannte Spezies hatte sich meines Hundes bemächtigt. Zwischendurch zuckte er mit der Schnauze durch die Luft, als wollte er etwas fangen, dass sich ihm näherte oder an ihm haftete. Ich rannte in seine Richtung und sah beim Näherkommen, dass er über und über mit grünen Kletten übersät war. Diese grünen fiesen Mistviecher hatten sich überall in seinem langen Fell verhakt. Ein grünbrauner Mob, der zuckte und schnaubte. Ich sah keine Augen mehr, solche Bommelbomben hatten sich an jedes einzelne Haar geklebt. Horst bekam einen Lachanfall, als er ihn sah. Verzweifelt versuchte ich sie abzuzupfen, merkte aber schnell, dass das nicht gelang und Sidow vor Schmerzen aufheulte. Wir verfrachteten ihn ins Schlauchboot und gemeinsam fuhren wir aufs Schiff zurück, wo ich sofort eine Schere suchte, um ihn von den elenden Dingern zu befreien. Es war eine Tortur. Am Ende sah unser adliger King Charles wie eine räudige Fassung eines trunksüchtigen britischen Urahns aus. Sidow war eine echte Herausforderung.

Am nächsten Tag segelten wir weiter Richtung Cartagena. Noch einmal ankerten wir in der Nähe von Santa Marta in einer wunderschönen Bucht, wo wir einen entspannten Nachmittag verlebten und eigentlich die Nacht über bleiben wollten. In der Dämmerung wurde der Schwell in der Bucht stärker, so dass es ungemütlich wurde und dies ganz offensichtlich das erste Anzeichen für einen herannahenden Sturm war. Eine dicke schwarze Wand am Horizont kam auf uns zu, und wir beschlossen, schleunigst die Bucht, trotz hereinbrechender Nacht, zu verlassen und weiter Richtung Cartagena zu segeln. Auf hoher See ging es sofort heftig zur Sache, die Wellen hatten eine beängstigende Höhe angenommen. Sobald die schwarze Wand uns erreichte, goss es in Strömen auf uns hernieder. Die Nacht wurde stockfinster, so dass man rein gar nichts mehr sehen konnte. Wir waren auf derselben Route wie die vielen Frachter, die zum Panamakanal fuhren. Ich hatte das Gefühl, als würde sich der ganze Atlantik, der an dieser Stelle schon viele tausend Meilen von Afrika hinter sich hatte, geballt in dieser letzten großen Bucht vor dem Panamakanal aufstaut. Im Cockpit konnte man nicht mehr sitzen, Wind und Regen waren zu kräftig, und sehen konnte man ohnehin nichts mehr. Horst setzte sich in großer Sorge vor den Kartenplotter mit Radar, um genau zu beobachten, wie dicht die großen Frachter in unsere Nähe kamen. Wenn ein Frachter mit großer Geschwindigkeit zu dicht von hinten auf uns auffuhr, rief er ihn über AIS UKW-Funk an und bat ihn, einen größeren Abstand zu uns zu halten. Sidow spürte die Anspannung, die auf dem Schiff herrschte und blieb die ganze Nacht brav bei Horst sitzen. Dazu kam, dass durch den Sturm der Rio Magdalena, dessen

Mündung wir überqueren mussten, dicke Holzstämme in das Meer schwemmten. Schrecksekunden, wenn einer dieser Stämme an unser Schiff schlug.

Im Morgengrauen war der Spuk vorbei und wir konnten Cartagena von Weitem mit seiner Skyline sehen. Erleichtert gingen wir in Cartagena vor Anker, mussten noch kurz mit Sidow an Land Gassi gehen, um dann endlich mal wieder zu schlafen. Die starken Regenfälle hatten in Kolumbien und Venezuela Überschwemmungen und Erdrutsche ausgelöst. Hunderte Menschen sind in diesem Sturm ums Leben gekommen. Beide Länder mussten den Notstand ausrufen. Das Naturphänomen »La Niña« in 2010 war für die heftigen Überflutungen im Norden von Südamerika verantwortlich.

Nachdem wir uns von den Strapazen der Nacht erholt hatten, gingen wir an Land, um die Stadt zu erkunden. Cartagena hat den Ruf, eine der schönsten Kolonialstädte Südamerikas zu sein. Um einkaufen gehen zu können, mussten wir noch Geld wechseln und machten den blödesten Fehler, den ein Tourist machen kann. Wir wechselten 100$ auf der Straße. Zurück bekamen wir umgerechnet 10$, der Rest des Bündels war nur wertloses Papier. Der Schaden war nicht sehr groß, trotzdem ärgerten wir uns über unsere Dummheit, wir kannten dieses Spiel eigentlich schon von verschiedenen Erfahrungsberichten. Unsere Neugier auf die Altstadt von Cartagena ließen wir uns dadurch nicht nehmen. Das komplett ummauerte alte Stadtzentrum mit Festungsring und den Stadtteilen Centro mit der Kathedrale und zahllosen Palästen im andalusischen Stil, San Diego, dem Viertel der Händler sowie Getsemaní, dem Viertel der kleinen Leute und Handwerker, wurde 1959 zum nationalen Kulturerbe erklärt. Besonders!

Nach ein paar Tagen machten wir eine mehrtägige Tour in die Berge. Es ging nach Mompós, eine frühere Handelsstadt im Vizekönigreich Neugranada in dem Feuchtgebiet des Rio Magdalena. Wir mieteten uns ein Auto, um nach Magangué zu fahren. Dann ging es mit dem Boot weiter, vier Stunden entlang des Rio Magdalena bis nach El Banco. In El Banco mussten wir in einen Bus umsteigen, um weiter nach Mompós zu kommen. Das historische Zentrum der Stadt wurde 1995 zum UNESCO-Weltkulturerbe ernannt. Auch der deutsche Forscher Alexander von Humboldt hatte 1801 bei seiner Südamerika-Reise in Mompós gerastet. Mompós stand teilweise noch unter Wasser, das von dem Unwetter, das auch wir auf hoher See durchlitten hatten, herrührte. In Mompós entwischte Sidow uns aus dem Hotel. Irgendwo fraß er dabei Gift, woraufhin er nach kurzer Zeit mit Schaum an den Lefzen zum Hotel zurückkam. Panisch wollten wir mit ihm zum Tierarzt und fragten den Besitzer von unserem Hotel, wo ein Arzt zu finden sei und wie wir schnellstens dahin kämen. Dummerweise waren die Straßen durch das Hochwasser nicht mit dem Auto befahrbar. Der Sohn des Hotelbesitzers fuhr Horst mit dem Moped und unserem schäumenden, tapferen Hundekrieger auf dem Arm knatternd zum nächsten Tierarzt. Dann fuhr er wieder zurück, holte mich. Sidow vollführte einen irren Hexentanz, bis die Spritzen zu wirken schienen. Wer weiß, was da für ein Cocktail von dem kolumbianischen Doc gemixt wurde. Wir vollführten unterdessen vor Aufregung einen Hühnertanz, ob Sidow es schaffen würde, und waren überzeugt, sein letztes Stündlein habe geschlagen. »Tranquillo, Tranquillo« waren die Zauberworte, die der Doc uns in einer wiederkehrenden Mantraschleife einflüsterte und uns ruhiger werden ließ. Er war ein ausgesprochener Tier- und Menschenfreund. Obwohl die Situation schrecklich war, fühlten wir uns aufgenommen. Am Ende hatte Sidow es geschafft. Wie unendlich dankbar wir waren.

Zurück in Cartagena fragte uns ein nettes holländisches Pärchen, ob wir vorhätten, auf die San Blas-Inseln zu segeln, sie würden eine Mitsegelgelegenheit suchen. Warum nicht, wir wollten in der Tat noch bis San Blas weiter und etwas Abwechslung und auch Hilfe an Bord war uns willkommen. Und gleich danach wurden wir auch noch von einer deutschen Frau angesprochen, ob wir sie bis San Blas mitnehmen könnten. Da noch eine weitere Kabine frei war und sie auf den ersten Blick ganz nett erschien, feierten wir zusammen Heilig Abend in Cartagena, um dann zusammen am ersten Weihnachtstag wieder in See zu stechen. Wir hatten so ca. 210 Seemeilen vor uns. Einen kurzen Stopp legten wir noch in den von Cartagena nahe gelegenen Inseln des Rosario Nationalparks ein. Leider muss man sagen. In der Nacht wurde uns der Außenbordmotor von der Reling gestohlen, obwohl wir an Bord schliefen. Nicht mal Sidow hat gebellt, obwohl die Diebe an Bord kamen, um den Außenborder abzumontieren. Wir hatten ihn leider nicht angeschlossen, das Schloss lag in der Schublade.

Die Deutsche war eine vierzigjährige Lehrerin oder Sozialarbeiterin, jedenfalls hatte sie einen Beruf, in dem sie anderen Leuten sagte, was sie zu tun und zu lassen hatten. »Stutenbissigkeit« war mir bis zu diesem Zeitpunkt nahezu fremd, doch sie war eine vollendete Vertreterin dieser Spezies. Perfekt beherrschte sie Ränkespiele, zu denen sie permanent anzettelte. Eifersüchtig sondierte sie jede unserer Handlungen und beschwerte sich ständig, warum sich niemand um den Kummer ihrer Einsamkeit kümmere. Völlig unerfahren im Umgang mit Allüren staunten wir über ihre Hysterie und waren froh, wenn sie sich beleidigt in ihre Koje zurückzog und uns eine Atempause gönnte. Seekrank wurde sie auch, torkelte benommen übers Deck, kotzte sich die Seele aus dem Leib und beschwerte sich wimmernd, dass wir ihr nicht genügend Aufmerksamkeit schenkten. »Wie kann man nur so kaltherzig sein«, warf sie uns gekränkt vor. Für uns waren Seekrankheit und Übelkeit bei starkem Seegang völlig normal. Den Holländern ging ihr Gleichgewichtssinn zwischenzeitlich auch flöten, die rührten sich nur nicht. Klar, war sie das fünfte Rad am Wagen, sie reiste allein durch die Welt, hatte aber nicht gelernt, das in Kauf zu nehmen. Sie schimpfte über Gott und die Welt, mobbte das Pärchen, bis es uns zu viel wurde und wir sie bei unserer Ankunft auf den San Blas Inseln an Land brachten. Unser erstes Mal, ich fühlte mich echt mies, sie vor ihrem Elend nicht retten zu können. Wollte letztendlich aber auch nicht mehr.

Auf der Insel war ein kleines Strandcafé, das irrsinnigerweise Internet hatte. Die San Blas Inseln erschienen mir wie ein Paradies. Mit zittriger Hand, voller Vorfreude, wählte ich mich im Netz ein, um mit meinen Eltern und mit Manuel zu skypen. Sechs Stunden waren sie uns voraus, Manuel war bei seinen Nachbarn in Pinneberg und johlte uns fröhlich Neujahrsgrüße entgegen. Selig, ihm über dem Ozean so nah sein zu können, hörte ich seinem Grölen zu, bis es so laut und chaotisch wurde, dass wir die Verbindung lachend beendeten.

Abends verabredeten sich alle in der Bucht liegenden Segler zu einer gemeinsamen Sylvesterfeier an Land. Es ankerten bestimmt so um die 50 Boote, ein internationaler, illusterer Kreis. Jeder brachte vom Schiff etwas zu Essen mit, Kerzen beleuchteten den Strand, Decken wurden ausgebreitet, zur Musik wurde getanzt und mitgesungen. Launig lernten wir ein anderes deutsches Paar kennen, das nach Kanada ausgewandert war und gerade mit ihrem kleinen Motorboot namens Diesel Duck unterwegs war. Als Segler schmeichelt man seiner Eitelkeit und fühlt sich Motorisierten überlegen, doch die beiden zogen uns den Zahn unserer Überheblichkeit. Beide harmonierten in ihrer Erzählfreude, ergänzten sich, fielen sich mit Erinnerungen freudig ins Wort und berichteten von ihrer Reise um Nord und Südamerika Richtung Grönland. Von dort fuhren sie auf ein kurzes Hallo nach Hamburg, um anschließend wieder nach Kanada zurückzutuckern. Wir wurden ganz still. Ganz klein. Beide waren um die 55 Jahre alt, Aussteiger, seit zehn Jahren unterwegs. Er ein totaler Technik-Freak, der minutiös den Korpus, den Sinn und Nutzen einer Entsalzungsanlage erläuterte, die wir zu dem Zeitpunkt noch nicht hatten. Ungemein stolz auf sein

Schiff präsentierte er jegliche neue Errungenschaft, Horst andächtig auf seinen Fersen. Ein klein wenig neidisch, ohne es je zugeben zu wollen, schimmerte ein leichter gelber Teint in seinem Gesicht. Jedenfalls saßen wir gemeinsam abends am Strand, Sidow wurde von einem rammelfreudigen Rüden verfolgt, und nur ein paar Meter weiter wurde eine Kuna-Hochzeit abgehalten. Die Kuna sind eine indigene Ethnie, in dem nur intern geheiratet werden darf, ansonsten droht der Verstoß. Vor der gewaltsamen Eroberung der Spanier lebten die Kunas im Landesinneren Panamas und im Norden Kolumbiens. Zu dieser Zeit kann man nicht von einem Volk sprechen, da sie in eigenständigen Stämmen lebten. Sie teilten zwar Sprache und Kultur, betrieben jedoch keinen Handel untereinander und waren teils verfeindet. Kennzeichnend zu dieser Zeit war der Goldschmuck der damaligen Bevölkerung Panamas. Doch das Gold lockte auch die europäischen Eroberer immer mehr, und diese drängten die Kunas zurück.

Nachdem die Kunas ca. 100 Jahre nach dem Eintreffen der Spanier vor diesen im ganzen Land auf der Flucht waren, sicherte eine strategische Entscheidung das Überleben des Volkes. Rund um das Jahr 1600 siedelten sich die Kunas an der Atlantikküste Panamas an. Die neue Heimat an der Küste lieferte keinen fruchtbaren Boden, also wurde er ihnen auch von keiner anderen Bevölkerungsgruppe streitig gemacht, die Spanier waren an den Häfen mit der Verschiffung ihrer Goldschätze und deren Verteidigung beschäftigt, so dass das indigene Volk dort neue Wurzeln schlagen konnte.

Durch die strenge Verteidigung ihrer Kultur, das organisierte Gemeinschaftsleben und die vehemente Beanspruchung ihrer Heimat an der Küste und auf den San Blas Inseln, schafften es die Kunas, als einer der wenigen indigenen Stämme Panamas ihre Traditionen und Bräuche zu erhalten. Zum anderen verhalf ihnen die geografische Lage dabei. Denn der Lebensmittelpunkt der Kunas verlagerte sich immer mehr auf die Inseln. Vorteil daran ist die dortige Isolation und die Kontrollmöglichkeit darüber, wer die Inseln betritt.

Bis heute sprechen die Kunas ihre eigene Sprache, verhindern die Bebauung oder den Verkauf ihrer Heimat und halten an ihren politischen Strukturen, der traditionellen Bekleidung und ihren Handwerkskünsten fest. Ich kaufte auch einige ihrer farbenprächtigen Molas, die in aufwändiger Handarbeit – teils 6 Monate – genäht werden. Sie haben einige Umzüge mitgemacht und hängen noch heute farbenprächtig an meinen Wänden.

Jedenfalls verfolgten wir die Zeremonie, die ein europäisches Frauenherz nicht höherschlagen lässt, da sie archaisch von männlichem Dominanzgebaren durchdrungen war. Es war fast so, als wäre das Fest nur ihrer Huldigung gewidmet und schloss die Frau nahezu aus. Trotzdem übte es eine geheime Faszination auf mich aus.

Doch tags darauf bekam mein Bild vom Paradies die ersten Risse. Beim Schnorcheln wurde ich zum ersten Mal gewahr, dass die Korallenriffe starben. Bunte Erinnerungsbilder spulten sich vor meinem inneren Auge ab und forschten nach einer aktuellen Entsprechung. Mit einem tiefen Atemzug stieß ich mich immer wieder nach unten und suchte die Riffe nach Leben ab, wo nur noch schwarze Steinwüste geblieben war. Wie unten, so oben. Am Strand bettelten die Kuna Frauen nach Wasser, Milch, Lebensmitteln. Schatten legten sich auf das vermeintliche Paradies. So gewöhnte ich mir an, wenn ich an Land ging, etwas von unseren Vorräten mitzunehmen, die wir streng eingeteilt hatten, doch ich konnte nicht anders.

Eines Tages fragte uns einer der Kuna Männer, ob wir seinen Generator reparieren könnten. Diesen Wunsch wollten wir nicht abschlagen, so dass wir unseren Aufenthalt zwei Tage verlängerten. Horst mühte sich zwei Tage ab, sackte frustriert in den Sand, als er ihm traurig mitteilte, dass da nichts mehr zu machen sei. Der Mann hatte gehofft, dass wir einen Generator besäßen und über Ersatzteile verfügten. Zum Trost luden wir ihn und seine Familie aufs Schiff ein, das er mit stolzgeschwellter Brust betrat, und fühlte sich als Auserwählter, von uns eingeladen worden zu sein. Ihr Bildungsstand war auf einem niedrigen Niveau, die Familien wechselten zwischen Insel und Festland hin und her. Mal lebte die eine dort, mal die andere, so dass die Kinder nur ein halbes Jahr auf dem Festland zur Schule gingen.

Kurz darauf verabschiedeten wir uns, segelten mit der Awenasa in die Marina Palenque und übergaben sie dort im Schutz eines Mangrovenwaldes einer wohlverdienten Pause. Unter dem dichten Blätterdach brüllten uns Brüllaffen ein Ständchen, dass die Gehörgänge schepperten. Ich dachte, riesige Kaventsmänner würden diesen Chor vertreten, die sich dann als zierliche, kleine Äffchen entpuppten. Die Heimat rief, von Panama City flogen wir nach München zurück.

Zweirad-Leidenschaft

Die Zeitarbeitsfirma in München war schneller durchgestartet als das Hamburger Pendant, nichtsdestotrotz liefen die Geschäfte gut. Das Büro war modern eingerichtet und verfügte mittlerweile über vier bis fünf Angestellte, die für die Telefonakquise verantwortlich waren. Ein wichtiger Erfolgsfaktor in dem Geschäft, Firmen durch zuverlässige Vermittlung guter Fachkräfte an sich zu binden, denn die Leiharbeiter selbst kamen über das Arbeitsamt. Horst war regelmäßig in Hamburg, um Manuel zu unterstützen. Von seinen kurzen Besuchen zurück, berichtete er nur beiläufig von den Organisationsprozessen, die scheinbar normal und adäquat verliefen. Telefonierte ich mit Manuel, unterhielten wir uns über belanglose Alltagsgeschichten, Reisepläne, Shoppingwünsche, Begebenheiten. Zu diesem Zeitpunkt merkte ich nicht, dass er sich mit der Verantwortung nicht wohlfühlte. Nachdem er sich von Lisa getrennt hatte, schaute er sich im Internet nach einer Frau um. Fündig wurde er nicht. Beim Ausgehen lernte er dann Viktoria kennen. Und nicht nur eine neue Frau schlich sich in seine Träume, auch ein neues Motorrad beflügelte seine Männerphantasie.

Das erste Motorrad hatte er sich ja bereits 2008 geschickt bei seinem Vater ausgehandelt. Ausgefuchst wie er war, erinnerte er seinen Vater daran, dass er ihn mit 15 Jahren auf seine Volljährigkeit vertröstet hatte. Damals wollte Manuel nur eine Vespa, um sich ein Stück Teenager Freiheit zu erobern. Horst redete ihm das erfolgreich aus, indem er eine echte Maschine in eine Junge-Männer-Lustblase fantasierte. Wie die meisten Mütter war ich dagegen. Dummerweise hatte ich über den Verkauf der GPS Geräte Motorradfahrer kennengelernt, die mir von ihren Touren vorschwärmten. Einen Führerschein hatte ich nicht, wollte ich auch nicht, mir reichte es, bei Horst als Sozius mitzufahren, ihm vertraute ich voll und ganz. Meine Freunde plädierten zwar für Eigenverantwortung auf den Rädern, besonders ein Kollege, der Sicherheitstrainings für Motorradfahrer anbot, aber ich wollte mit so etwas Langweiligem wie einem Führerschein nicht meine Zeit vertrödeln. Manuel träumte damals von einer sportlichen Suzuki, Horst von einem Yamaha Chopper. So wurde unser neues Familienmitglied, dessen Kosten sich beide teilten, ein Yamaha Chopper. In Silber. Edel. Manuel machte ein paar Ausflüge, damals noch in Penzberg, auch mit Lisa oder mit mir, ansonsten hielt er sich mit Ansprüchen zurück. An Manuel lehnte ich mich genauso vertrauensvoll als Sozius an seinen Rücken wie an Horst und umschlang seine Taille. Abenteuer Skill inklusive.

Eines Tages sprang er morgens bei strahlendem Sonnenschein aus dem Bett und piesackte mich so lange, bis ich endlich zustimmte, mit ihm eine Tour zu fahren. Frische Luft zog durch die Kombi, als Manuel sich entschied, nicht die beliebte Kesselbergstrecke am Kochelsee zu fahren, sondern am Achensee entlang, der still, mit einigen Schwimmern gespickt, an unserer Seite lag. Vor uns nahezu leere Straßen, die einen unerfahrenen und unbesonnenen Motorradfahrer dazu einluden, jede Kurvenlage und Strecke auszunutzen. Manuel fuhr zu schnell, konnte die Maschine nicht mehr halten und brauste in einer Kurve auf die Gegenfahrbahn. Angstkristalle wuchsen mit jedem Tropfen Vorahnung in mir zu mächtigen Stalaktiten. Es war nicht gut, dass er Motorrad fuhr. Er war kein vorausschauender Fahrer. Er war ein ungezügelter junger Hund, der ein Reh jagt und das Auto nicht sieht. Nach dem Schrecken fuhren wir nach Hause und redeten miteinander. Müde wiederholte ich gebetsmühlenartig seine Nachlässigkeit, appellierte an seine Einsicht, als Anfänger langsam zu fahren. Betroffen schwieg er, war einsichtig, aber auch überzeugt, dass er es bald besser machen würde. Ich glaubte nicht recht daran, mir blieb nur die Hoffnung.

Es blitzten Erinnerungssequenzen einer Szene in Zadar in Kroatien auf, als Horst und ich von der Marina in die Altstadt bummelten und auf der Fußgängerbrücke hörten, wie ein Schlauchboot in einem Affenzahn in dem Meeresausläufer unten durchbretterte. Bis wir Manuel, damals um die 10 Jahre alt, erkannten, der sich ein Rennen mit einem anderen Jungen in Richtung Meer lieferte, das an diesem Tag unruhig seine Kraft an Land schob. Brüllend und zeternd schrien wir von der Brücke, ungehört von unserem Sohn, der im Rausch der Geschwindigkeit driftete. Nachdem er breitgrinsend und high vor Glück und Adrenalin zum Schiff zurücktuckerte, stauchten wir ihn dermaßen zusammen, dass die Nachbarn eine Mole weiter unsere Predigt mittippen konnten. Manuel wusste das Boot gut zu steuern, besser als Horst. Er war geschickt im Manövrieren, da er schon mit speckigen Kinderbeinen das Ruder in der Hand halten durfte. Unser Zorn richtete sich auf seine Unachtsamkeit, weil Mister Superhero sich beim Rennen ständig nach hinten zu seinem Kontrahenten umdrehte. Die Gefahr, dabei ein Schiff oder einen Brückenpfeiler zu rammen, war groß, weil die Geschwindigkeit, mit der sich die Schiffe in den engen Hafengewässern bewegen, ohne Sichtkontakt schwer einzuschätzen ist.

Einige Monate nach diesem Vorfall waren zwei seiner Schulkameraden, der eine bei einem Mofa-Unfall, der andere bei einem unglücklichen Sturz, ums Leben gekommen. Manuel war nicht gläubig, auch nicht spirituell, dazu war er vermutlich viel zu jung, doch hatte er bezüglich seines Lebens Vorahnungen. Mit den Sterbebildern in der Hand lehnte er eines Tages an der Küchenzeile und sagte beiläufig: »Das könnte mir auch passieren.« Ich spürte, wie sich Ärger in meinen Eingeweiden ausbreitete. Gleichzeitig war ich gelähmt, ohne jegliche Hoffnung. Extreme Polaritäten übten eine Faszination auf Manuel aus, Leben und Tod, Liebe und Hass, Schwarz und Weiß, alles dazwischen war unlebendige Grauzone. »Pass einfach auf, dass es Dir nicht passiert«, antwortete ich matt.

Diese Yamaha Chopper hatte Manuel mit nach Hamburg genommen, weil Horst eine größere Maschine für uns beide haben wollte. Manuel gab die Chopper bei einem Motorradhändler in Zahlung und kaufte sich im Mai 2010 eine einsitzige schwarze Harley Davidson. Wir fanden das unnötig; für die überschaubare Menge an Touren, die er fuhr, hätte es auch weiterhin die Yamaha Chopper getan. Für ihn war es ein anderes Gefühl. Es war einfach cooler. Er kaufte einen Soziussitz dazu, den man magnetisch befestigen konnte, um mich bei meinen Hamburg-Besuchen mitzunehmen. Allerdings rutschte der Sitz mit jeder Bodenwelle nach hinten. Wir waren ständig gezwungen anzuhalten, um das blöde Ding wieder zurecht zu schieben. Dass man so was überhaupt verkaufen durfte, war mir ein Rätsel, denn verkehrssicher war es nicht. Manuel blieb gelassen; obwohl es ihn nervte, lief er doch Gefahr, das wenige Engagement von mir für das Motorradfahren vollständig zu verlieren.

Rapper-Poesie

Manuel hatte 2009 den Faden zur Musik erneut aufgenommen. Es entstanden Songtexte, die kraftvoll und lebendig in ihrer Poesie die scheinbare Ungerechtigkeit des Lebens proklamierten. Wenn er von Muschis, Pussis, Schwänzen, Hass und Drogen sang, konnte ich wenig damit anfangen. Es war nicht meine Sprache, nicht meine Musik und nicht mein Erleben. Das ist das Vorrecht der Jugend, sich auszuprobieren und zu differenzieren. Und doch rührten mich Texte an, die seine Gedanken und Erfahrungen bündelten. So las ich eines Tages zufällig die Lied-Zeilen, als ich auf dem Rechner nach etwas suchte.

> unsere Kids
> ich empfinde nix bin nich berührt und angetan
> von dem ganzen kram der tag für tag
> unsern alltag begleitet
> nur dass ihr bescheid wisst
> mir is das im grunde scheiss egal

aber dieses land geht langsam vor die hunde mann
und wir könn nix tun
wenn wir selbst keine ahnung haben
wie sollen wir pläne machen

für sorgen und probleme unserer kinder
die's einfach nich geblickt haben
und das scheiss gefühl nich loswerden
dass der ganze kram jetzt schon gefickt hat
wer nich kapiert wird schneller abserviert
als wir preventiev reagiern
solche gehn kaputt im einheitsbrei
ich versteh einfach nicht wo die einsicht bleibt?
man die jungs schreins doch raus was sie zur waffe treibt

  die schule is purer contest
   ihr könnt euch auf den kopf stellen und fronten
    wer nich weiter kommt jetzt bleibt versager unverhandel-
bar
    wird kein star, bekommt kein fahrrad und auch keine
neue kamara
    sondern geht mit schlechtem gewissen auf den heimweg
    ohne freude ohne ausweg
   kanns problem nich fassen und verstehn
  und man das is kein einzelfall sondern tausend kids da
draußen träum schlecht
  und zwar von dem gleichen scheiss
   ich bin überzeugt davon dass schwarz gelb mein land
nach vorne bringt
    doch schüttel ich nur den kopf und kanns nich fassen

dass sie allen ernstes überzeugt sind
dass videospiele teufelswerk und der grund sind

gott verdammt was is los mit euch?
schämen solltet ihr euch so blind zu sein
hört uns zu – wir könn leider nicht noch lauter schrein!
man das ganze land is veroht
auf dem pausenhof seh ich videos über junks und tod
na und? das is nich der grund warum die jungs

mehr hass als schaffbar in sich tragen
waffen haben und wie der tot in die schule latschen
ganz extrem – waffe an die schläfe und abgedrückt
auf der brust jetzt – sagt mir was den jungs kein ausweg gibt

und man ich mach mir sorgen mann
das ist unser land unsere zukunft
was könn wir tun außer dass jeder nur noch zuguckt
und ich kanns verstehn – was solln die eltern denn groß reden
wenn die jungs nach hause komm
kein hunger haben und im zimmer bleiben
konversation mit ihrer fam nich betreiben
der junge is eben zurückgezogen
pupartät is schwirig es wird sich legen
wenn er älter wird

ganz normale entwicklung das wird schon
wir hams gesagt
wir sind da und helfen auch
erst recht wenns hart auf hart kommt

doch dass eltern freunde werden kommt erst später
und gedankengänge, wahrnehmung und reaktion von jugendlichen sind nun mal anders
kapiert das endlich
und so hat keiner wirklich ahnung was in den köpfen vor sich geht

> kanns nich nachvollziehn
> was die jungs bewegt
> ich hass die namen deutscher amokläufer
> weils exempel is
> dass der scheiss zum himmel stinkt
> und eins is sicher das is feuerwind!

Stammten diese Worte von meinem Kind? In diesem Moment sah ich nicht die Rechtschreibfehler. Nein, stopp, ich sah sie, ein Teil meines Verstandes registrierte sie und überlegte, ob sie teilweise sogar gewollt waren, doch vielmehr regierte in diesem Moment mein Herz. Ich fühlte mich von meinem eigenen Kind verstanden und konnte es auf diesem Weg zurück verstehen. Videos folgten. Manuel wollte über Youtube einen neuen Versuch seiner Musik-Karriere starten.

Musik machte er, oder sagt man für das Recyceln von Klängen aus der Box auch Komponieren? – mit Benni, den er noch aus seiner Schulzeit in Penzberg kannte. Durch die Musikszene waren sie miteinander in Kontakt geblieben. Benni studierte mittlerweile an einer Kunstschule in Hamburg irgendetwas in Richtung Neue Medien, er kannte sich zumindest sehr gut damit aus. Über die Jahre entstanden Liedtexte, zu Anfang noch per Hand, Blatt für Blatt, später dann am Rechner. Was alles aktiv vertont wurde, weiß ich nicht, Manuel hatte die Priorität auf das Niveau eines Hobbys gesetzt, doch sicherlich lief im Hintergrund der brennende Wunsch nach einer Musikkarriere. Tim Bendzko, der in Deutschland mit seiner Musik erfolgreich tourte, war sein Internetmarketing-Vorbild. Ihm eiferte er nach und hoffte auf dasselbe Glück.

Der erste Unfall

Im Mai 2011 kamen Horst und ich von einem Segeltörn zurück, die letzten Wochen hatten wir zwischen den San Blas Inseln und Colon in Panama verbracht. Während der Reisen hatten wir selten Kontakt mit zu Hause, weil die Roaminggebühren damals horrend teuer waren. Meine Eltern hüteten das Haus. Was nicht erforderlich war, denn Manuel lebte in Hamburg, Sila bei ihm und Sidow nahmen wir mit auf unsere Reisen. Für meine Eltern war der Wechsel von ihren schwäbischen vier Wänden in die bayerische Voralpenlandschaft eine willkommene Abwechslung, die sie gerne unternahmen.

Wir wurden von einem Bekannten von Horst vom Flughafen abgeholt und hatten uns, zu Hause in Penzberg angekommen, gerade aus den Sitzen geschält, als meine Eltern bereits die Tür öffneten und ich in dem Bruchteil einer Sekunde wahrnahm, dass etwas nicht stimmte. Horst wuchtete unser Gepäck aus dem Kofferraum und ich begrüßte meine Eltern mit einer kurzen Umarmung. »Was ist los? Irgendwas stimmt doch nicht«, lauerte ich.

»Reg Dich nicht auf. Es ist nicht schlimm. Manuel hatte einen Motorradunfall und liegt im Krankenhaus«, stieß sie hervor.

»Mama, was hat er denn?« unterbrach ich sie rüde, im Ohr tönte ein lautes Glocken Crescendo.

»Er ist nur etwas am Bein verletzt. Ist glaube, es ist gebrochen. Nicht schlimm.«

»Mama, woher weißt du das?« drängte ich sie, schneller ihre Informationen preiszugeben. Meine Mutter war in der Regel nicht maulfaul, jetzt regte mich ihr Gehaspel fürchterlich auf. Ich spürte, wie sie um die richtigen Worte rang, anstatt einfach zu sagen, was los war. Meine Ungeduld wuchs von Wort zu Wort.

»Seine neue Freundin Viktoria hatte hier angerufen. Die wusste aber auch nicht mehr. Irgendjemand hat ihm wohl die Vorfahrt genommen, als er abends nochmal in die Stadt reingefahren ist.« Ich roch förmlich, wie sie etwas heruntespielte. Sie versuchte, mich zu beruhigen; je mehr sie das versuchte, desto mehr regte sie sich auf, so dass ich das Gefühl hatte, sie beruhigen zu müssen, was mich wiederum aufregte. Mit einem tiefen Atemzug versuchte ich, meinen Herzschlag zu entschleunigen.

»Wann war das denn?« fragte ich ruhig nach und ging ins Haus, um die ganze Geschichte in Ruhe zu hören.

»Erst vor zwei Tagen. Ihr wart wahrscheinlich schon am Flughafen. Wir konnten Euch nicht erreichen.« Horst war hinter mich getreten, ich spürte seine Anspannung. »Hast Du nicht noch mehr nachgefragt? In welchem Krankenhaus liegt er denn?«

»Keine Ahnung, das tut mir leid. Ich weiß es einfach nicht.«

»Ich fliege morgen nach Hamburg. Jemand muss sich um die Firma kümmern.« Horst drehte sich um und griff zum Hörer. »Ich rufe dort mal an, die wissen bestimmt mehr.« Seine Tatkraft beruhigte mich. Und er hatte Recht. Er bekam von Manuels Team die Auskunft, dass Manuel im Universitätsklinikum Eppendorf lag und nicht in Lebensgefahr schwebte.

Ich versuchte mich zu beruhigen, dass in einem ernsthafteren Fall die Angehörigen verständigt worden wären. Ich schlief schlecht, fiel in kurze Schlafsequenzen, die von wirren Bildern durchzogen waren, und wachte am frühen Morgen gerädert auf. Horst machte sich früh auf den Weg und flog mit einem der ersten Flieger nach Hamburg. Ich saß auf heißen Kohlen. Ich war gerade dabei, mich mit zwei anderen aus der Branche zusammenzuschließen und ein Ladengeschäft im Yachtzentrum Meltl in Bernau am Chiemsee zu eröffnen. Die Eröffnung war in vier Wochen, zum 1. Juli 2011 geplant, ich musste nach Bernau, um mich um die Renovierung des Büros zu kümmern. Ich wartete gleichzeitig nervös auf den Anruf von Horst. Gegen Mittag rief er an und berichtete, dass das Bein nicht nur einfach gebrochen war, sondern regelrecht zertrümmert. Bei jedem Anruf, der die Tage darauf folgte, wurde der Unfall als auch die Verletzungen immer schlimmer. Das Bein musste mehrere Male operiert werden.

Ich fuhr nach Hamburg, um Sila zu mir zu nehmen. Es war klar, dass Manuel längere Zeit außer Gefecht gesetzt war.

Manuel lag in der Unfallchirurgie. Mein Sohn war zu einem kleinen Häufchen Elend unter einer Decke geschrumpft. Das Bein hing in einer Schlaufe, aus dem Fleisch traten silberglänzende Eisenstangen hervor, rote Jodtinktur hatte sich über das Bein verflüssigt und ein schauriges Muster hinterlassen. Hilflos stand ich am Bett, traute mich nicht, meine Hände unter dem Kittel vorzuschieben, um ihn anzufassen. Ich beugte mich zu ihm runter und drückte einen Kuss auf seine Stirn, die durch den Helm unversehrt geblieben war.

»Mama, ich will mein altes Leben zurück«, jammerte er ein paar Wochen und ein paar Operationen später in den Hörer. Der Heilungsprozess zog sich, nach einigen Komplikationen, länger hin als vermutet und schlug ihm auf sein Gemüt. Selbst Blutegel ließ er über sich ergehen, um das pralle Bein, das dreimal so dick angeschwollen war, wieder auf Normalgröße zu saugen.

»Das ist schrecklich«, ich machte einen tiefen Atemzug. »Aber es hilft nichts. Das braucht Zeit zum Heilen und dann geht's wieder weiter.«

Sein Laptop war bei dem Unfall mit seiner Maschine zu einem Totalschaden geschrottet, Horst kaufte ihm einen neuen und lud ihm seine Spiele drauf, so dass er zocken konnte. Zur Unbeweglichkeit verdammt, konnte er sich eine Zeitlang damit ablenken, es war jedoch etwas anderes, ob man sich freiwillig dem Müßiggang hingab oder ans Bett gefesselt war. Zwei lange Monate verbrachte er in dem Zimmer. Am Ende konnte er mit anderen Patienten im Rolli zum Rauchen nach draußen, doch zählte er die Tage, die Stunden, fieberte der Freiheit entgegen.

In den ersten vier Wochen nach dem Unfall musste Horst, der während der Woche in Hamburg wohnte und nur am Wochenende nach Bayern heimkam, von Manuels Wohnung in Pinneberg in die Hamburger HafenCity, 300 m von der Philharmonie entfernt, umziehen. Manuel hatte gerade ein paar Wochen vorher seine Wohnung in Pinneberg gekündigt und einen Mietvertrag für die neue Wohnung abgeschlossen.

Auch in Bayern waren wir dabei, die heimischen Gefilde in Penzberg zu verlassen. Ich war wie bereits erwähnt mit Waypoint im Juli 2011 nach Bernau ins Yachtzentrum Meltl umgezogen und musste daher jeden Tag morgens und abends eineinhalb Stunden pendeln. Daher hatten wir in Marquartstein ein Grundstück erworben und um ein neues Haus zu bauen. Mir hätte ein gekauftes Haus völlig ausgereicht, aber Horst brauchte eine Beschäftigung. Nach seiner Entlassung im September schickten sie Manuel in die Reha, die er postwendend verließ. Eindeutig zu viele kaputte Leute. Er absolvierte eine ambulante Reha, die er erstaunlicherweise konsequent durchzog. Schweren Herzens musste ich Sila ziehen lassen, nachdem er selbst wieder einigermaßen für sie sorgen konnte. Er hatte schon befürchtet, dass ich sie ihm nicht mehr zurückgeben würde. Auch bei Sila war die Freude groß, wieder bei ihrem Herrchen zu sein.

Im November fand ich es dann doch sehr angenehm, während der Messe Hanseboot in Hamburg bei ihm in der Wohnung in der Hafencity übernachten zu können und nicht wie die Jahre davor von Pinneberg nach Hamburg und abends wieder zurückpendeln zu müssen. Einen Nachmittag besuchte er mich auf der Messe, links und rechts Krücken unter den Armen. Er schwang sich durch die langen Gänge und humpelte die engen Treppen auf die Schiffe, die ihn interessierten. Stolz zeigte er mir Schwielen an den Händen, die sich durch den Druck auf die Griffe gebildet hatten. Die ersten in seinem Leben.

Ich hatte für die Woche in Hamburg Karten für das gemeinsame Konzert von Bob Dylan und Mark Knopfler in der O2 Arena besorgt. Wir waren zu viert, Manuel und Viktoria sowie Stefan, der mit mir auf dem Messestand arbeitete und ich. Mark Knopfler war ja einer der ersten Musiker mit seinem Song Romeo and Juliet, die er als kleines Baby in Costa Rica zu hören bekam. Die Stimmung bei Mark Knopfler war hervorragend. Nach Mark Knopfler kam Bob Dylan, eigentlich mochte ich Bob Dylan in meiner San Francisco Zeit. Aber an diesem Abend war Bob Dylan furchtbar, gerade zu peinlich. Mehr als die Hälfte der Besucher verließen nach knapp einer viertel Stunde den Saal, auch Manuel und Viktoria. Ich musste gegen meine Müdigkeit ankämpfen, da ich bereits den ganzen Tag auf der Messe gearbeitet hatte. Letztendlich hatte Stefan Erbarmen mit mir und wir konnten alle das Konzert verlassen, um noch irgendwo einen gemütlichen Abend zu verbringen, wo Manuel und Stefan über

Gott und die Welt und der aktuellen Musik diskutierten. Gegen Ende der Messe half er uns mit einem Freund beim Abbau des Messestandes und lud uns anschließend zu einem Italiener bei ihm ums Eck ein.

Mit Hilfe eines finanziellen Trostpflasters konnte er sich gewisse Ausgaben leisten. Da der Unfall ein Fremdverschulden war, bekam er einen nicht unbedeutenden Betrag an Schmerzensgeld. Es dauerte nicht lang, da stand im Januar 2012 ein blankpolierter, schwarzer Mercedes Kombi vor der Tür.

Enkelliebe

Mein Vater war nicht mein leiblicher Vater. Mein Sohn nicht mein leiblicher Sohn. Mein Vater nicht sein leiblicher Großvater. Unsere Liebe zueinander fußte auf einer freiwilligen Hinbewegung, unsere Seelen nahmen sich an die Hand, drei Generationen tanzten gemeinsam durch das Leben. Mir war mein Vater ein in seiner Liebe loyaler und treuer Mensch. Als wir unseren kleinen Engel von Costa Rica nach Deutschland trugen, verfiel ihm mein Vater mit Haut und Haaren. Egal was Manuel machte, er konnte sich der Liebe und des Glaubens meines Vaters an ihn zu Hundertprozent sicher sein. Der Junge ist ok, das wird schon war seine unerschütterliche Haltung.

Im Dezember 2011 bemerkten wir erste Erscheinungen, erste Anzeichen einer lauernden Gefahr. Die rechte Hand meines Vaters fing an zu zucken. Während er den Stift hielt und etwas niederschrieb, zuckte sie unversehens weg, ohne dass er es kontrollieren bzw. unterbinden konnte. Er war in den letzten Jahren immer etwas kränklich gewesen, im letzten Jahr hatte er Probleme mit den Bandscheiben, eine Spinalkanal OP, so dass wir vermuteten, dass es mit den Nerven zusammenhing. Nach dem Weihnachtsfest, bei dem auch Manuel und Viktoria aus Hamburg angereist waren, im Januar 2012 ging er zum ersten Mal zu einem Arzt. Ich war gerade wie immer Mitte Januar auf der Messe „boot" in Düsseldorf unterwegs. Freitagabend saß ich mit Kollegen nach dem Messeaufbau in einem Restaurant gemütlich beisammen als mich der Anruf meiner Mutter auf dem Handy erreichte und sie mir mitteilte, dass sie in der Klinik in Tübingen sei und Vater einen Gehirntumor hätte. Scheiße. Jetzt war der Moment da. Jetzt war er da, indem die Motten endlich um sein Licht kreisten. Aber ich war noch nicht soweit. Zuerst rief ich bei Horst in Bayern an, danach informierte ich Manuel in Hamburg.

„Mama, da müssen wir sofort hinfahren," forderte mich Manuel hörbar geschockt, aber ganz bei sich auf.

„Wie soll ich das machen, die Messe fängt morgen an, ich kann jetzt nicht einfach alles stehen und liegen lassen," gab ich müde zurück.

„Ich hole Dich ab und wir fahren gemeinsam zum Opa nach Reutlingen. Papa soll von Penzberg aus kommen," beschloss er, womit die Sache entschieden war. Zu fünft standen wir am Bett meines Vaters, der nun seinerseits wie ein Häufchen Elend darin lag. Ich fragte mich, ob allein die Verkündigung einer solchen Diagnose dem Menschen Fett, Haut, Muskelmasse, Farbe und Energie entzog. Es war Manuel, der uns daran erinnerte, dass wir lebten. Vielleicht wusste er aus der Erfahrung seines eigenen Unfalls, was für eine Art Zuspruch er sich für sich gewünscht hat. Jedenfalls zog er zwei Schnapsgläschen und einen Flachmann aus Viktoria's Handtasche, grinste von einem Ohr zum anderen und verkündete lautstark. „Opa, jetzt trinken wir erst mal einen Schnaps, dann geht es gleich viel besser." Gesagt, getan. Mein Vater war auf alle Fälle entspannter danach.

Zwei Tage später wurde er operiert. Sie schnitten den Tumor raus, anschließend lag er drei Tage auf der Intensivstation. Leider hatten sie dabei festgestellt, dass es sich um eine Metastase handelte und der ursprüngliche Krebs von der Lunge kam. Sechs Tage nach der OP besuchten wir ihn und er flüsterte sichtlich geschwächt. "Mir geht es viel besser. Mir fehlen zwar ein paar Sachen, ein paar Erinnerungen im Kopf, aber es geht mir schon deutlich besser." Ich lächelte ihm zu. Der Druck im Kopf war durch die Entfernung des Tumors leichter geworden, ich freute mich, dass ihm die Schmerzen genommen waren, traurig spürte ich aber auch, dass das Ende der Fahnenstange in Sicht war.

Tapfer entschloss sich Papa eine Chemotherapie durchzustehen. Manuel, sein treuer Ritter, machte sich auf seinem schwarzen Ross mit Sternenblässe jedes zweite Wochenende auf den Weg und besuchte ihn in seinem Krankenexil. Marcus kam aus Griechenland und alle begleiteten wir ihn durch die schwere Zeit von Hoffen, Übelkeit, Schmerz, Durst und dem Verlangen nach dem Ende. Als Papa die Haare verlor, kaufte Manuel ihm einen Stetson Hut. Die beiden waren ein tolles Team, wenn es darum ging dem Tod ein Schnippchen zu schlagen. Später kam noch ein glänzender schwarzer

Krückstock in die Sammlung. Und dann legte er sich plötzlich zu unserem Erstaunen auch noch einen Mops zu. Einen kleinen Hund! Und das von dem Mann, der sagte, dass kleine Hunde unter seiner Würde seien! Als ich ihn daraufhin ansprach, winkte er lässig ab, mit der Bemerkung, dass sich Zeiten ändern würden.

Da wir inzwischen das Haus in Penzberg im Dezember 2011 verkauft hatten und im März 2012 daher ausziehen mussten, das Haus in Marquartstein aber noch nicht mal ansatzweise gebaut wurde, mussten wir nach einer vorübergehenden Bleibe Ausschau halten. Es hieß mal wieder den gesamten Hausrat, alle Möbel und die Nähwerkstatt in Kisten zu packen. Wir hatten eine Wohnung im dritten Stockwerk in einem alten Bürogebäude in Miesbach gefunden. Eigentlich kein Ort, wo man lange wohnen möchte, aber wir waren zuversichtlich, dass das Haus in Marquartstein bald stehen würde.

Horst wünschte sich in die Südsee zu segeln, doch ich wollte in Küstennähe bleiben, um immer erreichbar zu bleiben. Wir beschlossen, dass er zunächst allein lossegeln sollte und ich vier Wochen später dazu stieß. Er nahm ein fremdes Pärchen für die ersten vier Wochen mit, fuhr mit ihnen durch den Panamakanal bis nach Equador und wieder zurück nach Panama City. Dort trafen wir uns, um dann gemeinsam entlang der pazifischen Küste nach Costa Rica weiter zu segeln. Manuel besuchte in dieser Zeit meinen Vater fast wöchentlich in Reutlingen.

Genau am 8. Juni 2012, an seinem 25. Geburtstag klarierten wir mit dem Schiff in Costa Rica ein. Aufgeregt riefen wir ihn an, um ihm zu seinem Geburtstag zu gratulieren und ihm mitzuteilen, dass wir in dem Land, in dem er vor 25 Jahren geboren wurde, angekommen sind. Wie schmiedeten am Telefon schon Pläne, im späten Herbst gemeinsam nochmals nach Costa Rica zu fliegen, um mit der Awenasa evtl. nach Nicaragua zu segeln. Es sollte alles ganz anders kommen.

Der Tag X

An dieser Stelle folgt ein Teil, über den ich nicht gerne rede, mich nicht gerne erinnere, ihn am liebsten auslassen würde. Doch es zeigte sich, dass mit jeder Auflehnung und Ablehnung genau dieser Teil drohte, mich in seinen Abgrund zu reißen. Das Letzte, was ich wollte, war Manuel posthum für mein Unglück verantwortlich zu machen. Deshalb hatte ich mich entschlossen, die Geschichte aufzuschreiben, wozu eben auch dieser Teil gehört.

Am 16. Juni flogen wir zurück nach Deutschland. Tags zuvor hatten wir nochmals mit Manuel telefoniert. Er wollte uns unbedingt am Flughafen in München abholen. Horst versuchte ihm auszureden, extra von Hamburg nach München zu fahren, um uns vom Flughafen abzuholen, doch unser Sohn bestand darauf. Wie immer konnten wir Sidow auf dem Flug mit in die Kabine nehmen. Er musste offiziell während des Flugs in seinem Käfig bleiben. Aber wie immer holten wir ihn nach dem Start aus dem Käfig raus. Und als ob er verstanden hat, um was es hier genau ging, war er mucksmäuschenstill, ohne sich zu rühren bis zum Landeanflug der Maschine. Bei der Zwischenlandung auf dem Flughafen in den USA konnten wir kurz rausgehen, sogar bis vor das Flughafengebäude, ohne dass uns ein Immigrationofficer aufgehalten hätte. Wir hätten illegal einfach davon gehen können, ohne dass jemand am Flughafen etwas bemerkt hätte. Aber von hier aus bis München waren es immer noch 8 Stunden Flugzeit und Sidow verstand, dass es für ihn fatal sein könnte, im Flugzeug umherlaufen zu wollen. Manuel stand pünktlich mit Sila und Lili am Gate. Sidow umhüpfte seine alte Freundin Sila schwanzwedelnd, nach dem langen Flug von San Jose über die USA nach München war er überglücklich sie anzutreffen. Die kleine Lili, die er von einem kurzen Besuch Manuels in Bayern kannte, interessierte ihn weniger.

Auf dem Weg vom Münchener Flughafen zu unserer Übergangswohnung in Miesbach legten wir einen Zwischenstopp bei unseren Freunden Gabi und Peter in Ramersdorf ein, um unseren VW Bus abzuholen. Das Wetter war herrlich und wir verbrachten einen gemütlichen Vormittag auf ihrer Terrasse. Am Sonntag trafen wir beim Frühstück den Entschluss, zuerst am Chiemsee mit den drei Hunden spazieren zu gehen und anschließend nach Marquartstein zu fahren, um zu sehen, ob die Baufirma mit dem Hausbau endlich angefangen hatte. Beim Einsteigen machte Manuel uns noch auf sein Bein aufmerksam, wie gut er wieder gehen könnte, es war alles gut verheilt. „Habe ich alles meinem guten Physiotherapeuten in Hamburg zu verdanken".

Sila ging wie immer brav neben ihrem Herrchen spazieren, Sidow war beim Anblick und Geruch des Wassers sofort im See und schwer wieder rauszulocken. Nach langem Zureden kehrten wir irgendwann am See gemütlich zum Mittagessen ein und fuhren anschließend nach Marquartstein. Auf dem Grundstück hatte sich ärgerlicherweise noch nichts getan. Wie wir da so rumstanden und Manuel unsere Baupläne erklärten, entfuhr ihm plötzlich der Wunsch, dass er mit Lisa bei uns einziehen würde. Welche Überraschung – hatten wir etwas verpasst? Er hatte die Beziehung mit Viktoria beendet und Lisa eine Woche vorher in Bayern getroffen. Sie war nicht abgeneigt, den Faden ihrer Liebe wieder aufzunehmen. Mir sollte es nur recht sein. Horst blieb stumm. Den Weg zurück nach Miesbach fuhren wir die Serpentinen über Reit im Winkl, eine beliebte Motorradstrecke, auch von Manuel. Er schwelgte in jeder Kurve, kommentierte jeden Motorradfahrer, bis Horst ihn daran erinnerte, dass er mir versprochen hatte, kein Motorrad mehr zu fahren. „Ja, ja, geht schon klar – ich meinte ja nur". Zurück in Miesbach rief Manuel seinen Freund Christian an, der mittlerweile von Penzberg nach Traunstein gezogen war und verabredete sich für den Abend mit ihm. Als er spät abends von Christian zurückkam, schmiss er sich zu mir auf die Coach und erzählte leutselig, dass er mit Christian vereinbart hätte, wieder ins Musikgeschäft einzusteigen. „Musik ist mein Leben Mama." Er würde ja ohnehin wegen Lisa zurück nach Bayern ziehen, ein idealer Zeitpunkt, wieder dort anzuknüpfen, wo sie ein paar Jahre vorher aufgehört hatten. Mich beschlich das Gefühl, dass Horst mit dieser Entwicklung überhaupt nicht einverstanden sein würde. Mir war dieser Plan nur zu Recht.

Am nächsten Morgen war Routine in der Familie Lehmann angesagt. Manuel musste zurück nach Hamburg, ich an die Arbeit in Bernau – Navigationselektronik verkaufen. Horst musste in München mit der Buchhaltung für die Zeitarbeitsfirma wichtige Arbeiten erledigen.

Dienstag rief Manuel nachmittags an, dass er gerade im Auto sitze und auf dem Weg wäre, eine neue Wohnung anzuschauen. Sie hatten ihm seine Wohnung im Hafenviertel gekündigt. Die Wohnung gehörte zu einem Hotel mit einer Parkanlage im Innenhof. Dort ging er abends mit Sila und Lili auf die Nachtrunde, natürlich liefen sie wie immer frei. Nachdem die Vermieter ihn mehrmals gebeten hatten, die Hunde anzuleinen und er in seiner Art, Dinge zu ignorieren, stur sein Ding zu machen, die Hunde natürlich frei rumlaufen ließ, zog er letztendlich den Kürzeren. Was ihn enorm stresste. Ich war wiederum gestresst, weil ich Ärger mit meinen zwei Geschäftspartnern hatte. Wir hatten uns vorgestellt, meinen bisherigen Internet-Versandhandel von Marine Elektronik und ihrem Installationsservice der Elektronik zu verbinden, aber das haute einfach nicht hin. Es gab immer öfter Zoff, so dass wir uns überlegten, die zwei Geschäftsfelder wieder zu trennen. Dachte nicht, dass man meinen Stress meiner Stimme anmerkte. Irgendwann sagte Manuel zu mir: „Mama, Du hörst dich so traurig an, wenn du darüber sprichst. Ich muss los, ich rufe Dich morgen wieder an, dann reden wir nochmals darüber." Seine feinen Antennen spürten sofort, dass etwas mit mir nicht in Ordnung war.

Am nächsten Morgen hatte Horst einen Termin mit der Buchhalterin in München. Auf meinem Tagesplan stand die Abholung einer Duschkabine für unsere Zwischenunterkunft. Die Kabine hatten wir bereits vor unserem letzten Segeltörn bestellt, sie wartete nur noch darauf den Besitzer zu wechseln. Ich stand am Infotresen als Horst anrief. „Andy hat angerufen. Manuel hatte einen Motorrad Unfall," sagte er tonlos. Seine Stimme klang komisch. Ich bekam Angst. „Wieso das denn, er hat doch gar kein Motorrad?" fragte ich ungläubig.

„Vielleicht hat er sich eins gemietet," raunzte Horst in den Apparat. „Marion! Andy sagte, es sei ernst, er liegt schwer verletzt im St. Georg's Krankenhaus. Ich weiß auch nicht mehr. Komm´ bitte nach München. Und beeile Dich! Ich habe bereits einen Zug rausgesucht, mit dem wir nach Hamburg fahren können."

Die Frau am Infotresen wollte mir gerade den Ausgabezettel aushändigen, als ich ihr hilflos murmelnd zu verstehen gab, die Duschkabine jetzt doch nicht mitzunehmen. Fluchtartig verließ ich den Hagebaumarkt und fuhr nach München, um mich mit Horst am Bahnhof zu treffen.

Im Zug versuchten wir ununterbrochen, den behandelten Arzt telefonisch zu erreichen. Die Nerven lagen blank. Wir brauchten eine Information, wie es um Manuel stand. Er wurde noch operiert, wir erfuhren nichts Genaues. Ein Mann im Abteil versuchte uns zu beruhigen, die Medizin sei heute sehr fortschrittlich und er würde bestimmt wieder werden. Irgendwann war mein Handy Akku leer. Ich hatte in der Aufregung kein Ladegerät mitgenommen. Also machte ich mich auf die Suche nach einem Ladegerät. Ein paar Abteile weiter saß ein Ehepaar mit einem iPhone. Ich musste mich zu ihnen setzen, bis das Telefon etwas geladen war. Da ich ständig mit dem Krankenhaus am Telefonieren war, baten sie mich irgendwann, das Abteil zu verlassen, es war ihnen mit mir und meiner Nervosität zu unruhig. So gegen 18.00 Uhr kamen wir in Hamburg an. Mit dem Taxi ging es zum Krankenhaus, ich saß im Fond und verfluchte jede rote Ampel, jeden dusseligen Fahrradfahrer und am Ende den Taxifahrer, der mir viel zu defensiv fuhr. Horst zahlte ihn und mir fielen die Hasen auf, die friedlich auf dem Rasen des Krankenhauses hoppelten und Gras mümmelten. Alles wirkte absurd friedlich. Andy und ein paar andere Freunde warteten bereits den ganzen Nachmittag, um etwas über Manuel zu erfahren. Am Empfang bat man uns einen Moment zu warten, wir würden gleich zur Ärztin auf die Intensivstation können. Zur Intensivstation musste man von einem Gebäude zum anderen durch eine schmale Brücke gehen, es wirkte wie eine Schleuse. Auf der anderen Seite erwartete uns die Ärztin, ich versuchte in ihrem Gesicht zu lesen, welche Nachrichten sie für uns hätte, ich ahnte nichts Gutes. Nachdem wir uns alle gesetzt hatten, teilte sie uns sehr behutsam mit, dass Manuel am Nachmittag an den inneren Blutungen verstorben war.

Die Welt blieb auf einmal stehen. Ich bildete mir ein, dass wir nur die falsche Tür betreten hatten. Wir müssten einfach nur zurück durch diese Schleuse gehen und alles wäre wieder normal. Doch es gab kein zurück – Manuel war tot – wir waren zu spät – er wird mich nie wieder verschmitzt anlächeln. Manuel hatte seine Ahnung, irgendwann an einem Unfall zu sterben, verwirklicht und ich hatte es nicht verhindern können.

Er lag bis zum Kinn mit einer grünen Decke zugedeckt auf einer Liege. Wunderschön. Keine äußeren Verletzungen oder Brüche. Seine Gesichtszüge sanft, bereits etwas wächsern, aber noch mein Manuel. Ich fühlte mich genauso erstarrt wie er und innerlich so zerbrochen, wie er es nach einem tödlichen Motorradunfall hätte sein müssen.

Er war wie so oft zu spät dran gewesen, die Parklücke, die keine gewesen war, gähnend leer, sein Auto abgeschleppt. Wutentbrannt startete er sein Motorrad, fuhr zu schnell an der Ampel an, verlor die Kontrolle und flog gegen einen Laternenpfahl. Nur 50 m vom Haus entfernt. Der war nicht die Todesursache. Der Lenker eines Fahrrads, das dagegen lehnte, zerriss ihm die Milz. Max trat am nächsten Tag wutentbrannt an den ahnungslosen Rahmen und brach sich dabei den Zeh. Dadurch wurde sein Schmerz ein wenig umgelenkt.

Am Unfallort nahm ein Helfer Manuel den Helm ab. Seine Lippen formten Worte, der Atem war zu schwach, um daraus Laute zu gestalten.

Ein Gaffer filmte mit seinem Handy die Unfallszene. Mir tat der Film gut, ich weiß nicht, wie oft ich ihn mir angeschaut habe, ich wähnte mich lange Zeit in einem anderen Film. Das Motorrad, das ich nicht kannte, der Körper, es war alles seltsam fremd und abstrakt. Je öfter ich das kleine, blaue Dreieck auf dem Touchscreen drückte, desto realer wurde das Geschehene. Abends saßen wir mit Manuels Freunden in seiner Wohnung, alle im Schock. Wir trösteten uns gegenseitig, einige weinten, andere hielten sich an den Händen, wir sprachen uns Mut zu, taten so, als wäre das alles nicht passiert und organisierten nebenher die nächsten Schritte. In München war es heiß, in Hamburg kalt und regnerisch. Die Tage zog ich einen Pullover und eine Strickjacke von Manuel an. Und lange nicht mehr aus.

Vier Tage besuchten wir ihn täglich in der Aussegnungshalle. Dort lag er in seinem schwarzen Lieblingsanzug und ich hörte seine Beschwerde, über die traurigen Gesichter, die fade Musik. Doch das konnten wir ihm nicht abnehmen. Burgis kam aus Frankreich angereist, versuchte ihre eigene Trauer mit liebevoller Hilfsbereitschaft zu lindern, uns mit allen Mitteln abzulenken, was Horst zunehmend nervös und ungerecht machte. Immer wieder kamen Freunde von ihm, um sich zu verabschieden. Dennis äußerte in der Aussegnungshalle unter Tränen, dass Manuel eine ganz besondere Art von Freundschaft seinen Freunden entgegengebracht hatte. Loyal. Unberechenbar. Spannend. In Hamburg gab es eine Trauerfeier in der Kirche mit all seinen dortigen Freunden und Geschäftspartnern. Benni übernahm die Musikregie in der Kirche. Wir hatten zusammen vor geraumer Zeit ein Konzert von Peter Gabriel besucht und einen gemeinsamen Nenner in der Musik gefunden. Wir wählten die Lieder „Heroes", „Don't give Up" sowie „Mercy Street" von Peter Gabriel und spielten einen Videofilm ab, den Benni mit Manuel ein paar Wochen vorher drehte. „M.E.L. – hoch und runter", wie tragisch gut dieses Lied auf sein Leben passte. Um sich auch von Manuel verabschieden zu können, reisten meine Eltern und mein Bruder eigens nach Hamburg, der inzwischen von Griechenland nach Deutschland gekommen war, um sich um meine Eltern zu kümmern, von Reutlingen an.

Auf der anschließenden Beerdigung in Marquartstein hätten sie ihn nicht mehr sehen können, da ein Sarg, nachdem er in einer Kirche geschlossen wurde, nicht mehr geöffnet werden darf.

Anschließend begleiteten wir Manuel nach Marquartstein, wo er begraben wurde. In Marquartstein, weil wir noch immer an unser Häuschen in Marquartstein festhielten, das noch nicht gebaut war. Er sollte in unserer Nähe bleiben. Benni, Manuels Freund aus Hamburg fuhr zu uns runter und sorgte wieder für die Musikregie. Obwohl Manuel katholisch getauft war, wollte der katholische Pfarrer die Trauerfeier in Marquartstein zuerst nicht halten, da Manuel ein Jahr zuvor aus der Kirche ausgetreten war und es vermutlich nicht sein Wunsch wäre von der Kirche beerdigt zu werden. Der evangelische Pfarrer erklärte sich bereit in der evangelischen Kirche die Trauerfeier zu gestalten. Wir fühlten uns bei diesem Pfarrer, wie auch bei dem evangelischen Pfarrer in Hamburg, der dort die Trauerfeier hielt, gut aufgehoben. Die Gespräche mit beiden Pfarrern spendeten viel Trost in diesen düsteren Tagen. Nachdem wir die Beisetzung mit dem evangelischen Pfarrer besprochen hatten, rief zu unserem Erstaunen der katholische Pfarrer an. Er hatte mit dem evangelischen Pfarrer vereinbart, dass er sich um sein verlorenes Schaf kümmern wollte und die Trauerrede am Grab halten würde. Burgis, Frederic und Hélène reisten aus Frankreich an, meine Eltern und Marcus sowie weitere Familienmitglieder aus Reutlingen, unsere Geschäftspartner und viele von Manuels Freunden kamen, um uns an diesem schweren Tag zur Seite zu stehen. Die Kirche in Marquartstein war brechend voll.

Am Tag danach, mein Geburtstag, waren alle weg. Auf einmal waren wir vier furchtbar allein. Lilli hatten wir in Hamburg bei einer Mitarbeiterin von Manuel zurückgelassen. Wir nahmen Sila und Sidow und suchten in der Nähe unserer Wohnung einen ruhigen Platz an einem Bach, wo die zwei den ganzen Tag am und im Wasser spielten. Zwei verlorene Seelen, die ihr Spiegelbild in der Oberfläche des Wassers suchten. Tausende Seemeilen waren wir gesegelt. Wir hatten, egal ob mit Kompass und Sextant oder mit GPS und Kartenplotter immer unser Ziel erreicht. Jetzt aber hatten wir unseren inneren Kompass, unsere Orientierung verloren.

Mam – ich ruf dich morgen wieder an – Nie wieder wird er mich anrufen.

Mam – mit dir kann ich mich am besten unterhalten – Nie wieder wird er sich mit mir unterhalten.

Ohne ihn war es unmöglich, dass das Leben weitergehen konnte, auch wenn wir diesen Spruch hin und wieder zu hören bekamen. Es war genau 25 Jahre her, dass wir dieses kleine schwarzhaarige Baby in den Arm genommen hatten. Es war auf den Tag genau am 8. Juni 25 Jahre her, dass wir mit dem Schiff von Panama nach Costa Rica eingereist waren. Hatte sich hier ein Kreis geschlossen? Hatte hier Gott seine Hände im Spiel? Wenn es einen Gott gibt, dann ist es ein Gott ohne Gnade!

Ein paar Tage später kehrte ich an die Arbeit zurück. Zu Hause hielt ich es nicht aus. Die beiden Hunde nahm ich mit. Mittags überfiel mich ein Deja Vu. Es war genau wie ein Jahr zuvor. Sila war damals nach dem Unfall bei mir in Bayern.

Wieder gingen wir in der Mittagspause spazieren, wieder waren es die gleichen Wege, alles war wie das Jahr zuvor und doch war alles anders. Es half nichts, mir vorzustellen, dass er »nur« wieder im Krankenhaus in Hamburg liegt und in Bälde seine Sila abholt. Meine Wahrheit und die Realität spielten dieser Tage Licht und Schatten.

Horst verkaufte Manuels gesamtes Hab und Gut. Mich verstörte es, unternahm aber nichts dagegen. Ein paar Sachen schenkten wir seinen Freunden. Einen kurzen Zeitraum hatte ich das Bedürfnis für Manuel's Tod einen Schuldigen finden zu müssen. Über eine Online-Plattform für Rechtsanwälte fragte ich an, ob das Fahrrad oder der Lichtmast Grund für eine Klage wären, was natürlich nicht der Fall war.

Da die Enge unserer Wohnung in Miesbach unerträglich wurde, das Haus in Marquartstein aber noch weit davon entfernt war, fertiggestellt zu werden, kauften wir eine kleine Wohnung in Oberwössen, um für die Hunde wieder einen Garten und für uns einen Platz, an dem wir hofften, dass das Leben erträglicher würde, zu bekommen.

Am Wochenende wanderte ich viel mit den Hunden. Am liebsten den Hammergraben hinauf, an dem ich mich auspowerte. Manchmal mit Horst, manchmal ohne ihn. Allein lief ich nie los, wenn, dann hatte ich mein Smartphone dabei, in Endlosschleife hörte ich das Lied von Manuel und die Lieder von Peter Gabriel, die auf der Beerdigung gespielt wurden und zerfloss innerlich in meiner Trauer. 2007 hatte sich Horst eines der ersten iPhones, die auf den Markt kamen, gekauft, kam nicht damit zurecht, so dass er es mir vermachte. Manuel spielte mir James Blunt und Lords of the Rings auf das iPhone und steckte mir Kopfhörer ins Ohr. Von da an hörte ich meine Musik nur noch über iPhone. Ein Lied von Peter Gabriel kam noch dazu, das mich in dieser Zeit besonders berührte:

Flume

I am my mothers's only one – it's enough

I wear my garment so it shows – now you know

Ich legte mein Herz mit einem großen Anker auf den Grund meiner Tränen. Gedankenspiele »Warum er?« oder »Was wäre, wenn?« erlaubte ich mir bloß wenige, denn sie erzeugten durch eine Wellenbewegung meiner Tränen einen schmerzhaften Ruck an der Ankerkette. Morgens, wenn ich aufwachte, war mein erster Gedanke Manuel, abends vor dem Einschlafen mein letzter. Dazwischen redete ich ununterbrochen mit ihm. Das hat sich bis heute nicht geändert und irgendwann begriff ich, dass er verbunden in meinem Herzen bei mir sein wird, dass er mich nicht komplett verlassen hatte.

Meine Eltern und mein Bruder waren genauso am Boden zerstört wie wir. Mein Bruder, dessen Ehe ein paar Jahre vorher geschieden wurde, kehrte aus Griechenland zurück, um seiner Familie in dieser schweren Zeit näher zu sein. Meinem Vater setzte der Tod von Manuel sehr zu. Sein Gesundheitszustand verschlechterte sich zusehends. Meiner Mutter sagte er betrübt, er sei doch an der Reihe gewesen zu sterben und nicht dieser junge, lebensfrohe Mensch. Es half nichts, ihn zu bitten, für Manuel zu kämpfen. Diesen Glauben hatte er verloren. Auch wenn er nicht sterben wollte, die Sehnsucht bald bei Manuel zu sein, waren geheime Gedanken.

Ich hatte das Glück, dass meine Freunde, insbesondere meinen Freundinnen aus der Jugendzeit sich um mich kümmerten, mich aufrichteten, wenn es mir ganz besonders schlecht ging. Ansonsten stürzte ich mich in die Arbeit, war nur noch wenig zu Hause. Horst fing an das Haus zu bauen.

Sila war bei uns schnell wieder Zuhause, sie zeigte wenig Trauerzeichen. Nur zwei Dinge waren auffällig. Immer wenn sie ein Motorrad hörte, rannte sie lange hinterher. Was sie schwer aushielt war, wenn sich zwei Menschen beim Spazierengehen trennten. Ihr großer Kopf wendete sich mit gespitzten Ohren von einer Richtung in die andere. Das ließ sie verzweifelt in eine Starre fallen, die weder zur einen noch zur anderen Seite führte. Erst wenn sie spürte, dass ihre Verzweiflung meine Ungeduld weckte, folgte sie. Wir zwei wurden über die Jahre unzertrennlich, sogar auf Geschäftsreisen war sie meine treue Gefährtin.

Epilog

Meine Mutter blieb mir in der Betreuung der Hunde eine Stütze. Die Awenasa lag noch immer in Costa Rica und hatte bereits ihre Aufenthaltserlaubnis überschritten. Mir war nicht nach Segeln zu mute. Trotzdem flog ich Anfang Dezember 2012 nach Costa Rica um dort nach dem Rechten zu schauen. Kurz bevor ich abflog, holte ich meine Eltern von Reutlingen nach Oberwössen, so dass ich mal wieder Sila und Sidow bei meiner Mutter lassen konnte. Auf dem Flug nach Costa Rica war ich allein, da Horst bereits zwei Wochen früher geflogen war, um das Schiff für das Ausreisen aus Costa Rica fertig zu machen. Auf dem Flug dorthin, zwischen Himmel und Erde, weinte ich bitterlich weder dem einen noch dem anderen nahe zu sein. Die Flugbegleiterin und eine freundliche Dame, die neben mir saß, versuchten mich zu trösten, aber es gab keinen Trost. Ich verstummte. Mir fehlten die Worte für diesen Schmerz.

In Costa Rica erwartete mich Horst am Flughafen mit einem Mietwagen und schlechten Nachrichten. Die Leute aus der Marina, denen wir bei unserem Abflug im Juni die Schlüssel überließen, hatten ein paar wertvolle, nicht eingebaute Teile vom Schiff genommen. Zudem hatten ihm die Arbeiter aus der Marina mitgeteilt, dass wir aufpassen müssten, dass das Schiff nicht konfisziert würde, da es bereits zwei Monate illegal im Land war. Wir entschlossen uns, im frühen Morgengrauen auszulaufen ohne auszuklarieren, um nicht auf die Situation beim Zoll aufmerksam zu machen. Es tat gut, sich zeitweise wie zwei Schwerverbrecher zu fühlen, die sich aus dem Land schleichen mussten. Erst in Nicaragua entspannten wir uns ein wenig. Das Einklarieren war ohne Ausklarierungspapiere natürlich Stress, aber auch das war mit viel Reden und Geduld zu bewältigen. Unser erstes Weihnachten ohne Manuel verbrachten wir in Nicaragua mit einem amerikanischen Ehepaar, denen Horst von Manuel's Tod erzählt hatte. Sie waren nett, fürsorglich und bereiteten ein tolles Abendessen zu. Ich war froh, als ich mich bald in meine Koje zurückziehen konnte.

Auf unserem Weg weiter nach Mexiko begegnete uns ein großer Schwarm Schildkröten. Es war ein grandioses Naturschauspiel, wie die vielen Köpfchen der Schildkröten aus dem Meer schauten. Mein Kopf wusste, was das für ein einmaliges Erlebnis war, mein Herz blieb stumm.

Bei einer Nachtwache wunderte ich mich, warum es über mir so merkwürdige Geräusche gab, und schaute nach oben. Ein großer Vogel, wahrscheinlich ein Fregattvogel, saß auf dem Mast, die Positionslichter leuchteten den Vogel in den Farben grün und rot an. Es sah gespenstig aus. Ein lebendes Kunstwerk.

Aber so richtig war mein Herz nicht mehr bei der Sache, auch nicht bei der Segelei. Ich wollte nur wieder nach Hause zu meinen Eltern, ich machte mir große Sorgen um meinen Vater und ich wollte zurück zu meinen Hunden. Den Jahreswechsel verbrachten wir auf hoher See, am 4. Januar 2013 klarierten wir in Puerto Chiapas in Mexiko ein. Wir kamen mitten in der Nacht an. Am nächsten Morgen lernten wir einen Kanadier vom Nachbarschiff kennen, mit dem wir uns etwas anfreundeten. Er hatte vor nicht allzu langer Zeit seinen Bruder durch Selbstmord verloren. Der Bruder hatte ihre gemeinsame Mutter Jahre zuvor getötet und kam mit der Schuld nicht zurecht. Manche Abende redeten wir über unsere schweren Schicksalsschläge und er versuchte uns aufzurichten, dass der Schmerz zwar nie vergehen, aber erträglicher würde. Tröstende Worte. Es machte es einfacher mit jemandem zu reden, der selbst einen Schicksalsschlag erlitten hatte. Man meinte, er könne es besser nachempfinden als jemand der davon vermeintlich verschont geblieben sei. Ein

Trugschluss. Es gab Menschen, die mich ohne eine solche Bürde besser trugen als solche, die im Leben von einem großen Verlust gezeichnet waren. Bei allem spürte ich, dass das Empfinden von Schmerz nicht teilbar war, man konnte nichts davon abgeben, man war damit allein und man musste damit allein klarkommen.

Horst und ich machten einen gemeinsamen Ausflug mit dem Bus nach San Cristobal de las Casas und Palenque, einen antiken Maya Stadtstaat. Wir fingen immer öfter an zu streiten. Nein, ich fing an, mit ihm zu streiten. Wo ich früher den Mund gehalten hatte, machte ich ihn nun auf, schweigsam wurde ich nur bei dem Teil, der uns 25 Jahre lang verbunden hatte. Ich war erleichtert, als ich meinen Heimflug antreten konnte, Horst blieb noch ein paar Wochen länger.

Im März 2013 kam für mich das endgültige Ende. Die Motorradwerkstatt rief an und bat uns, dass wir unser Motorrad abholen sollten, das Horst im April 2012 zum Service gebracht hatte. Ich hatte schon nach Manuels erstem Unfall beschlossen, dass das Thema Motorradfahren für mich beendet war und dass ich mich auf kein Motorrad mehr setzen würde. Nach Manuel's Tod konnte ich den Anblick und das Geräusch von Motorrädern nicht mehr ertragen. Ich flehte Horst an, es zu verkaufen, aber er fuhr es heim und stellte es auf unseren Parkplatz. Eine ganze Weile schaute ich aus dem Fenster und sah mir die Maschine an. Dann drehte ich mich zu ihm um und bat ihn, seine Sachen zu packen und auszuziehen. Er reagierte relativ gelassen, legte ein paar Sachen zusammen und zog in eine Ferienwohnung. Vorübergehend, sagte er. Irgendwann wirst Du Dich wieder einkriegen. Tat ich allerdings nicht. Als er im September 2013 selbst einen Motorradunfall hatte, wurde ich unglaublich wütend. Er hatte Glück, er war nicht lebensbedrohlich verletzt, außer einem Loch in der Lunge, doch als ich ihn im Krankenbett auf der Intensivstation sah, entflammte in mir der Zorn einer Furie, ich rastete aus und machte ihm schwere Vorwürfe. Bis er mich rauswarf. Eine ganze Weile gingen wir uns aus dem Weg und sahen uns nicht, was mir guttat. Danach war auch für ihn das Motorradfahren erledigt.

Horst baute das Haus in Marquartstein zu Ende, in das ich nicht mehr einzog. Ich konnte nicht mehr dieses Haus in Besitz nehmen, in das Manuel mit einziehen wollte. Ich kaufte mir selbst ein Haus in Marquartstein und holte meine Eltern im Dezember 2013 zu mir. Mein kleines Reich war eine Doppelhaushälfte am Randgebiet des Dorfes, in zweiter Reihe, mit drei Etagen und einem kleinen Garten, den ich ganz nach meinen Wünschen gestaltete. Unter dem Dach richtete ich mir eine kleine Rückzugs-Oase ein, meinen Adlerhorst mit herrlichem Blick auf den Hochgern. Gute Geschäftsfreunde boten mir eine Arbeit bei der Fa. Navico als Key Account Managerin an, die ich annahm. Ich war das „allein-kämpfen-zu-müssen" sowohl zu Hause als auch bei der Arbeit müde geworden.

Meine Mutter hütete Haus, Garten und die Hunde, wenn ich für die Firma unterwegs war. Fanden wir am Anfang meines Lebens nur schwer in eine liebevolle Mutter-Tochter Beziehung, wuchsen wir am Ende näher zusammen. Es war alles gesagt. Wenn ich zu Hause war, quatschte sie mir das Ohr ab, bis ich ohrlos unters Dach flüchtete und sie mir wieder nachwuchsen, um ihrer ununterbrochenen Redelust treue Empfängerin zu sein.

Am 17. Juni 2014 starb mein Vater an Krebs. Ach, mein Papa war ein feiner Mensch gewesen. Er bemühte sich, sein Leid nicht zu zeigen, dennoch litten wir mit ihm. Jeder auf seine Weise. Ich hatte meinem Vater viel zu verdanken. Er war ein zuverlässiger Mensch in meinem Leben, von dem ich mich ganz angenommen und geliebt gefühlt hatte. Mein Vater und mein Sohn, die Seelen, mit denen ich freiwillig und tief verbunden war, hatten sich bereits auf ihre Reise begeben. Ich muss wohl die stärkste in diesem Bund gewesen sein, mir hatten sie anscheinend am ehesten zugetraut mein Schicksal allein gut zu nehmen. Vielleicht waren sie beide auch reifer und ich musste noch etwas vom Leben lernen. Egal wie man es dreht und wendet, ich fühlte mich lange Zeit im Stich gelassen.

Die Unfallstelle besuchte ich immer dann, wenn ich in Hamburg war, um eine Kerze anzuzünden oder Blumen niederzulegen. Bei einer dieser Besuche kam ein Mann vorbei und erzählte mir, dass er damals zu dem Unfall dazugekommen war und fragte mich, ob ich den verunglückten Mann gekannt hätte. Ich erzählte ihm, dass es sich um meinen Sohn handelt. Da standen dann wir zwei an der Unfallstelle und weinten. Er weinte um einen jungen Mann, zu dessen Unfall er zufällig vorbeigekommen war und ich weinte um meinen Sohn, der die Kraft und den Mut hatte, sein Leben so zu leben, wie er es wollte.

Irgendwann traf ich Bernhard aus unserem Bekanntenkreis wieder. Seine Frau Barbara war an Krebs verstorben. Er war kurz darauf eine neue Beziehung eingegangen, konnte das Alleinsein nur schwer ertragen, merkte aber bald, dass es nicht passte. Eine so lange Ehe, die den Partner als Witwer zurücklässt, braucht einen weiten inneren Raum der Achtsamkeit vor dem was war, was ist und was kommen mag. Wir näherten uns langsam an, nahmen einen zarten Faden auf, in dem sich bald schon kleine Knoten bildeten. Jeder von uns hatte ein eigenes Leben gelebt. Wir wünschen uns beide eine reife, intime Beziehung. Wir hegen ähnliche Interessen, Bernhard liebt das Segeln, die Kunst, die Musik. Doch mein lebendiger Freigeist, mein unabhängiger Lebensstil verunsichern ihn. So hatten und haben wir Aufgaben und Lebensthemen, die uns lebendig machen.

Ich sitze auf meiner gemütlichen Eckbank und komme langsam zum Ende meiner Erzählung. Meine Mutter höre ich nicht mehr im Haus. Sie starb nach kurzer Krankheit 2018 an Krebs. Seitdem sind Marcus und ich die einzigen Hinterbliebenen. Wie sich das anhört. Viel zu traurig. Sidow starb, Sila folgte. Vieles sehe ich als Lauf der Zeit, als Wellenbrecher des Lebens. Sie hauen einen um und sie haben die Kraft, einen nach vorne zu bringen. Ich lebe nicht mehr mit 12 kg Gepäck, ich reise viel, aber komfortabler. Bernhard hat sich ein Schiff gekauft und ich begleite ihn auf seinen Segelreisen, hauptsächlich an der kroatischen und griechischen Küste. Weil ich es liebe, berufstätig und unabhängig zu sein, baute ich wieder einen Internetshop im Navigationsbereich auf. Ich träume davon, mit dem Kajak von den großen Seen über die First Nations Gebiete in Kanada und Amerika zu fahren und am Nordcap die Nordlichter zu sehen. Die Welt ist so einzigartig und jeder Tag bietet die Möglichkeit, sie zu entdecken. Dabei habe ich einen neuen, kleinen Begleiter, einen schwarzweißen Springer Spaniel namens Mano.

Heute kann ich über Manuel reden und sagen: „Er war mein Sohn und ein wunderbarer Mensch. Ich bin innerlich aufgeräumt über die Entscheidung, ihn an Kindes statt angenommen zu haben, ich bin unendlich stolz auf ihn und dankbar, dass ich ihn lieben durfte. Langsam beginne ich sein Schicksal zu achten und weiß, dass seine Seele an einem guten Ort ist und ihren Lebenssinn erfüllt hat. Ich lebe noch eine Weile weiter. Und erobere mir hin und wieder winzige Glücksmomente."

>ich bin m.e.l. »hoch und runter«
Es geht hoch und runter
Oben und mal unten<
Auf ab und ab als wärs ne achterbahn
Das ende noch nicht abzusehn
In voller Fahrt sind wir Blind und aus dem gleichgewicht
merken oft zu spät wie schnell die zeit vergeht
ich kann verstehn warum wir manchmal einfach nicht mehr weiterkommen
liegen bleiben – viele zweifeln
diese weise scheitern und uns selbst den weg versperren
die ganze welt hat uns da den krieg erklärt
wir haben den ganzen scheiss im traum nicht kommen sehen
aber ey – wir sind hier
wegen dem was vor uns liegt

und grau hat recht – man lässt die schatten hinter sich wenn man zur sonne geht
   also ball die faust – schrei es laut
   denn unser ziel schimmert durch den nebel

  flimmert über den zynit
  jeder kann es hören, fühlen und sehn
  und ja es wäre töricht hier und jetzt alles über bord zu werfen
   und was man so geopfert hat nicht wert zu schätzen
   das ist keine kosten nutzen rechnung
   rational nich erklärbar also lass das thema
   Nur die schwachen bleiben stehn und hoffen auf das glücksprinzip
   Ich für mein teil will stark sein hart sein und wissen
   ich hab gegeben was ich konnte lauf ne ehrenrunde und verbeug mich vor mir selbst – ich bin m.e.l.

  Nur die schwachen bleiben stehn und hoffen auf das glücksprinzip
   Ihr für euren teil sollt stark sein hart sein und wissen
   Ihr habt gegeben was ihr konntet lauft ne ehrenrunde verbeugt euch vor euch selbst ihr seid
   es geht um uns und unser weiter kommen
   ja es nimt uns ein – lässt uns hoffen und verzweifeln
   doch der einsatz hier muss alles sein
   da gibt es einfach nix was übrig bleibt
   weiter gehen - schnee und regen
   sturmböen und hitzeschläge
   wir habens verdient ans ziel zu kommen
    was bleibt denn noch

wann wenn nicht hier und jetzt in diesem augenblick?
Die zeit rast an uns vorbei und wartet nicht
Erwartet nicht – nix zurück ohne glück
Ich mach den ersten schritt!
Es geht hier nicht um ignoranz und nur auf sich fixiert
doch sind wir zwangsläufig mittelpunkt im sonnensystem
Ohne staub, ohne sterne, monde und planeten
Nicht vollkommen und ohne leben
wir sind die sonne die das licht und den schatten spendet
Wir der grund –bringens auf den punkt
Verbesserung veränderung
Wir haben die möglichkeit in händen und
wetteinsatz sind wir alles andere längst verpfende
Jeder kennt es – magenkrämpfe, gänsehaut und konsequenzen
Nur die schwachen bleiben stehn und hoffen auf das glücksprinzip
Ich für mein teil will stark sein hart sein und wissen
ich hab gegeben was ich konnte lauf ne ehrenrunde und verbeug mich vor mir selbst – ich bin m.e.l.

Nur die schwachen bleiben stehn und hoffen auf das glücksprinzip
Ihr für euren teil sollt stark sein hart sein und wissen
Ihr habt gegeben was ihr konntet lauft ne ehrenrunde verbeugt euch vor euch selbst ihr seid
Ja der ansatz is so dogma
Alles theoretisch schrottbar
Tausend dinge die uns hindern
Nix is klar erkennbar –

und vom letzten kampf schmerzen noch die knochen
spüren das pochen im solaplexus
atemnot, herzrasen im wüstensturm
hunderdtausend gründe für den exus
alles wie verhext und nich mehr lohnenswert
wie tot im herz
aber ey – wir sind hier – wegen dem was vor uns liegt
und tausend gründe die uns fliegen lernen
ja das ziel ist manchmal nich erkennbar
wir verkenn das – warten aber es hat sich nix verändert
sind nem stern gefolgt
und merken auch bei schwarz zu grau
wir sind kraftberaubt im kreis gelaufen
nicht voran gekommen
wieder mal am ausgangspunkt

  finden alles mies und kacke
  und auch die lunge atmet asche
  doch weiß ich ganz genau
  ich bin überzeugt
  das ende kommt da hinten
  ich erkenne meine pflichten
  mir zu nehmen was mir zusteht
  weiß woran mein blut klebt
  schweiß und tränen
  ich am zug bin

Brief von Christian (posthum)

Freundschaften entstehen viele, jedoch Freundschaften die in den ersten Lebensjahren geschlossen werden, haben etwas an sich, das tiefer geht, es ist mehr das Gefühl verwandt zu sein, nicht das gleiche Blut aber Seelen die sich blind verstehen. Genauso einen Freund, oder sagen wir besser Bruder, habe ich verloren. Manuel, kennengelernt haben wir uns in einem kleinen Ort 50 Km von München entfernt. Leidenschaftliches Kettcar fahren, sich im Ort mit den anderen Lausbuben anlegen,

versteckte Lager finden und von deren Bewohnern fast verprügelt werden, das taten wir, streiten wieder versöhnen und aufeinander aufpassen ebenso. Es war eine tolle Kindheit, für alle von dort. Irgendwann passiert das Leben, man wird älter, die Eltern werden älter,

eine Liebe hört auf und Wege trennen sich, neue tun sich auf. Man verliert sich aus den Augen und hört Jahre gar Jahrzehnte nichts voneinander, so ist uns das passiert. Hier reißt die Erinnerung an meine Kindheit und an Manuel ab, sie fängt aber wieder mit etwas an, dass uns schon einmal zusammenbrachte, Leidenschaft, diesmal war sie nicht auf vier Reifen, sie Bestand aus Tönen, man hatte Beats und auf die schrieben wir Texte, wir rappten. Es war still geworden, liefen ab und an Familienvideos, wurde es wieder lauter, lauter um diesen alten Freund um den quirligen Geist, der nun wieder da war. Wir begannen zusammen Lieder zu schreiben, jeder rappte auf Beats die wir bauten oder von befreundeten Produzenten bekamen. Wir gingen zusammen aus, wir wuchsen, wir fuhren stundenlang durch die Nacht bis wir wie so oft in München oder Innsbruck sowie aller möglichen kleinen Städten Bayerns ankamen, wir wollten erfolgreiche Rapper sein, wir wollten frei sein, dies wollte die Welt nicht immer zu lassen. Wir wurden bei minus graden von der Polizei auf einem Autobahnparkplatz festgehalten als wir von Aachen und Dortmund von einem Rapauftritt kamen. Auch da kamen wir wieder raus und waren frei, lebten. Weitere Jahre vergingen, Manuel fing in der Firma seiner Eltern an und ich machte weiter Musik, wir blieben in Kontakt und rappten auch noch ab und zu.

Eines Tages hatten wir eine Idee „Lass uns doch eine Firma für Musikproduktion aufmachen" so die großartige Idee, wir mieteten einen eisigen Keller, der ehemals eine

Panzerfabrik beherbergte und zimmerten in zwei Räume mit ingesamt 70qm unsere kleine Firma (25/7Musik). Einen Aufenthaltsraum, eine Gesangskabine und einen Regieraum, jeder steckte alles Geld das übrig war dort hinein, alle Technik die wir hatten. Damals gingen wir wohl davon aus, die Welt würde auf uns warten, der Wille war da, nur

Erfahrung hatte keiner von uns. Es war ernüchternd, aber trotz allem immer optimistisch, wir waren alle schon immer Dickköpfe.

Ich erinnere mich wehmütig an einen Tag an dem Manuels Vater im Studio vorbei kam. Manuel ging einige Tage nicht mehr in die Arbeit und Horst wollte ihn davon überzeugen die Musik sein zu lassen und zurück zu kommen. Er hatte recht, das würde jede Mutter und jeder Vater tun, ein sicherer Job, festes Gehalt und eine Zukunft, das sind starke

Argumente dafür keine Musik zu machen.

Nichts desto trotz, blieb Manuel in unserem, heute würde man es wohl Startup nennen. Manuels Eltern glaubten an eine Idee von uns, wir wollten einen Event veranstalten und damit beweisen, wie erfolgreich wir damit werden würden. Naja, so erfolgreich war dann wohl eher so gar nicht erfolgreich, ich denke Marion und Horst wussten dass das nichts wird :) Aber der Weg dorthin war toll. Für unsere Gäste die nicht kamen hatten wir hunderte Mp3 Player, True Fruits Smoothies, eine Probefahrt mit einem neuen VW über ein ganzes Wochenende, alles durch unsere Akquise besorgt. Wir gingen auf in dem was wir taten, wir erfanden ein DJ Duo, verteilten Flyer in der ganzen Stadt, waren für wenige Monate echte Veranstalter. Erledigt und besiegt, zogen wir von dannen. Es war klar, wir hatten soeben 10.000 geliehene Euro im Pool der Badeanstalt versenkt.

Zu dieser Zeit fühlte es sich nicht mehr nach Freundschaft an, ein tiefer Riss ging durch unsere Beziehung, es verging wieder viel Zeit.

Erneut nahmen wir Kontakt zueinander auf, sahen uns hin und wieder.

Es kam ein Besuch der sich so anfühlte als wäre alles von warmen Licht umgeben gewesen, zumindest empfinde ich das heute so.

Manuel besuchte mich in Traunstein und lernte meine damalige Verlobte Melanie kennen, ich wurde Vater und hatte vorgeschlagen er soll uns doch am Abend besuchen. Wir verbrachten den Abend zusammen und schauten fern.

Am nächsten Tag verabredeten wir uns bei meinem Café und ich machte Manuel einen Cappuccino, wir saßen in der Sonne und philosophierten über alles mögliche.

Manuel spielte mit dem Gedanken zurück zu kommen nach Bayern... Wir hätten wohl irgendwas zusammen aufgebaut, irgendwas mit LEIDENSCHAFT.

Dort endet unsere Geschichte, ein Actionfilm, eine Komödie, ein Film über Freunde die lebten und machten was sie wollten...

Ich vermiss Dich.

Brief von Lisa (posthum)

Mein Leben mit dir

Rückblickend scheint mir das Leben mit dir unwirklich gewesen zu sein. Ist das alles passiert, hat das alles stattgefunden? Vielleicht bin ich mit den Jahren zu nüchtern geworden und nicht mehr so tollkühn wie wir früher waren. Ich gehe in Gedanken nochmal unsere gemeinsamen Erlebnisse durch. Nach meinem Psychologiestudium frage ich mich, ob ich nicht die Methodik der Erinnerungsverfälschung anwende.

Du warst immer eine souveräne, liebenswürdige Person die sehr spontan Ideen begeistert umgesetzt hat. Dabei hast du andere mitgerissen. Kein Ziel war für dich unerreichbar, kein Weg zu weit und keine Idee zu absurd. Wenn du dir eine

Idee in den Kopf gesetzt hast, hast du dafür gebrannt. Sei es von München nach Hamburg in die Hafencity zu ziehen, dir einen Hund zu holen, oder für mich spontan 800 Kilometer zu fahren, um mir etwas persönlich zu sagen. Ich habe es geliebt mich mit dir stundenlang zu unterhalten, zu philosophieren und zu leben. Deine weise und schützende Art hat mich beeindruckt und mir viel gegeben.

Einmal bist du an einem Freitagmittag bei mir vorbeigefahren und hast gesagt, dass ich meinen Koffer packen soll. Für wie lange konntest du mir nicht sagen. Also habe ich meine Sachen gepackt und bin mit dir losgefahren. Einfach fahren, ohne zu überlegen, wo es hingehen soll. Wir sind dann in Italien gelandet. Dort hatten wir ein Hotel am Meer genommen und die ersten Sonnenstrahlen des Jahres genossen. Hier hast du mir gesagt, dass dein Herz für den schönen Norden schlägt und dass ich mit dir mitziehen soll. Um mich überzeugen zu können hast du mir vorgeschlagen, dass wir eine große Tour machen und viele Sehenswürdigkeiten im Norden bereisen (dies war eine wunderbare Idee und dein Plan ging auf - auch ich habe mich bei diesem Abenteuer in die Schönheit des Nordens verliebt). Wir haben zusammen eine Vereinbarung geschrieben, auf der meine Wünsche sind, damit ich in Hamburg meine Sicherheit habe. Erst heute habe ich diese Vereinbarung wieder gefunden und musste dabei lächeln. Als hätte es so viel geändert und als wären mit diesem Schrieb alle Unklarheiten und Bedenken für uns beiseite geräumt. Du hast dein Megafon mitgenommen und hast damit aus dem fahrenden Auto gerufen, dass du mich liebst. Das war deine Art, mir zu zeigen, dass wir zusammengehören und dass es klappen kann. Hoch und runter, so ist das eben, Lisa.

Und noch heute frage ich mich, was wäre aus uns geworden, hätten wir mehr Zeit gehabt. Ich bin dankbar, dass du so lange an meiner Seite warst.

In Liebe   xxx

Danksagung

An erster Stelle richtet sich mein ganz besonderer Dank an meine Ghostwriterin, die in der Zeit unserer Zusammenarbeit auch zu meiner Therapeutin wurde, Frau Susanne Donalies-Zeiler. Sie hat mir in der Zeit des Schreibens immer wieder motivierende Worte, große Zuversicht und viel Geduld entgegengebracht, auch in schwierigen und traurigen Phasen des Projektes. Sie hat dafür gesorgt, dass ich seelisch diese intensive Zeit gut überstanden habe. Das war bestimmt nicht immer einfach und was sie daraus gemacht hat, ist einfach phänomenal. Ohne sie hätte ich das niemals geschafft. Inzwischen wurde sie mir zu einer guten Freundin.

Ich freue mich riesig über das Buchcover, das von Susanne's Tochter Charlotta gestaltet wurde. Das Cover ist wirklich wunderschön geworden.

Durch sein professionelles Lektorat und Korrektorat hat Herr Ralf Willms wesentlich zum erfolgreichen Abschluss des Buches beigetragen.

Und selbstverständlich geht der Dank an meinen Lebenspartner Bernhard Mindermann, welcher mich bei der Erstellung dieses Buchprojektes unterstützt und immer fest daran geglaubt hat, dass dieses Buch wirklich geschrieben wird.

Auch meiner Jugendfreundin Gabriela und ihrem Mann Andreas möchte ich meinen ganz besonderen Dank aussprechen. Die beiden waren in der schwersten Zeit meines Lebens für mich da. Sie haben mich stets aufgebaut und zum Weitermachen ermutigt.

Danken möchte ich auch meinem Bruder Marcus und allen Freunden, die mir Mut zugesprochen haben. Mein Dank gilt folgenden Freunden: meiner zweiten Jugendfreundin aus Reutlingen – Gabi; meinen Freunden seit unserer gemeinsamen Zeit in Costa Rica - Herbert und Camilla; meinen engen Geschäftspartnern von Garmin und Navico - Nils und Stefan; meiner Freundin Birgit seit unserer gemeinsamen Zeit in den USA.

Vielen Dank an alle – ich weiß das sehr zu schätzen.